Renli
Ziyuan
Guanli

人力资源管理

主 编 \ 蓝红星

西南财经大学出版社
Southwestern University of Finance & Economics Press

编委会成员

主　编　蓝红星（四川农业大学）

副主编　岳龙华（四川农业大学）

陈　娟（四川农业大学）

李　娟（成都电子高专）

吴敏那（四川商务职业学院）

参编人员（以姓氏笔画排名）

马　玲（四川师范大学）

李崇梅（四川农业大学）

李　娟（成都电子高专）

李晓丰（成都中医药大学）

杨仕元（四川农业大学）

陈　娟（四川农业大学）

吴敏那（四川商务职业学院）

岳龙华（四川农业大学）

蓝红星（四川农业大学）

前言

在彼得·德鲁克教授于1954年提出“人力资本”的概念之后，越来越多的经济学家开始研究人力资源对经济发展的战略意义，甚至有人认为它是经济发展的决定性因素。美国经济学家舒尔茨断言：“改善穷人福利的决定性生产要素不是空间、能源和耕地，决定性要素是人口质量的改善和知识的增进。”（舒尔茨：《人的投资：人口质量经济学》，1981年英文版，第4页）英国经济学家哈比森也表述了同样的观点。他说：“人力资源……是国民财富的最终基础。资本和自然资源是被动的生产要素；人是积累资本、开发自然资源、建立社会、经济和政治组织并推动国家向前发展的主动力量。显而易见，一个国家如果不能发展人民的技能和知识，就不能发展任何别的东西。”（哈比森：《作为国民财富的人力资源》，1973年英文版，第3页）

著名管理学家汤姆·彼得斯指出：企业或事业唯一真正的资源是人，管理就是充分开发人力资源以做好工作。在21世纪的今天，企业之间的竞争实质上是人才的竞争，谁能够获取优秀的人才，并能够对现有人才进行有效激励、合理使用和开发，谁就能够在激烈的竞争中取胜。人力资源管理得到了学术界以及企业界空前的重视。

从宏观上看，在历经了30多年的市场化改革之后，人力资源管理已经成为我国社会政治、经济生活中不可或缺的重要内容，人力资源管理部门的职能也正在由传统的人事行政管理职能转变为战略性人力资源管理职能。然而，对于中国这样一个人口大国来说，要进一步发挥其人力资源优势，就必须对国内人力资源的发展现状及问题进行研究，并在此基础上，有针对性地提出人力资源的发展战略与政策。

从微观上看，无论是在政府公共部门管理还是在企业管理中，人力资源对其效率的提高和竞争力的增强都起着日益重要的作用。不过尽管人们普遍认识到人力资源管理的重要性，但在人力资源的成本投入与开发上、在是否为人力资源提供一个较为宽松的氛围上以及在对不同人力资源岗位的绩效考核上都存在不少的问题。究其原因，还是在于对人力资本的特性缺乏根本的了解。

人力资源管理作为人力资源管理专业和工商管理类专业的核心课程，必然要求内容具有较强的可操作性和实务性。我们在总结多年教学和研究经验的基础上，结合当前普通高等教育改革发展趋势，编写了这本《人力资源管理》教材。本书以“以人为本”和“组织目标实现”协调发展为主线，并结合当前企业人力资源管理的实践，将人力资源管理的基本理论与实际操作相结合。为使本书成为不同背景学习者以及企业员工的一本好用又易懂的培训教材，我们在编写的过程中努力运用理论与实际相结合的方法，在内容的取舍与安排上力争做到体系完整而又突出重点，试图通过本书来系统地介绍人力资源管理的基本理论、方法和技能。本书具有如下几个特点：

1. 知识的系统性。本书按照企业人力资源管理的工作流程将全书分为十二章，各个章节有机结合，由浅入深、全面系统、简明扼要地阐述了人力资源管理的理论与方法。

2. 内容的科学性。本书在内容上力求做到：一方面要求学生从记忆和理解层面掌握人力资源管理的基本理论；另一方面要求学生从应用层面掌握人力资源管理的操作方法和操作流程。

3. 体例的实用性。本书每章先以一个相关的简短的案例开头，引发学生（读者）的求知欲和学习兴趣；每章的小结、思考题，便于学生（读者）巩固和加深学习效果，章后的案例讨论，有利于培养学生（读者）运用所学知识发现、分析和解决问题的能力。

4. 案例的前沿性。本书的每章的导入案例和章后的案例讨论，都是作者结合企业当前的最新实践，精心挑选和加工，具有典型性和前沿性的特点。

本书由四川农业大学人力资源管理系《人力资源管理课程》青年骨干教师蓝红星、岳龙华、陈娟策划并提出编写大纲，部分兄弟院校和课程组成员共同编写完成。蓝红星负责编写第一章、第二章和第十二章；陈娟负责编写第三章和第四章；马玲（四川师范大学）负责编写第五章；岳龙华负责编写第六章和第七章；李娟（成都电子高专）负责编写第八章；吴敏娜（四川商务职业学院）、李晓丰（成都中医药大学）负责编写第九章；杨仕元（四川农业大学）负责编写第十章；李崇梅（四川农业大学）负责编写第十一章。全书由蓝红星负责统稿。马玲、李晓丰、吴敏娜、李娟等同志参加了资料收集和部分章节的编写修改、文字校对工作。教材编写过程中参阅和引用了有关著作者的信息、数字和观点，在撰写过程得到了西南财经大学出版社的大力支持，在此，一并表示衷心感谢！

由于时间仓促及编者水平有限，书中难免有不足和疏漏之处，敬请有关专家学者和广大读者批评指正。

编　者

2011 年 7 月

目录

第一章　人力资源管理导论

【学习目标】

● 重点掌握人力资源和人力资源管理的概念。

● 熟悉人力资源管理的目标与职能以及组织战略、组织文化、组织结构与人力资源管理的关系。

● 了解人力资源管理产生与发展的历史。

【导入案例】

宝洁：人才是我们最宝贵的财富

内部培训

在宝洁人才培养体系中，培训机制是非常重要的组成部分，也是宝洁口碑最好的制度之一。在培训方式上，宝洁采用混合式培训，包括在职培训、课堂式培训、网上培训、远程培训等。在职培训是其中最核心的部分，包括直接经理制、导师制等。

1. 直接经理制

直接经理制，即明确指定的直接经理对下属一对一的培养与帮助。每一位员工从刚进公司开始，就会有一位直接经理对其工作进行指导，这是一对一的真正的商业培训，培训的内容甚至会包括拜访客户的语气、每一件小事的处理等。

2. 导师学员

导师制（Mentoring）以类似师徒制的运作方式，经历双向选择的过程之后，“导师”（Mentor）会将自己的实际经验传授给“学员”（Mentee），倾听学员生活的困惑与苦恼以及遇到的困难，同时以自身的经验告诉学员在公司里的注意事项、公司文化的细节以及如何去开展工作等，并不断地从旁指点与扶持。

3. 丰富多彩的培训

宝洁的不同部门会建立不一样的培训内容和体系。这些培训包括对于新员工工作技能培训、员工职位升迁或者变更后的相应培训。宝洁公司建立了各级“宝洁学校”，针对不同阶段的需求为员工提供各种精心设置的课程。

内部提升制

宝洁公司是当今为数不多的采用内部提升制的企业之一。内部提升制已经成为宝洁企业文化的显著表现形式之一，是宝洁用人制度的核心，也是宝洁取得竞争优势的一个重要源泉。随着宝洁公司的成长而一道成长的员工的自豪感和主人翁意识保持和增强了公司的凝聚力。

与内部提升制密切相关的另一项制度是宝洁的轮岗制度，即员工能够在足够的工作年限之后改变工作岗位，到不同的部门或者不同的区域继续工作，即跨国轮岗或跨部门轮岗。在轮岗问题上公司会尊重员工的想法，并努力提供更多的机会来实现其个人选择。

人才支持制度

作为激励机制的重要组成部分，宝洁具有非常有竞争力的薪酬体系和员工福利待遇。在某种程度上，宝洁员工拥有许多其他公司没有办法提供的“工作方式选择权”，即可以选择是否执行弹性制度，包括自由选择上班时间、自由决定是否参与员工持股计划、自由选择在家工作一天等。

让员工更自由

工作制度上的弹性和人性化是宝洁在人才培养上能取得成功的重要原因之一。目前宝洁采取上下班时间弹性化的管理方式，只要能够保证从上午十点到下午四点的核心工作阶段，具体上下班时间并无限制。另外，2007 年起宝洁实施了“在家工作”政策，工作超过两年的员工，在工作性质允许的情况下每周可以选择一天在家上班。“个人离开”假期也是宝洁的一大福利。凡在公司工作一年以上的职员，可以因个人的任何理由，每三年要求一个月，或者每七年要求三个月“个人离开”。这些制度，在契合宝洁整体文化的同时，也在整个人力资源市场上领导性地创造了一种更具弹 性、更自由、更容易让员工发挥创造力和想象力的氛围。

让员工更主动

员工持股计划作为股权激励的一种，其实早已成为现代企业商业竞争的手段之一。早在 19 世纪末，宝洁公司就开始实施利润分享计划，2002 年，宝洁中国计划将这项员工福利项目引入，经过五年的努力，这项计划终于在 2007 年年底获得批准，并使得宝洁成为第一家获此许可的外资企业。从 2008 年 4 月开始，宝洁在华的正式员工可以按自愿原则，选择基本工资的 1% ~5% 用于投资购买公司股票。员工持股作为宝洁的一项全球性计划，提供给美国本土以外的宝洁员工，目的是帮助那些不在美国当地的员工购买宝洁在美国的股票，让他们一同分享公司的成长，让员工的主人翁意识变得更强。

让员工更快乐

宝洁希望让员工感受到工作的快乐，并且，快乐地工作。在宝洁内部设有水果吧供员工在空闲的时候就来这里购买。在下班之后，公司还在办公区域的会议室举办瑜伽培训等，员工可以免费参加，其他时间段依次安排有氧健身操、拉丁舞、街舞等。更有异常受欢迎的按摩室，让员工在工作之余可以享受到完全放松的一刻。

让员工更温暖

宝洁一直深信：只有照顾好员工，员工才能照顾好客户。只有真诚地对待同事，才能创造好的工作氛围，这一点，宝洁不仅提供了包括社会保险、商业保险、公司的重大疾病支持项目在内的三重医疗保障以及高额的住房公积金和住房补贴等多项福利措施，更在公司内部形成了互相帮助、共同进步的良好氛围。

（资料来源：根据宝洁中国公司网站整理）

讨论题

结合导入案例，谈谈宝洁公司为什么会如此重视对员工的管理？

第一节　人力资源与人力资源管理

一、人力资源

1. 人力资源的涵义

对于一个组织而言，它的运作离不开资源。不同的学者对资源有不同的说法，目前主要有两种观点，一种是四大资源说，即人力资源、物质资源、资本资源、信息资源；另一种是三大资源说，即物质资源、资本资源、人力资源。不管哪一种说法，最重要的还是人力资源，因为其他资源作用的发挥都离不开人。正如毛泽东所说的，世间一切事物中，人是第一个宝贵的，一切物的因素只有通过人的因素才能加以开发利用。

人力资源是一种资源，有的学者根据资源的一般性界定，认为人力资源也有广义与狭义之分。狭义的人力资源是指一个社会经济单位可开发利用的，未经其劳动加工改造过的现存的各种形态的劳动力的总和。对于一个社会经济单位来说，任何未经其劳动加工改造过的现存劳动力，只要能为其所用，而不管这种劳动力是自然生成的简单劳动力，还是经过其他单位劳动加工过滤过的复杂劳动力（人力资本），都是其可利用的人力资源，其中包含有其他单位投资生成的复杂劳动力。广义的人力资源包括资源利用者自己投资培养（劳动加工过滤）的复杂劳动力，即人力资本。结合其他学者有关人力资源的定义，本书认为人力资源指的是能够推动经济和社会发展的人的智力与体力的总称。

2. 人力资源的特征

人力资源与其他资源具有共同的特征，如使用价值、共享性、可测量性、可开发性及需要管理与配置等，但是人力资源也具有其本身所属的特性。

（1）社会性

处于不同社会、不同时代、不同文化背景的人具有不同的价值观、生活方式和思维方法，其在开发过程中受到政治、经济、文化等多种因素的影响。

（2）不可剥夺性

人力资源属于每个活生生的个人，在人力资源的使用过程中，必须尊重人。也就是说，企业在实现人力资源管理的过程中，必须遵守国家的有关法律法规，尊重员工的基本权益，从而调动员工的劳动积极性。这是人力资源与其他资源的本质区别之一。

（3）能动性

自然资源在开发的过程中，完全是处于被动的地位，而人力资源则不同，它具有能动性，即是指认识世界和改造世界中有目的、有计划、积极主动的有意识的活动能力。意识存在于人的头脑中，人只能用语言表达它，用文字记录它，而不能用它直接作用于客观事物，虽然只靠单纯的意识不会引起客观事物的变化，但是意识却有一种本领，那就是其作为一种无形的力量，会不停地告诉人们，应当做什么以及怎样去做。

在实践中，意识总是指挥着人们使用一种物质的东西去作用于另一种物质的东西，从而引起物质具体形态的变化，这种力量就是人力资源的主观能动性。

（4）人力资源的时效性

人力资源的时效性是指这种资源如果长期不用，就会荒废和退化。许多研究表明，人在工作中其现有的知识技能如果得不到运用和发挥，会导致其积极性的消退和技能的下降，造成心理压力。

二、人力资源管理

人力资源管理这一管理学中的新领域，是从20世纪下半叶开始提出来的，其后随着经济和社会的发展，这一概念不断得到丰富和发展。可以说，不同学者对人力资源管理的内涵有不同的理解。

北京大学张一驰教授认为，人力资源管理包括一切组织中的对员工构成直接影响的管理决策及其实践活动。

天津大学何娟教授认为，人力资源管理是以提高劳动生产率、工作生活质量和取得经济效益为目的而对人力资源进行获取、保持、评价、发展和调整等一系列管理的活动。

中国人民大学教授孙健敏认为，人力资源管理包括两个方面的内容，即宏观人力资源管理和微观人力资源管理。宏观人力资源管理是指在全社会范围内，对人力资源的计划、配置、开发和使用的过程；微观人力资源管理是指特定组织中对人力资源获取、整合、保持、开发、控制与调整等方面所进行的计划、组织、协调和控制等活动，即通过规划、招聘、甄选、培训、考核、报酬等各种技术与方法，有效地运用人力资源来达到组织目标的活动，其实质是对人的管理。

清华大学管理学院教授张德认为，人力资源开发与管理是指运用现代化的科学方法，对与一定物力相结合的人力进行合理的培训、组织与调配，使人力、物力经常保持最佳比例，同时对人的思想、心理和行为进行恰当的诱导、控制与协调，充分发挥人的主观能动性，使人尽其才，事得其人，人事相宜，以实现组织的目标。

综合以上各种观点，本书认为，人力资源管理是组织为了实现既定的目标，对组织中的人力资源进行有效开发与管理的活动，这些活动包括工作分析、人力资源规划、员工招聘、员工培训、绩效管理、薪资福利管理、劳动关系管理、员工职业生涯管理等。

在知识经济时代，组织的人力资源管理在整个组织工作中发挥着越来越重要的作用，是组织获取核心竞争力的源泉。市场是处于不断变化之中的，竞争不容企业有丝毫的懈怠，产品成本的降低、质量的提高也不是无限的，竞争的优势不仅仅在于成为成本的领先者或者拥有差别化的产品，更重要的是能够开发企业的特殊技能或核心能力。要拥有这样的能力，就意味着组织必须依赖有学习和创新能力的员工，因为他们身上具有一种适应环境发展要求的能动性。因此，可以说企业核心竞争力和竞争优势的根基在于组织人力资源管理过程中的人力开发。离开了组织人力资源的开发，组织的核心竞争力便会成为无本之木、无源之水，组织的竞争优势就难以为继。对人力资源的开发，在很大程度上已经成为组织成功与否的关键。但是，并不是人力资源的所有特性都可以成为竞争优势的源泉。只有当这种资源和能力被市场认可时，人力资源才可以由潜力转化为现实的竞争优势。有效的人力资源管理恰恰是与企业核心竞争力的培育密切结合而进行的，组织核心竞争力的形成与增强奠定了坚实的人力资源的基础。

第二节 人力资源管理的产生与发展

关于人力资源管理活动可以追溯到非常久远的年代，我国历史上就有很多知人善任的例子，但是真正意义上的人力资源管理却是近代工业革命之后的事。

一、国外人力资源管理的发展历程

关于人力资源管理理论的发展阶段，学术界有代表性的观点主要有四类：六阶段论、五阶段论、四阶段论和三阶段论。

华盛顿大学学者弗伦奇（French）（1998）从历史背景出发把人力资源管理的发展分为六个阶段，即科学管理运动阶段、工业福利运动阶段、早期工业心理学阶段、人际关系运动时代、劳工运动时代和行为科学与组织理论时代。

著名管理学家罗兰（Rowlande）和费里斯（Ferris）则把人力资源管理的发展历史分为五个阶段，即工业革命时代、科学管理时代、工业心理时代、人际关系时代和工作生活质量时代。这五个阶段中有四个阶段与弗伦奇的划分相同，而工作生活质量就是员工对自己在工作环境中的生理和心理健康状况的知觉，工作生活质量的核心是参与，比如利润分享计算、斯坎隆计划、全面质量管理等。

四阶段论以科罗拉多大学的卡肖（Cascio）为代表，他从功能的角度将人力资源管理的发展分为档案保管阶段、政府职责阶段、组织职责阶段和战略伙伴阶段。

三阶段论以福姆布龙（Fombru）、蒂奇（Tichy）和德兰纳（Devanna）为代表，他们根据人力资源管理在组织中的地位与作用，把人力资源管理划分为三个阶段，即操作性角色时代、管理性角色时代和战略性角色时代。此外，我国学者孙健敏把人力资源管理划分为初级阶段、人事管理阶段和人力资源管理阶段。

二、中国人力资源管理的发展历程

自党的十一届三中全会以来，我国改革开放不断深入，市场经济体制不断完善。回首30多年来的发展历程，无论是企（事）业单位还是政府部门，都在经历着来自“人力资源管理”这一新理念的冲击，并积极探索更有利于组织持续、健康发展的创新性人力资源管理模式和方法。我国劳动人事科学教学与科研的成果，正在以旺盛的生命力向人们展示着其对于各类组织重要的战略价值和实践意义。

1. 人事管理阶段（1978—1992年）

人事管理与我国长期的计划经济体制密切相关。在计划经济体制下，人才流动受到了严格的政策限制，企业用人年功制、竞争选拔凭资历、工资分配平均化，致使员工的积极性、主动性难以被完全调动。从事人力资源管理工作的人事部也大多只是做一些流程性极强的事务性工作，甚至被人们看作企业不折不扣的“总后勤”，人事经理就是部门高级办事员，至今仍然有人认为人力资源部是没有任何技术含量、专用于安排闲杂人员的地方。

2. 唤起人力资源管理意识的阶段（1993—1998 年）

随着我国市场经济的不断完善，如何招人、用人、留人成为企业关注的焦点。在这一阶段，高层管理者主导着企业人力资源管理的发展方向，而人事部则处于被动听从的地位，但此时我国的人力资源管理意识已经被唤起，许多企业将人事部的门牌换成了人力资源部，人事管理开始向人力资源管理转型。此阶段的标志性事件是，中国人民大学 1993 年在全国率先开办了人力资源管理专业，将人力资源作为一项专门课程来研究。

3. 人力资源管理的形成阶段（1999—2002 年）

随着人事经理到人力资源经理的角色转换，人力资源经理初步形成了相对完整的理论体系，企业初步建立了以招聘、培训、绩效等为内容的人力资源构架。但受到人力资源的技能水平、企业管理者的素质等条件的限制，人力资源管理基本上还处于初步形成和摸索的过程。尽管如此，人力资源管理从被动接受到主动出击，在观念和意识上还是有所提高，并成为形成未来人力资源管理的重要阶段。此阶段的标志性事件是，2002 年江泽民同志在党的十六大报告中指出“人力资源是第一资源”。

4. 人力资源的战略管理阶段以及国际人力资源管理阶段（2003 年至今）

我国加入世界贸易组织（WTO）后，国外跨国公司纷纷进入我国，战略人力资源管理和国际人力资源管理成了关键问题。于是，人力资源管理者终于可以“名正言顺”地进入企业的战略管理层。至此，人力资源经理就完成了从高级办事员到战略合作伙伴的角色转换。标志性事件有两个：其一，1994 年首都经济贸易大学率先在全国开办国际人力资源管理专业；其二，2007 年胡锦涛总书记在党的十七大报告中指出要“优先发展教育，建设人力资源强国”。

三、中国人力资源管理的发展趋势

由国务院发展研究中心所属中国企业评价协会、国家发改委所属中国人力资源开发研究会联合主办的“第三届中国人力资源管理成果评价发布暨年度人力资源管理大奖”（CEHRA，赛拉）颁奖典礼、峰会和收获的成果，是当今中国人力资源管理发展的一个缩影，标志着我国人力资源管理在八个方面的转变，预示了当今中国人力资源管理的发展趋势。

1. 由事务管理到战略管理的转变

中国人民大学博士生导师、华夏基石管理咨询集团董事长彭剑锋为第三届中国人力资源管理大奖十佳企业作点评时指出，从目前中国一些企业的人力资源部门在并购过程的实践来看，一部分先进企业的人力资源管理，其功能已经发生了根本性的变化。我国的人力资源管理也正从事务管理阶段向战略管理阶段转变。对于这些并购企业来讲，人力资源部门的核心工作都是围绕着并购战略来进行的，这样就使得人力资源管理在并购重组过程中能够获得先机，在并购重组的方案出台之前，就可以确保人力资源管理能够真正支撑起企业的各项业务体系。

2. 由配角到主角的转变

国家发展与改革委员会对外经济研究所所长张燕生指出，当前中国企业在国际化进程和国际化人才需求上有四个方面的转变：

第一，中国企业正在从以往参与全球化生产体系的配角，向探索和建立属于中国自己的全球生产体系的主角角色转变。中国企业最缺少的不是资金、技术和市场，而是与这个发展阶段相适应的高端国际化专业人才。

第二，中国企业开始从为全球生产体系提供加工组装或为跨国公司生产附加值不高的配件产品，向建立中国企业自身全球生产体系转变。随之而来的是需要一批能在全球进行研发、生产、销售的国际化经营人才。

第三，中国企业的国际化活动正在从以往的靠劳工输出向产业化、国际化经营转变。而中国企业到国外经营，最为缺乏的则是需要全球化的中高端技术和管理人才。

第四，中国企业正在从世界加工组装中心到中国组装，到中国制造，再到中国创造转变。要完成这一系列的转变，我们急需跨文化的创意人才，也就是与软实力相关的国际化人才。

3. 从经验管理到科学管理的转变

国务院发展研究中心人力资源管理研究培训中心副主任林泽炎在演讲中指出，当前中国企业的人力资源管理正处于从经验式的管理阶段向规范化、制度化的科学管理阶段转变。以往大多数中国企业主要是靠经验管理，即使有规章制度也常常因领导者的更替而改变。随着我国改革开放向纵深发展，中外交流范围的扩大以及外国先进企业管理理论和管理经验的引进和传播，让越来越多的企业认识到这种传统的经验式管理的弊端和不适应，让他们开始认识到科学管理的重要性，看到了建立规章制度的必要性和可行性。应该说，中国企业摒弃传统的经验式管理向科学管理的转变是历史的进步，尽管不是世界上最先进的，但也是大大地前进了一步。

4. 从重视显在人才向潜在人才储备的转变

国务院国有资产监督管理委员会宣传局金思宇处长在点评时指出：从一部分企业的人力资源开发与管理工作实践来看，目前我国很多企业已经从重视显在人才的培养、激励和使用，向潜在人才的培养和储备转变。这种转变预示着，企业的领导者不仅要具有国际化的视野和思维，而且要将人力资源看成是一个动态的、可发展的、投资升值的一种资本的科学态度。企业只有把人力资源当做第一资源和可持续发展的动力，才能从根本上保证企业长期持续稳定地发展。他们运用人才评价中心技术、人才加速储备库等先进理念和模式，在核心员工、科技领军人才、管理干部及后备人才、接班人的培养等人力资源方面，倾注了大量的智慧，有组织、有计划、分步骤地实施潜在人才培养计划，积极地对企业的人力资源进行二次开发和持续“造血”，为企业培养和储备了未来发展中所急需的各种技术人才和管理人才。

5. 从人力资源管理向知识管理转变

彭剑锋在演讲时指出，当前企业人力资源管理已经从以往关注人力资源的开发和管理，向如何进行知识管理转变。企业不仅要强调留人，更重要的是留智和留心。如何把企业研发、生产、经营过程中积累起来的属于整个企业所有的知识、技术、专利和管理智慧及时地收集整理和管理好，标志着企业人力资源管理进入了一个崭新的阶段，即知识管理阶段。

6. 中国企业开始由关注自身向关注以人为本转变

中国人才研究会副会长、中国人事科学研究院原院长王通讯在演讲中说，从全球大型跨国公司的发展历史来看，一个企业不但要努力做大做强，更要做伟大的企业，才能基业常青。只有那些拥有核心竞争力的企业，才能真正做到大而强，也只有变大、变强，才能持久。伟大的企业不仅规模大、人员多、技术先进、实力强，而且还能做得久远，凡是在历史上留下足迹的企业家，他们的每一项创新、每一项贡献，都是包含着对人的关怀。企业之所以负有社会责任，是因为强者有责任来帮助弱者，也只有这样，这个世界才能够和谐。他认为，企业“伟大”的内涵是对人的关怀，否则再强大也与伟大无缘。

7. 从引进西方模式向融合中国传统转变

金思宇表示，中外著名企业都重视研究运用中国传统文化的先进管理思想来加强企业管理。《论语》中有一句名言，“工欲善其事，必先利其器”，意思是要把事情办好，必须先把工具磨锋利。如果运用到现代企业管理当中，那就是要培养优秀的人才，必须对人力资源进行再投资。宋代政治家王安石写过一篇文章叫《心贤》，里面有一句话，“古以认贤识能而兴”，意思是国家重用有德的人才就能兴旺，舍弃贤才而独断专行就会衰亡。一个企业如果不重视人才，同样是难以制胜的。

清华大学经济管理学院教授、中国人力资源管理资深专家张德同时表示，我国古代传统文化博大精深，中国企业家至少可以从《论语》、《老子》和《孙子兵法》这三本书中学到很多管理企业的智慧和方法。他自己在教学中就运用了很多这方面的知识。先人留下的智慧是非常宝贵的，对企业管理也是很有用的。他希望有抱负的中国企业家要认真思考在企业管理的实践中如何更多地运用老祖宗的管理智慧和经验。

8. 由人力资源观向人力资本观转变

中国企业评价协会鲁志强理事长指出，我国人力资本对经济增长的贡献率大体是35%，而发达国家人力资本对经济的贡献率大体是75%，差距高达40个百分点。这就提醒我们每一个研究和关注人力资源问题的专家和管理人员，要正视这个差距。同时，我们也要看到差距就意味着我们的潜力，意味着我们国家今后努力的重点，也意味着我们人力资源管理领域的重点。

著名经济学家刘福垣在大会上指出，人力资本是人力资源的资本化，是承载了资本关系的人力资源，是企业资本的一部分，即同固定资本相对的可变资本；人力资本价值是劳动力价值的货币表现，即人力资源的价格，以此为基础，可以对我国人力资源和人力资本的价值进行粗略估算；人力资本经营是企业资本管理和运营的核心和灵魂的理念，应该从国家、企业、个人三个层面来经营人力资本。

第三节　人力资源管理的目标与职能

一、人力资源管理的目标与职能概述

1. 人力资源管理的目标

张一驰认为，人力资源管理具有两个方面的目标，即广义目标与狭义目标。广义目标即充分利用组织中的现有资源，使组织生产水平达到最高；狭义目标即帮助各个部门的直线经理更加有效地管理员工，即人事部门通过人事政策的制定和解释，通过忠告和服务达到这两个目标。具体目标如下所示：

（1）建立员工招聘和选择系统，以便能够启用到最符合组织需要的员工。

（2）最大化每个员工的潜质，既服务于组织的目标，又确保员工的事业发展和个人尊严。

（3）保留那些通过自己的工作绩效帮助组织实现组织目标的员工，同时排除那些无法对组织提供帮助的员工。

（4）确保组织遵守政府关于人力资源管理方面的法令和政策。

2. 人力资源管理的职能

人力资源管理具有如下职能：

（1）获取

获取这一职能主要是通过工作分析和人员测评，选拔出与组织中的职位最为匹配的任职人员的过程。这一过程包括工作分析、人员招聘等。

（2）整合

整合这一职能是指通过培训教育，实现员工个体的再社会化，使其具有与企业一致的价值观，认同企业文化，遵循企业理念，最终成为组织人的过程。

（3）保持

保持包括保持员工工作积极性和保持员工队伍相对稳定性两个方面的内容。这一过程主要体现在薪酬管理和绩效考核等方面。

（4）开发

开发是指提高员工知识、技能以及能力等各方面的资质，实现人力资本保值增值的过程。这一过程包括日常工作指导、技能知识培训等一系列活动。

（5）评价与调整

评价与调整是指对于工作行为表现以及工作达成结果情况作出评价和鉴定的过程，这一职能主要体现在绩效管理方面。

3. 人力资源管理的基本职能关系

人力资源管理的各个职能不是孤立的、无关的，它们是紧密联系的。人力资源的各级管理者必须意识到，在某一方面的决策将会影响到其他方面。因此，人力资源主管更应系统地、全面地看待这些职能，处理好与之相关的工作，尽管它们可能在实际中的表述并不一致。

4. 直线经理与人力资源经理在人力资源管理职能方面的分工

直线经理与人力资源经理的分工如表 1－1 所示。

表 1－1　　直线经理与人力资源经理的分工表

职　能	直线经理的任务	人力资源经理的任务
获取	提供职务分析、职务描述及职务要求的有关资料与数据，使本部门的人力资源计划与组织的战略相一致；对职务申请人进行面试，结合审阅人事部门提供的资料，对录用与委派做出决定	工作分析的组织与文件编写；人力资源计划的制订；监督人员招聘、选拔、录用、委派，使之符合有关法律和政策；职务申请人背景调查；体检；记录和保管人事档案
保持	与下属面谈，对下属进行指导和教育；保持信息通畅；化解矛盾；提倡集体协作、职工参与；尊重下属；公平对待，按劳分配	设计合理的沟通渠道和原则；制定合理的工资奖酬系统及各种福利、医疗保健制度；为职工各种需求提供服务；处理劳工关系
发展	在职培训；指导职工制订个人发展计划；给下属提供工作反馈，进行工作再设计	制订培训计划；培训的组织与管理；提供职业发展咨询
评价	绩效评价；职工士气调查	设计绩效评价系统和士气评价系统；对评价进行指导和服务
调整	纪律维持；对升降、调迁、惩罚和解雇做出决定	落实直线干部的规定，提供离退休咨询

二、人力资源管理的重要性

“科教兴国”、“全面提高劳动者的素质”、“创新型社会”等国家的方针政策，实际上谈的是一个国家、一个民族的人力资源开发管理。在一个组织中，只有求得有用人才、合理使用人才、科学管理人才、有效开发人才等，才能促进组织目标的达成和个人价值的实现，而这些都有赖于人力资源的管理。现代管理理论认为，对人的管理是现代企业管理的核心。现代人力资源管理对企业的意义，至少体现在以下几个方面：

1. 有利于促进生产经营的顺利进行

企业拥有三大资源，即人力资源、物质资源和财力资源。物质资源和财力资源的利用是通过与人力资源的结合来实现的，只有通过合理地组织劳动力，不断协调劳动力之间、劳动力与劳动资料和劳动对象之间的关系，才能充分利用现有的生产资料和劳动力资源，使它们在生产经营过程中最大限度地发挥其作用，形成最优的配置，从而保证生产经营活动有条不紊地进行。

2. 有利于调动企业员工的积极性，提高劳动生产率

企业中的员工，他们有思想、有感情、有尊严，这就决定了企业人力资源管理必须设法为劳动者创造一个适合于他们的劳动环境，使他们乐于工作，并能积极主动地把个人劳动潜力和智慧发挥出来，为企业创造出更有效的生产经营成果。因此，企业

必须善于处理好物质奖励、行为激励以及思想教育工作三方面的关系，使企业员工始终保持旺盛的工作热情，充分发挥自己的专长，努力学习技术和钻研业务，不断改进工作，从而达到提高劳动生产率的目的。

【小资料】

同济大学面向全球公开招聘7位院长

为全面建设世界一流大学，同济大学将面向全球公开招聘7位院长。招聘截止日期为2007年10月31日。

这7个学院分别是医学院、生命科学与技术学院、材料科学与工程学院、法政学院、机械工程学院、外国语学院、传播与艺术学院。

记者31日从同济大学获悉：此次招聘的7位院长须具备相应学科的专业背景，具有博士学位及正高级专业技术职务，学术上有较高造诣，有一定的教育行政管理和学科建设管理经历，具有较强的教学、科研能力和组织能力。

"面向全球招聘院长是同济大学用人机制改革的一个具体体现"。同济大学党委副书记周祖翼表示，2003年，同济大学首次打破传统的用人机制，开始探索对学院院长、系主任实施全球公开招聘制度。2005年后，这一试点推广至教授、副教授的招聘工作上。至今，同济大学每年将有1/3的教授由海内外人员应聘担任，极大地推动了同济大学教学与科研水平的发展。

同济大学创建于1907年，是教育部直属重点大学，是首批被国务院批准成立研究生院，并被列入国家"211工程"和"985工程"重点建设的高水平大学之一，是一所拥有理、工、医、文、法、哲、经济、管理、教育等九大学科门类的综合性大学。

（资料来源：http：//learning. sohu. com/20070901/n251901359. shtml）

3．有利于减少劳动耗费，提高经济效益并使企业的资产保值

经济效益是指进行经济活动所获得的与所耗费的差额。减少劳动耗费的过程，就是提高经济效益的过程。所以，合理组织劳动力，科学配置人力资源，可以促使企业以最小的劳动消耗取得最大的经济成果。在市场经济条件下，企业的资产要保值增值，争取企业利润最大化，价值最大化，就需要加强人力资源管理。

4．有利于现代企业制度的建立

科学的企业管理制度是现代企业制度的重要内容，而人力资源的管理又是企业管理中最为重要的组成部分。一个企业只有拥有第一流的人才，才能充分而有效地掌握和应用第一流现代化技术，创造出第一流的产品。不具备优秀的管理者和劳动者，企业的先进设备和技术只会付诸东流。提高企业现代化管理水平，最重要的是提高企业员工的素质。可见，注重和加强对企业人力资源的开发和利用，搞好员工培训教育工作，是实现企业管理由传统管理向科学管理和现代管理转变不可缺少的一个环节。

5．有利于建立和加强企业文化建设

企业文化是企业发展的凝聚剂和催化剂，对员工具有导向、凝聚和激励的作用。优秀的企业文化可以增进企业员工之间团结和友爱，减少教育和培训的经费，降低管

理成本和运营风险，并最终使企业获取巨额利润。

第四节　组织与人力资源管理

一、组织

1. 什么是组织

巴纳德认为，组织是一个有意识地对人的活动或力量进行协调的关系，是两个以上的人自觉协作的活动或力量所组成的一个体系。

2. 组织的一般共性

组织的一般共性如下：

(1) 有构成组织的人。

(2) 组织中的每个人都有自己特定的任务。

(3) 这些任务在性质上和数量上相互协调。

(4) 通过协作实现产品价值的增加和服务效用的扩大。

(5) 产品和服务。

二、组织战略与人力资源管理

组织战略是指组织的长远目标以及为实现这些目标而确定的主要行动路线与方法。组织战略的实施需要各职能战略的配合，如人力资源战略、成本战略、产品战略等。企业战略决策与人力资源管理活动的关系如表1－2所示。

表1－2　　企业战略决策与人力资源管理活动表

公司战略决策	对人力资源管理活动的要求
增添新生产设备	对职工培训，使其掌握新操作技术
建成新厂	部分职工调往新厂；就地招聘与选拔新职工；组织职工培训
采用低成本竞争战略	调整奖酬制度；对职工进行教育，使其了解实行新措施的理由；对职工进行技术培训，使其掌握新的节料、节能、增效技术
产品走出国门，销往海外市场	选拔和培训海外销售人员；调整奖酬制度使其适应海外情况
兼并其他企业以实现扩展目标	在被兼并企业原有职工中进行选择、留用、培训，安置剩余人员；调整奖酬系统，使标准统一

三、组织文化与人力资源管理

组织文化是企业在内外环境中长期形成的以价值观为核心的行为规范、制度规范和外部形象的总和。组织文化具有时代性、高度概括性、稳定性等特征。

组织文化形式包括深层组织文化，如企业价值观、企业最高目标、企业精神、经营管理风格、企业风气、企业道德；中层组织文化，如一般制度，包括经理负责制、岗位责任制、职代会；特殊制度，包括庆功会、高层领导走访重要顾客；企业风俗，如书画比赛、体育比赛、集体婚礼、升旗仪式、厂庆活动；表层组织文化，如企业标志、标准色、厂容厂貌、厂区绿化、车间与办公室布置以及产品特色、厂服厂歌厂旗、体育设施、企业公关礼品与纪念品、企业宣传媒体与沟通方式等。

组织文化对人力资源管理具有重要的作用，主要表现在以下几个方面：

（1）利用组织文化升华企业的经营理念。

（2）利用组织文化吸引和选拔优秀人才。

（3）利用组织文化优化员工的培训。

（4）利用组织文化完善考核与评价体系。

（5）利用组织文化建立有效的激励机制。

（6）利用组织文化营造公平公正的环境。

（7）利用组织文化强化与员工的沟通。

（8）利用组织文化对员工进行内在约束，包括制度约束和道德规范两种。

四、组织结构与人力资源管理

1. 组织的五大基本组成部分

根据新组织结构学派的组织理论，一个组织主要有五大基本组成部分：战略高层、工作核心层、直线中层、技术专家结构和辅助人员。

（1）战略高层：组织的高层领导集团，对组织全面负责，设立、推动组织的战略目标。

（2）工作核心层：由组织的基层部门组成，直接从事产品生产或服务。

（3）直线中层：由各部门的中层直线经理或负责人构成，他们的作用在于连接战略高层和工作核心层。

（4）技术专家结构：由组织中的职能人员组成，他们的作用不是直接参加生产或服务过程，而是运用自己的专门知识和技能，帮助上述三个层面提高效率和效益。

（5）辅助人员：又称支持人员。他们不直接同组织的生产或经营发生联系，而是以自己的活动去支持上述四个层面，使他们的工作能够正常地进行，如房屋维修等。

2. 职能式组织结构下的人力资源管理定位

一个采用职能式的组织结构，是自上而下按照职能进行同类合并，形成按专业划分的部门。例如，主管研发的副总裁负责所有的产品技术研发活动，所有的研发人员都被安排在研发部工作。其他职能，如市场、生产、人力资源等也是如此。

因此，采用职能式组织结构的组织中的人力资源部，其基本定位可以概括为“服务加领导”。

此种结构下的人力资源部，作为唯一的人力资源工作单位，需要负责全部的人力资源管理工作。因此，一方面它需要为所有的员工提供项目众多的常规性、一般性的人力资源管理，也就是其服务的定位；另一方面，由于其专业性及在整个组织中具有相当高度的权威性，因此它拥有足够的力量来推动、执行人力资源管理的职能目标。所以，人力资源部能够在为组织提供全面人力资源服务的同时，提供具有深度的人力资源管理的领导。也就是要有意识地为组织努力营造灵活、快速反应的管理风格，促进创新，防止组织僵化，以克服这种组织所特有的缺点，充分发挥人力资源部内部的规模效益，充分体现自己的专家角色。

由于此种组织结构下的管理相对较为简单，人力资源管理的定位较为明显，因此这里不再赘述。

3. 事业部式组织结构下的人力资源管理定位

相当多的从事多种经营的组织，都选择了事业部式组织结构，例如惠普、施乐等。这种组织结构有时也被称为产品部式结构或战略经营单位。其一般是进行多样化经营的组织，根据单个产品、服务、产品组合、主要工程或项目、地理分布、商务或利润中心来组织事业部。事业部实行决策分权制。

因此，采用事业部式组织结构的组织中的人力资源部，其基本定位可以概括为：划分层次，上层定位于研发、指导以及干部管理，下层定位为提供服务和实务管理。

划分工作层次是必然的结果。这是因为，一方面事业部式的组织结构在客观上已经存在多个人力资源工作单位，并存在于不同部分中，因此客观上已经自然而然地形成不同层次；另一方面，这也是事业部式组织结构本身所固有的缺点决定的。

因此，为了缓解这些缺陷所带来的问题，采用事业部式组织结构的组织也应有意识地对人力资源管理工作进行分层，以便开展不同层次的工作。由于各个事业部都设有自己的人力资源工作部门，因此，这些部门应该是为自己的事业部提供具体而贴近实际工作需要的服务和实务管理，例如工作流程的优化等。其工作对象为其事业部内的全体员工，在要求上应该是对本事业部内所产生的人力资源管理问题做出及时、快速、周到的处理与反馈。

此外，总部级的人力资源管理部门应针对上述组织结构的缺点，定位于对人力资源管理工作的基础性研究与开发，对组织采用的人力资源管理的理念、方法等提出改良、完善的对策。其目的或使命，是在于通过其人力资源管理（简称 HR）的研发工作，降低组织实行此种组织结构的风险，使整个组织获益。这种定位，一方面是因为客观因素，主要表现在：其一，总部与事业部的距离很远，在速度上难以实现快速反应；其二，由于同时面对多个事业部，必然会遭遇众口难调的局面。所以，设置在总部的人力资源部，已无法为全体员工提供一般性、常规性的服务。另一方面，由于人力资源管理工作者都被分散到各个事业部，因而整个组织丧失了在人力资源管理上的规模经济。而规模经济恰恰是进行深入研究所需要的非常重要的前提。同时这种分散性导致每个人力资源工作者都不得不用有限的精力应付每天的日常工作，而没有时间来思考、总结工作中遇到的问题，尤其是理论性的思考。因此，总部人力资源部应该承担起这种思考的责任，弥补这种规模经济的不足，然后通过指导将思考总结的经验反馈给组织及各事业部。

总部人力资源部的第二个定位就是要加强对组织中层干部的管理。由于直线中层，也就是各事业部的主要负责人，对整个组织的影响非常大，因而对这部分人员的人力资源管理工作就会显得尤为重要。虽然各事业部的负责人都有相当大的自主权，并且有自己的人事部为之服务，但一方面由于其下属人力资源部还要面向其内部的广大员工，另一方面，其出发点是站在自己事业部的角度，缺乏全局性的考虑，彼此之间在观念上差异较大，所以，事业部的人力资源部门的服务带有较大的局限性。再者，各事业部负责人的管理思路与管理水平与公司决策高层的要求之间还存在一定的差距或差异，因此，也需要通过正式的渠道进行思想和意志的整合。故而相比之下，总部人力资源部恰恰可以超越其局限性，提供相当高度且理由充分的人力资源服务。因此，这一定位是十分必要的。

4. 矩阵式组织结构下的 HR 定位

矩阵式组织结构是另一种十分常见的组织结构，其应用已有 30 多年，国际商用机器、福特汽车等公司都曾成功地运用过该组织机构。采用这种组织结构的组织，会存在两条相互结合的划分职权的路线：职能与产品。

无论是哪种演化形式，矩阵式组织结构都存在一个平衡问题。这不仅包括两种职权之间的平衡，还包括矩阵中关键角色的平衡。因此，此种组织结构下的人力资源部，其定位就是致力于平衡。这种定位主要集中体现在以下两个方面：

一是加强组织内部的沟通与人际关系引导。由于这种组织结构的信息量很大，信息流又很复杂，因此，必须对所有员工进行正规化、专门化的训练，才能保证这种结构的正常运行。这样做，一方面是帮助员工更好地理解这种组织结构，更为有效地处理各种信息及解开二元权力模式下的困惑；另一方面，也是为了引导员工正确对待工作中发生的问题，减少冲突，防止有人对这种二元结构的不良利用。因此，人力资源部作为渗透到各个项目或产品的职能，应该定位于积极引导、推动开放沟通的角色。

二是要加强对关键矩阵角色的人力资源管理。由于矩阵式组织结构比单一职权结构复杂得多，因此，它的正常运转需要一系列的全新管理与执行技能，这也是关键矩阵角色不容忽视的作用。换句话说，关键矩阵角色的状态，直接决定着这种组织结构的成败。这些关键角色包括高层领导者、矩阵主管和有双重主管的员工。人力资源部通过自己的工作，必须确保这些关键角色由胜任者来承担，或是使之达到胜任的要求。

当然，以上定位仅是考虑了组织结构类型这一个因素。在实际工作中，组织人力资源管理的定位还会受到其他诸多因素的影响，如组织领导人的管理理念和风格、组织的经营战略、组织类型等因素。但是，有一点不能否认，组织选择了某种组织结构时，就如同选择了房屋的整体结构设计，其内部各个组成部分的地位即已确定，后来所做的只能是一定前提下的微调。如果在主观上强行进行实质性的修改，例如，使承重墙体缺失，必然会导致灾难性的结果。

本章小结

在所有资源中，人力资源是最重要的资源。人力资源指的是能够推动经济和社会发展的人的智力与体力的总称，具有社会性、不可剥夺性、能动性和时间性等特点。

人力资源管理是组织为了实现既定的目标，对组织中的人力资源进行有效开发与管理的活动。这些活动包括工作分析、人力资源规划、员工招聘、员工培训、绩效管理、薪资福利管理、劳动关系管理、员工职业生涯管理等。其发展经历了不同的阶段。

人力资源管理具有获取、整合、保持、开发、评价与调整等职能。

人力资源管理在对整个组织的生存和发展起着重要作用。组织战略、组织文化、组织结构对人力资源管理有着重要的影响。

思考题

1. 什么是人力资源，它具有什么样的特征，你对这些特征有何认识？
2. 谈谈你对人力资源重要性的认识，举例说明。
3. 如果你是人力资源经理，你如何把组织文化运用到人力资源管理中？
4. 如果你是直线经理，你如何配合人力资源部的工作？

案例分析

一起人才流动的"官司"

上海钢琴厂的三名技术人员被乡镇企业"挖走"，该厂的吴厂长和严书记为此十分烦恼，坐立不安。

浙江省桐庐县洛舍乡工业公司眼看近几年钢琴市场走俏，供不应求，钢琴价格由每台1400元涨到2800元。根据中小学生学弹钢琴的趋势，钢琴价格今后看来会有增无减，因此决心创办钢琴厂。该厂厂房和资金均可解决，单缺精通钢琴制作的技术人员。经多方打听，得知有几位浙江同乡在上海钢琴厂担任技术员，想动员他们来厂为家乡工业作贡献。乡党政领导研究后，决定派罗乡长前往上海去找这几个人联系。

罗乡长通过同乡找到了在上海钢琴厂工作的何乐、张平以及李明，四人一商谈，一拍即合。罗乡长不仅答应向每人提供月薪2500~3000元，而且帮助解决住房和家属户籍，还给每人提供7万元生活保证金；同时在第一台钢琴试制成功后，每人还可获得2000元奖金；待形成生产能力后，还将从利润额中提取1%作为分成。

何乐、张平、李明三人都是上海钢琴厂的生产技术骨干，他们辞职出走，除了优厚的待遇诱惑外，每人还有其他的原因。

何乐，现年50岁。他于1953年进厂，工作了30多年，才是一个助理工程师。他单身在上海，妻子和子女均在绍兴农村。30多年夫妻两地分居的问题长期得不到解决。他渴望夫妻团圆，全家和和美美地一起生活。当他听罗乡长说，洛舍乡要办钢琴厂，需要技术人员，不仅待遇优厚，还能帮助他解决住房和家属户籍问题时，他欣然同意去洛舍乡钢琴厂工作。

张平，现年52岁，浙江宁波人。他进厂也有30多年，在"文革"前曾任本厂技术检验科科长。自"文革"开始下放车间劳动，至今未很好地发挥他应有的作用。另外，他与现任一位副厂长长期存在隔阂，关系不够融洽，多年来双方一直不讲话。他一直想调换工作环境，在有生之年施展自己的才能。当罗乡长来邀请他到洛舍乡钢琴厂工作时，尽管他的家小均在上海，他还是一口答应了。

李明是一名青年技术人员，现年30岁，上海人。1975年进厂就跟何乐师傅学手艺。他业务上肯钻研，几年来进步较快，成为生产技术骨干。由于他没有文凭、没有学历，职称不能解决，晋升希望也很小。当听说洛舍乡钢琴厂要人时，他也愿意前往，他认为到浙江农村开创新事业，更符合自己的性格和兴趣；工作虽然比较艰苦，但经济待遇优厚；何况他与何、张关系处得不错，也乐意与他们在一起工作。

何、张、李三人与罗乡长谈好后，立即分别向厂领导打了辞职申请报告。报告首先送给吴厂长，吴厂长立即与党委严书记商量。吴厂长担心三名生产技术骨干一走，会使该厂9英尺三角钢琴这一重点科研生产项目受到影响；同时三人辞职出走在全厂职工中会产生一股“冲击波”，如果职工们，特别是有技术的职工都群起仿效，寻找待遇优厚的去处，那全厂的生产任务如何能完成？党政领导都不同意批准他们辞职，并决定派员去浙江，与有关部门交涉，要求送还被“挖”走的技术人员。

浙江有关部门却认为这几位技术人员从大上海到技术力量奇缺的家乡扶助乡镇企业，人才的流向是合理的；洛舍乡创办钢琴厂是为了满足人民文化生活需要服务，缓和市场压力，应该说是做了件好事；三名技术人员在原厂没被重用，到乡镇企业后备受信任，分别担任副厂长、厂长助理和检验科长，工作积极性都被调动起来了，他们应有选择工作单位的权利等。真是“公说公有理，婆说婆有理”，两地“官司”持续一年多。

何乐等人得知厂领导不同意辞职申请以后，便毅然离开上海钢琴厂，到洛舍乡钢琴厂上班去了。他们与当地职工一起艰苦奋斗，不到10个月的时间，研制了8台“伯乐”牌的立式钢琴。这批钢琴不仅吸收了国外钢琴的优点，而且还作了多方改进和创新。在浙江省有关主管部门主持召开的产品鉴定会上，“伯乐”牌钢琴受到上海音乐学院钢琴系主任吴山军等20多位专家和教授的称赞。该厂准备从第二年起正式投产，年计划产量为300台。

上海钢琴厂经多方交涉，毫无结果，最后迫不得已贴出布告：对何乐三人的厂籍作除名处理。

（资料来源：北大商学网，http：//www. beidabiz. com）

讨论题

1. 罗乡长采用了哪些人力资源管理方法来吸引人才？试用激励理论说明这些方法为什么能起到吸引人才的作用。

2. 你认为上海钢琴厂厂领导处理何、张、李三人的辞职申请报告的方法妥当吗？如果你是吴厂长，要留住“人才”，你将采取怎样的对策？

第二章　人力资源管理主要理论

【学习目标】

● 了解各种人性管理理论的基本观点及其评价。
● 掌握人力资本的涵义与类型，熟悉人力资本理论的主要观点。
● 理解人本管理的涵义和基本原则。

【导入案例】

惠普公司长盛不衰的秘诀

惠普公司是世界上最大的电脑公司之一。早在1997年，其计算机产品的营业收入就占其总收入的80%以上，仅次于IBM。惠普公司也是全球著名的电子测试测量仪器公司，拥有29 000种各类电子产品。惠普的工厂和销售部门分布于美国28座城市以及欧洲、加拿大、拉丁美洲和亚太地区。到底是什么支持着惠普公司取得了今天的成就呢?

公司创始人休利特相信，员工们都渴望把工作干得出色、干得有创造性，只要为他们提供适当的环境，他们就能做到这点。体贴和尊重每个人，承认个人的功绩是公司的一大传统。多年前，公司就不实行上下班计时制了，最近又推行了一项灵活的工作时间方案：为每位员工提供了一种能够按个人生活习惯来调整时间的机会。公司还实施了独具特色的“实验仪器完全开放政策”，这项政策不仅允许工程技术人员自由使用实验设备，而且还鼓励他们把设备带回家里去自行使用。这项政策实施后，大大激发了技术人员的研发热情，为公司的科学研究和产品创新奠定了良好的基础，积蓄了强大的实力。

正是公司尊重员工的文化大大激发了员工工作的动力，这也是公司长盛不衰的秘诀。

讨论题

在这个案例中，休利特的人性假设是什么?这种组织文化体现了一种什么样的管理模式?

人力资源管理理论是人们从管理实践中概括出来的、有条理地反映人力资源管理客观规律的学说。人力资源管理理论是在管理实践的基础上产生的，它对促进对人力资源的科学管理具有指导作用。人力资源管理涉及许多领域，在经济学、管理学、政治学、法学、心理学、社会学等众多学科中，都有许多与人力资源管理相关的理论。人力资源管理理论是随着经济学、管理学等理论的出现而逐渐形成的。由于人力资源管理的主体和核心都是人，所以，近现代人力资源管理中形成了若干关于人的重要理论，这些理论主要有人性假设理论、人力资本理论和人本管理理论。了解和掌握这些理论，对深刻认识人力资源与人力资源管理，科学地进行人力资源管理具有重要意义。

第一节　人性假设理论

所谓人性，一般是指人身上具有的特性和属性。但不同的时期、不同的人对人性的看法有所不同。在人性理论发展史上，思想家们往往从人的自然属性、社会属性或理智属性等不同方面来探讨人性。人性是一个由多种属性组成的复杂系统，并随着社会实践的发展而发展，具有具体、历史的特点。

人力资源管理作为一门管理科学，其最重要的假设就是关于人性的认识。每一个管理决策和管理措施的背后都一定有某些关于人性本质以及人性行为的假定。人性假设就是把人在社会中所具有的属性和规定性从具体的人中抽象出来，并从理论的高度加以分析和研究的关于人的本质的学说。人性假设理论主要有“经济人”假设、“社会人”假设、“自我实现人”假设、“复杂人”假设、“决策人”假设和“文化人”假设等。人性假设理论是人力资源管理的重要理论基础之一。不同的人性假设在管理实践中体现为不同的管理理念、管理模式、管理行为和管理风格。

一、“经济人”假设

“经济人”也称“理性经济人”、“唯利人”或“实利人”。“经济人”假设起源于古典经济学创始人——英国经济学家亚当·斯密的劳动交换的经济理论。亚当·斯密认为人的行为动机来源于经济诱因，工作就是为了取得经济报酬，人的行为以自身利益最大化为原则。为此，需要用金钱与权力、组织机构的操纵和控制，使员工服从并为此效力。美国管理学家麦格雷戈将亚当·斯密的这种人性假设概括为X理论。

1.“经济人”假设的基本观点

麦格雷戈等人认为，人具有以下特点：

（1）人天生不喜欢工作，只要有可能，他们就会逃避工作。所以人的本质是一种被动的因素，要受组织的左右、驱使和控制。

（2）人去工作基本上是受经济性的刺激。不管是什么事情，只要能向他们提供最大的经济收益，他们就会去干。

（3）员工的感情是非理性的。因此，必须加以防范，以免干扰人们对自己利害的理性权衡。

（4）组织的设计方式要能够综合并控制人们的感情，即要控制住人们的那些无法预计的品质。

2.“经济人”假设的管理策略

根据“经济人”的上述特点，在对“经济人”进行管理时，应采取以下策略：一是组织是用经济性奖酬来获取员工的劳动与服从；二是管理的重点主要在于高效率的工作效益，员工的感情和士气方面则是次要的；三是如果员工工作效率低、情绪低落，解决办法就是重新审查组织的奖酬的刺激方案，并加以改变。

3. 对“经济人”假设的评价

“经济人”假设的提出改变了当时放任自流的管理状态，含有科学管理的成分，促进了科学管理体制的建立，同时将管理的注意力引入到了对人力、物力使用效率的研究中，具有积极的意义。但是“经济人”假设也有以下不足的方面：

(1)“经济人”假设是以享乐主义哲学为基础的，它把人看成是非理性的、天生懒惰而不喜欢工作的“自然人”。这是与马克思主义关于人的本质是社会关系总和的观点相对立的。

(2)“经济人”假设的管理模式是以金钱为主的机械的模式，否认了人的积极主动、勇担责任、善于思考的一面。他们认为由于人是天性懒惰的，因此必须用强迫、控制、奖励与惩罚等措施，以便促使他们达到组织目标。

(3)“经济人”假设认为大多数人缺少雄心壮志，只有少数人是起统治作用的。因而把管理者与被管理者绝对地对立起来了。

二、“社会人”假设

“社会人”（也称“社交人”）假设的基础是人际关系学说，最早是在美国社会心理学家梅奥主持的霍桑实验（1924—1932 年）结论的基础上所进行的总结。霍桑实验研究的最大意义，在于它使大家注意到社会性需求的满足往往比经济上的报酬更能激励人们。与“经济人”相比，“社会人”更重视工作中与周围人的友好关系，指明人除了物质外，还有社会需要，人们要从社会关系中寻找乐趣。

1.“社会人”假设的基本观点

“社会人”假设的基本观点如下：

(1) 从根本上说，人是由社会需求而引起工作的动机的，并且通过同事的关系而获得认同感。

(2) 工业革命与工业合理化的结果，使工作本身失去了意义，因此能从工作上的社会关系去寻求意义。

(3) 员工对同事们的社会影响力，比对管理者所给予的经济诱因控制更为重视。

(4) 员工的工作效率随着上司能满足他们社会需求的程度而改变。

2.“社会人”假设的管理策略

从“社会人”的假设出发，采取不同于“经济人”假设的管理措施，主要有以下几点：

(1) 管理人员不应只注意完成生产任务，而应把注意的重点放在关心人和满足人的需要上。

(2) 管理人员不能只注意指挥、监督、计划、控制和组织等，而更应重视协调员工间、员工与领导间的关系，培养员工的归属感和整体意识。

(3) 在实际奖励时，奖励应以集体为主，个人为辅。

(4) 管理人员的职能也应有所改变，他们不应只局限于制订计划、组织工序、检验产品，而应在员工与上级之间起联络人的作用。一方面，要倾听员工的意见和了解员工的思想感情；另一方面，要向上级呼吁，反映员工的需求。

（5）提出“参与管理”的新型管理方式，即鼓励让员工和下级不同程度地参加企业决策的研究和讨论。

3. 对“社会人”假设的评价

随着社会生产力的发展，企业之间竞争的加剧和企业劳资关系的紧张，使得管理者开始重新认识“人性”问题。从“经济人”到“社会人”假设是管理思想的一大进步，它实现了从以工作任务为中心的管理到以员工为中心的管理。尽管如此，“社会人”假设也存在不可摆脱的局限性。“社会人”假设偏重非正式组织的作用，否定了“经济人”假设的管理作用，忽视员工的经济需要，挫伤了员工的工作积极性。但是，可以肯定一点，“社会人”假设的管理措施，对我们今天企业管理和制定奖励制度有一定的参考意义。非正式组织的概念的提出也为企业管理提出了一个新的研究领域。

三、“自我实现人”假设

“自我实现人”假设是美国管理学家、心理学家马斯洛在20世纪50年代末提出的。后来，麦格雷戈总结并归纳了马斯洛等人的观点，结合管理问题，将其概括为Y理论。

1.“自我实现人”假设的基本观点

“自我实现人”假设的基本观点如下：

（1）工作中的体力和脑力的消耗就像游戏和休息一样自然。厌恶工作并不是普通人的本性。工作可能是一种满足（自愿去执行），也可能是一种处罚（只要可能就想逃避），到底怎样，要看可控制的条件而定。

（2）外来的控制和处罚的威胁不是促使人们努力达到组织目标的唯一手段。人们愿意实行自我管理和自我控制完成应当完成的目标任务。

（3）致力于实现目标是与实现目标联系在一起的报酬在起作用的。报酬是各种各样的，其中最大的报酬是通过实现组织目标而获得个人自我满足、自我实现的需求。

（4）普通人在适当条件下，不仅学会了接受职责，而且还学会了谋求职责。逃避责任，缺乏抱负以及强调安全感，通常是经验的结果，而不是人的本性。

（5）大多数人，而并非少数人，在解决组织的困难问题时都能发挥较高想象力、聪明才智和创造性。

（6）在现代工业化社会的条件下，普通人的智能潜力只能得到部分的发挥。

2.“自我实现人”假设的管理策略

（1）管理重点的变化

“经济人”的假设是重视物质因素和工作任务，轻视人的作用和人际关系，“社会人”的假设是重视人的作用和人际关系，而把物质因素放在次要地位，“自我实现人”的假设又把注意的重点从人的身上转移到工作环境上，主张创造一种适宜的工作环境、工作条件来调动人的热情，使人们能够在这种环境下充分挖掘自己的潜力，充分发挥自己的才能，也就是说能够充分地自我实现。

（2）管理者的职能改变

从“自我实现人”的假设出发，管理者的主要职能既不是生产的指导者，也不是人际关系的调节者，而是生产环境与条件的访问者和设计者。他们的主要任务在于如何为发挥人的智力创造适宜的条件，减少和消除职工自我实现过程中所遇到的障碍。

（3）奖励制度的改变

“经济人”的假设依靠物质刺激调动职工的积极性，“社会人”的假设依靠搞好人际关系来调动职工的积极性，这些都是从外部来满足人的需要，而且主要满足人的生理、安全和归属需要。而“自我实现人”假设的奖励重视内部激励，即重视员工个人能力的提高及才能的施展，形成自尊、自重、自主、利他、创造等自我实现的需要，来调动员工的积极性。

（4）管理制度的变化

从自我实现人的假设来看，管理制度也要作出相应的改变。总的来说，管理制度应保证职工能充分地表露自己的才能，达到自己所希望的成就。主动下放管理权限，制定出决策参与制度、提案制度等满足自我实现的需要，认为员工也是企业管理的一分子。

3. 对“自我实现人”假设的评价

对“自我实现人”假设的评价如下。

（1）“自我实现人”的假设是资本主义高度发展的产物。机械化生产条件下，工人的工作日益专业化，把工人束缚在狭窄的工作范围内。工人只是重复简单、单调的动作，看不到自己的工作与整个组织任务的联系，工作的士气很低，影响产量和质量的提高。正是在这种情况下，才提出了“自我实现人”假设即Y理论，并采取了相应的管理措施，如工作扩大化、工作丰富化等。

（2）从理论上来看，“自我实现人”的理论基础是错误的。人既不是天生懒惰的，也不是天生勤奋的，此外，人的发展也不是自然成熟的过程。“自我实现人”的假设认为人的自我实现是一个自然发展过程，人之所以不能充分地自我实现，是由于受到环境的束缚和限制。实际上，人的发展主要受社会影响，特别是受社会关系影响的结果。

（3）当然，我们在批判其错误观点的同时，也绝不能忽视借鉴其中有益的成分。例如，如何在不违反集体利益的原则下为基层员工和技术人员创造较适当的客观条件，以利于充分发挥个人的才能。又如，把奖励划分为外在奖励和内在奖励，与我们所说的物质奖励和精神奖励有一定的类似，可以吸取其中对我们有用的奖励形式。再如，这种假设中包含着企业领导人要相信员工的独立性、创造性的涵义等。

四、“复杂人”假设

“复杂人”假设是20世纪60~70年代初由组织心理学家沙因等提出的假设。根据这一假设，提出了一种新的管理理论，与之相应的是超Y理论。超Y理论具有权变理论的性质，是由摩尔斯、洛斯奇分别对X理论和Y理论的真实性进行实验研究后提出来的。他们认为，X理论并非一无用处，Y理论也不是普遍适用，应该针对不同的情况，选择或交替使用X理论、Y理论，这就是超Y理论。

1.“复杂人”假设的基本观点

“复杂人”假设的基本观点如下：

（1）人怀着各种不同的需要和动机加入工作组织，但最主要的需要乃是实现其胜任感。

（2）胜任感人人都有，它可能被不同的人用不同的方法去满足。

（3）当工作性质和组织形态适当配合时，胜任感是能被满足的（工作、组织和人员间的最好配合能引发个人强烈的胜任动机）。

（4）当一个目标达到时，胜任感可以继续被激励起来，当目标已达到，新的更高的目标就又产生了。

2.“复杂人”假设的管理策略

“复杂人”假设的管理策略如下：

（1）人的需要是分成许多类的，并且会随着人的发展阶段和整个生活处境的变化而变化，即人的需要与他所处的组织环境有关系，在不同的组织环境与时间、地点会有不同的需求。

（2）由于需要和动机彼此作用并组合成复杂的动机模式、价值观和目标，所以人们必须决定自己要在什么样的层次上去理解人的激励。

（3）员工们可以通过他们在组织中的经历获得新的动机。这就意味着一个人在某一特定的事业生涯中或生活阶段上的总的动机模式和目标，乃是他的原始需要与他的组织经历之间一连串复杂作用的结果。

（4）每个人在不同的组织中或是在同一组织内不同的下属部门中，可能会表现出不同的需要。一个在正式组织中受到冷遇的人，可能在工会中或非正式工作群体中，找到自己的社交需要和自我实现的需要。

（5）人们可以在许多不同类型的动机的基础上，成为组织中生产效率最高的一员，全心全意地参加到组织中去。

（6）员工们能够对多种互补的管理策略做出反应，这要取决于他们自己的动机和能力，也决定于工作任务的性质。换句话说，不会有什么在一切时间对所有的人都能起作用的唯一正确的管理策略。

3.对“复杂人”假设的评价

“复杂人”假设强调因人而异、灵活多变的管理，包含着辩证思想，这对改变我国传统企业的机械式管理有很大突破。但它也有局限性，同样不能机械地照搬照抄。首先，这种人性假设过分强调个性差异，而忽视了个体的共性。其次，该假设往往过分强调管理措施的应变性、灵活性，不利于管理组织和制度的相对稳定。

五、“决策人”假设

“决策人”假设是西蒙在一系列有关决策理论的论文和著作中提出来的。“决策人”假设是把人的行为放在特定的组织背景下并充分考虑人的生理心理特点（主要是信息处理能力）来进行分析的。它把对人活动的目的和手段看成可在一定范围内加以调节的变量。它的着眼点不是从单个人的效率因果链来追溯，而是群体合理决策中的行为协调。

1.“决策人”假设的管理理论

（1）理性是有限的

组织成员的理性限度表现在：执行任务的能力有限，正确决策的能力有限。也就是说，由于环境的约束和人类自身能力的限制，人们不可能知道关于未来行动的全部备选方案和有关事件的不确定性，也无力计算出所有备选方案的实施后果。

（2）寻求满意解

心理学研究表明，个人的欲望水平不是固定不变的，它可以随着体验的变化而升降。在好方案多的良性环境下，欲望提高；在恶劣环境下，欲望则下降。因此，决策者对于应当寻找一个好到什么程度的方案，就会视具体情况定位在一定的欲望水平；一旦发现了符合其欲望水平的备选方案，会结束搜索，选定该方案。西蒙称人的这种选择方式为“寻求满意解”。

（3）组织是一个“诱因和贡献”平衡系统

组织成员的协作意愿取决于由协作而得到的诱因（组织提供奖酬）和为协作而作的贡献（个人投入的时间、精力和服务）之间的比较结果。只有当贡献小于或等于诱因时，组织成员才愿意协作，组织才能得以存续和发展。

决策人假设理论提醒管理者重视员工的比较决策思维，对员工的激励不能千篇一律，应对员工所属类型进行分类，制定因人而异的激励策略，以达到最大的激励效果。

2. 对“决策人”假设的评价

“决策人”假设的出现，标志着管理理论的一次重要转向：由提高效率为中心转变为以合理决策为中心。西蒙的著名命题“管理即决策”，正是对这种转向的简明概括。这种转向无论在实践还是理论上都有着重要意义。就实践而言，它提示企业组织（乃至一般社会组织）要充分关注组织的生存环境，努力寻找使适应环境的组织决策与组织中个人决策相协调的管理模式。就理论而言，它提示企业组织要充分关注自身所拥有的信息条件，在采集、存储、加工、使用信息方面既能提供适当信息，又能保护组织自身及组织成员的注意力这种“稀有资源”。应当说，这种转向与工业经济从前期重视劳动分工发展到后期重视市场机制大体相应。

六、“文化人”假设

1.“文化人”假设的提出

文化为人所创造，又反过来塑造人。德国哲学家卡西尔在其著作《人论》中认为，人除了具有与其他生物共有的感受系统和效应系统之外，还具有第三个系统——“符号系统”。“符号系统”即指人类社会的各种文化现象，包括语言、神话、宗教、艺术和科学等。因此，人是“符号的动物”，符号是“人的本性之提示”，文化则是“人的本性之依据”。哲学始终走在时代的前面，并为人类的实践提供指导。认识到人是“文化人”，管理者着力进行企业文化建设，对员工进行文化激励，以满足员工的文化需求，如与员工分享企业最高目标或宗旨，分享共同的经营理念和价值观，形成良好的企业伦理，塑造独特的企业精神，培养企业需要的态度和行为方式，实施贯行规章制度等。企业文化理论是现代经济和社会发展的产物。

2.“文化人”假设的管理策略

“文化人”假设的管理策略如下：

（1）企业对员工实行长期或终身雇佣制，使员工与企业同甘共苦，并对员工实行定期考核和逐步提级晋升制度，使员工看到企业对自己的好处，因而积极关心企业的利益和企业的发展。引导员工自觉地把个人理想、信念、价值观融入到企业价值观和企业发展目标之中，弘扬企业精神。

（2）企业经营者不仅要让员工完成生产任务，而且要注意员工培训，培养他们能适应各种工作环境的需要，成为多专多能的人才，从而积蓄企业的内部人才资源，也为有志于得到提升的人员提供机会。

（3）管理过程既要运用统计报表、数字信息等鲜明的控制手段，也要注意对人的经验和潜在能力进行诱导。

（4）企业决策采取集体研究和个人负责的方式，由员工提出建议，集思广益，由领导者作出决策并承担责任。

（5）上下级关系融洽、平等。管理者对员工要处处关心，让员工多参与管理。通过员工代表大会等形式，加大员工参与企业管理的力度，提高企业管理的透明度，增强员工参与管理的意识，增强企业凝聚力，充分调动员工的积极性和创造性。

（6）大胆引进没有经验的新人员。只有不断创新适合企业特点且富有特色的活动载体，才能不断深化企业文化建设。

3. 对“文化人”假设的评价

“文化人”假设既是管理思想发展的内在逻辑必然，也是人性本质特征的科学反映，同时还是时代实践对现代企业家成长的必然要求。“文化人”假设的提出，并不是对以往人性假设的否定，而是辩证的扬弃，它不否认人们对经济利益和其他需求的追求以及由此带来的人性驱动。但是，人性的主要面貌是“创造人”、“学习人”、“自觉人”、“主体人”等，而在这一切称谓中，“文化人”是其最集中最合适最科学的选项。当然，企业文化建设是一项系统工作，要富有成效地抓好企业文化建设，通过建设共同价值观，规范、凝聚和激励组织全体成员的思想行为，才能最大限度地激发组织成员内在的创造力量和无限潜力。

第二节　人力资本理论

人力资本是通过对人进行投资而在人身上所形成的资本。西方人力资本理论的产生及演变，先后经历古典政治经济学的人力资本思想、新古典经济学的人力资本思想、现代人力资本和当代人力资本理论的发展阶段。人力资本理论是当前经济理论界研究的热点。在国外主要是出于对以知识经济为背景的“新经济”增长问题的研究，在国内则是出于在买方市场条件下，寻求中国经济的持续增长途径的需要。人力资本理论的不断完善，使人在物质生产中的决定性作用得到回归。

一、人力资本思想的历史起源

1. 关于人的经济价值的思想

人力资本理论形成于20世纪60年代，然而在这之前有关人力资本的概念和思想却经历了一个漫长的萌生和演化过程。美国学者马克卢普曾经指出，关于人力资本的思想至少可以追溯到300多年以前。近现代经济学中第一个明确地将人视为资产，并试图估算其经济价值的是英国古典政治经济学家威廉·配第，他在其著作《赋税论》中提出了“劳动是财富之父，土地是财富之母”的著名论断。此外，配第还热衷于用“数字、重量和尺度”等量具来表述其观点，从而促使他去计算人口的经济价值。

2. 比较明确地提出人力资本概念

古典经济学的代表亚当·斯密是第一个明确地提出人力资本概念的经济学家。1776年，亚当·斯密就把劳动者的才能与生产工具、生产性建筑、土地改良并列视为社会的固定资本。他在《国富论》中提道：学习是一种才能，须受教育，须进学校，须做学徒，所费不少。这样费去的资本，好多已经实现并固定在学习者的身上。这些才能，对于他个人固然是财富的一部分，对于他所属的社会，也是财富的一部分。工人增进熟练的程度，可和便利劳动、节省劳动的机器和工具同样看作是社会固定资本。学习的时间里，固然要花费一笔费用，但这笔费用可以得到偿还，同时也可以取得利润。显然，亚当·斯密已经把人的劳动能力归结为人力资本的范畴，并肯定在经济上对人力资本进行投资是有利的。斯密的这些杰出思想对后来的人力资本理论发展具有重要的意义，在人力资本思想发展史上占有重要的地位。正因为如此，当代一些著名的人力资本理论家如舒尔茨、明塞尔等人，都认为斯密是人力资本理论的重要先驱。

二、人力资本的内涵与类型

1. 人力资本的内涵

关于人力资本的概念，学者们长期无法获得统一。由于对概念的理解不同，人们在论述诸如人力资本特征、企业激励制度、企业剩余分配制度安排等重要方面就不可避免地引起很多的争论。主要的观点有如下一些：

舒尔茨在1960年出任美国经济学会会长时发表了题为《论人力资本投资》的演讲，系统地阐述了人力资本理论。舒尔茨也因此被奉为“人力资本理论之父”，并获得1979年度的诺贝尔经济学奖。舒尔茨主要是从经济发展特别是农业发展的角度来研究人力资本理论的。舒尔茨说过，人力资本是“人民作为生产者和消费者的能力”、“人力资本是由人们通过对自身的投资所获得的有用的能力所组成的”、“人力资本，即知识和技能”。他还说：“我们之所以称这种资本为人力的，是由于它已经成为人的一部分，又因为它可以带来未来的满足或收入，所以将其称为资本。”舒尔茨把资本区分为“人力资本”和“常规资本”，即以往经济学中的“物质资本”。

贝克尔在坚持人力资本就是人的才能的基础上，强调人的这种能力将对其“未来货币收入和心理收入”产生重要影响，他认为“人力资本是一种非常不能流动的资产”。贝克尔的一个重要贡献就是区分了“通用知识的人力资本”和“专用知识的人力资本"。

此外，还有学者从微观和宏观的角度对人力资本进行了定义，如把"人力资本定义为个人的生产技术、才能和知识"（萨洛，1970）；"人力资本可以宽泛地定义为居住于一个国家内人民的知识、技术及能力之综合，更广义地讲，还包括首创精神、应变能力、持续工作能力、正确的价值观、兴趣、态度以及其他可以提高产出和促进经济增长的质量因素"（M. M. 麦塔，1976）。

2. 人力资本的类型

（1）健康人力资本

由于人力资本存在于人体之中，因此人的体能、精力、健康状况与生命周期都可以直接影响到一个人的人力资本投资效率和收益率以及人力资本生产效率的发挥。健康生存既是人类努力实现的目标，同时也是人类追求自身最大效用与福利的一种前提条件或手段。

健康资本主要是通过医疗、卫生、营养、保健以及闲暇休息等途径获得的。健康资本的意义在于它是其他形式人力资本存在与效能正常发挥的先决条件。在精力充沛、身体健康的条件下，一个人所具有的人力资本的效能才能得到最大程度的发挥。健康投资效益，通常可以用两方面的指标来表示：一是关于健康状况本身改善的指标，诸如患病率、死亡率、平均预期寿命等；二是关于健康状况改善导致生产能力增进的指标，例如健康投资的生产率，它指的是增加健康投资以后的劳动者由于增加了无病工作时间和单位时间内的工作效率而比以前多创造的收入，此收入增量代表了对健康投资的收益，它也可以被视为健康投资对经济增长的贡献。

（2）知识人力资本

"知识人力资本"，简称为知识资本，它是人力资本的重要内容和表现形式。知识人力资本是指一个人所具有的可以直接用于生产商品与服务的知识，它具有市场交换价值和较高的收益率。广义的知识人力资本的"知识"还包括技术。技术和知识可以物化在机器设备的"硬件"中，也可以物化在"软件"中，这种状态的技术和知识还不能成为人力资本，而是可以商业化的资源或要素，只有当技术和知识物化在活的人体中，并且能够提供相应的服务或生产出新的技术与知识商品时，才是人力资本。知识人力资本主要是通过专业学习、在职培训等途径获得的。这类资本也可以按技术与知识差别划分为更为具体的类型。

（3）能力人力资本

人的能力有一般能力和特殊能力之分。个体的能力差异对行为活动过程及后果有重要解释意义，因而心理学把它作为个性心理特征的重要方面加以研究。心理学的主要研究对象是人的一般能力，即表征人的感觉、知觉、记忆、想象和思维的认识过程、喜怒哀乐的情感过程及有意识地能动地改变客观对象的意志过程的能力。它是人在认知、情感和意志活动过程表现出来的能力，如观察力、记忆力、注意力、想象力、思维力及学习力等，可简要概括为智力或认知能力。人的特殊能力，即从事某种专业活动的技能以及发现新问题、新东西，创造新事物的创造能力或创新能力。人力资本理论假定人的能力是客观的、多维的和多层次的、可变的、能动的和具有经济价值的。

可以把能力人力资本细分为一般能力型人力资本、技能型人力资本、管理能力型人力资本和应对失衡能力型人力资本等。

三、人力资本理论的形成与发展

1. 人力资本理论的形成

虽然在二三百年前，许多经济学家就有关于人力资本思想的阐述，但一直到20世纪30年代人力资本理论的雏形才渐渐形成。在这一时期，从威廉·配第、亚当·斯密到L. 杜布林、A. J. 洛特卡等众多经济学家和统计学家都有关于人力资本思想的研究，这些研究主要体现在六个方面：关于人的经济价值；关于人力资本的概念和涵义；关于人力资本投资的思想；关于人力资本投资收益的思想；关于人力资本与收入差别关系的思想；关于人力资本与生命周期关系的思想。现代人力资本理论正是在这些思想和研究成果中萌芽与发展的。

然而就在20世纪20~30年代，在人力资本理论呼之欲出的情况下，西方许多经济学家却将目光转移到当时大爆发的经济危机之中，失业和商业周期波动等问题成为当时的焦点。凯恩斯理论和凯恩斯学派一时间成为了经济学的主流，并大大推动了经济学的发展，这似乎中断了经济学家们在人力资本理论领域的研究。但随着第二次世界大战结束、欧洲重建、德日的兴起和众多经济之谜的涌现，这些因素一方面使经济学遭遇到重重的困难和挑战，另一方面也为经济学家们指明了研究的方向，提出了具体的任务，从而为人力资本理论的发展创造了新的机遇。经济学家们在寻求解决这些“经济之谜”的同时，纷纷开始了有关人力资本的研究。正是在这样的背景下，20世纪50年代末和60年代初，人力资本理论在舒尔茨、贝克尔、明塞尔的努力下破土而出，终于确立并逐步形成。

（1）宏观理论基础的确立

舒尔茨是在经济增长领域构建起人力资本理论框架的第一人，他于20世纪50年代初连续发表了《关于农业生产、产出与供给的思考》、《教育与经济增长》、《人力资本投资》等重要文章，这些都成为了现代人力资本理论的奠基之作。1960年，他的《论人力资本投资》的演讲曾引起理论界的巨大震动。在这次演讲中他明确地阐述了人力资本的概念与性质、人力资本投资的内容与途径、人力资本对经济增长的作用等重要思想和观点。舒尔茨认为，经济的发展主要取决于人的质量，而不是取决于自然资源或资本存量，人力资本是推动社会进步的决定性因素；同时他系统地阐明了人力资本的内涵，即人力资本是体现于劳动者身上的智力、知识和技能的总和，是资本的一种形态，人力资本的取得同样需要消耗资本，通过一定方式投资而掌握了知识和技能的人力资源才是最有价值的资源。最后，他还指出对人的投资所带来的收益率超过了对一切其他形态的资本的投资收益率。他认为：“改进穷人的福利的关键因素不是空间、能源和耕地，而是提高人的质量，提高知识水平。”

（2）微观理论基础的确立

诺贝尔经济学奖得主、美国芝加哥大学经济学教授——加利·S. 贝克尔是人力资本理论的另一位创始人。贝克尔早在20世纪60年代初就在家庭生产理论和时间价值与分配理论等领域做过重要的研究，并发表了《生育率的经济分析》、《时间分配理论》等文章。贝克尔认为，所有用于增加人的资源并影响其未来货币收入和消费的投资为人力资本投资，对于人力的投资主要是教育支出、保健支出、国内劳动力流动的支出或用于移民入境的支出等形成的人力资本；人力资本投资具有较长的时效性，因此投资时既要考虑短期收益，又要考虑长期收益；在职培训是人力资本投资的重要内容；收集信息、情报资料也是人力资本投资的内容之一，同样具有经济价值；唯一决定人力资本投资量的最重要因素是投资收益率；一个人的收入水平因年龄的增长而增加，在同龄组的人口中，一个人的受教育程度越高，其收入水平也越高，给父母带来的效用或满足也较大。他认为“子女被视为耐用品，基本上属于耐用消费品，它给父母带来收入”，从而进一步构建了人力资本理论的微观经济基础，并被视为现代人力资本理论最终确立的标志。至此一个具有重要影响的新的经济学理论和经济学分析工具——现代人力资本理论形成了。

2. 人力资本理论的发展

人力资本理论创立后，引起了人们的关注和众多经济学家的研究兴趣。总的来说可以分为以下两个发展阶段：

（1）第一个发展阶段（20 世纪 60 年代初至 80 年代中期）

随着人力资本理论研究的不断深入和完善，许多经济学家和各类科研院所研究出了许多成果，分别在人力资本投资、人力资本投资收益等方面极大地推动了人力资本理论的发展。

首先，在人力资本投资方面，舒尔茨、贝克尔等从理论和实际两个方面深入研究了教育、职工培训、流动和信息等人力资本投资形式与途径。有些研究成果还直接被一些国家和地区所借鉴，如东南亚 20 世纪 60 ~ 70 年代的飞速发展就和加大人力资本投资特别是教育投资是分不开的。D. 奥内尔的研究显示，1967—1985 年教育对 GDP 增长的贡献率，发展中国家高达 64%。

其次，在人力资本投资的收益方面，20 世纪 60 ~ 70 年代研究主要集中在个人与社会的经济收益方面，也涉及一些非经济方面的影响，如贝克尔、刘易斯等对人口质量、家庭、婚姻和生育等方面影响的研究。除此以外，雅各布·明塞还提出了教育投资模型，贝克尔提出了在职培训模型，本·拉斯、罗森、海利等还提出了人力资本投资与收益生命周期模型，这些都是人力资本理论所取得的重要进展。

最后，在人力资本与经济增长关系方面，许多学者从要素、效率的生产功能分析人力资本对经济增长的机理；也有研究者从知识效应和外部效应分析人力资本在经济增长中的作用机制。舒尔茨等以美国为实例分析了人力资本对经济增长的作用。通过研究使得人力资本理论更具科学性，同时还扩大了人力资本理论应用的空间，并得到了广泛的传播和充分的肯定。在人力资本理论的扩展方面包括可持续发展研究、经济增长与经济发展研究、收入分配研究、贫困问题研究、就业与职业流动研究、国际贸易研究、科学与技术开发研究、人口增长率与生育率变动研究、人口迁移与流动研究、婚姻与家庭研究及社会性别研究等。新的分支学科主要有教育经济学、卫生经济学和人力资源会计学等。

（2）第二个发展阶段（20 世纪 80 年代后期至今）

20 世纪 80 年代人力资本理论的研究又出现了一次高潮，使人力资本理论跨上了一个新的理论高度。这一时期的代表人物是 P. M. 罗默和 R. E. 卢卡斯，他们在 20 世纪 80 年代后期分别发表了《收益递增与长期增长》和《论经济发展机制》的文章，使“内生性经济增长”问题成为西方经济学家们研究的热点，并在此基础上形成了“新发展经济学”。

这个时期不少经济学家都把目光扩展到发展中国家的经济发展上，并建立了许多“增长模型”。其中具有代表性的有罗默的“收益递增模型”、卢卡斯的“两资本模型”等。在建立的模型中，他们把人力资本视为最重要的内生变量，特别强调人力资本存量和人力资本投资在内生性经济增长和从不发达经济向发达经济转变过程中的首要作用。这些研究都充分揭示了人力资本投资水平及其变化对各国经济增长率和人均收入水平趋势的影响，进而确定人力资本和人力资本投资在经济增长和经济发展中的关键作用。

四、人力资本理论的主要观点

人力资本理论的初创时期，至少有三位经济学家做出了重要的贡献。一个是美国经济学家舒尔茨结合经济增长问题的分析明确提出了人力资本的概念，阐述了人力资本投资的内容及其对经济增长的重要作用；一个是雅各布·明塞尔在对有关收入分配和劳动市场行为等问题进行研究的过程中开创了人力资本收入分配的方法；一个是美国经济学家贝克尔从其关于人类行为的一切方面均可以诉诸经济学分析的一贯方法论出发，将新古典经济学的基本工具应用于人力投资分析，提出了一套较为系统的人力资本理论框架。自现代人力资本理论诞生之后，逐渐发展成为现代经济学的重要内容。归纳起来，人力资本理论可分为三个重要领域：人力资本增长论、人力资本分配论和人力资本产权论。

1. 人力资本增长论

经济增长问题历来是经济学家们关注和研究的热点之一，也是人力资本投资决策宏观研究的主要内容。现代增长理论是由索洛、斯旺和米德等人在 20 世纪 50 年代奠定的。他们对传统的“资本积累型”的增长理论提出了挑战，并提出“技术进步决定经济增长”的观点，从而开创了新古典经济增长理论。舒尔茨提出的人力资本增长论进一步补充、发展了技术进步决定论，并提出了“知识效应”和“非知识效应”的概念。它们以直接或间接的方式促进经济的增长，消除资本和劳动要素边际递减的影响，从而保持经济的长期增长。

2. 人力资本分配论

明塞尔在 1957 年完成的题为《个人收入分配研究》的博士论文中指出，美国个人收入的差别与受教育水平有着密切的关系。这篇论文之所以具有重要的历史地位，原因是：自配第、斯密以来，经济学家已经认识到个人收入之间的差别与个人的能力水平密切相关，但是基于当时的历史条件和生产力水平，人们更为关注的是物质要素的收入分配的差别，更多的是从人的先天差别和家庭状况的角度去认识。明塞尔认识到必须从人的后天差别入手，提出个人收入的增长和个人收入分配平均化趋势的根本原因是个人受教育水平的提高，是人力资本投资的结果。明塞尔还认为，人在其生命周期的每一时刻都在进行人力资本投资决策。那些选择较多人力资本投资的人与选择较少人力资本投资的人相比，年轻时收益水平要少些，到一定时候会赶上后者的收益水平，之后则会超过后者。威利斯于 1978 年还提出了个人收益结构理论，深化了明塞尔的研究。

3. 人力资本产权论

在经济学上，第一次把人力资本及其产权引进理解现代企业制度的是斯蒂格勒和弗里德曼。他们指出，大企业的股东拥有对自己财务资本的完全产权和控制权，他们通过股票的买卖行使其产权，而经理拥有对自己管理知识的完全产权和支配权，他们在高级劳务市场上买卖自己的知识和能力。因此，股份公司不是所有权和控制权的分离，而是财务资本和经理知识这两种资本及其所有权之间的复杂合约。

第三节　人本管理理论

人本管理是建立在人本主义的基础之上的。它将人本主义的理念和方法渗透到管理的各项工作中，以实现人的自由而全面的发展。现代管理理论认为，“人”天生具有形成并实现自身目标的内在动力。人生的价值和工作的意义，其实也正在于不断形成和实现心中的目标，并在形成和实现目标的过程中促进自我进步和社会发展。因此，现代组织中的人本管理，其核心意义也就在于把组织中的人当做“人”本身来看待，而不仅仅是当做一种生产要素或资源。从“资本管理”过渡到“人本管理”，是一次管理方式的转变，也是一次管理理念的转变，在本质上更是一次彻底的管理创新。人本管理核心是通过自我管理来使员工驾驭自己、发展自己，进而达到全面而自由地发展，实现企业和个人的双赢。

一、人本主义

进入 19 世纪中叶以来，人本主义思想得到了重大的发展，出现了各种不同的流派。其一是以费尔巴哈为代表的生物学人本主义，他说，“一切的追求，至少一切健全的追求都是对于幸福的追求”，强调人在生物学意义上对自然界、他人和社会的依赖。费尔巴哈的人本学唯物主义由于没有把人看做现实社会中的人，而单纯地把人理解为自然的人，他看不到人的社会性，看不到人对现实社会的能动作用。其二是以叔本华、尼采、柏格森、萨特、弗洛伊德为代表的非理性的人本主义，把人提到哲学的中心地位，对人的非理性因素作了揭示，强调人与生存环境的矛盾等，但他们却忽视了人的自然属性。其三是以马克思为代表的人本主义。1844 年马克思在《黑格尔法哲学批判·导言》中就提出了一个著名的命题“人是人的最高本质”，“人的根本就是人的本身”，人的全面发展是实现才能、潜力、活动方式、个性的解放的全面发展的，它实现了由必然王国向自由王国的飞跃。马克思所设想的共产主义的最高目标就是为了人向真正的人复归。“这种共产主义，作为完成了的自然主义，等于人道主义，而作为完成了的人道主义，等于自然主义”。马克思认为人性是人特有的属性，包括自然属性、社会属性和精神属性。因此马克思的人本主义包括三部分：一是人与自然关系的合理解决，包括人（类）主体地位的确立、科学主义精神的弘扬；二是人与社会的关系、人与人的关系的合理解决，包括合理的个人主义和集体主义原则；三是人与人自身的关系，包括人自身物质享受和精神追求的协调发展。

人本主义的实质就是让人领悟自己的本性，不再倚重外来的价值观念，让人重新信赖、依靠体制估价过程来处理经验，消除外界环境通过内化而强加给他的价值观，让人可以自由表达自己的思想和感情，由自己的意志来决定自己的行为，掌握自己的命运，修复被破坏的自我实现潜力，促进个性的健康发展。

二、人本管理的涵义

人本管理就是以人为本的管理。它把人视作管理的主要对象，尊重个人价值，全面开发人力资源，运用各种激励手段充分调动和发挥人的积极性和创造性，突出人在管理中的地位，实现以人为中心的管理。具体来说，其主要包括如下几层涵义：

1. 依靠人——全新的管理理念

在过去相当长的时间内，人们曾经热衷于片面追求产值和利润，却忽视了创造产值、创造财富的人和使用产品的人。在生产经营实践中，人们越来越认识到，决定一个企业、一个社会发展能力的，主要并不在于机器设备，而在于拥有知识、智慧、才能和技巧的人。人是社会经济活动的主体，是一切资源中最重要的资源。归根结底，一切经济行为都是由人来进行的。人没有活力，企业就没有活力和竞争力。因而必须树立依靠人的经营理念，通过全体成员的共同努力，去创造组织的辉煌业绩。

2. 开发人的潜能——最主要的管理任务

生命有限，智慧无穷，人们通常都潜藏着大量的才智和能力。管理的任务在于如何最大限度地调动人们的积极性，释放其潜藏的能量，让人们以极大的热情和创造力投身于事业之中。解放生产力，首先就是人的解放，人的解放最为根本的是人的潜能的开发。

3. 尊重每一个人——企业最高的经营宗旨

每一个人作为大写的人，无论是领导人，还是普通员工，都是具有独立人格的人，都有做人的尊严和做人的应有权利。无论是东方还是西方，人们常常把尊严看做比生命更重要的精神象征。一个有尊严的人，他会对自己有严格的要求，当他的工作被充分肯定和尊重时，他会尽最大努力去完成自己应尽的责任。

此外，作为一个企业，不仅要尊重每一名员工，更要尊重每一位消费者、每一个用户。因为一个企业之所以能够存在，是由于它们被消费者所接受、所承认，所以应当尽一切努力，使消费者满意并感到自己是真正的上帝。

4. 塑造高素质的员工队伍——组织成功的基础

一支训练有素的员工队伍，对企业是至关重要的。每一个企业都应把培育人，不断提高员工的整体素质作为经常性的任务。尤其是在急剧变化的现代，技术生命周期不断缩短，知识更新速度不断加快，每个人、每个组织都必须不断学习，以适应环境的变化并重新塑造自己。提高员工素质，也就是提高企业的生命力。

5. 实现人的全面发展——管理的终极目标

改革的时代，必将是亿万人民精神焕发、心情舒畅、励精图治的时代，必将为人的自由而全面发展创造出广阔的空间。进一步说，人的自由而全面的发展，是人类社会进步的标志，是社会经济发展的最高目标，从而也是管理所要达到的终极目标。

6. 凝聚人的合力——组织有效运营的重要保证

组织本身是一个生命体，组织中的每一个人不过是这有机生命体中的一分子。所以，管理不仅要研究每一成员的积极性、创造力和素质，还要研究整个组织的凝聚力与向心力，形成整体的强大合力。从这一本质要求出发，一个有竞争力的现代企业，就应当是齐心合力、配合默契、协同作战的团队。如何增强组织的合力，把企业建设成现代化的有强大竞争力的团队，也是人本管理所要研究的重要内容之一。

三、人本管理思想的演变

“以人为本”的思想由来已久。可以说，伴随着人类的产生，就产生了对人的管理问题。人类所有的管理活动都离不开人，物质财富的创造、科技的进步、组织乃至社会经济的发展，归根结底都是以人为动力并且都要服务于人的发展。因此，伴随着社会经济的发展，人本管理的思想也在不断地丰富发展。

1. 中国古代人本管理思想

中国五千年文明史，其中蕴涵着深厚的人本主义思想。人本主义思想的萌芽可以追溯到先秦时期，儒家、道家、法家、兵家多有论及与人有关的治国、为政、教育、用人、治民、选才的论断和思想，其中儒家是最能反映中华民族人本主义精神的。“己所不欲，勿施于人”，“己欲立而立人，己欲达而达人”，这就说明不仅要把人当人看，更要尊重人，推己及人，将心比心，要站在他人的角度、从他人的立场出发来考虑事情，而且任何人的人格和意志都是不容侵犯的。不仅如此，孔子还强调了人的主体精神，“人能弘道，非道弘人”，这是儒家对人本观念的诠释。儒家人本思想对后世产生了深远的影响。其贯穿人本管理思想的主线是：要求君主重民、爱民，不可轻民，采取有利于人民社会地位改善与提高的政策，强调民为治国之本；在经济上要裕民、富民，并以此作为治国之道；政治上主张施行仁政。这些民本思想及其实施有利于社会的稳定，有利于生产力的发展和社会的进步。

2. 西方人本管理思想的产生与发展

(1) 古典管理理论中的人本管理思想

古典管理理论的代表人物是弗雷德里克·W. 泰勒和亨利·法约尔。泰勒科学管理中的人本管理思想可以归结为三个方面：激励、管理环境优化和重视文化管理作用。泰勒认为，科学管理原理的个别薪酬制只是提高员工积极性的从属要素之一，而不是提高员工积极性的唯一动力。他提出，领导的权力要与员工共享：“员工提出的改进建议，不管是办法，或是工具，都应该受到各种形式的鼓励，对员工的这种建议，应给予充分的荣誉。”同时，泰勒除重视“舒适的盥洗室、食堂、讲演厅、免费听课、夜校、幼儿园、棒球场和体育场、乡村视野促进会和互助会”等硬环境的建设外，还认识到环境建设对管理的重要性。他注重沟通，目的是建立良好的人际关系。他认为应充分理解员工的观点，逐步消除员工的疑问，加深接触，扩大沟通。他强调人性化管理，认为要创造宽松的环境。

古典管理理论的“组织理论学派”代表人物法约尔则认为，任何组织的活动都存在共同的管理问题，因此人们在管理实践中必然要遵循一系列一致的原则。法约尔根据自己的经验总结了14条管理原则，并指出，原则虽然“可以适应一切需要”，但它们是“灵活的”。“在管理方面，没有什么死板的和绝对的东西，这里全部是尺度问题。”原则的应用“是一门很难掌握的艺术，它要求智慧、经验、判断和注意尺度。由经验和机智合成的掌握尺度的能力是管理者的主要才能之一”。为此，法约尔要求管理者必须具有“管理人的艺术、积极性、道德性需要、领导人员的稳定性、专业知识和处理事务的一般知识”，着重强调了管理者的作用和“必须考虑到人类的本性”。

（2）人际关系学说中的人本管理思想

继古典管理理论之后，20世纪30年代开始，管理科学进入行为科学阶段。行为科学正式确立了人本管理在管理中的地位。但行为科学发端于人际关系学说，其代表人物是梅奥。1933年梅奥发表了《工业文明中的人类问题》一书，揭开了人际关系学说的序幕。梅奥通过实验发现，工作小组中的非正式关系对人的工作态度有影响，人的工作态度又对个人的劳动生产率水平有影响。据此，梅奥提出了“社会人”的人性新假设，也就是从这一阶段开始，人本管理正式浮出水面，这一假设的确立和相关理论的进展，使后来的管理理论研究和企业管理实践都发生了重大变化。

（3）行为科学中的人本管理思想

在梅奥人际关系学说之后，管理科学进入行为科学阶段。行为科学是专门研究人类行为的产生、发展和变化规律，以预测、控制和引导人的行为，达到充分发挥人的作用、调动人的积极性的目的的科学。它可以分为个体行为研究中的人本理论、群体行为研究中的人本理论和领导行为研究中的人本理论。个体行为研究是行为科学的主要内容。行为科学研究的出发点是，人的行为是由动机导向的，而动机是由需要引起的。关于个体行为科学的研究，代表性的观点有马斯洛的需要层次论、赫茨伯格的双因素论、弗洛姆的期望理论。群体行为研究是人际关系理论的继续，该理论除了研究正式群体与非正式群体特征外，还研究了个体之间相互关系及作用、群体间沟通与冲突解决等问题。具有代表性的理论有亚当斯的公平理论、阿吉里斯的个人与组织的融合与团体动力理论、沙因和卢克的心理契约理论。随着管理研究的深入，管理学家们发现领导行为对员工个体积极性的发挥有着重要影响，开始关注领导行为问题，领导者对员工的假定及由此引发的行为对员工有较大影响，其中对人本管理理论研究做出较大贡献的有麦格雷戈的X理论和Y理论、沙因的注重员工的满足感和领导的人际关系以及威廉大内的Z理论。

（4）现代管理思想中的人本管理思想

第二次世界大战后，特别是20世纪60年代以来，企业经营的环境发生了重要变化，环境分析越来越成为企业经营与管理的一个重要变量。正是以此为背景，管理领域也出现了多种流派并行的局面。美国管理学家孔茨把这种状况称为“管理理论的丛林”，我们统称为现代管理流派。在这些流派学术思想中，也蕴涵了许多人本管理思想，有的是对人本管理的发展，有的是运用人本管理理论做出的实践总结，其中比较突出的有巴纳德的社会系统学派、德鲁克的经验主义学派、欧文的人本管理实践。

3. 人本管理的基本原则

人本管理是将以人为本的管理理念和管理对策渗透到企业的各项生产经营管理活动之中，让人本管理统领企业的一切工作。企业中的人本管理，就是首先确立人在管理过程中的主导地位，继而围绕着调动企业中人的主动性、积极性和创造性去展开企业的一切管理活动。企业中的人本管理的目标，就是通过以人为本的企业管理活动和以尽可能少的消耗获取尽可能多的产出的实践来锻炼人的意志、脑力、智力和体力，通过竞争性的生产经营活动，达到完善人的意志和品格，提高人的智力，增强人的体力，使人获得超越于生存需要的更为全面的自由发展。为使企业的一切工作取得预期目标，让设想得以实现，人本管理应遵循以下一些基本原则：

（1）把对人的管理放在首位

把对人的管理放在首位，首先应该重视人才，求贤若渴。无论是一个国家还是一个企业，如果要在经济上高速发展，就必须注重开发高素质人才。日本索尼公司之所以誉满全球，其中一个重要的原因是重视人才开发。他们的主要做法是：尊重和鼓励人发挥其才干——选贤任能——始终发挥人的最大作用而高度信任他们，始终允许人去发挥各自的才干。企业只要树立以人为本的观念，并以“精诚所至，金石为开”的精神去寻求和网罗各路精英，企业在激烈的竞争中就能应付自如，做强、做大也就有了坚实的基础。

其次，应慧眼识珠，选贤用能。一位外国老板曾说过这样一句话：“老板应将40%或更多的时间用在选人和用人上。”美国的蓝色巨人IBM公司的成功经验就是用不恭顺的人，用带刺的人。一个集团、企业的下属员工的才能和智慧能否充分发挥，关键取决于领导的识才用人。开明的经营者总是善于因事选人、论才施用，让员工在适当的岗位上尽情施展才华。

最后，应以心易心，和善待人。古人曾以“人敬我一尺，我敬人一丈”来表达待人处世之道。巨人集团史玉柱在公司起步时，常常与员工一起加班加点，吃快餐面，喝自来水，一熬就是几个通宵。“巨人”集团倒下之后，仍有四十多人不仅不拿工钱，反而用自己的钱为公司办事，同甘共苦三年整，终于使巨人再度站立起来，巨人也因此被人称为“中国诚信第一人”。

概言之，人本管理是企业员工的活动，对这种活动的管理，必然要求把对人的管理放在首位。以人为本，尊重是前提，信任是动力，善待是关键。

（2）重视人的需要，以激励为主

人本管理必须研究企业成员的个性需要，研究人的期望对其行为的驱动作用，研究激励对企业员工行为导向所具有的影响力。遵循“重视人的需要，以激励为主”的原则，应侧重于使企业成员受尊敬、获得自我满足感。要建立健全物质激励为主、多种激励并存的机制，逐步形成年薪、红利、期权和福利相结合的分配制度，体现经营者收入与经营业绩挂钩、基本收入与风险收入相结合、近期收入和中长期收入相结合的原则；强调外在报酬与内在报酬并举，使员工在获得更多物质激励的同时能够关注企业提供给他的工作挑战、晋升空间、工作环境、项目团队、培训机会、社会地位、成就感等内在收益，激发和调动员工的积极性、主动性和创造性。如美国长期奉行人才吸引战略：重新修订了移民法，对高层人才实行"绿卡制"给予入籍优惠；广泛招收外国留学生，并向他们大力宣传美国式的价值观和生活方式，鼓励他们留居美国；通过借、聘外国人才，向他们许诺提供世界最优的工作条件、高薪待遇等。但有些企业还没有建立一个使知识升值、让智力高价的利益激励机制，分配上仍旧实行"大锅饭"。一个企业缺乏对员工的激励机制，在管理上几乎成了一潭死水，只有遵循"重视人的需要，以激励为主"的原则，才能使企业更快、更好地发展。

(3) 创造更好的培训、教育条件和手段

一个欲立于不败之地的企业必然注重人才、爱护人才，创造更好的培训、教育条件和手段，造就出更多推动企业发展和社会进步的"栋梁"之才。

无数事实表明，企业要进步、要发展，人才是根本，培训、教育是基础，而领导重视则是关键。要加大培训、教育经费的投入力度。应在企业中建立起合理有效的员工培训管理体制。企业领导应根据企业自身的生产发展，制订出本企业的职工培训教育长远规划，并纳入议事日程，作为职代会报告的重要内容之一予以报告审议。要确保培训教育经费达到国家标准，即员工工资总额的1.5%，以保证软、硬件设施建设的需要，进一步提高教学质量。再就是要尽快建立起自己的培训基地和教育中心，培训基地和教育中心要建立起与企业发展相适应的员工培训档案，为因人按需施教提供可靠的依据。

要完善培训教育体系，应采取切实可行的措施。一是开展全方位培训。因为企业需要的人才是多种多样的，如科技、管理、营销、公关、信息人才等。企业应根据不同的层次、类型、要求，采取不同的途径和不同的模式，全方位地培养自己所需的人才。这样，才能使企业的生产经营环环紧扣，有条不紊，以整体素质的优势参与市场竞争。二是开展专项培训。企业围绕生产经营，开展专项技术培训。如结合岗位需要开展技能培训等。三是抓好高层次的培训。如在工人技术尖子中进行"高技艺"的培训，以促进企业的生产、经营、管理向深度和广度发展。四是抓好复合型人才的培训。培训一专多能的复合型人才，为企业进入国际市场，实施外向的、规模的、多元的发展提供有力保障。因此，要开展合成培训，提高人才的综合技能，以适应搞活企业、全方位开拓市场的需要。

总之，企业仅仅依赖工作环境、生活环境的变化来改变人们的思想、心理和行为，这将是一个自发而缓慢的过程，而通过教育和培训则可以积极地、能动地影响和改变人的认知结构和行为方式。因此，创造更好的培训、教育条件和手段，就成为人本管理遵循的重要原则。

(4) 注重人与企业共同发展

一般来说，企业目标与个人目标有所不同，因为企业是人的集合而不是单个的人。作为营利性经济组织，企业还有拓展市场、赢得利润、扩张规模、增强抗竞争风险能力和实力等目标。但现代社会中的企业，其上述指标体系已完全不同于 10 年、20 年、30 年以前的指标体系了。因此，企业发展的手段和措施也有所不同，其重要标志就是人与企业共同发展。

要想促进人与企业共同发展，必须完善企业的权力结构、沟通结构和角色结构，创造学习型组织，激发人的潜能并使之成为组织发展的内在动力。企业要对员工的未来负责，应尊重员工对自己职业及人生的设计，给予个人发展空间；要结合企业文化把个人发展与企业发展凝聚在一起，构筑更大的空间让优秀人才在企业平台上充分释放个人能量，促进符合企业发展理念的职业经理人健康成长，实现双赢和多赢。每个企业的企业文化有所不同，但是与现代经济相适应的企业文化的基本内容是一致的，主要包括：下级对上级忠诚，员工对企业忠诚，企业对社会忠诚；强调团队精神，企业中任何人自我价值的实现都有赖于人员之间的相互协作，任何成绩的取得都是集体智慧的结晶；强调品德自律，管理人员应具备较高的道德水准和品行修养，应不断日省其身，自我修正。

学习型组织是以个人学习为基础，任何企业都有条件创建学习型组织。它与企业的类型、企业的经营状况无关，却直接决定于企业领导特别是最高领导的理念、意识及行动能力。每个员工可结合自己的特点，学习政治理论，学习科技，学习外语，学习计算机，学习反映当代世界的新知识。把学习当做加强和提高自身素质的一次良好机会，遵循人与企业共同发展的原则，必将促进企业成员的参与性和创造性，从而推进企业的人本管理。

只有遵循人本管理的基本原则，才能将以人为本的管理理念和管理对策渗透到企业的各项生产经营管理活动之中，让人本管理统领企业的一切，使企业的一切工作取得预期效果。

本章小结

人性是指人身上所具有的特性和属性。人性与管理密切相关，管理中对人性的探讨形成了人性管理理论。

管理中的人性假设主要包括“经济人”假设、“社会人”假设、“自我实现人”假设、“复杂人”假设、“决策人”假设和“文化人”假设。基于人性假设观点的不同，形成了不同的管理策略，每一种管理策略都各有其特点。

人力资本是蕴涵在人身上的知识、技能、经验和健康等的总和，是通过对人进行投资而形成的，主要包括健康人力资本、知识人力资本和能力人力资本。人力资本理论形成于 20 世纪 50 年代末至 60 年代初，它的发展经历了两个阶段。人力资本理论的主要观点有人力资本增长论、人力资本分配论和人力资本产权论。

人本管理是建立在人本主义的基础之上的。人本管理就是以人为本的管理，它把人视作管理的主要对象，尊重个人价值，全面开发人力资源，运用各种激励手段充分调动和发挥人的积极性和创造性，突出人在管理中的地位，实现以人为中心的管理。

人本管理的基本原则主要包括：把对人的管理放在首位；重视人的需要，以激励为主；创造更好的培训、教育条件和手段；注重人与企业共同发展。

思考题

1. 试评价各种人性管理理论的基本观点。
2. 人力资本的涵义与类型分别是什么？
3. 人力资本理论的主要观点有哪些？
4. 人本管理应遵循哪些基本原则？

案例分析

香港新鸿基集团的“大家庭式”管理

企业家们常常号召职工“以厂为家”、“以公司为家”，试图以此来增加企业的凝聚力，为企业创造更好的效益。但真正能让职工感到企业是自己的“家”，却没有那么容易。这要求企业家真正在企业营造出“大家庭”的环境。

香港新鸿基证券有限公司是1969年由冯景禧所创办的。该公司在日成交数亿港元的香港证券市场上占有30%的份额，公司年盈利额达数千万元，冯景禧的个人财产达数亿美元，成了称雄一方的“证券大王”。“新鸿基”之所以能创造出世界证券业少有的佳绩，主要得益于冯景禧的“大家庭”式的经营管理哲学。“新鸿基”执行董事谭宝信介绍说：“在冯景禧的掌管下，公司形成了一股难以形容的奇妙力量，这样的气氛能够激发员工的创造性。在这里工作，成就肯定比别的机构大。”实际情况正如谭宝信所说，冯景禧的“大家庭”式的经营哲学，不但使本国职工感到和谐，而且也使外籍职工感到“大家庭”的温暖。这样，一种神奇的力量就自然形成，这种力量之大是难以形容的。为了实施“大家庭式”的经营哲学，在管理方法上，冯景禧十分重视人的作用，强调发挥人的创造性。他曾声明，服务行业的资产就要靠管理，而管理是靠人去执行的。

新鸿基集团不以拥有巨额资产为荣，而以拥有一大批有知识、有能力、有胆量、善于运用大好时机、敢于接受挑战的人才队伍为骄傲。冯景禧的管理哲学和用人艺术，既有西方人的科学求实精神，又有东方人和谐情趣的气氛；既有美国现代化管理原则，又有日本人的以感情为核心的人际关系，熔东西方优点于一炉。在管理原则上，他十分强调团结的力量，注重全公司上下的团结一致。他在经营业务的大政方针决定之前，总是广开言路，尤其是重视反面意见，然后加以集中，再向全体员工解释宣传，使大家齐心协力。他在实施公司的决策时俨然是一位“铁血将军”，而在体谅下属时又俨然是一个宽厚的长者。如果有哪个职工向他辞职，他首先会询问是否有亏待他的地方。如有，就诚恳道歉、改正，并全力挽留。因为他知道，失去一个人容易，但培养一个人难。在管理作风上，他注重以身作则，平易近人。为了使员工心情愉快，他还刻意创造一种“大家庭”式的生活气氛，如组织业余球赛，在周末组织员工用公司的游艇观赏海景，亲自参与员工的“国语”学习等。现有不少企业的职工“吃里爬外”，对企业不负责任，“大家庭式”的管理，不失为医治这种病症的良方。

讨论题

1. 冯景禧是如何提高新鸿基证券有限公司的凝聚力的？
2. 你从该案例中得到什么启示？

第三章　人力资源战略与规划

【学习目标】

- 重点掌握人力资源规划的定义、基本问题、层次及人力资源信息系统。
- 熟悉人力资源规划的内容、程序及人力资源预测技术。
- 了解人力资源规划的目标、必要性及弹性人力资源规划。

【导入案例】

××公司的人力资源规划

近年来××公司常为人员空缺所困惑，特别是经理层次人员的空缺常使得公司陷入被动的局面。××公司最近进行了公司人力资源规划。公司首先由四名人事部的管理人员负责收集和分析目前公司对生产部、市场与销售部、财务部、人事部四个职能部门的管理人员和专业人员的需求情况以及劳动力市场的供给情况，并估计在预测年度，各职能部门内部可能出现的关键职位空缺数量。

上述结果用来作为公司人力资源规划的基础，同时也作为直线管理人员制定行动方案的基础。但是在这四个职能部门里制定和实施行动方案的过程（如决定技术培训方案、实行工作轮换等）是比较复杂的，因为这一过程会涉及不同的部门，需要各部门的通力合作。例如，生产部经理为制定将本部门A员工的工作轮换到市场与销售部的方案，则需要市场与销售部提供合适的职位，人事部作好相应的人事服务（如财务结算、资金调拨等）。职能部门制定和实施行动方案过程的复杂性给人事部门进行人力资源规划也增添了难度，这是因为，有些因素（如职能部门间的合作的可能性与程度）是不可预测的，它们将直接影响到预测结果的准确性。

××公司的四名人事管理人员克服种种困难，对经理层的管理人员的职位空缺做出了较准确的预测，制定了详细的人力资源规划，使得该层次上人员空缺减少了50%，跨地区的人员调动也大大减少。另外，从内部选拔工作任职者人选的时间也减少了50%，并且保证了人选的质量，合格人员的漏选率大大降低，使人员配备过程得到了改进。人力资源规划还使得公司的招聘、培训、员工职业生涯计划与发展等各项业务得到改进，节约了人力成本。

讨论题

为什么公司进行了人力资源规划后使公司的人力资源工作取得如此大的进步和改善？

人力资源规划处于整个人力资源管理活动的统筹阶段，它为下一步的人力资源管理活动制定了目标、原则和方法。好的人力资源管理规划不但能使企业得到需要的人力资源，而且能使企业的人力资源管理得到合理有效的利用和发挥。

第一节 人力资源规划概述

任何企业为实现其战略目标，在发展过程中都必须要有与其目标相适应的人力资源配置，但不断变化的组织内部和外部环境又会对人力资源配置产生不同程度的影响。因此，必须对企业人力资源的需求和供给进行科学的预测和规划，才能实现组织发展与人力资源的相互匹配，进而实现组织的可持续发展。

一、人力资源规划的内涵

人力资源规划，又称人力资源计划，是指企业根据发展战略的要求，科学地预测与分析组织在不断变化的环境中人力资源的需求和供给状况，并据此制定必要的政策和措施以确保企业在适当的时间、适当的岗位上获得所需要的人力资源（包括数量和质量两方面)，并能满足组织和个人需求的过程。

人力资源规划的实质是一种人事政策，是决定组织的发展方向，并在此基础上确定组织需要什么样的人力资源来实现企业最高管理层所确定的目标。人力资源规划的概念主要有以下四层涵义：

(1) 人力资源规划为企业未来的生产经营活动预先准备人力资源，是企业整体战略规划的重要组成部分。它是以组织的战略目标为依据的，当组织的战略目标发生变化时，人力资源规划也将随之发生变化。

(2) 一个组织所处的内外部环境是在不断变化的，这种动态的变化过程会对人力资源的需求和供给产生持续的影响，将使组织的人力资源政策也处于不断地变化和调整之中。人力资源规划就是要对这些变化进行合理的预测和分析，以确保组织在近期、中期和长期都能获得必要的人力资源。

(3) 组织应制定必要的人力资源政策和措施，以确保对人力资源需求的及时满足，政策要正确而明晰。例如，针对内部人员的调动、补缺、晋升、辞职、外部招聘、开发培训以及奖惩等措施都要切实可行，否则就无法确保组织人力资源规划的实现。

(4) 人力资源规划既要实现组织的目标，又要满足员工个人的利益。组织人力资源规划还要创造良好的条件，充分发挥组织中每个人的主观能动性和创造性，提高工作效率，进而提高组织效率，实现组织目标。

与此同时，组织也要关心员工个人物质、精神和业务发展等方面的利益和要求，并帮助他们在实现组织目标的同时实现个人的目标，只有两者兼顾，才能吸引和招聘到组织所需要的人才，满足组织对人力资源的需求。

二、人力资源规划的作用

人力资源是企业最具决定性、最活跃的要素资源，是企业生存发展的第一资源。因此，人力资源规划对于企业各项具体的人力资源管理活动，不仅具有先导性和全局性，它还能根据组织的变化不断地调整人力资源政策和措施，指导人力资源管理活动有效地进行。具体而言，人力资源规划的作用主要体现在以下几个方面：

1. 确保企业发展过程中对人力资源的需求

任何企业都处于一定的内外部环境系统之中，影响这一系统的因素总是在不断地变化，而各种因素对组织人力资源供求状况的作用程度又不同，有一些因素会产生很大的影响；另外，不同的企业、不同的生产技术条件，对人力资源的数量、质量和结构等要求是不一样的。例如，在知识经济的时代背景下，市场竞争日趋激烈，产品的更新换代速度不断加快，一项新技术的研究、应用和产业化周期大为缩短，这就使得企业需要不断地开发新产品，引进新技术，才能保证在市场竞争中立于不败之地。企业一方面可以节省大量的劳动力，另一方面也要求对在职员工进行适当的再培训，以适应新技术条件下工作对人的需要以及人对工作的适应。因此，企业如果不能事先对内部的人力资源状况进行全面系统的分析，采取有效的措施来提高现有员工的素质或吸引外部较高素质的人才，企业就会不可避免地出现人力资源短缺的状况，从而影响正常的生产活动。

对于技能要求不高的普通工作，企业可以在短时期内从劳动力市场上招聘到需要的员工，或对现有员工进行简单的有目的的培训即可满足工作的人力需求。但对于技能要求较高的技术工作和管理工作来说，这类人才在企业的生产中起决定性作用，如果短缺，会给企业带来重大的损失。

另外，组织内部的因素也在不断地变化，如岗位调动、退休、辞职、辞退或职务的升降等因素，将会导致人力资源数量、质量和结构等方面的变化，同样也需要对人力资源规划进行适时的调整，以确保企业对人力资源的需求。

2. 有利于企业战略目标的制定和实现

任何企业在制定战略目标和发展规划时，首先考虑的问题是企业自身所拥有的各种资源，尤其是人力资源。实践证明，如果有科学的人力资源规划，就有助于高层管理者了解组织内部现有人力资源状况、各种人才余缺情况以及一定时期内部抽调、培训或对外招聘的可能性，从而成功地进行相应的决策。也就是说，一方面，人力资源规划要以企业的战略目标和发展规划为依据；另一方面，人力资源规划又有利于战略目标和发展规划的制定，并最终促进企业总体目标和长远规划的顺利实现。

3. 有助于调动员工的积极性和创造性

现代人力资源规划要求在实现组织发展目标的同时，要满足员工个人多层次的需求。员工明确了自己在工作中需求的可满足程度以及自己在企业中的发展方向和努力方向，才能在工作中表现出主动性和创造性；否则，在员工对自己和组织的目标或结果不确定时，他们的积极性和创造性就会受到不同程度的削弱和抑制，一定程度上会严重影响组织的工作效率。而人员流失特别是有才能的人员流失会使人力资源的供求关系日益失衡，甚至形成人才流失的恶性循环。

4. 使人力资源管理活动有序化

人力资源规划是人力资源管理活动的基础，它由总体规划和各分类执行规划构成，为管理活动（如确定各种岗位人员需求量和供给量、调整职务和任务、培训等）提供可靠的信息和依据，以保证人力资源管理活动的科学性和有序化。如果没有有效的人力资源规划，那么，企业什么时候需要补充人员，补充哪个层次的人员，如何避免各部门人员提升机会的不均以及如何组织培训等，都会出现很大的随意性和混乱。

5. 可降低人力资源成本，提高人力资源的利用效率

组织效益就是有效地配备和使用组织的各种资源，以最小的成本获取最大的收益和产出。企业人力资源成本中最大的支出项目是工资支出，而工资总额在很大程度上取决于组织中的人员分布状况，即企业中人员在不同职务和不同级别上的数量状况。一般来说，当企业处于创立发展的初期，企业员工的人均工资相对较低，人力资源成本也较低；当组织进入成熟期后，整体规模相应扩张，员工职务提高，人员的平均工资将增加，企业的人力资源成本必将上升，考虑到竞争激烈、通货膨胀以及安排失业员工的费用增加等因素，人力资源成本可能会大大超过企业的负担能力。如果没有人力资源规划，不对企业的人员变化、结构和职务布局等进行合理的预测分析，并作出相应的调整，将会导致企业经营效益的下降，影响企业战略目标的实现。因此，要通过人力资源规划，对现有的人员结构进行分析和适当的调整，并找出影响人力资源有效利用的瓶颈，把人力资源成本控制在合理的水平范围内，使人力资源效能能得到充分的发挥。这无疑是组织实现可持续发展不可缺少的重要环节。

6. 有利于协调人力资源管理计划

人力资源规划作为企业的战略性决策，是企业制定各种具体人事政策的基础。人事政策对企业管理活动影响很大，如晋升政策、培训政策、人员的调配政策等，而且调整起来也很复杂，涉及方方面面的问题。为了使企业人力资源政策准确合理，就需要提供准确无误的人力资源供求信息。例如，一个企业在未来某一段时间内，缺乏某类有经验的员工，而这类员工的培训又不可能在短期内实现，那么企业该如何处理这种情况呢？如果从外部招聘，需花很多的费用，而且所招聘的人员未必能在短时间内熟悉和胜任工作。如果企业自己培养，就需要提前培训，还需要考虑到受训人员流失的可能性等。所以企业必须通过制订人力资源规划、人员招聘计划、员工培训开发计划、薪酬计划和激励计划等，使人力资源管理的各种具体计划能够相互协调。

三、人力资源规划的分类

按照规划时间的长短，人力资源规划可以分为短期规划、中期规划和长期规划。短期规划是指 1 年或 1 年内的规划，这种规划任务具体、要求明确。长期规划是指时间跨度为 5 年或 5 年以上的具有战略意义的规划，它为企业的人力资源的发展和使用状况明确了目标、任务和基本政策。中期规划一般为 1 ~ 5 年的时间跨度，其目标、任务的明确程度介于长期与短期两种规划之间。当然，这种时间的划分不是绝对的。有些企业的短期规划、中期规划和长期规划可能比上面所说的更长，而某些企业的长期

规划、中期规划和短期规划会比较短。企业应该制订短期规划、中期规划或长期规划，主要取决于企业所面临的不确定性的大小、经营环境的稳定程度以及企业人力资源的要求、人力资源规划期限与经营环境的关系等。

表 3－1 列出了不确定性与规划期的发展的关系。

表 3－1　　不确定性与规划期的发展表

短期规划：不确定性/不稳定性	长期规划：确定/稳定
出现很多新竞争者 社会经济环境迅速变化 不稳定的产品/服务需求 变动的政治和法律环境 企业规模比较小 管理水平落后（危机管理）	强大的竞争地位 渐进的社会、政治和技术方面的变化 有效的管理信息系统 稳定的产品/服务需求 管理水平先进

按照性质分类，人力资源规划还可分为总体规划和具体计划。总体规划属于战略规划，它是指规划期内人力资源总目标、总政策、总步骤和总预算的安排；具体计划是战略规划的分解，包括人员补充计划、配备计划、使用计划、培训开发计划、薪酬计划等。这些具体的业务计划都是由目标、任务、政策、步骤及预算等要素组成的，从不同方面保证人力资源总体规划的实现。

四、人力资源规划的内容

人力资源规划的内容主要分为总体规划和各项具体业务计划。总体规划是指根据企业战略确定的组织在规划期内人力资源开发和利用的总体目标和配套政策的总体筹划安排。各项具体业务计划是总体规划的展开和具体化，如人员补充计划、人员使用计划、培训开发计划、退休解聘计划等。这些具体的业务计划都是由目标、任务、政策、步骤及预算等要素组成的，具体见表 3－2。

表 3－2　　人力资源规划的内容表

计划类别	目　标	政　策	步　骤	预　算
总规划	总目标：绩效人力资源总量、素质、员工满意度	基本政策（如扩大、收缩、改革、稳定）	总体步骤：（按年安排）如完善人力资源信息系统等	总预算：××万元
人员补充计划	类型、数量对人力资源结构及绩效的改善等	人员标准、人员来源、起点待遇等	拟定标准、广告宣传、考试、录用、培训上岗	招聘、选拔费用
人员使用计划	部门编制、人力资源结构优化及绩效改善、职务轮换	任职条件、职务轮换范围及时间	略	按使用规模、类别、人员状况决定工资、福利预算

表3－2(续)

计划类别	目　标	政　策	步　骤	预　算
培训开发计划	素质与绩效改善，培训类型与数量，提供新人员，转变员工劳动态度	培训时间的保证、培训效果的保证	略	教育培训总投入、脱产损失
配备计划	后备人员数量保持，改善人员结构，提高绩效	选拔标准、资格、试用期、提升比例、未提升人员安置	略	职务变化引起的工资变化
薪酬计划	离职率降低，士气提高，绩效改善	工资政策、激励政策，反馈、激励重点	略	增加工资、预算
劳动关系计划	减少非期望离职率，雇佣关系改善，减少员工投诉与不满	参与管理，加强沟通	略	法律诉讼及相关费用
退休解聘计划	编制、人力资源成本降低，生产率提高	退休政策、解聘程序等	略	安置费、资遣费、人员重置费用

1．人员补充计划

人员补充计划是指企业根据组织实际运转情况，合理地预测职位的空缺情况，并制定出必要的政策和措施，确保组织能及时地获得所需要的人力资源。

人员补充计划可以改变企业内部的人力资源配置与既定目标不相适应的状况，改变企业组织内部人力资源结构不合理的状况。作为人力资源总体规划的一个组成部分，人员补充计划与人力资源的其他各项具体计划关系密切，因此，应尽可能与其他计划配套进行，才能实现预期的总目标。补充计划要求管理者在录用员工时，应该用系统和发展的眼光看问题，如要考虑到若干年后员工的使用情况。

2．人员使用计划

人员使用计划的主要任务是晋升和轮换。晋升计划是根据企业管理层次结构的要求和人力资源的分布状况，制定相应的人员提升政策。轮换计划是为实现工作丰富化、提高员工的创新热情和能力、培养员工多方面的素质，而制订的对员工工作岗位进行定期变换的计划。晋升表现为工作岗位的垂直上升，轮换则表现为员工岗位的水平波动。

对组织而言，及时地把有能力的人提升到与其能力相匹配的职位上，对于增强企业的整体实力、调动员工的工作积极性，都有着重要的影响和巨大的推动力。

从员工角度来看，通过晋升，不仅为自身提供了充分发挥个人才能和潜力的机会及条件，可满足其多种需要，还意味着该工作责任和工作压力的增加。当工作中更大的责任和更大的自我实现一旦结合起来时，就会产生巨大的工作动力，使企业获得更大的利益。

晋升计划一般由晋升比率、平均年资、晋升时间等指标定量地描述，各指标的调整会使晋升计划发生改变，直接影响到员工的工作积极性和创造性。例如降低晋升率，就意味着员工的晋升机会相对减少，而晋升年资的延长将意味着员工将在目前所在级别上工作更长的时间，会使员工更注重工龄而不是工作业绩，重视量的方面要多于质的方面。

3．培训开发计划

培训开发计划是为了企业中、长期发展所需补充的空职而事先制订的人才储备计划，也是为了更好地使人与工作相适应而进行的一系列的筹划工作。例如美国著名的IBM公司曾经为了适应事业的发展，对逐级推荐产生的5000多名有晋升前途的员工分别制订了培训计划，并根据可能产生的职位空缺和出现的时间，分阶段有目的地进行培训，这样当职位出现空缺时，相应的人才已经准备好了，这对公司的发展起到了非常重要的作用。

企业通过培训开发，一方面可以使员工更好地适应正在从事的工作，另一方面也为组织未来发展所需要的职位准备了后备人才。培训开发计划与晋升计划、配备计划和个人发展计划密切相关。无目的的个人培训往往针对性不强，如果将企业的培训开发计划与晋升计划、补充规划有机地结合起来，就可以增强培训的目的性，同时也让员工看到培训的好处和希望，从根本上调动员工参加培训的积极性。一般来说，组织的培训计划要在晋升之前完成。

4．配备计划

配备计划就是指通过有计划地安排企业内部员工进行横向流动来实现组织内部的员工在未来职位上的分配。

配备计划表示在组织中、长期内处于不同的职务、部门或工作类型的人员的分布状况，是确定组织人员需求的重要依据。某种职务上的人员需要同时具备其他类型职务的经验知识时，需要进行有规划的横向流动。由于更高级别的职务对人员素质的要求相对较高，如果流动量小或流动频率低，会使具备潜力的员工不能够快速地适应工作环境，也就满足不了对人员素质的要求。当企业人员过剩时，通过配备计划可以改变工作分配方式，解决组织中工作负荷不均的问题。

5．薪酬计划

薪酬计划是指为确保企业的人力资源战略与企业的经营状况保持在一个合理的水平上，对员工的薪酬所进行的计划。这项计划的内容包括绩效标准及其衡量方法、薪酬结构、工作总额、工资关系、福利项目等。企业未来工资总额取决于员工的分布状况，不同的分布状况往往对应着不同的人力资源成本。企业通过薪酬计划，适当地控制扩大的幅度，减少中高层次职位的数量，在一定条件下就会明显地降低工资总额。另外通过改变工作的分配方式，减少技术工种的职位数，增加数量工种的职位数，也能够达到降低工资总额的目的。所以，如果事先没有详细的工资计划，不能有效地控制人力资源成本，那么企业的整体目标就会受到重大的影响。

6．退休解聘计划

企业每年都会有一些人因为达到退休解聘的年龄或合同期满等原因而离开企业，在经济不景气、人员过剩时，有的企业还采取提前退休解聘等特殊手段裁减人员，从而降低人力资源成本，提高组织的生产效率。

7. 劳动关系计划

劳动关系计划主要是为了降低非期望离职率，改善雇佣关系，降低员工投诉率及不满。

第二节　人力资源需求与供给预测

人力资源预测是人力资源规划的重要环节，也是制定人力资源规划的重要依据。人力资源预测就是根据人力资源供求关系做出判断和分析，最后综合组织内外的因素影响，通过人力资源规划，平衡人力资源供求之间的矛盾。人力资源预测包括需求预测和供给预测。

一、人力资源需求预测

对人力资源需求的预测是以与人员需求有关的某些因素为基础，根据企业发展战略规划和内外条件选择合适的预测技术，然后对未来某个时期企业对人力资源需求的数量、质量和结构进行预测。

1. 人力资源需求预测的影响因素

在对人力资源的需求进行预测时，应充分考虑以下因素对需求预测的数量、质量以及结构的影响：

（1）未来的生产经营任务和发展目标对人力资源的需求。

（2）预期的员工流动比率。它是指由于辞职、解聘、退休或人员流动（跳槽）等原因引起的职位空缺规模。

（3）生产技术水平的提高和组织管理方式的革新对人力资源需求的影响。

（4）提高产品、服务质量或进入新市场的决策对人力资源需求的影响。

（5）企业的财务资源对人力资源需求的约束。根据未来人力资源总成本，可以推算人力资源的最大需求量。

2. 人力资源需求预测的方法

人力资源需求预测主要有以下几种方法：

（1）管理人员判断法

管理人员判断法是由企业的各级管理人员，根据自己工作中的经验和对企业未来业务量增减情况的直觉考虑，自下而上地确定未来所需人员的方法。具体做法是：先由各职能部门的基层管理人员根据自己的经验和对部门在未来各时期业务量增减情况的估计，提出本部门各类人员的需求量，再由上一级管理者估算平衡，最终由最高管理层组织对人力资源需求进行总体预测和决策，然后由组织的职能部门（通常是人力资源部门）制订出具体的执行方案。

管理人员判断法是一种粗略的、简便易行的人力资源需求预测方法，主要适用于短期预测，若用于中、长期预测，则相当不准确。但若企业规模小、结构简单、生产经营稳定、发展较均衡时，也可用来预测中、长期的人力资源需求。

（2）德尔菲法

德尔菲法又称专家会议预测法，是从20世纪40年代末的美国兰德公司的“思想库”中发展出来的一种常用的主观判断预测方法。这种方法是由有经验的专家，对某些问题的分析或管理决策进行直觉判断与预测，主要依赖于预测者个人的知识、经验和分析判断能力。专家可以是来自第一线的管理人员，也可以是高层管理者；既可以是企业内部的，也可以是外聘的。专家的选择基于他们对所研究问题的了解程度。

德尔菲法的具体操作步骤为：首先选择20位左右熟悉人力资源问题的专家组成一个预测小组，并为他们提供相关的背景资料；其次，提出一系列有关人力资源预测的具体问题，以匿名问卷的形式请专家们以书面形式作答，使专家们在背靠背、互不通气的情况下回答问题；再次，进行第一轮预测，并将各位专家的意见集中归纳，把结果反馈给他们，然后将修改后的意见进行归纳，经过三到四次的重复，专家的意见趋于一致；最后，汇总专家们的意见，经过数据处理，得出最终结果。

在运用德尔菲法进行人力资源需求预测时，企业应注意以下几个问题：

①为专家提供详尽且完善的有关企业生产经营状况的信息，以使他们能够准确判断。

②保证所有专家能够从同一角度去理解有关人力资源方面的术语和概念，避免造成误解和歧义。

③所提出问题应该是专家能够答复的。

④问题的回答不要求太精确，但要说明原因。

⑤提问过程尽可能简化，所提问题必须是与预测有关的问题。

⑥向高层管理人员和专家讲明预测对组织及下属单位的益处，以争取他们对德尔菲法的支持。

德尔菲法是在每个专家均不知除自己以外的其他专家的情况下进行的，因而可避免由于彼此身份地位的差别、人际关系以及群体压力等原因对意见表达的影响，充分发挥每位专家的作用，集思广益，预测的准确度相对较高。因此这种方法的应用比较广泛。

（3）经验预测法

经验预测法就是根据人力资源管理部门以往的经验对人力资源进行预测的方法。具体的方法是：根据企业的生产经营计划及劳动定额或每个人的生产能力、销售能力、管理能力等进行人力资源需求的预测。西方不少企业组织常采用这种方法来预测本组织在未来某段时期内对人力资源的需求。例如，一个企业组织根据以往的经验认为生产车间的管理人员，如一个班组长或工头，一般管理15个人比较好。根据这一经验，该企业就可以根据生产工人的增减数来预测班组长或工头一级管理人员的需求。需要特别说明的是：不同的人的经验会有差别，不同的新员工的能力也有差别，特别是管理人力资源需求时，一方面，要注意经验的积累，包括保留历史档案、采用多人的经验，从而提高预测的准确度；另一方面，这种方法应用于不同的对象时，预测的准确度会不同。对可准确测度工作量的岗位，预测的准确性较高；对难以准确测度工作量的岗位，预测的准确性较低。这种方法应用起来并不复杂，适用于技术较稳定的企业的中、短期人力资源预测。

（4）转换比率分析法

转换比率分析法是根据历史数据，把企业未来的业务活动量转化为人力资源需求的预测方法。具体方法是根据过去的业务活动量水平，计算出每一业务活动量所需的人员的相应增量，再把实现未来目标的业务活动增量按计算出的比例关系，折算成总的人员需求增量，然后把总的人员需求量按比例折算成各类人员的需求量。

例如，某炼油厂根据过去的经验，每增加1000吨的炼油量，需增加15人，预计一年后炼油量将增加10 000吨，如果管理人员、生产人员和服务人员的比例是1∶4∶2，则新增的150人中，管理人员约为20人，生产人员为85人，服务人员为45人。计算方法如下：

第一步：计算分配率，150÷（1+4+2）=150/7。

第二步：分配，管理人员约为1×150/7=20（人），生产人员约为4×150/7=85（人），服务人员约为2×150/7=45（人）。

转换比率分析法假定劳动生产率是一个常量，如果生产率上升或下降，根据过去的经验所进行的人力资源预测就不太准确了，因此它主要适用于短期和中期的预测。

（5）趋势外推法

趋势外推法是根据企业整体或各个部门以往人力资源数量的变动趋势，预测未来的人力资源需求量，而不考虑其他因素的影响。该方法属于一元回归分析，是一种定量的预测方法，以时间因素作为解释变量，基于过去一段时间（一般是5年）的历史数据资料，利用最小平方法求出趋势线，再将趋势线延长，即可预测未来的需求数值。

例如，某企业在过去12年中的生产人员与产量数据如表3-3所示。

表3-3 某企业在过去12年中的生产人员与产量数据表

年度	1	2	3	4	5	6	7	8	9	10	11	12
人数	21	22	23	25	28	30	32	31	32	34	34	36
产量	11	13	14	14	17	16	19	21	20	24	28	31

利用最小平方法，求出直线回归方程：

$$Y = a + bX$$

式中：Y —— 人员数量；

X —— 年度产品产量；

a，b ——根据过去资料推算出的未知系数。

由表中数据，可以计算出：

$$a = Y - b\frac{\sum_{i=1}^{n} X_i}{n}$$

$$b = \frac{\sum_{i=1}^{n}(X_i - \bar{X})(Y_i - \bar{Y})}{\sum_{i=1}^{n}(X_i - \bar{X})^2}$$

$$\bar{X} = \frac{\sum_{i=1}^{n} X_i}{n}$$

根据上式，预测方程为：$Y = 14.56 + 0.76X$。

如果已知第三年产量为36，那么，该年企业的人员需求量为：$Y = 14.56 + 0.76 \times 36 = 42$（人），即企业在第三年需净增加6个人。

如果不考虑其他因素对 $Y = 14.56 + 0.76X$ 的影响，根据上一年的产量数即可推测以后各年度企业对员工的需求量。

（6）多元回归分析法

多元回归分析法与趋势外推法一样都是建立在统计技术上的人力资源需求预测方法，不同的是：它不仅仅考虑时间或产量等单个因素，而还要考虑其他因素的影响，将多个因素作为自变量，运用事物之间的各种因果关系，根据自变量的变化推测与之相关的因变量变化。根据该方法找出人力资源的需求随各因素变化的趋势，由此推出将来的趋势，从而预测出人力资源的需求情况。

这种定量方法一般包括五个步骤：

第一步：确定适当的与人力资源需求量有关的组织因素，组织因素应与组织的基本特征直接相关，而且这些因素的变化必须与所需的人力资源需求量的变化成比例。

第二步：利用这些组织因素与劳动力数量的历史记录，找出二者之间的关系。

第三步：计算每年每人的平均产量（劳动生产率）。

第四步：确定劳动生产率的趋势以及对趋势进行必要的调整。在确定过去一段时间内劳动生产率的变化趋势时，必须收集该时期的产量和劳动力数量的数据，以此算出平均每年生产率的变化和企业因素的变化，这样就可预测下一年度的变化。

第五步：对预测年度的人力资源需求量进行推测。

多元回归分析法的数学模型为：

$$Y_t = a_0 + a_1X_{1t} + a_2X_{2t} + \cdots + a_nX_{nt}$$

式中：a_1、a_2、a_3、$\cdots a_n$ 为常数项和各个自变量相应系数，可根据企业相关的历史资料求得。

该模型表示了人力资源需求量和假设决定人力资源需求量的多个变量之间的定量关系。这种方法得到的预测结果相对准确，但使用起来较复杂，通常需要借助计算机系统。在企业历史较长而且比较稳定时，如果能够发现各种变量之间的可靠关系，则多元回归分析的统计模型是非常有用的。

二、人力资源供给预测

人力资源供给预测是人力资源预测的又一个关键环节，只有将人力资源需求预测与人力资源供给预测进行对比之后，才能制订出各种具体的人力资源规划。人力资源供给预测包括内部供给和外部供给两方面。

1. 人力资源内部供给预测

人力资源内部供给预测是指根据企业内部人力资源状况预测可供给的人力资源以

满足未来人力资源变化的需求。最常用的内部供给预测方法有三种：人员核查法、人员替换图法和马尔科夫法。

（1）人员核查法

人员核查法是通过对现有企业内部人力资源质量、数量、结构和在各职位上的分布状况进行核查，确切掌握人力资源拥有量及其利用潜力，并在此基础上，评价当前不同种类员工的供应状况，确定晋升和岗位轮换的职业设计。为此，在日常的人力资源管理工作过程中，需要做好员工工作能力及潜力方面的客观记录。表 3－4 是一个人事资料登记表的范例。

表 3－4　人事资料登记表

<table>
<tr><td colspan="2">姓名：</td><td>工作部门：</td><td>工作地点：</td><td colspan="2">填表日期：</td></tr>
<tr><td colspan="2">到职日期：</td><td>出生年月：</td><td>婚姻状况：</td><td colspan="2">工作职称：</td></tr>
<tr><td rowspan="5">教育背景</td><td>类别</td><td>学校种类</td><td>毕业日期</td><td>学校</td><td>主修科目</td></tr>
<tr><td>高中</td><td></td><td></td><td></td><td></td></tr>
<tr><td>大学</td><td></td><td></td><td></td><td></td></tr>
<tr><td>硕士</td><td></td><td></td><td></td><td></td></tr>
<tr><td>博士</td><td></td><td></td><td></td><td></td></tr>
<tr><td rowspan="4">训练背景</td><td colspan="2">训练主题</td><td>训练机构</td><td colspan="2">训练时间</td></tr>
<tr><td colspan="2"></td><td></td><td colspan="2"></td></tr>
<tr><td colspan="2"></td><td></td><td colspan="2"></td></tr>
<tr><td colspan="2"></td><td></td><td colspan="2"></td></tr>
<tr><td rowspan="2">技能</td><td colspan="2">技能种类</td><td colspan="3">证书</td></tr>
<tr><td colspan="2"></td><td colspan="3"></td></tr>
<tr><td rowspan="4">志向</td><td colspan="3">你是否愿意担任其他类型的工作？</td><td>是</td><td>否</td></tr>
<tr><td colspan="3">你是否愿意调到其他部门去工作？</td><td>是</td><td>否</td></tr>
<tr><td colspan="3">你是否愿意接受工作轮换以丰富工作经验？</td><td>是</td><td>否</td></tr>
<tr><td colspan="3">如果可能，你愿意承担哪种工作？</td><td colspan="2"></td></tr>
<tr><td colspan="3" rowspan="2">你认为自己需要接受何种训练？</td><td colspan="3">改善目前的技能和绩效</td></tr>
<tr><td colspan="3">提高晋升所需要的经验和能力</td></tr>
<tr><td colspan="6">你认为自己现在就可以接受哪种工作指派？</td></tr>
</table>

当企业规模较小时，进行人员核查相对容易；而如果企业的规模较大，组织结构复杂时，人员核查就应建立人力资源信息系统。人员核查法是一种静态的方法，不能反映人力资源拥有量未来的变化。因此，其多用于短期的人力资源拥有量预测。虽然在中、长期预测中使用此法也较普遍，但会受到企业规模的限制。

（2）人员替换图法

人员替换图法是通过一张人员替换图来预测企业内部人力资源供给情况。人员替换图主要记录的是管理人员的现有工作绩效和潜力，发展计划中所有接替人员的现有绩效和潜力，其他重要职位上的现职人员的绩效、潜力及对其的评定意见，由此来确定哪些人员可以补充重要职位空缺。这一方法的操作过程如下：

①确定计划范围，即确定需要制订连续计划的管理职位。

②确定每个管理职位需要的接替人选，所有可能的接替人选都应该考虑到。

③评价接替人选的工作业绩及其晋升潜力等，判断其目前的工作情况是否符合提升要求。

④确定职业发展需要以及将个人的职业目标与组织目标相结合，即根据评价的结果对接替人选进行必要的培训，使之能更快地胜任将来可能从事的工作，但这种安排应尽可能与接替人选的个人目标相一致并取得其同意。图 3－1 是一个典型的管理人员替换图。

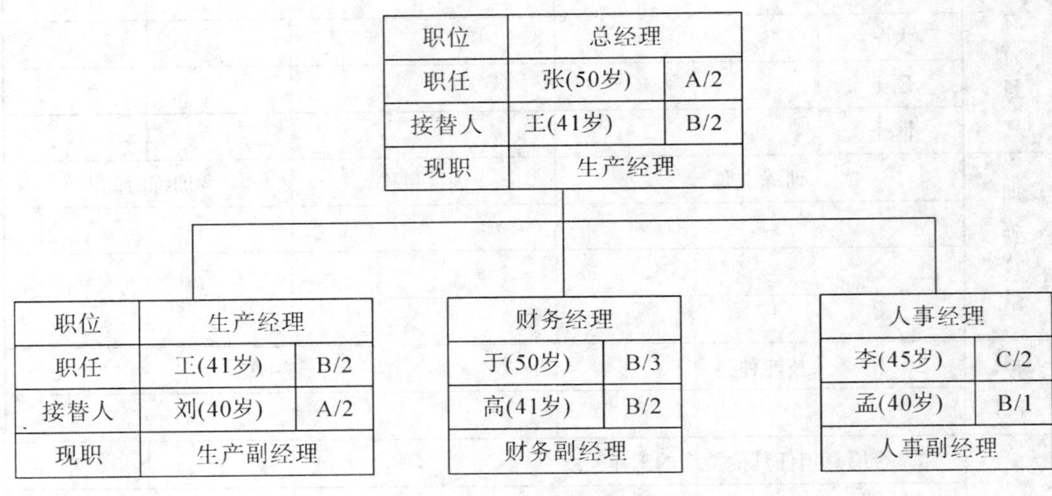

图 3－1　管理人员替换图

图 3－1 中，A 表示现在就可以提拔；B 表示还需要一定的培训；C 表示现任职位不很合适。对其工作绩效的评估在此分为 4 个等级：1 表示绩效突出；2 表示优秀；3 表示一般；4 表示较差。这种模型，即使企业对其内部的管理人员的情况非常明了，又体现出组织对管理人员职业生涯发展的关注。如果出现人员不能适应现职，或缺乏后备管理人员，则企业应尽早进行人力资源的储备工作。所以，一些企业很重视管理人员接替模型，把它看做员工职业生涯开发的重要工具。

人员替换图法与人员核查法的区别在于：人员核查法中的人事登记表描述的是个人的技能，而人员替换图法描述的是可以胜任组织中的关键岗位的个人。

（3）马尔科夫法

马尔科夫法是用来预测具有时间间隔（如一年）的时间点上各类人员的分布状况。该方法的基本思想是：找出企业过去的人事变动的规律，以此推测未来企业的人员状况。模型假定，在某一特定的时间段内，从一种状态转移到另一种状态的人数比例与以前的比例相同，这个比例称为转移率，以该时间段的起始时刻状态总人数的百分值来表示。马尔科夫分析法可以与任何预测人力资源需求的方法一起运用，企业可根据最后得出的供求状况及时制订人力资源规划方案。

下面以一个会计公司的人事变动为例来说明该方法。分析的第一步是做一个人员变动矩阵表（见表3-5），表中的每一个元素表示从一个时期到另一个时期在两个工作之间员工的调动数量的历年平均百分比（以小数表示），即一种工作的人员变动概率。一般是以5~10年的长度为一个周期。周期越长，百分比的准确性就越高，根据过去的人员变动推测的未来人员变动情况就越准确。

表3-5　　某公司人力资源供给情况的马尔科夫模型分析表

（a）

职位层次	人员调动概率				
	H	G	D	W	离职
高层领导（H）	0.80				0.20
基层领导（G）	0.10	0.70			0.20
高级会计师（D）		0.05	0.80	0.05	0.10
会计员（W）			0.15	0.65	0.20

（b）

职位层次	初期人员数量	H	G	D	W	离职
高层领导（H）	40	32				8
基层领导（G）	80	8	56			16
高级会计师（D）	120		6	96	6	12
会计员（W）	160			24	104	32
预计的人员供应量		40	62	120	110	68

表3-5（a）表明，在任何一年中，平均80%的高层领导人仍留在公司，有20%的人退出，在任何一年中约有65%的会计员仍留在员工岗位上，15%被晋升为高级会计师，另有20%离职。用这些历年数据来代表每一种工作中人员变动的概率，就可以推算出未来的人员变动（供给量）情况。将计划初期每一种工作的人员数量与每一种工作的人员变动概率相乘，然后纵向相加，即得到组织内部未来劳动力的净供给量，见表3-5（b）。

如果下一年与上一年相同，可以预计下一年将有同样数量的高层领导人（40人）以及同样数目的高级会计师（120人），但基层领导人将减少18人，会计员将减少50人，这些人员变动的数据，与正常的人员扩大、缩减或维持不变的计划相结合，就可以决策怎样使预计的劳动力供给与需求相匹配。

马尔科夫法是一种应用广泛的定量预测方法，可用计算机进行大规模处理，因而具有相当的发展前景。

2. 人力资源外部供给预测

当组织内部供给无法满足人力资源需求时，就需要考虑从外部招聘。因此，进行人力资源外部供给预测十分必要。影响外部人力资源供给的因素主要有如下几个：

（1）本地区的人口总量与人力资源供给率。这一比率决定了该地区可提供的人力资源总量。当地人口数量越大，人力资源供给率越高，组织外部人力资源的供给就越充裕。

（2）本地区的人力资源的总体构成。该指标决定了在年龄、性别、教育、技能、经验等层次与类别上可提供的人力资源的数量与质量。

（3）宏观经济形势和失业率预期。一般来说，国家经济低迷，失业率上升，劳动力供给就会比较充足，企业进行外部招聘比较容易；而国家经济发展迅速，失业率低，劳动力供给就会相对紧张，招聘工作的困难也将增大。

（4）当地劳动力市场的供求状况。国家短期或地方性的有关政策会对地方劳动力市场的供给状况产生影响，在我国，可参考各地劳动力人事部门、规划部门和行业管理部门等公布的统计材料。

（5）行业劳动力市场供求状况。其包括本行业劳动力的平均价格、与外地市场比较的相对价格、当地的物价指数等，这些都会对企业的人力资源外部供给产生影响。

（6）职业市场状况。企业在考虑外部人力资源供给时，必须收集一些关于企业所需人才的信息，这些信息一般来自职业市场。职业市场是指企业所需要的人员市场的状况，例如财务人员、技术人员、管理人员等相关的劳动力市场。职业市场中劳动力的择业心理、工作价值观、同行业其他企业对人力资源的需求等因素，会直接影响到企业人力资源的外部供给。

人力资源外部供给预测同内部供给预测一样，也需要分析潜在员工的数量和能力等。只是外部供给分析的对象是在企业按以往方式吸引员工时，规划从外部进入企业的人力资源。企业可以从过去的录用经验了解可能进入企业的员工数量、工作能力、经验、性别和成本等方面的信息。

第三节　人力资源规划的基本程序

人力资源规划是整个企业计划的一部分，包括企业在人力资源方面的总体规划和具体业务计划。人力资源规划的基本程序可以概括为五个阶段：即调查准备、预测、制定规划、执行和控制、审核和评估，如图 3－2 所示。

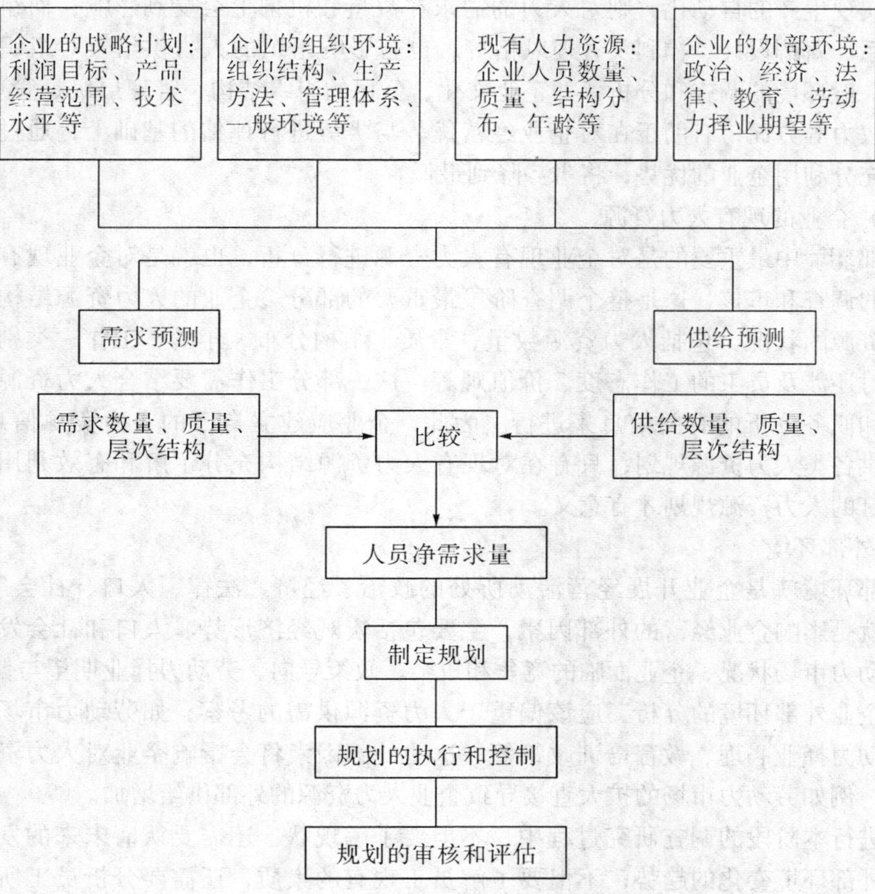

图 3-2 人力资源规划的程序图

一、调查准备

制定人力资源规划必须基于周密的调查和正确的资料分析之上。这一阶段主要是通过调查研究取得人力资源规划所需的信息资料，并分析组织内部现有的人力资源结构和外部资源环境，为后续阶段做好准备。

1. 内部环境

内部环境包括企业的战略计划、企业的组织环境和企业的现有人力资源。

(1) 企业的战略计划

企业的战略计划是企业的整体目标，对所有的经营活动都有指导作用，包括企业的利润目标、产品组合、生产目标、经营范围、竞争重点、生产技术水平等方面。由于人力资源规划与企业的整体经营计划有着密切的联系，如果企业的整体计划中没有人力资源规划的参与，或者人力资源规划者未能获得前者的资料，则实际规划工作很难进行，更难落实。

(2) 企业的组织环境

企业的组织环境包括企业现有的组织机构、生产方法、管理体系与一般环境等。

如组织实现生产的自动化，则对人力的需求在数量和机构上会受到影响；而组织内的管理体系、薪酬设计、福利及管理风格等，也会影响组织的人力供给。对组织的管理风格与一般环境的调查和分析，如企业文化、公司的组织结构、管理层级、管理跨度、领导和权力等方面，有助于在对企业经营优势与劣势进行评估的基础上，通过人力资源规划充分利用企业的优势，将劣势降到最低。

（3）企业的现有人力资源

内部环境中最重要的是对企业现有人力资源进行分析，也就是对企业现有人力资源状况的调查和审核，这是整个调查阶段最重要的部分。企业的人力资源结构就是现有人力资源的状况，包括人力资源数量、素质、结构分布、年龄、工作、类别、职位等，有时还涉及员工的工作态度、价值观等。这一部分工作需要结合人力资源管理信息系统和职务分析的有关信息来进行。为此，企业应建立自己的人力资源信息系统，随时提供各类人力资源规划，只有在对现有人力资源结构充分了解和有效利用的基础上，制订的人力资源规划才有意义。

2. 外部环境

外部环境就是企业开展经营活动所处的政治、经济、法律、人口、社会等环境，实际上就是影响企业经营的外部因素，主要包括宏观经济形势、人口和社会发展的趋势、劳动力市场状况、企业面临的竞争和机会、政策导向、劳动力择业期望与偏好等。

对企业外部环境的分析，应该偏重于人力资源供需的考察，如劳动力市场供需状况、劳动力择业心理、教育培训政策等。这些外部因素将会影响企业对人力资源供需的预测，例如劳动力市场的扩大直接导致企业人力资源的外部供给增加。

在进行本阶段的调查研究过程中，不但要了解现状，还需要认清未来的发展方向和内、外部环境变化的趋势；不但要了解员工现有的素质，还需要分析员工所具有的潜力和存在的问题。

另外，在这个阶段，特别需要注意对组织内人力资源损耗与流动情况的调查分析，因为人力资源损耗与流动直接影响到人力资源供需的现状与预测结果。

二、预测

预测阶段是人力资源规划中最为关键的技术性部分。在人力资源规划的准备阶段中，企业收集了充足的外部信息，在对这些信息进行分析研究的基础上，进行人力资源的预测。人力资源的预测包括人力资源需求的预测和人力资源供给的预测。

1. 人力资源需求的预测

人力资源需求预测的主要工作可以与人力资源核查同时进行，主要是根据企业战略规划和企业的内外条件选择预测技术，然后对人力数量、质量和机构进行预测。一般来说，人力资源需求预测都是围绕与企业当前及未来某种状态有关的具体工作类型和技能领域来进行的。这就需要规划者收集相关的信息，根据企业实际情况，借助计算机技术选择适合企业需要的各种统计预测方法进行预测，并对预测结果进行修正。人力资源需求的预测要考虑许多因素的影响，包括技术文化、消费者偏好变化和购买行为、经济形势、企业的市场占有率、政府的产业政策等。

人力资源需求预测，按时间分为短期、中期、长期人力资源需求预测；在层次上有人力资源总量预测，各部门、各岗位人力资源需求预测和需求分布预测。

如前面所述，人力资源需求预测的方法很多，一般来说，企业应根据发展战略计划和本企业的内外环境选择合适的预测方法，然后对人力资源需求的数量、质量和结构进行预测。

2. 人力资源供给的预测

当预测出人力资源需求之后，企业还需要得到关于人力资源供给的预测。

人力资源供给预测是人力资源预测的又一个重要的环节，只有将人力资源供给量与人力资源需求量进行对比之后，才能制定出各种具体的人力资源规划。人力资源供给预测包括两部分：一是内部人员拥有量预测，即根据现有的人力资源及未来变动情况，预测出规划期内各时间点上的人员拥有量；二是外部供给量预测，即确定在规划期内各时间点上可以从企业外部获得的各类人员的数量。一般情况下，内部人员拥有量是比较透明的，预测的准确度较高；而外部人力资源的供给则有较高的不确定性。企业在进行人力资源供给预测时应把重点放在内部人员拥有量的预测上，外部供给量的预测则应侧重于关键人员，如高级管理人员、技术人员等。

无论是需求预测还是供给预测，选择合适的预测人员是十分关键的，因为预测的准确性与预测者个人关系很大，应该选择专业人员或有经验、管理判断力较强的人来进行预测。

3. 确定人员净需求量

人力资源需求和供给预测完成后，就可以将预测到的各规划时间点上的人力资源的需求与供给进行对比分析，确定出各类人员在质量、数量、结构及分布上的不同，从而测算出人员的净需求量。

净需求数为正，则表明企业需要补充新的员工或对现有的员工进行有针对性的培训；净需求数为负，则表明企业人员过剩，应该精减或对员工进行调配。需要特别指出的是，这里所说的“净需求”既包括人员数量，又包括人员的质量、结构及标准，也就是既要确定“需要多少人”，又要确定“需要什么人”，数量和质量需要对应起来。

人员净需求的测算结果是企业制定人力资源规划的依据。企业根据具体岗位上员工余缺的情况，制定出相应的人员培训、调配、招聘及激励等人力资源政策。

三、制定规划

制定规划阶段主要是制定出人力资源开发与管理的总规划，根据总规划制定各项具体的业务规划以及相应的人事政策，以便各部门贯彻执行。同时注意整体规划与各项具体规划之间，以及各项业务规划之间相互关联、相互统一和协调的关系。这一阶段是人力资源规划中比较具体细致的工作阶段。

1. 确定人力资源供求平衡规划政策

根据人力资源供求以及人员净需求量，制定出相应的规划政策，以确保组织发展的各规划时间点上供给和需求的平衡。也就是制定各种具体的规划，保证各规划时间点上人员供求的一致，主要包括晋升规划、补充规划、培训发展规划、配备规划、员工职业生涯规划、继任规划等。

（1）当企业人力资源短缺时，即需求大于供给，规划政策主要有：①培训本企业员工，使他们能胜任人员短缺但又很重要的岗位；②把一些富余人员安排到人员短缺的岗位上去，并适当进行岗位培训；③鼓励员工加班加点，适当延长时间；④提高员工的工作效率；⑤雇用全日制临时工或非全日制临时工；⑥改进技术或进行超前生产；⑦制定招聘政策，向组织外进行招聘或采用资源外包。

（2）当人力资源过剩时，即需求小于供给，通常采取以下政策：①扩大有效业务量，如提高销量，提高产品质量，改进售后服务等；②培训员工，调往新的岗位，或适当储备一些人员；③实行提前退休制度；④减少工作时间（并适当减少员工工资福利）；⑤永久性裁员；⑥实行临时下岗制度；⑦关闭或临时关闭一些分支机构。

2. 编制人力资源规划

在完成以上工作的基础上，就可以编制人力资源规划了。人力资源规划是企业人力资源管理工作的重要内容。每个企业的人力资源规划各不相同，但一份典型的人力资源规划至少应该包括以下几个方面：规划的时间段、目标、现状分析、未来情况分析、具体内容、制定者、制定的时间。

（1）规划的时间段，即具体写出规划的制定是从什么时候开始，至何时结束。

（2）规划应达到的目标。规划要与企业战略目标紧密联系起来；要真实具体，即用数据“说话”；规划要简明扼要。

（3）目前现状分析，即在人力资源战略制定的信息分析基础上，分析目前企业人力资源供需状况，作为人力资源规划的依据。

（4）未来情况分析。其主要是预测企业未来的人力资源供需状况，进一步指出制定规划的依据。

（5）规划的具体内容。这是人力资源规划的核心，在每个具体的计划方面，都要落实具体内容，而且还要落实执行规划的项目负责人、负责检查项目执行情况的人以及检查的时间和检查日期、预算等。

（6）规划的制定者。规划的制定者可以是企业的各职能部门或人力资源部门的人，也可以是一个小组，还可以是外部顾问或咨询专家等。

（7）规划制定的时间。其主要是规划正式确定的日期。

四、执行和控制

人力资源规划不仅包括预测、目标和标准设置，更重要的是应在编制完毕后立即付诸具体实践，还要在人力资源规划执行过程中，设置相应的反馈系统和控制系统，以保证人力资源规划的顺利实施。

在各类具体的规划的指导下，确定企业如何实施规划，是人力资源规划执行的主要内容。人力资源规划必须确保有专人负责既定目标的实施，并要保证实施人有实现目标的必要权利和资源，要保证定期报告有关执行过程的进展状况，以确保所有的方案都能在既定的时间内执行到位，尽可能使方案执行的初期成效与预测的情况保持一致。

对人力资源规划的实施情况进行及时有效的反馈和控制是人力资源规划工作的一个重要步骤，其目的是为组织整体规划和具体规划的修订或调整提供可靠的信息。在人力资源的预测中，许多不可控因素的存在可能导致组织的战略目标发生变化，也使得人力资源规划不断变更，因此必须对规划进行动态的调整，使其更符合企业发展的实际需要。

五、审核和评估

对人力资源规划实施的审核与评估是人力资源规划程序的最后一个阶段，对该组织人力资源规划所涉及的各方面及其各项指标进行审查和评估，也是对人力资源规划所涉及的有关政策、措施以及员工招聘、培训发展和报酬福利等方面进行审核和评估，以检验人力资源规划实施的效果。

对人力资源规划的审核可以采用目标对照审核法，即以原定的目标为标准进行逐项的审核评估；也可广泛收集并分析研究有关的数据，如管理人员、管理辅助人员以及直接生产人员之间的比例关系，各种人员的变动情况，员工的报酬和福利以及工作满意度等方面的情况。通过对人力资源规划的审核工作，能及时引起企业决策者的高度重视，提高有关人力资源管理工作的效益。

在对人力资源规划进行评估时，评估者应考虑以下一些具体问题：

（1）人力资源规划者熟悉人事问题的程度及其他们的重视程度。规划者对人力资源问题的熟悉和重视程度越高，制定出的人力资源规划就越合理。

（2）规划者与人力资源规划的人事、财务部门及业务部门经理之间的工作关系如何。

（3）与有关部门进行信息交流的难易程度（如人力资源规划者到各部门经理处询问情况是否方便）。这种信息交流越容易，就越有可能制定出比较合理的人力资源规划目标。

（4）管理人员对人力资源规划中提出的预测结果、行动方案与建议的重视和利用程度。管理者的重视和利用程度越高，就越有可能制定出比较合理的人力资源规划目标。

（5）人力资源规划在企业高层管理者心目中的地位和价值如何。

在评价人力资源规划时，还要将行动的结果与规划本身进行比较，目的是通过发现计划和实际之间的差距，修正和指导今后的人力资源规划。其主要是对以下几个因素进行比较：①实际人力资源管理招聘数量与预测的人员净需求量比较；②劳动生产率的实际水平与预测水平的比较；③实际的人员流动率与预测的人员流动率的比较；④实际执行的行动方案与规划的行动方案的比较；⑤实施人力资源规划的实际效果与预期目标的比较；⑥劳动和行动方案的实际成本与预算额的比较；⑦人力资源规划的成本与收益的比较。

第四节　企业劳动定额定员管理

一、企业劳动定额定员的涵义

1. 劳动定额的涵义

劳动定额是指在一定的生产和技术条件下，生产单位产品或完成一定工作量应该消耗的劳动量（一般用劳动或工作时间来表示）标准或在单位时间内生产产品或完成工作量的标准。劳动定额是衡量劳动（工作）效率的标准，是“工时定额”和“产量定额”的合称。工时定额也可称时间定额，是生产单位产品或完成一定工作量所规定的时间消耗量。如对车工加工一个零件、装配工组装一个部件或一个产品所规定的时间；对宾馆服务员清理一间客房所规定的时间。产量定额也可称工作定额，是在单位时间内（如小时、工作日或班次）规定的应生产产品的数量或应完成的工作量。如对车工规定一小时应加工的零件数量，对装配工规定一个工作日应装配的部件或产品的数量；对宾馆服务员规定一个班次应清理客房的数量。

2. 企业定员的涵义

企业定员是指在特定的生产技术组织条件下，为保证企业生产经营活动正常进行，按一定素质要求，对企业配备各类人员所预先规定的限额。企业定员又称为劳动定员或者人员编制。企业定员是保证企业人力资源供求基本平衡的主要手段，也是防止企业机构膨胀的必要手段。

类似企业定员的一个概念是编制。所谓编制，是指在国家机关、企事业单位、社会团体及其他单位中，各类组织机构的设置以及人员数量定额、结构和职务的配置，一般分为机构编制和人员编制两个部分。机构编制主要对组织机构的名称、职能、规模和结构等要素作出限制；人员编制则是对各类岗位的数量、职务分配、人员数量及其结构做出统一限定。人们常见的编制包括行政编制、企业编制和军事编制。

一般认为，劳动定员是劳动定额的下位概念，即劳动定员是劳动定额的发展形势。劳动定额一般侧重于对企业活劳动消耗量的规定，企业定员则侧重于规定劳动力的数量。劳动定员通常采用“人/月”、“人/季”、“人/年”做计量单位，劳动定额则通常采用“工日”、“工时”计量。一般来说，劳动定额管理的人员约占企业全体员工的40%～50%，而企业定员管理则要广泛得多。

二、企业劳动定额定员的作用

企业定额定员管理是生产经营管理的一项基础性工作。这项工作对于加强企业管理的规范化、控制企业人员机构的规模膨胀、提高企业人员的工作效率有着很重要的作用。概括而言，企业定额定员管理一般具有以下作用：

1. 有利于为企业用人提供科学标准

企业各部门怎么安排人员数量，一个工作岗位到底需要安排多少人手，这类问题如果没有一个统一的标准，就很容易公说公有理，婆说婆有理，给企业人力资源配置决策增加很多随意性。但有了各个级别的劳动定员标准以后，企业就等于有了一个科学的参照标准，为企业进行人力资源合理配置提供了科学的参考标准，有利于企业科学用人，合理用人，从而提高企业员工的生产效率。

2. 有利于为企业人力资源规划提供坚实的基础

人力资源规划工作要想做好，必须要有一个合理科学的定员标准作参照。如果缺少这样一个科学的定额定员标准，人力资源规划工作也很难做到科学合理和具有可操作性。

3. 有利于为企业内部员工调配提供依据

做好企业内部员工的合理调配工作，需要决策者除了解员工的技能、健康等个人情况外，还需要掌握这些员工目前所在岗位的人员供应需求状况以及对新人员的素质要求。如果企业劳动定员定额工作做得好，就可以给企业调配人员提供足够的信息支持。

4. 有利于提高员工队伍的整体素质

企业劳动定员如果科学合理，就可以使企业各个岗位实现满负荷运转，给在岗人员提供必要的压力，迫使在岗人员认真学习业务，爱岗敬业，专心工作，从而激发员工的工作积极性。同时，岗位有限的事实也给员工提供了认真工作的合理压力。

三、企业定员的基本方法

1. 根据劳动效率定员

通过劳动效率定员是指企业定员的根据是企业的任务、工人的效率以及出勤率。计算公式是：

$$企业定员人数=\frac{计划期生产任务总量}{工人劳动效率\times出勤率}$$

工人劳动效率可用劳动定额乘以定额完成率计算。这种定员方法，比较适合有劳动定额的人员，特别是以手工操作为主的工种。

2. 根据设备定员

根据设备定员是指根据企业需要开动的设备台数、班次、工人看管定额和工人出勤率来进行企业定员。计算公式是：

$$企业定员人数=\frac{需要开动的设备台数\times每台设备开动班次}{工人看管定额\times出勤率}$$

这种定员方法适用于以机械操作为主，使用同类设备，采用多机床看管的工种。

3. 根据岗位定员

根据岗位定员是指根据岗位的多少、工作量的大小来进行企业定员。这种方法适用于冶金、化工、炼油、造纸等实用大中型连动设备的人员。该方法又分为设备岗位定员和工作岗位定员。设备岗位定员的计算公式是：

$$设备岗位定员人数=\frac{共同操作的各岗位生产工作时间的总和}{工作时间-休息时间}$$

其中工作时间是指作业时间、布置工作时间等。

另外一种方法是工作岗位定员，适用于没有设备，不能实行定额的企业，主要根据工作任务、岗位区域、工作量等因素来确定岗位定员人数。

4. 根据比例定员

根据比例定员是指通过各类人员之间的比例来进行企业定员的方法。在企业中，不同种类人员之间，往往存在一定的数量比例关系。如企业的技术人员、管理人员、业务人员之间；管理者和下属之间；直接人员和间接人员之间均存在一定的比例关系。例如高校的师生比就是一个很重要的比例关系。这种方法的计算公式是：

某类人员定员数 = 员工总数或者某类员工总数 × 定员标准比例

5. 根据组织机构、职责范围和业务分工定员

根据组织机构、职责范围和业务分工定员是指通过组织机构的性质、职责范围和业务分工进行企业定员。一般顺序是先定组织机构，定各职能部门，明确业务职责范围，再根据业务工作量的大小进行企业定员。

除以上企业定员方法以外，还存在数理统计方法、概率推断方法、排队论、零基定员方法等。

本章小结

人力资源规划，又称人力资源计划，是指企业根据发展战略的要求，科学地预测与分析组织在不断变化的环境中人力资源的需求和供给状况，并据此制定必要的政策和措施，以确保企业在适当的时间、适当的岗位上获得所需要的人力资源（包括数量和质量两方面），并能满足组织和个人需求的过程。

人力资源规划按照规划时间的长短，可以分为短期规划、中期规划和长期规划；按照内容可分为总体规划和具体业务规划。总体规划是指根据企业战略确定的组织在规划期内人力资源开发和利用的总体目标和配套政策的总体筹划安排。各项具体业务计划是总体规划的展开和具体化，如人员补充计划、使用计划、培训开发计划、退休解聘计划等。这些具体的业务计划都是由目标、任务、政策、步骤及预算等要素组成的。

人力资源预测包括需求预测和供给预测。人力资源需求预测的方法主要有管理人员判断法、德尔菲法、经验预测法、转换比率分析法、趋势外推法、多元回归分析法。人力资源供给预测包括内部供给和外部供给两方面。内部供给预测的主要方法有人员核查法、人员替代图法、马尔科夫法。

企业劳动定额是衡量劳动效率的标准。企业定员是对企业配备人员所预先规定的限额。企业劳动定额定员是生产经营管理的一项基础性工作，具有多方面的作用。企业的定员可根据劳动效率、设备、岗位、比例以及机构职责等来确定。

思考题

1. 试述人力资源规划的内涵及作用。
2. 人力资源规划的内容主要有哪些？如何制定人力资源规划？
3. 人力资源需求预测和供给预测的方法有哪些？各有什么特点？
4. 企业定员定额管理具有什么作用？
5. 企业定员有哪些基本方法？

案例分析

并购后如何进行人力的规划与整合

宏基整合方正科技业务7个月之后，该公司对部分原方正科技员工进行了调整。据消息人士透露，此次调整涉及100多名员工，约占宏基中国区员工总数的10%。

宏基方面表示，该公司已经制订了全面的补偿计划，会提供超过法律所规定的补偿条件，并在员工再次就业方面提供尽可能的支持和帮助。

宏基于2010年8月30日以1.2亿元收购方正科技相关PC业务，包括原方正科技总裁蓝烨等人在内的698名员工进入宏基中国区工作。此外，宏基以6750万美元从方正科技母公司方正集团手中取得方正、Founder等商标权与PC相关业务、产品的7年独占授权。

在收购整合完成后，宏基开始裁员方正员工，即开始了每个并购企业后必须做的一步——裁减被并购企业的员工。米高梅被索尼收购后，原1400名员工只剩200人；Sun被甲骨文收购后，传闻半数员工被裁……

讨论题

在企业发生并购等行为后，应该如何做好人力资源规划，使企业的人力资源能力得到发展？

第四章　工作分析与工作设计

【学习目标】

- 重点掌握工作分析的基本概念、原则和所需要的信息类型。
- 熟悉工作分析的流程、方法、产出及工作设计的方法。
- 了解工作分析的历史与基本作用。

【导入案例】

一项做得很好的工作

当夏教授到京泰钢管公司参观访问时，接待并陪同他访问的年轻人孙晋给他留下了深刻的印象。孙晋是该公司人力资源经理助理，主要负责工作分析。公司专门指派了一位工业工程师到人力资源部门，协助孙晋进行工作设计。夏教授也曾被人力资源经理聘来研究该公司的工作分析体系，并提出改进的建议。他曾在人力资源办公室与孙晋一起浏览了工作说明的所有文件，并发现这些说明总体上是完整的，而且与所完成的工作是直接相关的。

参观访问的第一站就是焊接分厂张岩副厂长的办公室。这是一间十几平方米的房间，位于厂房一楼，四周都装了玻璃窗。当孙晋走近时，张岩正站在办公室外。“您好，孙助理。”张岩说。“您好，张厂长，”孙晋说，“这是夏教授。我们能看一看您的工作说明并跟您聊一会儿吗?”“当然，”张岩说着打开了门，“进来吧，请坐。我就把它们拿来。”从他们坐的地方恰好能看到工作现场的工人。在他们查阅每项工作说明时，都有可能观察到工人实际中的工作。张岩很熟悉每项工作。“这儿的工作说明是怎样与业绩评价相联系的呢?”夏教授问道。“是这样，”张岩答道：“我只是根据工作说明中规定的项目来评估工人业绩，而这些项目是由具体的工作分析来决定的。用这些项目来评价业绩能使我在工作发生变化、以前的说明不再能够准确反映现有工作情况时，及时修改工作说明。孙助理已经为所有中层以上干部制订了培训计划，所以我们都了解工作分析、工作说明和业绩评价之间的关系。我认为这是一个很好的系统。”

孙晋和夏教授继续参观了工厂的其他几个生产区，发现了类似的情况。孙晋似乎与每个分厂厂长、车间主任以及他们拜访的三位总厂领导的关系都很好。当他们回到办公室时，夏教授正考虑着他将向厂长提出些什么建议。

（资料来源：张岩松，等. 人力资源管理案例精选［M］. 北京：经济管理出版社，2005.）

讨论题

1. 京泰钢管公司工作分析的显著特色是什么?

2. 简要评价一下孙晋的工作。

3. 试述工业工程师与人力资源经理助理在工作分析中可能存在的关系。

第一节 工作分析概述

一、工作分析简史

工作分析，也称职位分析或是岗位分析，其思想早在古希腊时期就开始产生了。著名思想家苏格拉底在其对理想社会的设想中指出社会的需求是多种多样的，每个人只能通过社会分工的方法，从事自己力所能及的工作，才能为社会做出较大的贡献。他认为各人的工作是具有差异性的，不同工作岗位的要求存在差异性，让每个人从事他们最适合的工作，才能取得最大的效率。而在公元前4世纪，柏拉图在描述"正义"国家时也同样指出："各人性格不同，适合于不同的工作"。这就意味着不同的人之间是存在能力差异的，且不同的职业需要具备相应资质的人来完成。因此，人们需要去了解各种不同的工作以及工作对人的要求。这种思想为后来的工作分析奠定了基础。

1. 工作分析的早期发展

"工作分析"一词是20世纪初才出现在管理文献中的。当时一些专家认为工作分析是科学管理四条原则中最重要的。

工业革命后，人类社会发生了巨大的变化。随着大工业的发展，对组织进行科学的管理显得越来越重要。在工业社会中，生产规模不断扩大，但在工业生产过程中的一些问题也逐渐暴露出来。例如，由于在工作中缺乏统一的标准，造成一些机器设备的损失；很多工作中没有充分考虑到人的因素，而造成生产效率的低下。

美国人泰勒在20世纪初对组织的管理进行了一系列的研究，并对当时和现在的管理产生了非常深刻的影响。由于其卓越的贡献，被后世尊为科学管理之父。当时由于老板不知一个工人一天能干多少活，工人出于各种原因经常"磨洋工"，劳动生产率非常低下。为了挖掘工人的潜力，提高劳动生产率，泰勒通过科学的观察、记录、分析，致力于"时间动作研究"，探讨提高劳动生产率的最佳方法，制定出合理的日工作量。所谓时间动作研究，就是将工作分成若干部分并分别进行计时。通过分析，对各种活动的时间及顺序进行重新规划，达到提高生产率的目的。泰勒在1903年出版的《商店管理》一书中详细地描述了由于把工作分成若干个部分并进行计时而提高了劳动生产率的事实。1911年他又出版了《科学管理原理》一书。在该书中他宣称，要对组织进行科学的管理，就必须对组织中的每一份工作进行研究，从而科学地选拔、培训工人。泰勒的研究被认为是科学工作分析的起始。

2. 工作分析的现代发展

现代意义上的工作分析还和人员选拔测评等人力资源的管理和开发工作密切地联系在一起的。所谓选拔无非就是确定在某一职务上所要做的工作和胜任该工作所需的能力、技能、知识等，从而将能够很好胜任与不能很好胜任这项工作的人分别地筛选出来。由于任何一项工作在环境要素、时间要素、作业活动要素、任职者要素四个方面是存在差异的。要做到人和职的匹配，就必须对工作进行合理的分析。工作分析是人事选拔和测评的主要手段和必经程序。21 世纪初，与人员选拔和测评密切相关的工业心理学得到了迅速的发展。闵斯特伯格于 1913 年在美国出版了《心理学与工业效率》，标志着工业心理学的诞生。而心理测量学的发展，更为人事选拔和测评提供了技术上的支持。1905 年，心理学家比内和医生西蒙应法国教育部的要求编制了世界上第一份智力测验。该测验对于筛选弱智儿童非常有效。于是，在第一次世界大战和第二次世界大战期间，人们把测验应用于军人的选拔和安置上，并获得了极大的成功。人事选拔和测评又被广泛应用于商业，而且变得越来越重要。作为人事选拔和测评的主要方法和必经程序——工作分析，也得到了迅速的发展。

1930 年，美国各大公司采用工作分析方法的约占 39%。随着应用面的扩大，研究工作也在向前发展。1945 年，希亚创立工作因素法（Work Factor Systems），1948 年，梅那德等著《方法时间测量法》（Method - Time Measurement），创建了“预定时间标准”。第二次世界大战后，工作分析不但在美国继续普及，而且传播到西欧、前苏联、日本等国。美国与前苏联还创立了“人类工程学”，使得工作分析得到进一步发展。

在管理思想演变的不同阶段，工作分析也呈现出不同的特征。科学管理时代，工作分析以工作研究、工时研究为基础，强调细致的分工，工作分析的主要任务就是确定工作的标准。行为科学学派提出的工作轮换、工作扩大化、工作丰富化，打破了原来单一任务的界限，工作分析在各方面（对工作内容、性质、职责等的规定以及对任职资格的要求）呈现出扩展的特征。人本主义学派提出的弹性工作时间、工作家庭化，导致工作分析立足点的变化，不是强调对工作的规定，而是工作如何符合人的发展。到了现代，工作分析从组织的战略出发，更加灵活、更加软性化。

早期的工作分析，侧重于对职务信息的定性描述。随着统计科学、心理测量理论等相关学科的发展以及人们对工作分析的了解、研究的增多和要求的提高，20 世纪 70 年代以来，结构化、定量化的工作分析方法不断涌现。如著名的有工作者指向的结构化工作分析问卷（PAQ）、职务指向的功能性工作分析（FJA）等。同时也出现了关键事件法、功能性工作分析、工作要素分析等新的方法。西方国家还通过公平就业等方面的法规对工作分析的某些方面做出规定。

现在，越来越多的企业认识到了工作分析对企业管理的作用和意义。从最初的仅仅为了工艺流程的设计和人员的招聘发展到了应用工作分析的结果进行绩效考核、培训、薪酬管理等。

工作分析在我国的发展始于改革开放以后。尽管起步较晚，但由于广大科技工作者和管理学界同仁的共同努力，已获得了迅速的发展。西方所采用的工作分析的方法也已被介绍并被应用到实际工作中。

二、工作分析的基本概念

整个工作分析活动的操作，实际可以从不同个体的职业生涯与职业活动的调查入手，依次分析工作的职务、职位、职责、工作任务与工作要素，最后从不同层次上确定工作的性质、繁简、难易与承担的资格条件，即确定工作的职系、职组、职门、职等与职级。以上出现的若干专门术语是工作分析操作过程中经常出现的，也是在进行工作分析之前应当明确理解的。

（1）工作要素，是指工作活动中不便再继续分解的最小单位。例如：速记人员速记时，能正确书写各种速记符号；木工锯木头前，从工具箱中拿出一把锯。

（2）工作任务，是为了不同的目的所担负的工作活动，即工作活动中达到某一工作目的的要素集合。例如，管理一项计算机项目、打字、从卡车上卸货等，都是不同的任务。

（3）职责，是指某人担负的一项或多项相互关联的任务集合。例如，人事管理人员的职责之一是进行工资调查。这一职责由下列任务所组成：设计调查问卷，把问卷发给调查对象，将结果表格化并加以解释，把调查结果反馈给调查对象四个任务。

（4）职位，有时也叫岗位，是指某一时间内某一主体所担负的一项或数项相互联系的职责集合。例如，办公室主任，同时担负单位人事调配、文书管理、日常行政事务处理等三项职责。在同一时间内，职位数量与员工数量相等。

（5）职务，是指主要职责在重要性与数量上相当的一组职位的集合或统称。例如，秘书就是一个职务。职务实际上与工作是同义的。

（6）职业，是指不同时间、不同组织中，工作要求相似或职责平行（相近、相当）的职位集合。例如，会计、工程师等。

（7）职系，由两个或两个以上的工作组成，是职责繁简难易、轻重大小及所需资格条件不同，但工作性质充分相似的所有职位的集合。例如人事行政、社会行政、财税行政、保险行政等均属于不同职系，销售工作和财会工作也是不同职系。职系与工作同义。

（8）职组，是指若干工作性质相近的所有职系的集合。例如，人事行政与社会行政可并入普通行政组，而财税行政与保险行政可并入专业行政组。职组并非工作分析中的必要因素。

（9）职门，是指若干工作性质大致相近的所有职系的集合。

（10）职级，是指同一职系中职责繁简、难易、轻重及任职条件充分相似的所有职位的集合。

（11）职等，是指不同职系之间，职责的繁简、难易、轻重及任职条件要求充分相似的所有职位的集合。如把中学老师职系中的二级教师与机械操作职系中的五级车工进行比较，虽然他们在工作性质和特征上存在着很大差异，但如果从岗位对劳动者的素质能力要求以及体力脑力支出上看，属于同一职等。

三、工作分析的定义

工作分析，也称为职务分析，是采用科学的手段与技术，直接收集、比较、综合有关工作的信息，为组织发展战略、企业管理以及规范人的行为服务的管理活动。工作分析是要对有关工作的信息进行收集和处理，具体来讲，工作分析要了解的信息可以用七个“W”概括：What，工作的具体内容是什么？Why，从事这些工作的目的是什么？Who，谁来完成这些工作？When，工作的时间安排是什么？Where，这些工作在哪里进行？for whom，这些工作的服务对象是谁？How，如何进行这些工作？

1. 做什么（What）

做什么，是指所从事的工作活动，主要包括：

(1) 任职者所要完成的工作活动是什么？

(2) 任职者的这些活动要产生什么样的结果或产品？

(3) 任职者的工作结果要达到什么样的标准？

2. 为什么（Why）

为什么，表示任职者工作的目的，也就是这项工作在整个组织中的作用，主要包括：

(1) 做这项工作的目的是什么？

(2) 这项工作与组织中的其他工作有什么联系？对其他工作有什么影响？

3. 用谁（Who）

用谁，是指对从事某项工作的人的要求，主要包括：

(1) 从事这项工作的人应具备怎样的身体素质？

(2) 从事这项工作的人必须具备哪些知识和技能？

(3) 从事这项工作的人至少应接受过哪些教育和培训？

(4) 从事这项工作的人至少应具备怎样的经验？

(5) 从事这项工作的人在个性特征上应具备哪些特点？

(6) 从事这项工作的人在其他方面应具备什么样的条件？

4. 何时（When）

何时，表示在什么时间从事各项工作活动，主要包括：

(1) 哪些工作活动是有固定时间的？在什么时候做？

(2) 哪些工作活动是每天必做的？

(3) 哪些工作活动是每周必做的？

(4) 哪些工作活动是每月必做的？

5. 在哪里（Where）

在哪里，表示从事工作活动的环境，主要包括：

(1) 工作的物理环境，包括地点（室内与户外）、温度、光线、噪音、安全条件等。

(2) 工作的社会环境，包括工作所处的文化环境（例如跨文化的环境）、工作群体中的人数、完成工作所要求的人际交往的数量和程度、环境的稳定性等。

6. 为谁（for Whom）

为谁，是指在工作中与哪些人发生关系，发生什么样的关系，主要包括：

(1) 工作要向谁请示和汇报？

(2) 向谁提供信息或工作结果？

(3) 可以指挥和监控何人？

7. 如何做（How）

如何做，是指任职者怎样从事工作活动以获得预期的结果，主要包括：

（1）从事工作活动的一般程序是怎样的？

（2）工作中要使用哪些工具？操纵什么机器设备？

（3）工作中所涉及的文件或记录有哪些？

（4）工作中应重点控制的环节有什么？

四、工作分析的作用

工作分析对于人事研究和人事管理具有非常重要的作用。全面和深入地进行工作分析，可以使组织充分了解工作的具体特点和对工作人员的行为要求，为做出人事决策奠定坚实的基础。在人力资源管理中，几乎每一个方面都涉及工作分析所取得的成果。具体地说，工作分析有以下八个方面的作用：

1. 选拔和任用合格的人员

通过工作分析，能够明确地规定工作职务的近期和长期目标；掌握工作任务的静态和动态特点；提出有关人员的心理、生理、技能、文化和思想等方面的要求，选择工作的具体程序和方法。在此基础上，确定选人用人的标准。有了明确而有效的标准，就可以通过心理测评和工作考核，选拔和任用符合工作需要和职务要求的合格人员。

2. 制订有效的人事预测方案和人事计划

每一个单位对于本单位或本部门的工作职务安排和人员配备，都必须有一个合理的计划，并根据生产和工作发展的趋势做出人事预测。工作分析的结果，可以为制订有效的人事预测和计划提供可靠的依据。在职业和组织面临不断变化的市场和社会要求的情况下，有效地进行人事预测和计划，对于企业和组织的生存和发展尤其重要。一个单位有多少种工作岗位，这些岗位目前的人员配备能否达到工作和职务的要求，今后几年内职务和工作将发生哪些变化，单位的人员结构应做什么相应的调整，几年甚至几十年内，人员增减的趋势如何，后备人员的素质应达到什么水平等问题，都可以依据工作分析的结果做出适当的处理和安排。

3. 设计积极的人员培训和开发方案

通过工作分析，可以明确从事的工作所应具备的技能、知识和各种心理条件。这些条件和要求，并非人人都能够满足和达到的，需要不断地培训，不断地开发。因此，可以按照工作分析的结果，设计和制订培训方案，根据实际工作要求和聘用人员的不同情况，有区别、有针对性地安排培训的内容和方案，以培训来促进工作技能的发展，提高工作效率。

4. 提供考核、升职和作业的标准

工作分析可以为工作考核和升职提供标准和依据。工作的考核、评定和职务的提升如果缺乏科学的依据，将影响干部、职工的积极性，使工作和生产受到损失。根据工作分析的结果，可以制定各项工作的客观标准和考核依据，也可以作为职务提升和工作调配的条件和要求。同时，还可以确定合理的作业标准，提高生产的计划性和管理水平。

5. 提高工作和生产效率

通过工作分析，一方面，由于有明确的工作任务要求，建立起规范化的工作程序和结构，可以使工作职责明确，目标清楚；另一方面，明确了关键的工作环节和作业要领，能充分利用和安排工作时间，使干部和职工能更合理地运用技能，分配注意和记忆等心理资源，增强他们的工作满意感，从而提高工作效率。

6. 建立先进、合理的工作定额和报酬制度

工作和职务的分析，可以为各种类型的各种任务确定先进、合理的工作定额。所谓先进、合理，就是在现有工作条件下，经过一定的努力，大多数人能够达到，其中一部分人可以超过，少数人能够接近的定额水平。它是动员和组织职工提高工作效率的手段，是工作和生产计划的基础，也是制定企业部门定员标准和工资奖励制度的重要依据。工资奖励制度是与工资定额和技术等级标准密切相关的，把工作定额和技术等级标准的评定建立在工作分析的基础上，能够制定出比较合理公平的报酬制度。

7. 改善工作设计和环境

通过工作分析，不但可以确定职务的任务特征和要求，建立起工作规范，而且还可以检查出工作中不利于发挥人们积极性和能力的方面，并发现工作环境中有损于工作安全、加重工作负荷、造成工作疲劳与紧张以影响社会心理气氛的各种不合理因素，有利于改善工作设计和整个工作环境，从而最大限度地调动工作积极性和发挥技能水平，使人们在更适合于身心健康的安全舒适的环境中工作。

8. 加强职业咨询和职业指导

工作分析可以为职业咨询和职业指导提供可靠和有效的信息。职业咨询和指导是劳动人事管理的一项重要内容。

五、工作分析所需信息类型

工作分析所需要收集的信息总的来说有六个方面：一是有关工作活动资料，主要指各项工作实际发生的活动类型；二是有关人类行为资料，主要指与个人工作有关的人类行为资料，如体能消耗；三是有关工作器具资料，主要指工作中所使用的机器、工具、设备以及辅助器械的情况；四是有关绩效标准，主要指用数量或质量来反映的各种可以用来评价工作成绩的方法；五是相关条件的信息，主要指工作环境、工作进度、组织行为规范以及各种财务性和非财务性的奖励措施；六是产品有关人员条件，主要指与工作相关的知识、技能以及个人特征，包括学历、工作经验等。

工作分析实质就是通过对工作相关信息的收集，系统地认识工作本身，从而明确做什么工作，工作成果是什么，什么人员素质能够完成这一工作。因此，我们可以看到，对于工作信息的识别、收集与整理就变得相当重要。我们首先要完成的就是工作信息的识别，即工作分析需要什么样的信息。归纳一下，工作分析需要的信息主要包括以下几个方面：

1. 工作活动

工作活动包括：

（1）工作活动和过程；

（2）活动记录；
（3）所采用的程序；
（4）个人责任。

2. 定位于工人的活动

定位于工人的活动主要包括：
（1）人的行动，如有关工作的身体动作和沟通；
（2）针对工作分析的基本动作；
（3）工作对身体的要求，如体力耗费。

3. 所采用的机器、工具、设备和辅助工具

所采用的机器、工具、设备和辅助工具包括：
（1）使用的机器、工具、设备和辅助设施的清单；
（2）应用上述各项加工处理的材料；
（3）应用上述各项生产的产品；
（4）应用上述各项完成的服务。

4. 与工作相关的有形和无形内容

与工作相关的有形和无形内容包括：
（1）所涉及或应用的知识（如会计知识）；
（2）加工的原材料；
（3）制造的原材料。

5. 工作业绩

工作业绩包括：
（1）错误分析；
（2）工作标准；
（3）工作计量，如完成任务的时间。

6. 工作环境

工作环境包括：
（1）工作日程表；
（2）物质和非物质奖励；
（3）工作条件；
（4）组织和社会环境。

7. 对个人的要求

对个人的要求包括：
（1）个人因素，如个性、个人兴趣爱好；
（2）所需要的学历和培训程度；
（3）工作经验。

六、工作分析的过程

1. 工作分析的准备

工作分析准备的主要内容有：

（1）获得管理层的核准。不论在任何公司，在进行工作分析之前一定要获得最高管理阶层的支持，而不应该完全由人事部门唱独角戏。在和最高管理阶层沟通时，应该让他们了解工作分析将可以使他们自己更加清楚在做什么，而且让他们知道公司的人工费用的确是花得很恰当。

（2）取得员工的认同。员工对工作分析的认同是相当重要的，如果公司的管理阶层没有做好沟通工作，告诉员工什么是工作分析，它的目的是什么，可能会导致负面影响，因为很多员工会对为什么要做工作分析感到困惑。

（3）确认工作分析的目的。确认工作分析的目的即确定取得工作分析资料到底用来干什么，解决什么管理问题。这样才能确定工作分析的范围、对象、内容及到哪儿收集资料，用什么方法收集。

（4）建立工作小组。分配进行工作分析活动的责任和权限，以保证分析活动的顺利进行。由公司内部相关人员或外请人员组成工作小组。委托人力资源管理顾问公司实施。

2. 工作调查

工作调查是工作分析过程的核心阶段，主要内容包括：

（1）准备工作调查提纲和各种调查问卷 。这项工作的内容主要包括工作调查提纲、工作调查日程安排、调查问卷。

（2）确定工作调查方法。这主要是在多种调查方法中选择对本次调查适合的调查方法。

（3）收集有关工作的特征以及所需的各种信息数据。这主要包括需要任职人员就调查项目作出如实地填写或回答；信息要齐全、准确，不能残缺、模糊；采用某一调查方法不能将工作信息收集齐全时，及时用其他方法补充。

（4）收集任职人员必需的特征信息数据，同时对各种工作特征和任职人员特征的重要性和发生频率作出排列或等级评估。

（5）工作调查要点。这一工作主要包括工作调查前要做充分的准备，如召开说明会、座谈会等，使公司的所有工作调查关系人员了解工作调查的方法、步骤以及实施配合等。

3. 工作信息分析

工作信息分析阶段的工作主要包括：

（1）审核收集到的各种工作信息。

（2）分析、发现有关工作和任职人的关键成分。

（3）归纳、总结出工作分析的必要材料和要素（主要任务、责任、工作流程）。

4. 形成工作分析的成果

形成工作分析的成果阶段的主要内容是根据工作信息分析的结果，编制工作说明书和岗位规范。工作说明书和岗位规范是工作分析最重要的两份文件，其目的是为其他人力资源管理工作做好准备，这两份文件必须按统一的规范编写，并且要具有实用性。

5. 工作分析的运用与控制

工作分析的运用与控制是工作分析的最后一个阶段，其任务包括两个：一是形成招聘文件、培训文件、人员发展与晋升文件、薪酬规划文件等；二是对工作分析过程的成本进行评估。

第二节　工作分析的方法

一、定性工作分析方法

1. 访谈法

访谈法，也叫面谈法，是与担任有关工作职务的人员一起讨论工作的特点和要求，从而取得有关信息的调查研究方法。在进行工作分析时，可以先查阅和整理有关工作职责的现有资料。在大致了解职务情况的基础上，访问担任这些工作职务的人员，一起讨论工作的特点和要求。同时，也可以访问有关的管理者和从事相应培训工作的教员。由于被访问的对象是那些最熟悉这项工作的人，因此，认真的访谈可以获得很详细的工作分析资料。

访谈时要注意修正偏差。有时被访谈者会有意无意地歪曲其职位情况，比如，把一件容易的工作说得很难或把一件很难的工作说得比较容易。这要靠把对多个同职者访谈所收集的资料进行对比，加以校正。

使用这种方法要注意五点：一是不能与被访谈者争论；二是访谈者不要具有倾向性；三是要事先准备好问题；四是要与被访谈者建立感情；五是要注意访谈后的信息整理或处理。

2. 问卷法

问卷法是让有关人员以书面形式回答有关职务问题的调查方法。通常，问卷的内容是由工作分析人员编制的问题或陈述，这些问题和陈述涉及实际的行为和心理素质，要求被调查者对这些行为和心理素质在他们工作中的重要性和频次（经常性）按给定的方法作答。

问卷法可以分成职务定向和人员定向两种。职务定向问卷比较强调工作本身的条件和结果；人员定向问卷则集中于了解工作人员的工作行为。

问卷法的最大优点是规范化、数量化，适合于用计算机对结果进行统计分析。但它的设计比较费工，也不像访谈那样可以面对面地交流信息，因此，不容易了解被调查对象的态度和动机等较深层次的信息。问卷法还有两个缺陷：一是不易唤起被调查对象的兴趣；二是除非问卷很长，否则不能获得足够详细的信息。

3. 核对法

核对法是让员工在工作任务清单中找出与自己工作有关的项目，以便确定某一工作的特性。这种方法的优点是不会影响工作。但缺点也比较明显，如比较繁琐，有经验的员工并不总是很了解自己完成工作的方式。许多工作行为已成习惯，干起工作来并未意识到工作程序的细节。

4. 观察法

观察法是有计划、有目的地用感官来考察心理现象，掌握情况，进行分析，找出规律。观察法包括直接观察与间接观察。

问卷法、访谈法和核对法等工作分析方法都可以有效地采集工作职务方面的信息，但它们都有某些缺点。其中有一个较大的问题，即有经验的员工并不总是很了解自己完成工作的方式。许多工作行为已成习惯，干起工作来并未意识到工作程序的细节。因此，研究者们主张采用观察法对工作人员的工作过程进行观察，记录工作行为的各方面特点；同时，了解工作中所使用的工具设备；了解工作程序、工作环境和体力消耗。观察时，可以用笔录；也可以用事先预备好的观察项目表，一边观察，一边核对。在运用观察项目表时，须事先对该工作有所了解，这样制定的观察项目表才比较实用。

观察前先进行访谈将有利于观察工作的进行。一方面，它有利于把握观察的大体框架；另一方面，它使双方有所相互了解，建立一定的合作关系。这样，随后的观察就能更加自然、顺利地进行。

5. 工作参与法

工作参与法，也叫工作实践法。这种方法是由工作分析人员亲自参加工作活动，体验工作的整个过程，从中获得工作分析的资料。要想对某一工作有一个深刻的了解，最好的方法就是亲自去实践。通过实地考察，可以细致、深入地体验、了解和分析某种工作的心理因素及工作所需的各种心理品质和行为模型。所以，从获得工作分析资料的质量方面而言，这种方法比前几种方法效果好。

这种方法的优点是工作分析人员可于短时间内由生理、环境、社会层面充分了解工作。如果工作能够在短期内学会，则不失为一个好方法，即适合短期内能够掌握的工作。缺点是不适合需长期训练及高危险的工作。

6. 关键事件法

关键事件法也叫典型事件法，是请管理人员和工作人员回忆和报告对他们的工作绩效来说比较关键的工作特征和事件，从而获得工作分析资料。

一般而言，工作分析的方法可以分为职务定向方法和行为定向方法。前者相对静态地描述和分析职务的特征，收集各种有关"工作描述"一类的材料；后者集中于与"工作要求"相适应的工作行为，属于相对动态的分析。关键事件法就是一种常用的行为定向方法。这种方法要求管理人员、员工以及其他熟悉工作职务的人员记录工作行为中的"关键事件"（使工作成功或者失败的行为特征或事件）。

在大量收集关键事件以后，可以对它们作出分析，并总结出职务的关键特征和行为要求。关键事件法既能获得有关职务的静态信息，也可以了解职务的动态特点。

二、定量工作分析方法

1. 职位分析问卷——PAQ 法

著名的“职位分析问卷（Position Analysis Questionnaire，PAQ）”，是由美国普度（Purdue）大学的工业心理学家麦考密克等人设计的。PAQ 法工作元素的分类如表 4 - 1 所示。该方法无须修改就可用于不同的组织和不同的工作。其问卷共计六个部分，194 个问题。这 194 个问题也称为工作元素，对每一工作元素用以下六个标准之一进行衡量：使用程度、对工作的重要程度、工作所需的时间、发生的概率、适用性、其他。对每一标准主要采用五分刻度描述。通过这六个方面的 194 个工作元素的定量化描述，可以决定一职务在五个方面的性质：沟通、决策、社会责任、熟练工作的绩效、体能活动及相关条件。

表 4 - 1　　PAQ 法工作元素的分类表

问卷的六个部分	核心内容	举 例	工作元素/个
信息输入	工作中何处得到信息	文字信息	35
思考过程（中间过程）	工作中如何处理信息并决策	推理难度	14
工作产出	设备使用、体力活动	使用工具	49
人际关系活动	沟通、联系、监督、协调	指导他人、与公众接触	36
工作状态和工作内容	物质、生理和社会方面的条件	是否在与他人冲突的环境下工作	19
其他方面	工作的安排、要求、责任等	时间安排、职务要求	41

职位分析问卷法的优点在于它将工作按照五个基本领域进行并提供了一种量化的分数排序。这五个基本领域是：①是否负有决策、沟通、社会方面的责任；②是否执行熟练的技能性活动；③是否伴随有相应的身体活动；④是否操纵设备；⑤是否需要对信息进行加工。

因而，职位分析问卷的真正优势在于它对工作进行了等级划分。可以根据决策、熟练性活动、身体活动、设备操纵以及信息加工等特点对每一项工作分配一个量化的等级分数。然后，可以依据这一信息来确定每一种工作等级或工资等级。职位分析问卷的缺点在于对工作活动的描述过于抽象，对具体工作的安排缺乏指导意义。

2. 功能性工作分析——FJA

由美国劳工部（The U. S Department of Labor）制定的“功能性工作分析（Function Job Analysis，FJA）”包括工作特点分析和员工特点分析。FJA 法的基本假设如下：

（1）应明确区分“完成什么工作”与“员工应如何完成工作”。

（2）每个工作均在一定程度上与人、事、信息相关。

（3）对事件要用体能完成，对信息要用思考处理，对人要用人际关系的方法。

（4）尽管执行任务的方法有很多，但要完成的职能是有限的。

（5）每一种职能依赖于员工的特性与资格来达到预期的绩效。

（6）在与人、事、信息相关的功能中，复杂的功能包含了简单的功能。

FJA 法包括如下四个部分：

（1）任务描述：完成什么工作。

（2）工作特点分析——工作者的功能量表：员工应如何完成工作。

（3）员工特点分析（正确完成工作所必备的条件），包括以下几个方面：

①培训：常规教育和职业培训。

②能力：智力、动作协调性、肢体的灵活性。

③个性：适应性、果断性、压力承受能力。

④身体状况：视力、身高、体重、握力、血压。

（4）FJA 法还考虑以下四个因素：

（1）在执行工作时需要得到多大程度的指导。

（2）执行工作时需要运用的推理和判断能力应达到什么程度。

（3）完成工作所要求具备的数学能力有多高。

（4）执行工作时所要求的口头及评议表达能力如何。

FJA 法的特点为：将工作的写实描述与功能的抽象评级相结合。

3. 工作对人提出的要求——弗莱希曼工作分析系统

弗莱希曼（Fleishman）工作分析系统，专门分析工作对人的能力提出的要求。这种方法把能力定义为引起个体绩效差异的持久性的个人特性。工作分析系统通过建立52 种能力分类（见表 4－2），分别代表与工作有关的各种能力，包括认知能力、精神运动能力、身体能力以及感知能力。

工作分析采取对 52 个能力因素采用 7 分刻度衡量，由主题专家评价打分。弗莱希曼工作分析系统的特点为：能对工作的能力要求提供一个量化的全景描述，具有广泛的实用性。

表 4－2　　弗莱希曼工作分析系统中的 52 种能力因数表

能力因素					
1. 口头理解能力	10. 数字熟练性	19. 知觉速度	28. 手工技巧	37. 动态灵活性	46. 景深视觉
2. 书面理解能力	11. 演绎推理能力	20. 选择性注意力	29. 手指灵活性	38. 总体身体协调性	47. 闪光敏感性
3. 口头表达能力	12. 归纳推理能力	21. 分时能力	30. 手腕—手指速度	39. 总体身体均衡性	48. 听觉敏感性
4. 书面表达能力	13 信息处理能力	22. 控制精度	31. 四肢运动速度	40. 耐力	49. 听觉注意力
5. 思维敏捷性	14. 范畴灵活性	23. 多方面协调能力	32. 静态力量	41. 近距视觉	50. 声音定位能力
6. 创新性	15. 终止速度	24. 反应调整能力	33. 爆发力	42. 远距视觉	51. 语音识别能力
7. 记忆力	16. 终止灵活性	25. 速率控制	34. 动态力量	43. 视觉色彩区分力	52. 语音清晰性
8. 问题敏感度	17. 空间定位能力	26. 反应时间	35. 躯干力量	44. 夜间视觉	
9. 数学推理能力	18. 目测能力	27. 手—臂稳定性	36. 伸展灵活性	45. 外围视觉	

资料来源：中企资料网，www. zqzl. cn。

4. 管理职位描述问卷调查法

管理职位描述问卷调查法是托诺（W. W. Tornow）和平托（P. R. Pinto）于 1976 年针对管理工作的特殊性而专门设计的，定型于 1984 年，与 PAQ 方法类似。

所谓管理职位描述问卷（Management Position Description Question，MPDQ）是指利用工作清单专门针对管理职位分析而设计的一种工作分析方法。它是一种管理职位描述问卷方法，是一种以工作为中心的工作分析方法，是国外近年的研究成果。这种问卷法是对管理者的工作进行定量化测试的方法，涉及管理者所关心的问题、所承担的责任、所受的限制以及管理者的工作所具备的各种特征。

在美国，它所分析的内容包括与管理者的主要职责密切相关的 208 项工作因素。这 208 项工作因素可以精简为 13 个基本工作因素。

（1）产品、市场和财务计划：指的是进行思考，结合实际情况制订计划，以实现业务的长期增长和公司稳定发展的目标。

（2）其他组织单位和工人之间的相互协调：指的是管理人员对自己没有直接控制权的员工个人和团队活动的协调。

（3）内部事务控制：指的是检查与控制公司的财务、人力以及其他资源。

（4）产品和服务责任：指控制产品和服务的技术，以保证生产的及时性，并保证生产质量。

（5）公众和顾客关系：指通过与人们直接接触的办法来维护和树立公司在用户和公众中的良好形象与声誉。

（6）高级咨询：指发挥技术水平解决企业中出现的特殊问题。

（7）行为主动性：指在几乎没有直接监督的情况下开展工作活动。

（8）财务计划的批准：指批准企业大额的财务流动。

（9）职能服务：指提供诸如寻找是否适合为上级保持记录这样的事实的雇员服务。

（10）监督：指通过与下属员工面对面的交流来计划、组织和控制。

（11）复杂性及压力：指在很大压力下保持工作，以在规定时间内完成所要求的任务。

（12）高级财务职责：指制定对公司绩效构成有直接影响的大规模的财务投资决策和其他财务决策。

（13）广泛的人力资源职责：指公司中人力资源管理和影响员工的其他政策具有重大责任的活动。

MPDQ 是一种注重工作行为内容研究的技术方法，管理职位描述问卷的工作分析结果，对评价管理工作、决定该职位的培训需求、管理工作分类、薪酬评定、设计绩效评估方案等人事决策活动具有重要的指导作用。

第三节　工作分析结果

工作分析最重要的结果是工作说明书和岗位规范。工作说明书以“工作”为主角。岗位规范以“人”为主角，岗位规范是以工作说明书的内容为依据来回答这样一个问题：“要做好这项工作，任职者必须具备什么样的特点和条件?”

一、工作说明书

1. 工作说明书的定义

工作说明书是对某类岗位的工作性质、任务、责任、权限、工作内容和方法、工作应用实例、工作环境和条件以及本岗位人员资格条件所作的书面记录。

2. 工作说明书的主要内容

工作说明书的主要内容包括工作的基本资料、工作任务概要、工作过程使用的工具、材料、技术和方法、工作的指导和控制、工作行为、工作环境及其他信息，具体如表 4 -3 所示。

表 4 -3　　工作说明书的主要内容表

工作的基本资料	名称、副名称、代码、级别、工资等级、地点、报告关系
工作任务概要	对任务、工作目的、产品或服务的简练而完整的陈述
工具	机器、工具、设备、工作要求
材料	原材料、货物、物质、数据以及工作中的其他材料
技术和方法	将投入转化为产出的典型方法
指导和控制	有关产出数量和质量、运用的方式方法、员工行为及结果的模式
任务/行为	对所做工作的描述，包括员工与数据、其他人以及那些对完成工作有指导作用的规定之间的关系
环境	工作中的物理、心理和情感因素，雇佣条件和状况，与其他工作之间的联系
补充信息	没有包括在以上各项中，但对于实现操作目标、限定工作条件来说必不可少的一些细节

3. 工作说明书的编写要求

工作说明书的编写要求如下：

（1）要获得最高层的支持。管理层的认同和支持对有效完成工作分析及编写工作说明书具有决定性的作用。组织的人力资源管理部门应协助管理层筹划建立政策和确定方向，并且将这个信息传递给整个组织，以获得一致的支持。

（2）明确工作说明书对管理的重要性。这样可以使管理人员清楚地知道其管辖范围内各下属的任务、职责的分配及工作内容、各成员之间的工作关系，从而这样才能有效地完成管理任务。

（3）工作说明书应该清楚明确，具体简单。在界定工作时，应尽量使用简明的专用动词和名词来描述工作的目的和范围、责任权限的程度和类型、技能的要求等。另外，文字措辞方式应保持一致，文字叙述应简洁清晰。

（4）工作说明书必须随组织机构的变化而不断更新。如果组织变了，工作说明书没变，就会出现工作重叠、职责混淆、管理分配不平衡的问题，就会影响工作效率。

下面介绍工作说明书范例，见表 4 -4。

表 4－4 工作说明书范例表

岗位名称：人力资源部经理 职位等级：G5 职位编号：AG380023
工作目标：负责公司的人力资源规划，组织人员配备，处理员工关系。
工作职责： 1. 根据公司战略和内外部环境的变化制定人力资源规划，并在获得批准后组织实施。 2. 制订人力资源部的工作目标和工作计划以及预算，经批准后实施。 3. 组织制定和完善企业的招聘、培训、绩效、薪资等制度和流程，并在批准后实施。 4. 分析培训需求，制订培训计划并在批准后实施和控制。 5. 负责收集公司内外的人才信息，组织招聘。 6. 建立完善的公司绩效管理制度，并负责考核。 7. 建立完善的公司薪资结构，审核员工薪酬，报总裁核准由财务部执行。 8. 受理员工投诉，处理员工与公司劳动争议事宜并负责及时解决。 9. 加强与公司外的社会团体、机构、公司和政府的联系。
组织关系： 1. 接受人力资源总监和公司总经理、副总经理的领导。 2. 管理人力资源部的招聘主管、培训主管及员工。 3. 协助公司内部其他部门的工作，进行指导和提供咨询。
工作规范： 1. 本科以上学历，人力资源或宾馆/酒店管理类专业毕业。 2. 五年以上高级管理职位经验，3 年以上人力资源总监管理经验。 3. 有极强的领导力和沟通力，善于分析和解决问题。 4. 较强的组织、协调能力和良好的服务意识。 5. 强烈的责任感和事业心，工作细致、踏实。 6. 有良好的心理适应能力和承受压力的能力。

说明 1：职责排列应该按照重要性由高到低排列或按照所花时间的多少由多到少排列；不必列出所有的职责，重要的列出来即可；在每项职责后面设定该项职责所占的权重；注意根据实际情况的变化对工作说明书进行更新；工作说明书中还可以用“关键胜任特征表”将从事该职务应具有的核心能力表示出来。

说明 2：这份工作说明书比较简单，职责还可以列出一些来。对于工作规范，以表格来表示会更加直观。

二、岗位规范

1. 岗位规范的定义

岗位规范是指对完成某一岗位工作所需的知识、技能、经验、经历、品格、生理要求、心理要求等任职资格以及对工作职责、任务、程序、考核项目等的具体说明，有时被叫做职务规范。

2. 岗位规范的任务

岗位规范用以解决“什么样的人员才能胜任本岗位的工作”的问题。它是工作说明书中的一个重要组成部分。

3. 岗位规范的具体内容

岗位规范的具体内容如下：

（1）岗位名称、编号。

（2）本岗位主要工作范围和职责。

（3）本岗位的工作目标、责任和权限。

（4）本岗位与其他岗位的关系。

（5）本岗位人员所应具备的资格条件，如知识、能力和经验等。

（6）考核项目和标准。

（7）其他应补充的规定事项。

三、工作说明书与岗位规范的差异

工作说明书与岗位规范具有如下差异：

（1）从编制的目的来看，岗位规范是在岗位描述的基础上，解决“什么样的人员才能胜任本岗位的工作”的问题，为企业员工招收、培训、考核、选拔、任用提供标准；而工作说明书是以“事”为中心，对岗位进行全面、系统、深入的说明，为企业人力资源管理提供依据。

（2）从内容涉及的范围来看，岗位规范的内容比较简单，主要涉及人员的任职资格条件等方面的说明，而工作说明书内容要广泛得多，既包括对岗位各项性质、特征等方面的说明，又包括对担任该岗位工作人员的要求和环境条件的说明，从这个意义上说，岗位规范是工作说明书的一个重要组成部分。

第四节　工作设计

人力资源管理的实践表明，仅依靠对工作岗位的分析，不断完善工作说明书，并不能很好地提高员工的工作效率，甚至复杂的规定反而会制约员工工作积极性的发挥。因此，在这样的情况下，就必须充分考虑工作的设计，消除员工工作的单调感，增强他们对工作的兴趣。工作设计就是在这样的背景下应运而生的。工作设计也符合以人为本的人力资源管理思想，目前在西方国家已经非常盛行。关于工作设计，有很多不同的方法，并且已经在实践中产生了广泛的影响。工作设计的方法主要有工作丰富化、工作扩大化和工作轮换。

一、工作设计要求

工作分析是对现有工作的客观描述，而工作设计则是对新工作规范的认定与对新工作的完整描述，并进行改进。工作设计应当遵循以下一些基本要求：

（1）全部职务的总和应能覆盖组织的总任务。即组织运行所需的每一项任务都应落实到职务规范中去。如为了完成临时性的任务，在职务规范中往往加上“完成领导交办的其他事宜”这一条。

（2）全部职务构成的责任体系应能保证组织总目标的实现。即组织运行所要达到的每一个结果、组织内每一项资产的安全和有效运行都要落实到某一职位上，不能出现无人负责的现象。

（3）工作设计应有助于发挥员工的个人能力，提高组织效率。这就要求职务设计全面权衡经济效益原则和员工生理、心理需要，找到最佳平衡点，保证每个人满负荷工作。如果工作负荷过低，会导致人、财、物力的浪费，但超负荷又会影响员工身心健康，并给设备带来不必要的损害。

（4）工作设计应考虑到现实的可能性。如企业需要一个高级财务主管，要求他既能处理国际财务问题，又能做出高风险的投资决策，这就要考虑企业内有无合适人选，在社会上招聘需要花多大代价。如果因资源约束一时找不到合适人选，则应考虑适当地修改岗位规范。

二、工作丰富化

1. 工作丰富化的概念

工作丰富化是对工作内容和责任层次的基本改变，是对工作责任的垂直深化。它使员工在工作过程中获得成就感、认同感、责任感和自身发展。

2. 工作丰富化的条件

不是任何组织在任何情况下都可以采用工作丰富化方法。采用这种方法有其特定的条件，具体如下：

（1）没有比之更好的方法。如果有其他更好的方法，应该优先考虑其他方法。工作丰富化是在其他方法都无法激励员工时才应该考虑的方法。

（2）薪酬和环境必须满足。如果没有适当的薪酬和良好的工作环境，但却增加了员工的工作内容和层次，只会得到相反的效果。

（3）必须得到员工的同意。员工不愿意做出改变，就是改变了，也不会有很好的效果。

（4）在技术和经济上可行。倘若工作丰富化需要应用到的技术在企业中无法实现，那么，工作丰富化就无法做到了。

3. 工作丰富化的原则

工作丰富化的建立可以鼓励内在动机，因为它可以赋予员工在执行工作中更多的控制权、责任和自由决定权，促进员工的成长和自我实现，使得他们的工作动机增强，积极性得到提高。因此，在实践中工作丰富化要符合一些基本的原则，即给员工增加工作要求；赋予员工更多的责任；赋予员工工作的自主权；不断地和员工进行沟通反馈；对员工进行相应的培训。

在实际操作中，工作丰富化的主要做法有：实行任务合并，让员工从头至尾完成一项工作，而不只是承担其中的某一部分；建立客户关系，让员工有同客户交往的机会；让员工自己而不是别人来规划、控制他的工作，自己安排上下班时间、工作进度。

三、工作扩大化

工作扩大化是通过增加工作内容，使员工的工作有所变化，要求员工拥有更多的知识和技能，从而提高员工的工作兴趣。其系扩大横向（水平方向）的工作内容即扩大工作范围或工作多样性。

工作扩大化是使员工有更多的工作可做。通常这种新工作同员工原先所做的工作非常相似。这种工作设计导致高效率，是因为不必要把产品从一个人手中传给另一个人而节约时间。此外，由于完成的是完整的一个产品，而不是在一个大件上单单从事某一项工作，这样在心理上也可以得到安慰。该方法是通过增加某一工作的工作内容，使员工的工作内容增加，要求员工掌握更多的知识和技能，从而提高员工的工作兴趣。

一些研究者报告称，工作扩大化的主要好处是增加了员工的工作满意度和提高了工作质量。IBM公司则报告工作扩大化导致工资支出和设备检查的增加，但因质量改进，职工满意度提高而抵消了这些费用；美国梅泰格（Maytag）公司声称通过实行工作扩大化提高了产品质量，降低了劳务成本，工人满意度提高，生产管理变得更有灵活性。

从整体上说，工作扩大化的实施效果不尽如人意。尽管工作扩大化在克服专业化过强、工作多样性不足方面效果显著，但在激发员工工作积极性和培养挑战意识方面却没有太大的意义，这就需要工作丰富化来弥补。

四、工作轮换

1. 工作轮换的定义

工作轮换是在工作流程不进行很大改变的前提下，隔一个阶段从一种工作岗位换到另一种工作岗位，主要目的是使员工在不同工作岗位上轮换操作，给他们提供发展技术及较全面地观察和了解整个生产过程的机会，从而可以使单一的常规性工作产生的厌烦和单调减少到最低程度。工作轮换一般来说有两种类型：纵向轮换和横向轮换。纵向轮换指的是升职或降职；而横向轮换指的是在水平方向上的工作变化。通常所说的工作轮换是横向轮换。

因此，工作轮换是指企业有计划地按照大体确定的期限，让员工轮换担任若干种不同工作的做法。

2. 工作轮换的优势

工作轮换具有以下优势：

（1）工作轮换可以满足员工的内在需求

对员工进行工作轮换，能够很好地满足员工的内在需求。

①在同一岗位时间长了，就会产生厌烦感，适当地轮换岗位会使人有一种新鲜感，工作本身的趣味性由此产生。

②当员工面临一个新的工作岗位，就会面临新岗位的挑战。

③工作轮换可以培养员工适应新环境的能力，对一般员工来说，可以增加员工对多种技能的掌握；而对于管理人员来说，能加强对企业工作的全面了解，提高对全局性问题的分析能力。

④在不同岗位上的轮换，可以增加员工的交流机会。

⑤当员工能胜任新的工作岗位，便可得到一种只有在工作任务完成时才能感到的满足。

（2）工作轮换能促进组织发展

工作轮换可以通过以下方法促进组织发展：

①美国学者卡兹（Katz）认为，一个组织有组织寿命，组织的发展存在就像组织寿命曲线。他认为：一个组织在1年半期间内，虽然工作充满了新鲜感，但由于员工需要熟悉组织的工作环境和工作气氛，尚难敞开心扉应付自如，难以达到较高的工作效率；在1年半至5年的期间里，信息交流水平最高，组织的工作成果数量最多；当组织寿命超过5年后，员工对于工作已经非常熟悉，工作的挑战性明显下降，工作本身已经不能激励员工。组织也因沟通减少，反应迟钝而老化，会出现疲劳倾向。因此，适时的工作轮换，能够带动企业内部的人员流动，可以更新组织的寿命，还可以激发组织的活力。

②储备多样化人才。面对复杂多变的经营环境，企业组织结构的柔性特征需要增强，这就要求职工具有较强的适应能力，以便当企业经营方向或业务内容发生转变时，能够迅速实施人力资源转移。显然只掌握单项技能的员工不能适应这种变化，于是企业的人才储备就显得尤为重要。人才储备首先要求培养复合型人才，通过工作轮换，使员工轮换做不同的工作，以取得多种技能，同时也挖掘了各职位最合适的人才。其次，培养管理人员。对于中高级管理干部来说，应当具有对业务工作的全面了解能力和对全局性问题的分析判断能力。而培养这些能力，显然只在某一部门内做自下而上的纵向晋升是远远不够的，必须使干部在不同部门间横向移动，开阔眼界，扩大知识面，并且与企业内各部门的同事有更广泛的交往接触。

3. 工作轮换的不足

当然工作轮换也有不足之处，如会使员工培训费用上升。如果员工在原有岗位生产效率已经很高，轮换工作会降低生产效率，因为在新的岗位有一个适应过程（生产方式和人际关系的适应过程）。

本章小结

工作分析是人力资源管理的一项基础性工作，是其他各项人力资源管理活动的基础。工作分析是收集数据进而对一项特定的工作的实质进行评价的系统化过程。具体来说，工作分析就是为管理提供各种有关工作方面的信息。

工作分析的基本过程包括工作分析准备、工作调查、工作信息分析、形成工作分析的成果、工作分析的运用与控制等。工作分析的方法包括访谈法、问卷法、核对法、观察法等。

工作分析的结果包括工作说明书和岗位规范。工作说明书是对某类岗位的工作性质、任务、责任、权限、工作内容和方法、工作应用实例，工作环境和条件以及本岗位人员资格条件所作的书面记录。

人力资源管理的实践表明，仅依靠对工作岗位的分析，不断完善工作说明书，并不能很好地提高员工的工作效率，甚至复杂的规定反而会制约了员工工作积极性的发挥。因此，在这样的情况下，就必须充分考虑对工作进行设计。工作设计的方法主要有：工作丰富化、工作扩大化和工作轮换。

思考题

1. 举例说明你对工作分析相关概念的理解。
2. 简述工作分析准备阶段和工作分析设计阶段的主要内容及区别。
3. 谈谈你对访谈法、问卷法、观察法优缺点的理解。
4. 简述工作说明书与岗位规范的差异。
5. 简述工作丰富化与工作扩大化的差异。

案例分析

AMCO 公司的工作分析

美国的 AMCO 钢铁公司，以往在聘用新的钢铁工人之后，通常在从事永久性的职务前，会把这些新进人员暂时放在一般的劳工群中。由于新聘用的工人可能会被安排从事一般劳工群中的任何一项工作，所以每个求职者在被雇佣时必须符合各种工作的要求。这种做法为 AMCO 钢铁公司带来了一个难题，因为公司并不晓得一般劳工群中每项工作的特定资格，所以也就无法评估工作申请者是否能符合刚开始进来后第一份暂时性工作的专业要求。万一雇佣不适合的人员担任此职务，AMCO 就会面临生产力下降或意外灾害增加的可能。

为了解决这个问题，AMCO 制定了一般劳工群中每一项工作需要的必备条件，再依这些条件对工作申请进行筛选。只有那些通过每一项考试的申请者，才会被视为完全合格而被录用。

工作分析在这个选取的过程中扮演着关键性的角色，每一项在一般劳工群中的工作，都经由公司人力资源专业人员的分析，目的在于分析与每项工作有关的活动和任务，以便决定能够胜任该项工作的人员所需要的条件（例如力气、平衡感、灵活度等）。人力资源专业人员首先是借由观察工人的执行工作，再征询其督导者来获得所需要的资讯，最后经筛选确定需要施行哪些测验以便测量这些工作技巧。

为了确定这些测验的价值或结果，AMCO 把这些测验项目先在现有的员工中施行，然后再将测验高分者与低分者与其工作绩效进行比较。AMCO 发现测试成绩好的人，其实际的工作绩效要比测验成绩差的人好很多，测验成绩高者完成的工作几乎是成绩差者的两倍。这个发现让 AMCO 公司能够在测验的过程中，评估工作申请者未来能够提供的生产力。后来该公司的实践表明，通过测验的每位员工每年可以为公司增加 4900 美元的价值，也就是说，一个经由测验挑选出来的工人，可以预期比没有经过考试的人每年多生产 4900 美元的产品。而 AMCO 公司每年大约要雇用 2000 人的新进钢铁工人。或者可以这样说，经由这项测验，每年为公司增加了约 1000 万美元的产品价值。

（资料来源：西部资料网，http：//www. westfj. com）

讨论题

结合案例说明工作分析的作用。

第五章　招聘与配置

【学习目标】

- 掌握招聘中常用的甄选方法。
- 熟悉招聘的流程、不同的招聘渠道及其特点。
- 了解应聘过程的注意事项。

【导入案例】

张迈的多阶段选拔面试程序

张迈是世纪软件公司的经理，他创造了一套多阶段选拔面试程序，用以提高新聘员工的质量，并降低员工的流动率。

求职者想要成为世纪软件公司的员工，必须经过四个步骤。第一步，到人力资源部门接受一般的面试。第二步，3天后，再接受人力资源部门另外一些人的第二次面试，以证实第一次面试所得到的信息和获得的印象。第三步，参加面试小组主持的面试。面试小组由三个成员组成（其中包括张迈），他们的任务是考查求职者的沟通技巧、工作态度、自信程度。如果面试小组这一关通过了，人力资源部门就会核对相关的资料，通知求职者参加下一回合的测试。第四步，最后一次面试一般在星期五晚上进行，历时两小时。面试时让求职者观看一段长达20分钟的录像，内容是公司的简史。然后简单介绍一下公司的员工福利制度，并讨论成为自我管理团队的一员意味着什么。张迈说，这是整个招聘过程中最关键的一段，我们考查求职者反应如何。我们注意一切细节，然后决定是否正式录用。

张迈认为，正是这种细致的招聘过程帮助公司筛选掉了不合适的候选人，使公司员工的流动率大大降低。现在公司的年流动率为3%，而当地另外一家同类公司的员工流动率为20%。

在上面这个例子中，世纪软件公司员工流动率较低这一点表明，招聘对公司的运营和发展有重要的影响。

讨论题：

员工招聘中所遇到的问题及相关知识。

第一节　招聘概述

一、招聘的涵义

所谓招聘，是指组织根据自身的需求状况，按照一定的条件和标准，采用适当的方法，通过多种渠道召集并选拔录用所需的各类人员的过程。

招聘是现代企业管理过程中一项重要的、具体的、经常性的工作，是人力资源管理活动的基础和关键环节之一，是企业各项工作开展的前提。作为一个重要的管理职能，招聘工作在企业的人力资源管理中占首要地位。招聘工作是整个人力资源系统的输入环节，其质量直接关系到企业人力资源的质量，是人力资源管理的第一关口。

招聘与其他人力资源管理职能有密切的关系：人力资源规划决定了组织所需要的人员数量及类型，即决定了招聘的目标；工作分析则给招聘工作提出了明确的标准，同时也向应聘者提出了明确的要求；薪酬水平的高低在一定程度上决定了招聘的难易；同时，招聘过程能为后续的员工培训及职业生涯规划提供有价值的信息；另外，招聘工作完成的质量如何决定了新进员工将来在工作岗位上的绩效表现，从而影响组织整体绩效。

从整个组织的角度来看，招聘工作的质量影响企业的人员流动率，有效的招聘能使组织得到能胜任并满意工作的人才，减少培训的开支；反之，将会使组织中产生很高的人员流动率，影响组织正常运作，增加运营成本。另外，招聘工作对企业建立社会形象具有重要作用。招聘工作涉及面广，企业可以采用各种各样的媒体发布招聘信息，如利用电视、报纸、广播等，除了可以使企业招募到所需的人才，同时也可以在一定程度上起到推销企业、树立企业良好形象的作用。

二、招聘的原则

招聘工作是人力资源管理活动中的重要一环，其完成质量决定了企业最宝贵的人力资源的水平，关系到组织的生存与发展。为使招聘工作能高效地进行，招聘工作应遵循以下原则：

1．合法性原则

招聘工作必须符合国家相关法律法规的要求。如我国《就业促进法》规定“用人单位应当依照本法以及其他法律、法规的规定，保障劳动者的合法权益”，“用人单位招用人员、职业中介机构从事职业中介活动，应当向劳动者提供平等的就业机会和公平的就业条件，不得实施就业歧视”，“用人单位招用人员，除国家规定的不适合妇女的工种或者岗位外，不得以性别为由拒绝录用妇女或者提高对妇女的录用标准”等。我国的《劳动合同法》规定“用人单位招用劳动者时，应当如实告知劳动者工作内容、工作条件、工作地点、职业危害、安全生产状况、劳动报酬，以及劳动者要求了解的其他情况”，“不得扣押劳动者的居民身份证和其他证件，不得要求劳动者提供担保或者以其他名义向劳动者收取财物”等。

2. 科学性原则

招聘工作要充分考虑相关政策法规、企业现状以及劳动力市场供求状况，在人力资源规划和工作分析的基础上，科学地制订招聘计划；在招聘过程中，要综合运用心理学等多种测评工具科学地甄选人才，不一定要最优秀的，但要人职匹配，量才录用。

3. 公平性原则

在招聘过程中对所有的应聘者应一视同仁，平等对待，公开、公平、公正地甄选、录用，使整个招聘工作有组织、有计划，甄选录用程序严格统一，决策科学合理。

4. 统筹性原则

人力资源管理工作既要满足组织现有的需求，又要考虑组织的长远战略，在招聘过程中也要注意应聘人员的现有技能及所具备的潜力，使其能跟得上组织的发展速度，保证组织在每个阶段都有所需的人才。同时也要做到对组织内现有或将有的人员进行统筹规划，综合引进，尽可能找到合格人选。

5. 经济性原则

招聘过程需花费大量费用，因此在招聘时应坚持经济性、效益性原则，根据不同的招聘要求，灵活选用合适的招聘形式，用尽可能低的成本获得高质量的人才。

第二节　招聘过程

一、基本流程

不同企业的具体招聘流程可能不尽相同，但一般而言，在招聘的过程中普遍遵循着一个一般流程，即根据企业的人力资源计划，引出对人力资源需求的数量和类型，由工作分析确定所需人员的具体标准，在此基础上根据内外部环境，制定出相应的招聘策略，即通过何种渠道征募人员。在获得一定数量的应聘者的基础上，采取多种科学方法对应聘人员进行筛选和选拔，做出最终录用决定，并在一段时间后对该次招聘工作进行评估以指导下一次招聘。基本流程如图 5－1 所示。

二、征募

征募即采用多种方式通过多种渠道吸引具备资格的个人并鼓励其申请组织中的某个工作岗位的过程，即建立一个应聘者的“蓄水池”。最终录用的人员会从这个“蓄水池”中产生，故在征募阶段，要根据需求向特定群体传达信息并吸引他们到组织应聘，“蓄水池”的质量如何，关系到整个招聘工作的质量。

1. 提出需求

一般情况下，招聘需求由用人部门根据企业人力资源规划及本部门下阶段人力资源的需求状况提出，并填写相应的招聘申请表（见表 5－1 和表 5－2），报批后交人力资源部门，并由人力资源部门进行汇总。

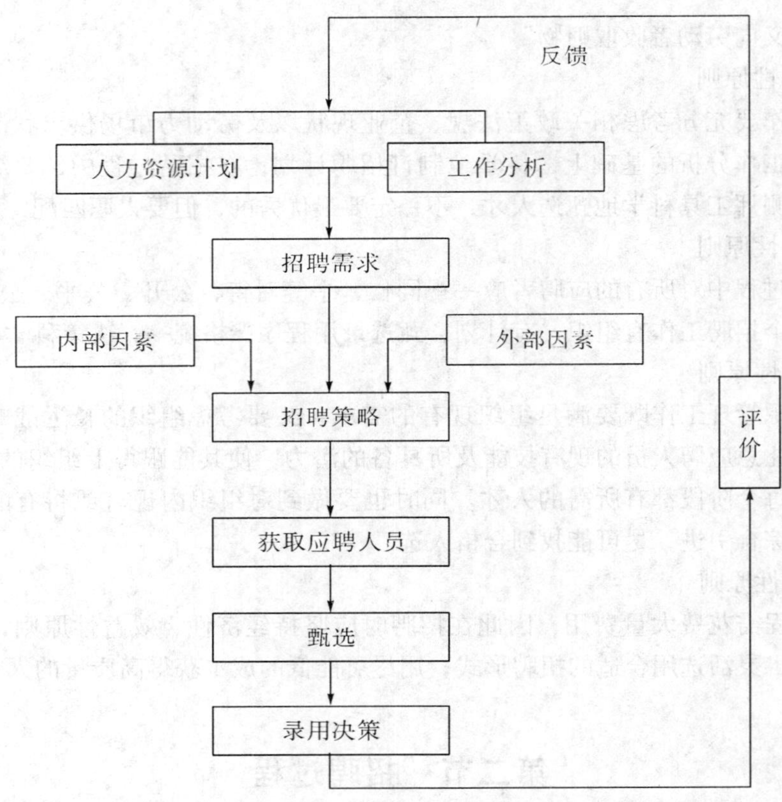

图 5－1　招聘工作基本流程图

表 5－1　　招聘申请表（一）

<table>
<tr><td>申请部门</td><td></td><td>申请日期</td><td></td><td>现有人员</td><td></td></tr>
<tr><td>职位代码</td><td></td><td>职位名称</td><td></td><td>聘用数量</td><td></td></tr>
<tr><td>招聘信息</td><td colspan="5">1. □在部门目标之内　□目标之外
2. □补充新人　□替换现职员
3. □正式员工　□季节工　□临时工　□计时工
4. □从公司外部招聘　□从公司内部调配</td></tr>
<tr><td>上岗时间</td><td colspan="2"></td><td>服务年限</td><td colspan="2"></td></tr>
<tr><td colspan="6">招聘岗位职责：
1.
2.
3.
4.</td></tr>
<tr><td colspan="6">岗位要求（教育、经验、技能等）：</td></tr>
</table>

表 5-2　　　　　　　　　　　　**招聘申请表（二）**

申请日期　　　年　　月　　日

申请部门				申请日期	需要日期	选聘日期	选聘方式	要求条件			工作内容	增补理由	领导批示
部门名称	编制人数	现有人数	增补人数					性别	年龄	资历			

一般而言，用人需求由用人部门提出，但需要其上级主管及人力资源部门的负责人对其需求进行分析与判断。如考虑是否可以通过重新调整工作内容等来满足用人需求，或是否可以通过将某些工作外包来解决，即使确定需要招聘新员工，也需考虑是招聘正式员工还是临时员工，以此来统筹确定招聘的必要性以及人员要求的合理性。

2. 制订计划

招聘需求确定以后即可根据具体岗位的工作分析和组织的总体人力资源规划来制订详细的招聘计划。招聘计划主要包括以下内容：

（1）招聘人数，即实际需求人数，但在征募过程中往往需要吸引多于实际需求的应聘者，一方面是为了能有更充分的选择面，另一方面也是为了防止某些应聘者因种种原因最后退出而造成招聘需求不能得到满足。

（2）招聘标准，即需要什么样的人，包括年龄、性别、学历、专业、工作经验、工作能力、技能、个性品质等。

（3）招聘人员，即招聘小组的人员组成情况以及各自的分工。

（4）招聘经费，即预计招聘需要的费用，除了招聘工作相关人员的工资外，还需要确定广告、测试、差旅、通信、场地、器材等费用的预算。

3. 发布信息

当招聘计划确定并经批准以后，就由人力资源部门的相关工作人员开始准备相关材料并对外发布信息，正式进行人员的征募活动。

在发布信息阶段，首先要根据招聘计划确定信息发布的渠道，即是内部招聘还是外部招聘。若是内部招聘，则在组织内部公告，主要保证目标对象充分知悉；若是外部招聘，则要根据不同渠道的特点而选择招聘会、中介机构、网络招聘、平面广告、员工推荐、校园招聘等。在渠道选择的过程中，要注意考虑信息发布的费用成本以及招聘信息的覆盖范围及其是否能准确及时地到达目标人群。

其次要准备相关的材料，主要包括以下内容：

（1）招聘简章。招聘简章既是招聘的告示，又是招聘的宣传大纲，内容需涵盖招聘单位的概况、岗位介绍、招聘对象及条件、工作地点及待遇、应聘方式等。

（2）其他相关材料。除了招聘简章之外，还需要准备一些应聘文件，如应聘登记表以及相应的公司宣传材料，以分发给目标人群。

三、选拔

应聘人员通过填写应聘登记表（见表 5－3）或递交简历等方式表达自己想加入的愿望。一般情况下，应聘者的数量会远远多于所需人数，故需要对应聘者进行选拔，过程如下：

表 5－3　　应聘登记表

应聘职位：　　　　年　月　日

姓名		性别		年龄		婚否		身高	
血型		视力		健康状况		职称		工龄	
毕业学校				毕业时间		专业		专业成果	
通信地址				邮编		电话			
原工作单位				原工种					
主要经历									
专业技能及特长描述									
薪资要求				住房要求					
到岗时间									
以下由相关部门填写									
面试结论									
复试结论									
笔试成绩									
人力资源部门意见				用人部门意见					
备注									

制表：　　　　复核：

1. 获取资料

通过筛选简历或应聘者填写的应聘登记表对应聘者的家庭、社会背景、工作态度、受教育程度、健康状态等情况进行了解。应聘登记表由组织统一设计，一般以选择题或填空题为主，提问方式简单易懂，内容一般涵盖以下信息：

（1）应聘者的姓名、年龄、性别、专业、学历、婚姻状况、政治面貌等。

（2）应聘者的健康状况、兴趣爱好、特长、家庭状况等。

（3）应聘者的工作经历及成就等。

（4）应聘者的其他要求，如期望薪酬水平等。

2. 笔试与面试

人力资源管理部门对应聘人员资料进行初步整理分类，剔除一些明显不合格者，交给各用人部门主管，由主管筛选出具有资格人员，确定参加初步笔试和面试的人选及时间（一般先进行笔试考查应聘者的智商、专业水平、职业能力等，笔试合格再进入面试。也有的是笔试和面试结束之后再进行筛选），填写面试/笔试通知书（见表5-4），并将应聘人员资料及笔试/面试通知递交人力资源部门，由人力资源部门通知面试人选；或由用人部门主管将初步笔试/面试名单交给人力资源部门，再由人力资源部门电话通知或下发面试通知。

表5-4　面试通知书

尊敬的________先生/小姐： 您好！ 经我公司初步挑选，现荣幸通知您于__月__日__时到______参加笔试/面试。请按时到达指定地点，并带好相应的证件与材料。 联系人：××× 联系电话：×××× ______公司人力资源部 ____年__月__日
注意事项：请携带本人身份证、学历学位证书以及证明本人能力的其他证明材料。 乘车路线：×××

在笔试和面试过程中，一般会从多个角度来观察和评价应聘者。笔试一般侧重于考查应聘者的业务知识、文字能力以及综合分析能力，具有较高的信度和效度，且程序简单、成本较低，能满足在短时间内对大批量的个体进行测试的要求，故在很多组织选拔过程中往往必不可少。但笔试只能通过间接的方式了解应聘者，对其工作态度、品德修养、气质性格、口头表达能力、临场应变能力等无法深入了解，所以要结合面试应用。

面试是应聘者与招聘人员之间面对面的信息交流过程，可以是一对一的，也可以是多人面试一人；面试的过程可能是高度结构化的，也可能是完全没有限制的非结构化的，还可以是介于两者之间的半结构化的；面试的气氛可能是轻松的，也可能是在压力非常大的环境下的。这一切都取决于面试的目的及面试人员的选择。这是应聘者与用人单位面对面沟通了解的一个双向选择的过程，很多关键岗位往往会经过几轮面试。

3. 初步录用决定

经过笔试和面试等环节后，人力资源部门就开始组织对整个选拔过程的成绩进行计算和评定。这一过程的主要任务是根据笔试和面试对应聘者的个人信息进行综合分析和评价，确定每个进入此阶段的应聘者的能力和素质特点，参照既定的工作标准做出录用决策。录用决策一般由参与招聘过程的人力资源部门管理人员及用人部门主管共同做出。

4. 背景调查及体检

对于组织内部的关键岗位，还需要对应聘者展开必要的背景调查，以证实应聘者的教育和工作经历以及其个人品质、工作能力等。组织采用的背景调查方式主要是对应聘者以前的主管和同事进行询问，以了解其离职原因、工作能力、团队意识等问题，也可以利用专业的商业调查公司对应聘者的个人信誉、家庭状况、资产负债情况等进行了解。

初步录用决定后的另一项重要的工作是体检，通过全面身体检查以了解员工身体状况，如是否有传染性或是影响工作的疾病等。若有体检结果证明会影响未来的工作，通常企业会做出拒绝录用的决定，但注意要和应聘者做好沟通，且不能违背相关的就业政策和法律。

四、录用

根据选拔过程对应聘者的全面考核及综合评价，由人力资源部门相关人员及用人部门主管集体讨论，按照人岗匹配的原则选取录用人员。当录用人员决定以后，人力资源部门应及时通知应聘者是否被录用。

对被录用的应聘者及时发出录用通知，欢迎新员工加入组织，清楚告知报到时间、地点、程序等问题，并详细标明如何到达目的地及其他应该注意的事项。一般录用通知以电话或书面的形式发出，示例见表5－5。

表5－5　　录用通知书

尊敬的________先生/小姐： 我们非常高兴地通知您，经过严格的筛选和面试，您已被我公司录用为××××，请您于××年×月×日上午9：00携带以下资料来公司报到： 1. 原公司解除劳动合同证明； 2. 身份证原件复印件（复印件2份）、学历学位证书原件复印件1份； 3. 体检合格证明； 4. 两张一寸照片。 公司在您报到后与您签订两年的正式劳动合同。试用期×个月，自报到当日开始，试用期工资为××元，转正后为××元。 我们对您的加盟表示热烈的欢迎，并衷心希望您的才能在本公司能得到最充分的发挥，取得事业上的巨大成功！ 此致 ××公司人力资源部 ××年×月×日

很多企业对录用通知比较重视，但往往忽略了未被录用的应聘者。其实，周到的辞谢通知不仅能够建立起企业的良好形象，还能对企业今后的招聘产生有利的影响。因此，同样需要用礼貌周到的方式通知未被录用的人员。通常也是采用电话或书面的形式委婉地辞谢对方，示例见表5-6。

表5-6　　辞谢通知书

尊敬的________先生/小姐： 　　我们十分感谢您对本公司××职位的兴趣。您的学识、资历以及在面试过程中的良好表现给我们留下了深刻的印象。但因名额有限，本次未能录用，但我们已将您的资料列入本公司人才储备档案，期待有机会再行共谋大业。 　　最后对您应征本公司的热诚，再次致谢。 ××公司人力资源部 ××年×月×日

被录用者办理报到手续完毕，并顺利通过试用期，通常企业会与员工签订正式劳动合同，办理有关社会保险等手续，规定双方的劳动关系，明确双方的责任、权利和义务，对双方同时进行法律的约束和保护。

五、评估

评估是招聘过程中不可缺少的重要阶段，一般包括以下几个方面：

1. 招聘成本

招聘成本是评价招聘工作效率的重要指标，如果招聘成本较低而录用人员质量较高，则说明招聘效率高；反之，则意味着招聘效率低。

招聘成本包括招募成本、选拔成本、录用成本、安置成本、重置和离职成本等。近年来，许多学者将研究视角投入到招聘过程的隐性成本的研究中。

2. 录用人员

录用人员即根据组织的招聘计划及用人岗位的工作分析，对已录取的人员的数量、质量进行评估，可通过录用比、招聘完成比、应聘比来完成。

3. 招聘人员

通过招聘人员在招聘过程中的表现以及对招聘结果（如新员工的合格率、职位空缺时间等）的分析，评价招聘人员工作的效率与效果。

通过对此次招聘工作过程的评估和总结，可以对下次的招聘产生指导作用，为以后的招聘工作提供信息。

第三节　招聘渠道

征募是通过各种信息传播渠道，把符合要求又对本企业感兴趣的人吸引到企业来应聘的过程。征募是招聘系统的重要环节，通过何种渠道以及采用什么方式，在很大程度上影响着企业能够吸引和召集到的应聘者的数量和质量。根据渠道的不同，可以将招聘工作分为内部招聘和外部招聘。而不同的招聘渠道又有多种招聘方法可供选择，企业可以根据自己的人力资源规划、招聘人员的类型、招聘人员的市场供给状况、招聘成本等选择最有效的招聘方法，来吸引和召集那些符合招聘资格的人员。一般来说，可供企业选择的招聘渠道或招聘方式分为以下几种：

一、内部招聘

内部招聘即在产生职位空缺后，在组织内部寻找合适的人员。据统计，20 世纪中叶，美国有 50% 的管理职位由公司内部人员填补，而进入 20 世纪 90 年代以后，这一比率上升到 90% 以上。

1. 内部招聘的方法

内部招聘的方法主要有公告法和推荐法，具体如下：

（1）公告法。公告法是在企业内部招募人员时最常用的方法，是指企业将空缺岗位的特征，如资格要求、主管人员姓名、工作时间、薪资等级等信息通过各种内部媒体，如广播、内部刊物、宣传栏、网络系统等公开发布（见表 5－7），吸引符合条件的内部工作人员应聘，然后通过层层考核，选拔合适的人员录用。此种方法简便、经济、快速、实用，被大量运用于填补企业内的非管理层职位空缺。

表 5－7　　内部竞聘公告

公告日期：
结束日期：

在________部门有一全日制职位__________可供申请。此职位对/不对外部候选人开放。薪资水平______。

岗位职责：参见所附岗位说明书。

申请资格要求：

1. 从事现岗位工作满×年以上；
2. 2007 年、2008 年度考核结果为合格及以上；
3. 良好的团队意识和团队合作精神；
4. 较强的组织能力和积极的工作态度；
5. 本科（含）以上学历；
6. 有××经历者优先。

申请程序：

1. 符合报名条件且有意向的员工填写《双向选择报名表》（见附表），于×月×日发至××邮箱；
2. 人力资源部进行资格初审；
3. ×月×日，人力资源部会同相关部门负责人提出拟定意见，提交总经理办公室审定；
4. ×月×日，进行职业能力和业务知识测试；
5. ×月×日，进行诊断性面试；
6. ×月×日，公示结果。

附表 1：岗位说明书
附表 2：双向选择报名表

××公司人力资源部
××××年×月×日

使用公告法应注意在公告发布的时间选择上要有一定的提前量，且信息的覆盖面应是组织的全体员工，使每个人都有平等的竞争机会，所有拥有这些资格的员工都可以申请；公告内容应包括对空缺职位的工作描述、工作规范、待遇和报酬、工作日程和必要的任职资格等。

（2）推荐法。推荐法也是内部招聘的一种特殊形式，一般由空缺岗位的上级主管人员向人力资源部门推荐其熟悉的、可以胜任该工作的候选人供考核。推荐者本人对空缺职位的要求比较了解，对被推荐人的教育、能力、绩效等也比较熟悉，因此成功的可能性较大，且有利于该部门将来工作的顺利开展。这种方法要求实事求是、任人唯贤，并需要经过对候选人的综合评定来确定最终人选。

2. 内部招聘的优点

内部招聘具有以下优点：

（1）有利于调动员工的劳动积极性，提高员工的忠诚度。内部招聘使员工认识到，只要在工作中不断提高能力、丰富知识，就有机会被提升担任更重要的工作，这有利于保持内部员工的稳定性，激发企业内部员工的积极性，鼓励员工积极进取，不断提高自身的竞争力。

（2）有利于提高招聘质量。组织掌握着大量的一手资料，对内部员工的知识水平和实际能力有较为深入和全面的考察和评估，能较为准确地判断其是否适合新的工作，这样，就可以有效地减少招聘工作中的失误，提高招聘质量。

（3）有利于节省成本。内部招聘不仅可为组织节约外部招聘所需要的大量广告费、招聘人员差旅费以及招聘机构代理费等直接开支，而且还可节约部分新员工上岗培训费和熟悉组织等方面的花费，从而可为组织节省大量成本。

（4）有利于工作的迅速开展。内部招聘的员工一般对企业内外环境和条件比较熟悉，对组织文化也比较了解，因而能够较快地开展并胜任工作，能将职位空缺时间及带来的影响减到最小。

3. 内部招聘的缺点

内部招聘具有以下缺点：

（1）选择范围有限。从内部招聘到的人可能只是组织中最合适的人，却不一定是最适合职位的人。这种情况下若坚持仅从内部招聘，会使组织失去得到一流人才的机会，对组织活动的正常进行以及组织的发展是极为不利的。

（2）缺乏创新。内部招聘使人员流动仅发生在组织内部，不利于组织吸收新鲜血液。长期相处的同一群体可能在思维方式和行为习惯方面形成一定的定式，缺乏应有的活力，容易形成自我封闭的局面，缺乏思想碰撞的火花，创新会受到抑制。

（3）容易出现营私舞弊现象。有些时候出于某些领导的私心，一些员工可能被提升至他不能胜任的岗位，长此以往甚至可能造成企业领导层拉帮结派各自为政的现象。

（4）容易激发内部矛盾。内部招聘可能会带来不稳定的因素，激发内部矛盾。如应聘者认为自己已经具备了担任该职务的能力，在这种情况下，一旦落选，难免会产生挫折感和失落感，进而会降低员工的工作积极性，并对组织及上任的同事产生抵触情绪，容易引发内部矛盾。

总之，企业在采用内部招聘填补岗位空缺时，一定要注意采取相应的措施，扬长避短，充分发挥其积极作用，防止并克服其缺陷或不足。

二、外部招聘

外部招聘即面向组织外部征集应聘者以获取所需人员的过程。组织进行外部招聘的主要原因是：组织内出现职位空缺而组织内部缺乏胜任者；企业的产品或技术更新换代速度太快，来不及在组织内部培养适用人才；或者出于其他考虑需要在更大范围内选拔更优秀的人才等。

1. 外部招聘的方法

（1）员工推荐。内部人员推荐是最好的员工招募来源之一，特别是对那些缺乏某种技术的组织。例如，NEC 公司在过去的几年里，通过自己员工介绍的就业人数从 15% 上升到了 52%。企业将空缺职位以及对被推荐者的要求在企业中公布并张贴在布告栏中。对于那些在企业的雇用工作中推荐候选人多的雇员或推荐的人被成功录用的雇员，企业将给予一定的现金奖励。

（2）广告招聘。广告招聘即通过广播、报纸、电视、网络等媒体向公众发布组织的招聘信息。这种招聘方式的信息覆盖面广，且能同时达到宣传企业的效果，可谓一举两得。但这种招聘方式的成本一般较高。

（3）校园招聘。校园招聘是企业外部招聘的一种重要方式，大多直接在校园内进行，招聘成本低、周期短，而且企业能吸引一批高素质的精力充沛、适应力强，具有全新的思想、无限的活力、创造的激情的新员工，因此校园招聘是企业大批量补充基础员工的首要选择。许多国际著名公司都把校园招聘视为企业更新自身人才库的好机会。如宝洁公司每年都成功地从各大高校中吸纳了不少优秀的人才。

（4）网络招聘。随着互联网技术的发展及其对人们生活影响的不断深化，企业也越来越将网络招聘作为其招聘方式的一种。现在许多企业都设置了自己的网站，网上求职者可以更迅速地了解到关于招聘情况的信息，同时允许求职者以电子邮件或网上填写应聘登记表的形式提交自己的申请。在《财富》全球 500 强企业中，使用网上招聘的已占 88%，目前北美地区 93% 的大公司都利用网上招聘这种招聘方式，欧洲有 83%，亚太地区有 88%。按行业来说，使用互联网招聘员工最普遍的是医疗保健业，全球 500 强中达到了 100%，制造和运输行业也在 95% 以上。

（5）中介机构。中介机构是指帮助组织招聘员工同时又帮助个人找到工作的一种组织，常见的有职业介绍所、人力资源公司、猎头公司等。职业介绍所很多是政府为用人单位、求职人员提供就业服务的专业性机构，通常服务是免费的；而人力资源公司从本质上来看是收费的职业介绍所；猎头公司则主要是为组织提供高级管理人员招聘服务的中介机构。

2. 外部招聘的优点

外部招聘具有以下优点：

（1）能够给企业带来新鲜血液，有利于组织创新。来自外部的新员工可以为企业带来新的管理方法和经验、新的观念和新的技术、新的思维方式，有益于增强企业的活力。同时根据著名的“鲶鱼效应”，组织从外部招聘的有才干的人，会对已有员工形成压力，激发他们工作的积极性。

（2）有利于避免内部矛盾。实行外部招聘可避免组织内部没有被提拔到的人积极性受挫，避免造成因嫉妒心理而引起的情绪不快和组织成员间的不团结，从而有利于组织内部和谐工作氛围的构建。

（3）有利于从更广的层面选择人才。外部招聘的选择范围和选择余地更大，这有利于组织经过考核与评价，在更多的候选人中选择更优秀、更符合本组织发展目标的人选。特别是那些通过猎头公司选拔的人才，一般具有较丰富的实践经验和较高水平的专业技术或专门技能，从而可使企业节约大量的培训费用，同时相对减少岗位空缺时间。

（4）有利于企业对外树立组织形象。通过外部招聘，借助各种媒体与社会接触，是企业对外宣传的好机会。借外部招聘机会积极扩大组织在公众中的影响，对树立组织的良好形象具有重大作用。

3. 外部招聘的缺点

外部招聘具有以下缺点：

（1）信息收集成本高。招聘部门对组织外部的应聘者没有太多的了解，为了能够在众多应聘者中选出合乎招聘条件的候选人，必须经过认真的资格审查和评定，并经过严格的能力测试。这些都增加了外部招聘成本。

（2）适应期较长。由于外部引进人才的社会背景和具体经历不同，一般来说，对新任的岗位工作需要一个熟悉和适应的过程，特别是对企业文化的认同和融合难度更大，完全胜任工作需要有较长的适应期。

（3）打击现有员工积极性。从外部招聘某个空缺职位的候选人，有可能使组织内部感到能胜任此职位的员工产生挫败感，对自己的前途失去信心，从而影响其工作的积极性。同时也会对现岗的员工带来一定的压力和影响，竞争过度容易使员工缺少归属感。

总之，无论是内部招聘还是外部招聘，都有其自身的优势和不足之处。因此在实际招聘工作中，应结合具体的招聘计划和目标，灵活合理选择内部招聘或外部招聘，或内外部招聘相结合。

第四节　甄选

一、甄选概述

甄选是指从众多求职者中挑选出最有可能胜任某一特定工作职位的人员的过程。甄选过程是招聘中最困难也是最重要的环节之一，因为它不仅决定了招聘工作的效果，更决定了将来组织人力资源水平的高低。甄选过程不仅随行业的类别和组织性质的差异而不同，还与组织需要填补的工作岗位的种类和层次密切相关。一般情况下，甄选过程如图 5 -2 所示。

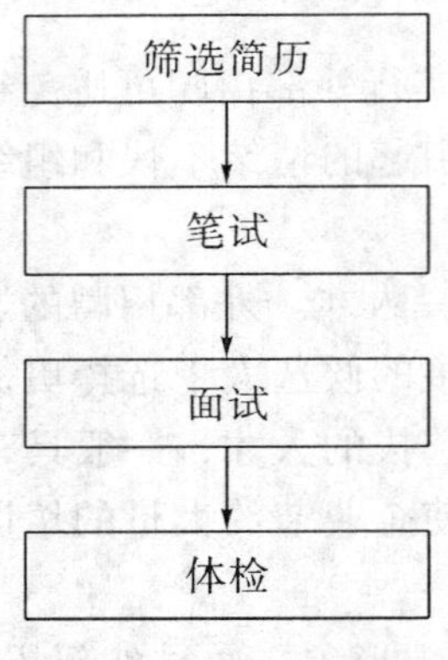

图 5 -2　甄选过程图

首先根据简历或工作申请表所提供的信息进行初步筛选，剔除求职材料不实及明显不合格者；其次通过多种测评技术以笔试或面试的方式对应聘者的职业能力、性格特点、价值观、兴趣等进行考核和测量，对某些岗位，可能仅使用笔试或面试任一种，而对有些岗位则需要结合使用甚至进行多轮面试；最后，剔除身体条件明显不适合该岗位工作的人选，最终做出录用决策。

二、甄选测评常用方法

测评活动是心理测量技术在人力资源领域的应用，一般来说，对某个测评方法的科学性通常用效度和信度两个指标来衡量。

效度是反映测评内容与工作本身相关程度的指标，如果测试内容与工作不相关，那么可以认为该测评是无效的。效度包括效标效度和内容效度。效标效度是指通过测试分数与实际工作绩效之间的经验联系，来证明测试是否有效的一种效度类型，所以又叫效标关联效度。它要证明那些在甄选测试中表现好的被测者，在实际工作中也一样能够表现得出色；相反，在测试中表现不好的被测者在工作中亦表现不好。内容效度是指要证明测试中设计的项目、提出的问题或设置的难题在多大程度上能够代表实际的工作绩效或者是确实反映实际工作存在的问题。

信度是指测试的一致性和稳定程度，即同一个测验或经专家认同的等值测验在不同的时间对同一被测对象测试所得的分数的一致性。通俗地讲，就是看不同的时间、不同的人，对同一个对象的测试，会不会有很大的不同。信度分为再测信度和复本信度。再测信度指在不同的时间、相同的条件下对同一被测对象实施相同的测试，然后比较所得结果；复本信度指在不同的时间、相同的条件下对同一被测对象实施与第一个测试等值的测试，然后再比较分数。

甄选测评中具有代表性的方法有以下几种：

1. 心理测评法

在招聘过程中经常使用的心理测试有智力测试、人格测试、职业兴趣测试、职业能力测试、心理健康测试等。

（1）智力测试

智力测试是用来测量应聘者的智力水平，一般包括观察力、注意力、记忆力、思维力、想象力。智力水平的高低直接影响了一个人的工作情况。常用的智力测试采用的是美国心理学家韦克斯勒编制的智力量表。

近年来越来越多的研究表明一般人的智力水平相差无几，而情商（EQ）则对于人的成就起到更大的作用，故应聘中对智力水平的测试也渐渐减少。

（2）人格测试

人格是个体持久的、带有倾向性的性格特征，每个人都有自己的性格特征，每一种性格都有其擅长的职业。具有代表性的人格测试有卡特尔的16人格因素调查表（16PF）。卡特尔认为在每个人身上都具备16种人格特质，且这16种特质在不同人身上的表现有程度上的差异，如表5－8所示。

表5－8 卡特尔16性格维量表

人格特质	低分特征	高分特征
开朗性	缄默，孤独，冷漠	外向，热情，乐群
聪慧性	思想迟钝，学识浅薄	聪明，富有才识
稳定性	情绪激动，易受环境支配	情绪稳定而成熟，能面对现实
恃强性	谦逊，顺从，通融，恭顺	好强固执，独立积极
兴奋性	严肃，审慎，冷静，寡言	轻松兴奋，随遇而安
有恒性	苟且，敷衍	做事尽职
敢为性	畏怯，退缩，缺乏自信心	冒险敢为，少有顾忌
敏感性	理智，着重现实	敏感，感情用事
怀疑性	依赖随和，易与人相处	怀疑，刚愎，固执己见
幻想性	现实，合乎陈规	幻想，狂放不羁
世故性	坦白，直率，天真	精明能干，世故
忧虑性	安详，沉着，有自信心	忧虑抑郁，烦恼自扰
实验性	保守，尊重传统观念	自由，批评激进
独立性	依赖，随群附众	自立自强，当机立断
自律性	矛盾冲突，不顾大体	知己知彼，自律严谨
紧张性	心平气和，闲散宁静	紧张困扰，激动挣扎

（3）职业兴趣测试

广义地说，兴趣是一种人格特征，职业兴趣反映了一个人想从事某种职业的愿望。有关资料表明，一个人如果从事自己感兴趣的职业，则能发挥全部才能的80%～90%，且能长时间保持高效率而不疲劳；如果从事不感兴趣的职业，则只能发挥全部才能的20%～30%。职业兴趣方面具有代表性的理论是霍兰德的人职匹配理论，他通过测试将人和职业分为六种不同的类型，且相同类型的人和职业之间一一对应。

（4）职业能力测试

职业能力是指在各种职业活动中所必须具备的能力。哈佛大学教授霍华德·加德纳提出每个人至少拥有八项能力：语言能力、数理逻辑能力、音乐能力、空间能力、身体运动能力、人际交往能力、自省能力、自然观察能力，每个人在这八项能力上所表现出来的强弱程度有所不同。以公务员考试为代表，招聘过程中越来越重视对应聘者的职业能力测试。表5-9所示的职业能力自评表可供读者对自己的职业能力进行评价。该测评采用五级量表：A（强）、B（较强）、C（一般）、D（较弱）、E（弱）。

表5-9 职业能力自评表

第一组能力

项　目	A(强)	B(较强)	C(一般)	D(较弱)	E(弱)
善于表达自己的观点					
阅读速度快,并能抓住中心内容					
清楚地向别人解释难懂的概念					
对文章中的字词段落和篇章的理解分析和总结的能力					
掌握词汇量的程度					
中学时你的语文成绩					
小计分数					
合计					

第二组能力

项　目	A（强）	B（较强）	C（一般）	D（较弱）	E（弱）
做出精确的测量（如测长宽高等）					
解算术应用题					
笔算能力					
心算能力					
使用工具（如计算器）的计算能力					
中学时你的数学成绩					
小计分数					
合计					

第三组能力

项　目	A（强）	B（较强）	C（一般）	D（较弱）	E（弱）
美术素描画的水平					
画三维度的立体图形					
看几何图形的立体感					
想象盒子展开后的平面形状					
玩拼板（图）游戏					
中学时你的美术成绩					
小计分数					
合计					

表5－9（续）

第四组能力

项　　目	A（强）	B（较强）	C（一般）	D（较弱）	E（弱）
发现相似图形中的细微差别					
识别形体的形状差异					
注意到多数人忽视的物体的细节部分					
检查物体的细节					
观察图案是否正确					
中学时善于找出数学作业的细小错误					
小计分数					
合计					

第五组能力

项　　目	A（强）	B（较强）	C（一般）	D（较弱）	E（弱）
快而正确地抄写资料（如姓名、数字等）					
阅读中发现错别字					
发现计算错误					
在图书馆很快地查找编码卡					
发现图表中的细小错误					
自我控制能力（如较长时间做抄写工作）					
小计分数					
合计					

第六组能力

项　　目	A（强）	B（较强）	C（一般）	D（较弱）	E（弱）
劳动技术课中做操作机器一类的活动					
玩电子游戏或瞄准打靶					
做体操、广播操一类活动检验身体的协调灵活性					
打球姿势的平衡度					
打字比赛或算盘比赛					
闭眼单腿站立的平衡能力					
小计分数					
合计					

表 5-9（续）

第七组能力

项　　目	A（强）	B（较强）	C（一般）	D（较弱）	E（弱）
灵巧地使用手工工具（如榔头、锤子）					
灵巧地使用很小的工具（如镊子、缝衣针等）					
弹乐器时手指的灵活度					
动手做一件小手工品					
很快地削水果皮（如苹果、梨子）					
修理、装配、拆卸、编织、缝补等一类的活动					
小计分数					
合计					

第八组能力

项　　目	A（强）	B（较强）	C（一般）	D（较弱）	E（弱）
善于在陌生场合发表自己的意见					
善于在新场所结交新朋友					
口头表达能力					
善于与人友好交往，并协同工作					
善于帮助别人					
擅长做别人的思想工作					
小计分数					
合计					

第九组能力

项　　目	A（强）	B（较强）	C（一般）	D（较弱）	E（弱）
善于组织单位或班级的集体活动					
在集体活动或学习中，时常关心他人的情况					
在日常生活中能经常动脑筋，想出别人想不到的好点子					
冷静果断处理突然发生的事情					
在你曾做过的组织工作中，你认为自己的能力属于哪级					
善于解决同事或同学之间的矛盾					
小计分数					
合计					

根据以上自评，将各组总计得分除以 6 得出该组所测职业能力的最后得分，将每一组的评定等级填入表 5-10 中。根据能力等级评定得分，可以判断自己的能力属于哪个等级。5 个等级涵义分别为："1" 为强；"2" 为较强；"3" 为一般；"4" 为较弱；"5" 为弱。若出现小数点（例如 3.3）表示此种能力水平稍低于一般水平，高于较弱水平。

表 5 - 10　　能力等级评定表

组　别	相应职业能力	合计分数	能力等级评定分（合计分数 ÷ 6）	您的能力等级属于
一	语言能力			
二	数理能力			
三	空间判断能力			
四	察觉细节能力			
五	书写能力			
六	运动协调能力			
七	动手能力			
八	社会交往能力			
九	组织管理能力			

测试分为 9 组，每组均相应测试一项职业能力，对应自身的情况，按上述 5 个等级为各题打分。A（强）：1 分；B（较强）：2 分；C（一般）：3 分；D（较弱）：4 分；E（弱）：5 分。累计后合计总分。

（5）心理健康测试

随着人才竞争的日益剧烈，现代人在工作中所承受的压力也越来越大，心理问题也日益成为人们所关注的一个方面。是否拥有健康良好的心理状态，对一个人的工作及职业的发展至关重要。因此许多组织在招聘过程中开始引入对应聘者心理健康状态的测试，如心理适应性测试、抗挫折能力测试等。

2. 评价中心法

评价中心法是现代人员素质测评的一种新的方式，主要用于管理人员的测评。在这个过程中，让被评价者执行某项现实的任务或是将被评价者置于某种模拟的情境中，由测评专家来观察被评价者的实际工作能力，并预测其今后的工作潜力。评价中心法的主要内容包括公文筐处理、无领导小组讨论、角色扮演、案例分析等。

（1）公文筐处理

公文筐处理是评价中心法中最常用的一种测评技术。顾名思义，就是对特定职位的管理人员在日常工作中经常遇到的各类典型事务进行编辑、加工，并设计成若干种公文让测评对象处理，由此评价其在将要面对的典型职业环境中获取有关资料、妥善处理各类信息、准确做出管理决策、有效进行协调和控制的工作能力。其因公文都放在公文筐中而得名。由此可以测试应聘者的组织、计划、协调、分析、判断、分派任务的能力，处理问题的条理程度以及收集和利用信息的能力。

（2）无领导小组讨论

无领导小组讨论是把一定数目的应聘者组成一组（5 ~ 7 人），进行一小时左右的与工作有关问题的讨论，讨论过程中不指定受测者应坐的位置，也不指定谁是领导，让受测者自行安排组织，评价者来观测应聘者的组织协调能力、口头表达能力、辩论的说服能力等各方面的能力和素质是否达到拟任岗位的要求以及自信程度、进取心、情绪稳定性、反应灵活性等个性特点是否符合拟任岗位的团体气氛，由此来综合评价应聘者之间的差别。

（3）角色扮演

角色扮演是指设置一系列尖锐的人际矛盾和冲突，让应聘者扮演某一角色并进入情境去处理矛盾和冲突，通过观察候选人在不同角色中的表现来评价应聘者的人际交往能力、思维敏捷性、情绪控制力及口头表达能力等。

（4）案例分析

案例分析是指给出一个案例，让应聘者进行分析构思，要求其在一定时间内提出解决方案，并形成书面材料交给上级领导。这主要考查候选人的综合分析能力和判断决策能力。

三、面试

1．面试的种类

面试是通过面试考官与应聘者面对面地接触交流，了解应聘者的能力、素质等信息，以确定应聘者是否符合职位要求的一种甄选方式。根据不同的侧重点，可以对面试进行不同的分类。

（1）按面试内容分类

按面试内容可以将面试分为结构化面试和非结构化面试以及半结构化面试。非结构化面试只在面试过程中随意提问，无固定的程序，这类面试随意性较大，对主考官要求比较高；结构化面试是指按照预先确定的问题次序对面试者进行提问，方法主要有行为描述性面试和情境性面试，这种方法减少了面试的盲目性，保证对应聘者一视同仁，但不够灵活，不能因人而异；半结构化面试是上述两种方式结合起来的面试方式，兼容了两者的优点。

（2）按面试目的分类

按面试目的可将面试分为初步面试和诊断性面试。初步面试主要是用来增进用人单位和应聘者的相互了解，以淘汰条件明显不符合要求者，往往由负责招聘的人力资源部门工作人员进行，很多时候是在招聘现场进行的；诊断性面试则是针对经过初步面试筛选合格的应聘者，目的是为了了解其实际工作能力和发展潜力。

（3）按面试环境分类

按面试环境可以将面试分为压力型面试和非压力型面试。压力型面试是将应聘者置于高压环境以考察其对压力的承受能力以及对压力的反应。这种面试是为了考察将来会面临较大压力的岗位应聘者。非压力型面试则与此相反。

2．面试过程

面试过程通常分为面试准备、正式面试、面试评估三个阶段。

（1）面试准备

面试前的准备工作非常重要。其主要工作包括：选择合适的地点，面试房间应安静不受外界干扰；准备应聘者材料，包括其简历、求职登记表以及在前几轮面试、笔试中的成绩；提前准确告知应聘者面试的时间、地点。

（2）正式面试

面试开始可通过一些简洁的欢迎词、自然的话题作为开场，消除应聘者的紧张情绪，同时向应聘者介绍各位面试官，并说明面试的基本意图、基本规则及安排。正式过程主要是为了获取应聘者的有关信息，是面试官与应聘者双向交流的过程。面试以问答的形式展开，通常由一般性的问题到专业知识与技能都会涉及，主要是为了对应聘者能力、个性、潜质、学识等方面有深入的了解。在面试过程中要注意仔细聆听并认真做好记录，以便面试结束后做评估。

（3）面试评估

面试评估是面试中的最后一道程序，是对应聘者的综合评价，以此决定此次招聘的人选。应聘者离开后应及时整理面试记录，认真填写面试评价表（见表5－11和表5－12），对应聘者做出客观的评价，以提高面试成效，做出录用决策。

表5－11　　初试记录表

姓名		应聘职位			
评分 项目	分值分配				
	5	4	3	2	1
仪表仪容					
谈吐口才					
体格状况					
反应能力					
领悟能力					
外语表达能力					
对即将从事的工作的认识深度					
前来本公司服务的意志坚定程度					
综合评定	优 良 中 差 面试人： 面试时间：				
结论	面试人： 面试时间：				

表 5 - 12　　　　复试记录表

<table>
<tr><td>姓名</td><td></td><td>应聘职位</td><td colspan="2"></td></tr>
<tr><td>初试结论</td><td colspan="4"></td></tr>
<tr><td>评定级次</td><td>优</td><td>良</td><td>中</td><td>差</td></tr>
<tr><td>专业技能</td><td></td><td></td><td></td><td></td></tr>
<tr><td>管理思想</td><td></td><td></td><td></td><td></td></tr>
<tr><td>职业抱负</td><td></td><td></td><td></td><td></td></tr>
<tr><td>其他</td><td></td><td></td><td></td><td></td></tr>
<tr><td>复试总评</td><td colspan="4">优
良
中
差</td></tr>
<tr><td>结
论</td><td colspan="4">面试人：
面试时间：</td></tr>
</table>

3. 面试官应避免的几种错误

众所周知，面试官在面试中起到举足轻重的作用，一次面试的信度和效度很大程度上取决于面试官自身的能力和素质，因此，为了保证面试高效地进行，面试官应注意避免以下几种常见的错误：

（1）首因效应

首因效应指人们根据最初获得的信息所形成的印象不易改变，甚至会左右后来获得的新信息的解释。在面试中面试官往往因为种种因素对应聘者产生第一印象，而先入为主的第一印象如果影响到后面的后续评价，就会对整个测评的公平性产生影响。

（2）晕轮效应

晕轮原指月亮被光环笼罩时产生的模糊不清的现象。晕轮效应是一种普遍存在的心理现象，即对一个人进行评价时，往往会因对他的某一品质特征的强烈、清晰的感知，而掩盖了他其他方面的品质。面试中面试官往往会因为个人偏好对应聘者“爱屋及乌”，对其面试表现采取很宽容的态度，从而影响了评价的客观性。

（3）近因效应

最近、最后的印象，往往是最强烈的，可以冲淡在此之前产生的各种因素，这就是近因效应。近因效应一般在内部招聘中容易出现。内部招聘中大部分面试官与应聘者认识，因此，应聘者的近期表现可能会对面试官产生效应，影响其判断力。

（4）反差效应

反差效应指在面试过程中因为面试的顺序问题，前面的应聘者与后面的应聘者的表现产生反差从而对评价结果产生影响，往往会发生前紧后松或前松后紧。

第五节 应聘过程

前面是从企业人力资源管理的角度来介绍招聘过程，本节则换一个角度，从应聘者的角度出发，探讨在求职应聘过程中的一些注意点。

一、应聘流程

每个人的求职应聘经历各不相同，但总体来说一般都会经过以下流程：

1. 评估人才市场及自己的职业取向

在求职之前首先要对自己有明确的认知，即自己的价值观、能力、个性及兴趣是什么，自己适合什么样的职业，同时也要对目前的就业环境及人才市场的供求状况有一定的了解，并在此基础上对自己的职业取向做现实调整。

2. 做好准备

求职之前要准备好应聘过程中可能要用到的材料，如简历和求职信，同时也要准备其他相关的能证明自己能力、素质等的文件、证书等备用。除此之外还要做好自己的心理调整，以积极、平和的态度对待求职。

3. 邮寄/递交申请材料

一旦明确了目标职位，就可以进入递交求职申请的阶段。一般会在招聘会等场合当面递交，公司位于外省市的也可以通过邮寄或发 E－mail，注意要准备好简历、求职信及相关的证明材料。目前很多企业都在网上开通了专门的应聘系统，求职者只需登录填写应聘申请表即可提交个人相关材料。

4. 收到笔试/面试通知

如符合公司条件一般会收到公司的笔试或面试通知，面试通知一般以电话或邮寄的方式发送。

5. 参加笔试或面试

一般企业会先后进行几轮笔试和面试，以层层筛选合适的应聘者。

二、面试前的准备

在整个求职应聘过程中，面试过程，特别是诊断性面试对个人能否成功求职起到的作用是至关重要的。因此，在面试之前，要做好充足的准备，以提高面试效率。

1. 面试前的形象准备

面试前要从头做起，衣着整洁得体，不着奇装异服，保证仪表干净大方。从细节入手，力争在面试中给人留下良好的第一印象。

2. 面试前的知识准备

面试之前更重要的是在知识方面要有所准备，除了一些平时学习积累的专业技能知识之外，还需要对应聘单位有所了解，包括企业的发展历史、企业的传统、企业的文化、企业的主要产品以及应聘岗位的具体要求，做到知己知彼。

3．面试前的心理准备

为了在面试中能有稳定良好的表现，要在面试前做好充足的心理准备，有备而去，以免在面试过程中被问得措手不及。可以提前准备一下面试中可能会被问到的问题，如“你为什么来我公司求职?”、“你最大的优势？缺点?”、“你以前有过怎样的工作经验?”、“打算在未来5年做什么？5年后你想做到什么地步?”。

三、面试中的题型

根据面试目的的不同，面试过程中可能会被问到不同的问题。面试中的题目一般分为以下类型：

1．背景型

背景型题目是通过询问应聘者的教育、工作、家庭及成长背景等问题来了解面试对象的求职动机、成熟度、专业技术等要素的面试题型，一般会通过要求应聘者自我介绍而引出。

例如，请用2~3分钟谈谈你现在所在单位的整体情况和你自己近几年来的个人情况及工作表现。

考察要素：求职动机与拟任职位的匹配性，言语表达能力。

评分标准如下：

好：言语表达具有清晰流畅、简洁的特点，能针对所在单位和个人两方面的特点来表达其求职的愿望。

中：言语表达一般，条理基本分明，能谈到单位和个人两方面的匹配性。

差：说话吞吞吐吐，言语表达不清，累赘，或表达内容缺乏条理。

2．智能型

智能型题目即通过询问应聘者对一些复杂问题或社会现象等的分析，来考查其逻辑思维、反应判断能力、综合分析能力以及解决问题能力的一种题型。

最典型的是微软的试题：有两间屋，甲和乙，甲屋有三个开关，乙屋有三个灯泡，甲屋看不到乙屋，而甲屋的每一个开关分别控制乙屋的其中一个灯泡，问怎样可以只停留在甲屋一次，停留在乙屋一次，而可以知道哪个开关是控制哪个灯泡?

考评要素：打破传统思维的局限，创造性思维的产生。

3．行为描述型

行为描述型题目要求应聘者描述其过去的某个工作或生活经历的具体情况，以此来了解应聘者各方面的素质特征。

例如，请举例描述一下你遭遇到别人的误解，如何克制自己的情绪并从中恢复过来。

考察要素：自我情绪控制能力。

评分标准如下：

好：能谈到在情绪产生波动时自己的自我情绪控制方法，并取得良好的效果。

中：有自我控制情绪的能力，但效果不明显。

差：情绪性强，言语中流露出气愤、委屈，情绪曾长时期受影响，现在回想时仍有情绪上的波动。

4. 情境型

情境型题目即通过向应聘者模拟一个假设的情境，来让其解决情境中出现的问题，从而考查其综合分析能力、解决问题能力、应变能力、情绪稳定性、人际交往能力等的一种题目。

例如，某天早上，上司给你布置了一项任务，要求你在下班之前完成，这对你而言已经很吃力了。现在，上司又给你下达一项新的任务，要求你也必须在下班前完成，你将怎么办?

考评要素：解决问题的能力，与上级沟通的能力与技巧。

评分标准如下：

好：能以适合上司的方式告诉上司自己的困难之处和客观上可能给工作造成的贻误，并一起协商获得最好的工作时间表或能够得到助手。

中：告诉领导这样安排会贻误工作，同时也没有新的方法提出，在态度表现上是拒绝领导，或是无能为力的表现。

差：忍耐接受下来，试图两边都拼命干；或简单地诉说自己的苦楚，并试图推托到其他人那里；或接受下来，完不成让领导去思考；或就此现象大发感慨，抨击这种官僚做法。

本章小结

招聘指组织根据自身的需求状况，按照一定的条件和标准，采用适当的方法，通过多种渠道召集并选拔录用所需的各类人员的过程。它是现代企业管理过程中一项重要的、具体的、经常性的工作，是人力资源管理活动的基础和关键环节之一，是企业各项工作开展的前提。

招聘工作需在遵守合法、科学、公平、统筹、经济原则的前提下，根据企业的人力资源计划引出对人力资源需求的数量和类型，由工作分析确定所需人员的具体标准，在此基础上根据内外部环境，制定出相应的招聘策略，即通过何种渠道征募人员。根据渠道的不同，可以将招聘工作分为内部招聘和外部招聘。而不同的招聘渠道又有多种招聘方法可供选择，企业可以根据自己的人力资源规划、招聘人员的类型、招聘人员的市场供给状况、招聘成本等选择最有效的招聘方法，来吸引和召集那些符合条件的人员。

在获得一定数量的应聘者的基础上，采取多种科学方法对应聘人员进行甄选，甄选过程不仅随行业的类别和组织性质的差异而不同，而且还与组织需要填补的工作岗位的种类和层次密切相关。通过甄选最终做出录用决定，并在一段时间后对该次招聘工作进行评估以指导下一次招聘。

作为应聘者，则需要在熟知一般应聘流程的基础上，根据自身情况，有针对性地准备应聘工作。

思考题

1. 招聘的流程是怎样的？你认为招聘过程中哪些步骤是最重要的？为什么？
2. 内部招聘和外部招聘各有什么优势？在实际运用中如何选择？
3. 分析哪些因素会影响招聘的效果。
4. 甄选常用的方法有哪些？简要说明各种方法的优缺点及适用性。
5. 根据本章所学知识，与小组成员进行模拟面试。

案例分析

洛克希德马丁公司地区招聘中心的招聘流程

洛克希德马丁公司是世界上最大的航天航空企业，美国政府的采购占公司销售额的66%，外国政府和商业机构的采购约占17%。洛克希德马丁公司有60多个分支机构，组成5个商业部门，总部在马里莱州的毕士大城，员工数量170 000人。洛克希德马丁公司在华盛顿建立了地区招聘中心（RRC），位于弗吉尼亚的水晶城，是洛克希德马丁公司人力资源部的一部分，主要依靠地区优势以及稳固的、流线型的招聘流程招聘合格的员工。

RRC是华盛顿地区面向专业人士和校园招聘的唯一招聘点，每年都担负着吸纳上千名新员工的任务。RRC的整个招聘过程几乎都是通过网络来进行的，即应聘者可以在线应聘，信息会直接输入简历库。招聘专员搜索简历数据库，分析技术记录，把他们和岗位需求相匹配。

首先，RRC从洛克希德马丁公司运作部门接到岗位需求，并将岗位需求文件转入文档库。招聘信息发布后，一旦收到应聘文档，应聘者的简历就会在浏览后进入RRC的应聘者电子文档库。

洛克希德马丁公司的招聘专员研究岗位需求后，对应聘者进行筛选。如果应聘者符合要求，招聘专员会电函应聘者进行面试，测试他们的技术和经验是否和简历相符。如果应聘者通过了电函面试，他将被邀请去进行新的面试。应聘者通过输入姓名、电话号码、电子邮箱等来登录RRC的外部网站，下载应聘表格，并且在参加面试之前就把资料填好。招聘专员会电传一份应聘者简历给RRC的日程安排专员，由他来决定应聘者何时进行面试。当然，日程安排专员还要为当天进行面试的应聘者建立电子文档。RRC日程安排专员要把面试准备的电子文档（应聘者的详细简历）以及建好的文档电传给运作部门的招聘经理，在面试之前让每个经理都看到该简历。他还要将面试结果和应聘者的信息输入地区招聘信息系统（RRIS）——一个储存应聘者档案的数据库。

运作部门的经理接到邮件告诉他可以查阅应聘者简历时，他会在面试之前过目一遍。通过浏览器，在RRC的软件包中就可以看到简历。招聘经理用两种不同的方法挑选出面试的简历。第一个方法是通过对面试日期文档和对每个应聘者文档的选择；另一个方法是利用一个搜索引擎、关键字和参数来选择。

因此，在一个应聘者来地区招聘中心（RRC）面试之前，RRC 就已经开始做了大量工作：确认应聘者，制作应聘者电子文档，复查在线应聘者简历，调查应聘者教育背景。

应聘者接到 RRC 的面试邀请后，他要确定面试时间，并在面试之前填写雇佣表格。他们登录网站，用用户名和密码进入 RRC 外部网站。一旦到达 RRC，应聘者就要交上如下表格。

> 洛克希德马丁公司 RRC 外部网站是交流以下信息的门户：
>
> 运作部门的信息
> 在华盛顿的生活和工作信息
> 成功的提示：
> 　　来 RRC 面试之前，如何下载雇佣表格
> 　　来 RRC 的地图指南
> 　　面试说明
> 登录洛克希德马丁公司 RRC 外部网站，应聘者下载并填写以下表格：
> 　　应聘表
> 　　EEO 表
> 　　利益冲突表
> 　　保密表格

主要的活动还是在 RRC 面试时进行，包括应聘者报到、面试和面试后的决定会议。

应聘者来到 RRC，接待员收到他们的表格，带他们去技术休息室，那里是应聘者等待接受面试的地方，应聘者还可以在那里继续通过网络搜索关于公司的信息和信息服务部门的项目，网络还提供有关信息服务部门支持的各个运作部门的信息。每个应聘者的面试日程都是事先安排好的。招聘经理和保安经理先对应聘者进行面试，如果是 IT 类职位，每个应聘者将接受不同运作部门技术经理的三轮面试，因为要完全了解应聘者的技术水平，不能完全信赖一个技术经理的判断，所以，深入的技术评估是十分必要的。

招聘经理和保安经理面试后，招聘专员要对应聘者进行一个不公开的面试。招聘经理、保安经理和招聘专员分别把自己的面试结果输入 RRIS 数据库。他们为所有的招聘经理提供了实时的面试评估。面试进行时，RRC 薪资分析员就进入 RRIS 数据库，查看面试评估结果，然后根据这些为应聘者设计一个初始薪酬，并把这些信息也输入数据库。

所有面试都结束后，所有参加面试的人将一起讨论应聘者。如果意见一致，就决定是否录用应聘者。然后，由 RRC 总监在表决会上对每位应聘者进行回顾。在会议中，每个应聘者的面试评估被重新查阅，录用和工资都定下来。如果决定录用某个应聘者，信息就被输入 RRIS 数据库，这些信息包括运作部门、录用决定、招聘经理、薪资、奖金和其他的条款，如果应聘者不被录用，数据库就记录为拒绝。

结束面试后，RRC 日程安排专员发出一封自动生成的录用信和感谢信，没有收到录用信的应聘者都会收到感谢信。这些信打印之前都被认真地核查过，如果核查没有问题，招聘专员就打印出来，然后招聘专员在简历库系统中搜索出所有参加这个职位面试的应聘者，发信给他们。

最后，RRC 会采用量化的方法来衡量招聘活动成功与否，并在新员工进入公司工作后，对他们的工作状况进行调查。评估项目成功与否的方法如下表所示。

评估项目成功与否的方法
每个招聘专员招聘到的员工数量
每个招聘的成本
时间段
流失率
客户满意度

（资料来源：孙卫敏. 招聘与选拔［M］. 济南：山东人民出版社，2004.）

讨论题

1. 描绘出洛克希德马丁公司地区招聘中心的工作流程图。
2. 与中国企业的招聘活动相比较，洛克希德马丁公司招聘流程独有的特点是什么？

第六章　薪酬管理

【学习目标】

● 掌握薪酬的基本概念，了解有代表性的几个薪酬理论。

● 掌握薪酬设计技术、薪酬设计方法以及薪酬设计流程，学习后初步具备拟定薪酬制度、建立薪酬模型的能力。

● 掌握薪酬分配的方法、流程和技巧，着重培养对薪酬理论与薪酬制度应用与实践能力。

● 掌握对薪酬管理效果的评价方法，重视对评价结果的反馈应用。

● 通过案例研究，锻炼分析、判断和解决问题的能力。

【导入案例】

"薪酬心愁新仇"

2006 年元旦过后，北京气温骤降，大雪纷飞，听着呼啸的北风，健尔益食品公司总裁戴海清的心里沉甸甸的。马上就要过春节了，正是销售旺季，在这个节骨眼上，上海分公司销售部的顶梁柱一个接一个地提出了辞职。华北分公司也报告说，新招进来的销售人员大多在试用期未满之前就会走人。

所谓不患寡而患不均，这是一个历史遗留问题。健尔益销售公司成立于 2002 年，是菲菲集团为了整合营销渠道而新设立的销售公司，80% 的员工属于销售人员，他们来自菲菲集团原有的 4 个分公司，因此基本上还拿着原来公司的工资。由于当初北方两家分公司效益比南方两家好很多，于是北方的销售人员一直拿着比业内平均水平高得多的薪水。而南方的销售人员则相反，到手的薪水比起同地区、同行业的销售人员足足要少 30% 左右。干着同样的活儿，别人拿的薪水却超出自己好大一截，谁会乐意？

其实，针对这些问题，公司也在想办法。2005 年 6 月，健尔益公司发布了新的薪酬体系方案，出台了"老人老办法，新人新办法"，公司指望通过逐步到位的薪酬调整，慢慢解决这个问题，实现薪酬调整的"软着陆"。

这次薪酬改革，主要是针对销售部和市场部。首先，公司将销售部和市场部的总体薪酬水平调高了 10% 左右。与此同时，销售人员的固定工资由原来的 80% 下调到了 70%，市场部的也由原来的 90% 下调到了 80%。对于这个变化，两个部门的人都很不服气。因为浮动工资的发放取决于销售指标的达成，而销售指标是年初就定下来的，定得相当高。到了年中，突然告诉他们固定工资比例下降、浮动工资比例上涨，当然没人乐意了。况且原来工资水平有落差的问题在这次方案中也没有得到解决，大家的

怨气就更重了

其次，公司在绩效考核体系设置了一些关键指标，并给各个指标设定了相应的权重。比如，对销售人员销售额中品类结构配比的考核权重由原来的5%提高到了10%。但是看起来，这个调整似乎还是提不起销售人员对于销售“新品”的兴趣，经过仔细核算公司的考核指标，他们自己设计了“抓大放小”的对策。这可苦了市场部推广新品的品牌经理，因为依据公司的考核体系，他们也需要对自己负责的新品销售额负责。于是乎，市场部人员对公司考核体系更是牢骚满腹。

除了销售部和市场部问题重重以外，这次薪酬调整没有涉及的职能部门也是怨声载道。由于健尔益公司是一个销售主导型的公司，原本这些职能部门的员工就觉得低人一等。现在倒好，薪酬调整又没自己的份，你说失落不失落。如今，财务部和人力资源部的很多员工都打起了“出走”的算盘。

面对如此多的问题，健尔益公司的总裁戴海清有点无所适从。到底是这次薪酬体系的调整有问题，还是执行过程中有什么偏差？要不要继续把新的薪酬体系推行下去呢？

戴海清到底应该怎么办？

（资料来源：哈佛《商业评论》2006年3月号。）

讨论题

在现代企业管理中，像这样的案例比比皆是，薪酬制度不同，员工的工作态度和工作效率也完全不同。那么什么是薪酬？如何设计科学、高效的薪酬管理体系？如何使企业薪酬在市场中既具有外部竞争性，又能够保持企业内部的公平性……这些都是本章将要解决的问题。

第一节　薪酬概论

一、基本概念

1. 薪酬的涵义

薪酬具有平衡、弥补、补偿的意思，它是权利、回报与报酬的复合体①。据考证，在我国，“薪酬”的概念首次出现是在1950年10月4日的《人民日报》的《把技术经验和理论结合全部拿出来贡献给人民》一文中②，随着社会经济的发展进步以及外来文化的影响，“薪酬”逐渐取代“俸禄”、“工钱”、“工资”、“报酬”、“薪水”等词汇，成为当前最为人们所接受且使用最为广泛的一个概念。

关于薪酬，国内外学者从不同角度给出了不同的定义：美国薪酬管理专家马尔托

---

① ［美］George T. Milkovich，Jerry M. Newman. 薪酬管理［M］. 9版. 成得礼，董克用，译. 北京：中国人民大学出版社，2008：7.

② 曾湘泉. 薪酬：宏观、微观与趋势［M］. 北京：中国人民大学出版社，2006：7.

奇奥在《战略薪酬》一书中，将薪酬界定为雇员因完成工作而得到的内在和外在的奖励，并把薪酬划分为内在薪酬和外在薪酬，内在薪酬是雇员由于完成工作而形成的心理形式，外在薪酬则包括货币奖励和非货币奖励；美国佛罗里达国际大学著名管理学教授加里·德斯勒在《人力资源管理》一书中，定义雇员薪酬为雇员由于雇佣关系的存在而获得的所有各种形式的薪资和报酬，薪酬包括 2 个主要构成部分——直接经济报酬（以工资、薪金、奖金、佣金以及红利等形式支付的薪酬）和间接薪酬（像雇主支付的保险以及带薪休假这样一些形式的经济福利）；我国学者张德在《人力资源开发与管理》一书中，将薪酬定义为企业因使用员工的劳动而付给员工的钱或实物。

我们认为，薪酬是用人单位为了补偿员工已付出的劳动，并使员工能够更好地进行劳动而给予员工的物质和精神方面的回报与激励。

2. 薪酬的内容

（1）从广义的角度讲，薪酬是一个较为宽泛的概念，包括了员工从用人单位所获得的一切，可以分为物质性回报与非物质性回报两大类。物质性回报是指用人单位以货币或实物形式直接给予员工的回报；非物质性回报是指工作本身带给员工的乐趣、成就感以及用人单位为了激励员工更好地工作而为其创造的工作和生活上的便利。（见图 6－1）

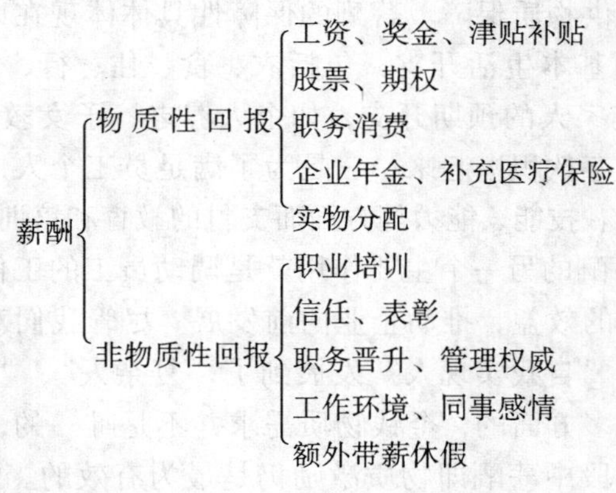

图 6－1　广义薪酬内涵图

（2）从狭义的角度讲，薪酬主要是指用人单位直接以货币形式支付给员工的报酬，包括工资、奖金、津贴补贴、股息等。本章主要基于狭义的薪酬范畴展开对薪酬管理的讨论与研究。

①工资。1994 年颁布的《工资支付暂行规定》对工资进行了定义——工资是指用人单位依据劳动合同的规定，以各种形式支付给劳动者的工资报酬。这一定义具有两层涵义：第一，工资是劳动者与用人单位签订劳动合同从而形成劳动关系后，基于劳动关系支付的报酬，工资关系由《劳动法》、《劳动合同法》等劳动法律进行调节。若用工方与提供劳动方依据《中华人民共和国民法通则》或《中华人民共和国合同法》建立起劳务关系，用工方支付的报酬是劳务费用，不属于工资范畴。第二，一般情况下，需在劳动合同中对工资支付做出规定或约定，即明确工资支付项目、工资支付水平、工资支付形式、工资支付对象、工资支付时间以及特殊情况下的工资支付等事项。

②奖金。奖金是对员工超额劳动的补偿，若员工在规定工作时间内超额完成工作

任务，或是延长工作时间继续为企业创造劳动价值，企业往往会以奖金的方式对这种超额劳动进行补偿。奖金也是对员工优异工作表现的奖励，若员工在工作中做出了较大的成绩，为单位带来了良好的经济效益或社会效益，单位也会向其发放奖金以表示对这种行为的肯定。

③津贴补贴。津贴是为了补偿员工特殊或额外的劳动消耗和因其他特殊原因而支付给员工的，包括保健性津贴、技术性津贴、年功性津贴和地区性津贴等。补贴是为了保证员工工资水平不受物价影响而支付给员工的，比如住房补贴、副食补贴等。

④股息。股息也称分红、红利，是指在实行员工持股的企业中，企业根据利润分配计划向持有股票的员工按比例分配的利益。员工持股一般有两种形式：一是现实持股，即员工以现金形式向企业购买股票，并由此获得股权；二是虚拟持股，即企业许诺给予员工一定数量的股份，当员工工作超过约定期限或达到企业要求的相应条件后，员工即可获得股份的所有权，并享受股份收益分配。有的企业为了激励高级核心人才，在其取得股份所有权之前亦基于虚拟股份给予员工股份分红。

3．薪酬的作用

（1）保障作用。薪酬的作用首先体现在其保障功能上，即满足员工的基本需要、为员工的生存与发展提供物质保障。薪酬的保障性具体体现在以下几个方面：一是为了满足员工及其家人的基本生活开支，包括衣、食、住、行、医等方面的即时支出；二是为了满足员工及其家人的预期开支，如个人养老、子女教育等方面的远期支出，为此薪酬常被作为储蓄存款积攒起来；三是为了满足员工个人成长的教育开支，包括员工为了提升自身知识、技能、能力等方面而支付的教育和培训费用。

（2）激励作用。薪酬的另一个主要作用就是调动员工的工作积极性，激励员工提升绩效，从而产生更多的效益，推动企业向前发展。尽管我们对人性的认识已经历了“经济人”、“社会人”、“自我实现人”发展到了“复杂人”、“主观理性人”，知道人的需求是分层次的、是多方面的，金钱物质需求并不是唯一的，但通过管理实践我们也发现，在各种激励手段中薪酬即物质激励仍是最为有效的。通过正向激励的“奖”和负向激励的“罚”，薪酬能够直接影响员工的工作态度和工作行为，在较短的时间内对员工绩效改变产生明显效果。当然，薪酬激励也存在易引起短期效应这一缺点，责任心较差的员工往往置企业长久持续发展于不顾，采用耗费大量资源或是预埋风险隐患的方式，在短期内创造出较好的工作业绩，从而获得更多的薪酬回报。因此，企业在建立员工激励体系时应以薪酬激励为基础，并从发展战略、管理制度、企业文化等角度出发辅以其他激励手段，以达到令人满意的管理效果。

（3）导向作用。导向作用是薪酬的一个引申作用，是指企业通过薪酬这一介质向员工传达信息，如果员工能够正确接受信息、理解其中的涵义，并遵循信息的要求实施行为，那么薪酬的导向作用就达到了。例如：某勘测设计企业为了提升企业资质、增强市场竞争力，规定对取得国家统考一级注册建筑师、一级注册结构工程师执业资格证书并在单位进行注册的员工给予一次性奖励 10 000 元，每月除原有正常薪酬外加发 2000 元技术津贴。这一规定传递出了一个明确信息——企业的薪酬分配正向核心技术人才倾斜，因为这种尖端人才是企业向更高层次发展的必需资源。员工在接收到这个信息后，一方面对企业的发展方向有了认识，明白企业发展需要什么、看中什么；另一方面如果自身条件较为适合，必然会加强理论学习和业务实践，争取通过考试取得执业资格，这一行为虽然可能出于自身获利的主观意志，但客观上却可实现企业发展的需要，从而体现出薪酬政策的导向性作用。

二、薪酬理论

薪酬管理理论及其实践一直是专家学者和企业管理者关注的焦点，为了适应不同时期管理的需要，从工业革命工厂制度的形成到网络经济新管理模式的出现，薪酬管理理论基于经济学和管理学这两大支柱学科不断进行着演变，其他如心理学、社会学、法学等学科也对推动薪酬理论的发展起到了重要作用。下面着重对经济学、管理学、心理学三个学科在薪酬理论方面有代表性的研究成果进行介绍。

1. 经济学视角

（1）最低工资理论。英国古典政治经济学创始人威廉·配第（William. Petty，1623—1687 年）提出了最低工资理论，该理论认为：与其他商品一样，工资作为劳动力的价格也有一个自然市场水平，这一水平反映为最低生活资料的价值，如果工资低于这个水平，工人的最低生活就无法维持，资本家也就失去了继续生产财富的劳动力基础。

可见，最低工资水平不仅是工人维持生存的基本保障线，也是雇主进行持续生产经营的必要条件。因此，尽管受利益最大化的驱使，雇佣方总是有压低工人工资的主观倾向，但是为了实现劳动力的再生产以及维护社会的稳定，雇佣方对工人工资的压低也是有底线的。

基于这一理论，很多国家以行政手段对劳动者最低工资进行干预和调节。首先进行立法并实行最低工资制度的是以澳大利亚、英国、美国、法国为代表的西方工业国家，墨西哥、阿根廷等发展中国家紧随其后也积极进行了探索与实施。目前，全世界大多数国家均已建立起最低工资制度。我国于 1993 年颁布了《企业最低工资规定》，这是我国第一部关于最低工资的规章，它详细规定了最低工资制度各方面的内容。1994 年 7 月 5 日全国人大第八届八次会议审议通过并公布的《中华人民共和国劳动法》进一步以法律的形式对最低工资制度进行了确立，其中第 48 条规定“国家实行最低工资保障制度，最低工资的具体标准由省、自治区、直辖市人民政府规定，报国务院备案。”2004 年 1 月颁布的《最低工资规定》取代了此前的《企业最低工资规定》，对最低工资标准的界定、扣除项目、调整频率、测算方法等方面进行了规范，标志着我国最低工资制度基本成熟。

（2）工资基金理论。1830 年，英国经济学家约翰·斯图亚特·穆勒（John Stauart Mill，1806—1873 年）提出了工资基金理论，该理论的基本观点是：①工资取决于工人人数、雇佣工人的资本、工资成本与其他成本之间的比例这三个要素，即工资是资本的函数；②工人的具体工资水平取决于劳动力的人数和用于购买劳动力的成本与其他资本之间的比例关系；③用于支付工资的资本即工资基金短期内无法改变的，也就是说，在短期内要想增加一部分工人的工资，如果资本不增加，就必须以减少别一部分工人的工资为代价。

但问题在于，用于支付工资的费用在特定的时间内有一个确定的比例这一点并不真实，劳动数量一成不变也只是一种设想，一个国家的资本增加往往快于人口增加，并且通过有效利用资本提高劳动生产率，都能创造出显著增加实际工资的条件。因此，该理论的判断是较为片面的，无法对工资总额进行合适的理论解释。

（3）边际生产力工资理论。19 世纪后期，美国经济学家约翰贝茨克拉克（John Bates Clark，1847—1938 年）在其著作《财富的分配》中提出了边际生产力工资论，该理论认为：劳动和资本（包括土地）各自的边际生产力决定它们各自的产品价值，同时也就决定了它们各自所取得的收入。

边际生产力工资理论主要运用的是静态分析，是对没有任何经济扰动的情况下，在社会组织形式和活动方式（人口、资本、技术、组织、消费倾向等）没有变化的条件下，经济自发力量对于财富生产和分配的决定所起作用的分析。该理论指出，工资取决于劳动的边际生产力，即雇佣的最后一个工人所增加的产量——劳动的边际产品。假定其他生产要素的投入不变，当劳动投入增加时，其所增加的产量开始以递增速度增加，到一定量后，由于每一单位劳动所分摊的机器设备、原料等逐渐减少，会出现技术供应不足。因此，如果继续增加劳动投入，每增加一个单位的劳动所生产出来的产品必然少于前一单位劳动所生产的产品。这就是边际生产力递减规律。克拉克就是用边际生产力概念来解释工资水平，他认为工人的工资水平是由最后追加的工人所生产的产量来决定。如果工人所增加的产出小于付给他的工资，雇主就不会雇佣他；反之，如果工人所增加的产出大于所付给他的工资，雇主就会增加雇佣工人数量。只有在工人所增加的产出等于付给他的工资时，雇主才既不增加雇佣人数也不解雇既有工人。

（4）供求均衡工资理论。英国新古典经济学派代表人物阿尔弗雷德马歇尔（Alfred Marshall，1842—1924 年）在其名著《经济学原理》一书中以供求均衡价格论为基础，建立起供求均衡工资论，从生产要素的需求和供给两方面来说明工资的市场决定机制。该理论认为：工资是劳动这个生产要素的均衡价格，即劳动的需求价格和供给价格相均衡的价格。他引入边际劳动生产力理论和劳动的生产成本理论，用前者来说明劳动的需求价格，用后者来说明劳动的供给价格。从需求方面看，工资取决于劳动的边际生产力或劳动的边际收益产量，即雇佣方愿意支付的工资水平，是由劳动的边际生产力决定的。从供给方面看，工资取决于两个因素：第一，劳动力的生产成本，即劳动者养活自己和家庭的费用，以及劳动者所需的教育培训费用；第二，劳动的负效用，或闲暇的效用。

马歇尔的工资理论既吸收了古典学派有关分配理论的思想，也吸取了边际学派边际革命的精髓，将注意力从分配份额的大小转向稀缺性资源的配置，并把要素投入报酬与要素生产贡献联系起来。这在经济学上是一大贡献，以至于马歇尔的工资理论很长时间都居于主导的地位，其后的许多研究也是在市场工资决定机制的基础上展开的。比如集体谈判工资理论，该理论认为工资在某种程度上是劳动力市场上雇主与雇员之间集体交涉的产物，通过双方集体力量的讨价还价以及公平、合理的交涉，在一定程度上消除了垄断，有助于降低混乱竞争给双方造成的无谓损失。

这些理论成为集体谈判制度以及工会发挥作用的理论基础，对今天的工资制度以及劳动制度有着深刻影响。我国于2000年颁布了《工资集体协商试行办法》，对工资集体协商和签订工资集体协议的行为做出规范。2009年7月，中华全国总工会下发了《关于积极开展行业性工资集体协商工作的指导意见》，专门就推动行业工资集体协商工作、加强维权机制建设、推动建立和谐稳定的劳动关系提出工作指导意见。可见，雇佣方和劳动者分别从需求和供给的角度出发，在公平基础上进行工资谈判是调和劳资矛盾、维持再生产持续进行的可行途径，这一体制必将继续发展并不断得到完善和规范。

（5）效率工资理论。美国著名经济学家约瑟夫斯蒂格利茨（Joseph E. Stiglitz）于1976年在《牛津经济评论》杂志上发表了《效率工资假说、剩余劳动力和欠发达国家的收入分配》一文，文章正式提出了效率工资理论。该理论认为：劳动者的工作效率与企业支付给他的工资有很大的相关性，高工资能够带来高效率。下面我们从四个角度对这个理论进行理解：

第一，工资影响员工身体健康。这一解释在发展中国家以及贫穷国家体现尤为明显，即多给劳动者发些工资，劳动者才能吃得起更为营养的事物、接受必要的医疗保健，从而身体更加健康，而健康的工人生产效率更高。

第二，工资影响员工流动率。劳动者会因许多原因辞职，比如收入偏低、工作缺乏挑战性、工作环境不佳等，但通过提高工资，劳动者往往就会以收入上的所得弥补其他方面的所失，离开单位的意愿也就相应减低了。虽然企业会为此多付出一定数额的人工开支，但企业应该明白，通过高工资留人至少会带来以下两方面的直接收益：①业务熟练、工作能力较强的员工工作效率明显高于新入职的员工，如果这些优秀的老员工可以长时间地为企业提供稳定的劳动，企业整体生产效率自然会稳步提高。②降低员工流动率可以为企业节省招募、培训、协调等工作所需的人力、财力和时间，加快了企业管理运作的效率。因此，企业在控制员工流动率时，往往首先使用调节工资水平这一有效方法。

第三，工资影响员工队伍素质。一个企业员工队伍的整体素质取决于该企业工资的整体水平，那些工资水平在市场上处于中上等的企业，其员工队伍的素质也往往较高。这是因为，基于人才的资本性，劳动力是有价格的，高素质的员工能够提供高效的劳动，其劳动力价格也较高。因此，当企业开出的工资水平极具竞争力时，自然会购买到高价的劳动力，即吸引到高素质的人才。

第四，工资影响员工工作态度和工作行为。在现实工作中，员工对于自己的工作态度和工作行为有着相对自主的决定权，员工可以选择努力工作，也可以选择偷懒，而企业不可能去监督每一名员工，因为那样不仅会带来高额的监控成本，而且未必会达到预想中的效果。提高工资水平则可在一定程度上解决这一问题，原因在于：偷懒虽然是人之天性，但却有悖于道德规范，多数员工还是愿意表现出勤劳的一面的。因此，当工资水平达到某一高度时，员工从内心讲已经不好意思再怠慢工作了，他们会主动付出与回报相匹配的劳动。另一方面，由于高工资具有较大的吸引力，员工会尽可能努力工作以保住这份收入，任何偷懒的行为对于员工来说都是有风险的。

虽然这四个角度的理解在细节上不同，但它们都说明了一个问题：企业向员工支付高工资确实可以促进工作效率的提高，因此对于有条件的企业而言，使工资高于供求均衡的水平是有利的。

（6）利润分享理论。美国著名经济学家马丁·L. 威茨曼（Martin Lawrence Weitzman）于1984年在其所著的《分享经济》一书中用微观经济分析与宏观经济目标相结合的方法，提出了利润分享理论。该理论认为：工资是由固定的基本部分和利润共享部分组成的，可以根据总需求的变动进行调整。当总需求受到冲击时，企业可以通过调整利润共享数额来降低产品价格，扩大产量与就业，而这反过来又对厂商增加其收益和利润有一个刺激作用。对厂商来说，只要增加的收益大于劳动边际成本，厂商就对劳动力有需求。

可见，在共享经济中，劳动市场表现为短缺，因此共享经济具有达到充分就业的自然倾向。同时，在共享经济中，任何价格都能自动地反馈给劳动成本，从而调整利润共享比例，使得共享经济总是具有较少提高价格和较多降低价格的倾向，所以共享经济亦具有内在的反通货膨胀倾向。共享经济给了被劳资矛盾、滞胀现象困扰不堪的西方经济一个启示，运用后实现了失业率降低、劳资关系改善的显著效果。

2. 管理学视角

（1）差别计件工资制。1895年，科学管理之父费雷德里克·泰勒（Frederick W. Taylor）提出了差别计件工资制度。该制度通过对工时进行观察和研究分析，对同一工作设置不同的工资率，即对那些劳动生产效率高，生产出的产品质量好的工人或班组按较高的工资率计算工资；反之，则按较低的工资率计算。

这一工资管理理念得到了广泛认同，至今仍为众多企业所使用。以某玩具生产企业为例：企业规定，总装班组每天需完成500个玩具的组装，合格率需达到99.5%，每个玩具的工资为2元。如果该班组按要求完成了工作任务，则按标准工资率2元/个计算工资，共得工资1000元；如果该班组组装完成550个玩具，且合格率达标，则提高工资率，按2.1元/个计算，共得工资1155元，而不仅是按标准工资率算出的1100元；如果该班组只完成了400个玩具的组装，则降低工资率，按1.8元/个计算，共得工资720元；如果该班组虽然在生产数量上完成了目标，但合格率仅为99%，也要降低工资率，按1.95元/个计算，共得工资975元。可见，在该制度下，工作效率、工作效果与所得工资收入并不是同比例变化的，这样有助于激励员工在保证质量的情况下，自觉提高劳动生产率。

（2）斯坎伦计划。斯坎伦计划得名于美国工会领导人约瑟夫·斯坎伦（Joseph F. Scanlon），是一种具有广泛影响的收益分享计划。1937年，美国正处在经济大萧条时期，很多企业经营不善、濒临倒闭，工人为了维护自身利益通过工会加强了与企业主的斗争，这使得双方的矛盾越积越深，但问题却得不到解决。斯坎伦认为，与其斗争、不如合作，他主张管理层应鼓励工人对企业的生产管理提出建议和意见，若经采纳后产生了实际效果则对工人们予以奖励。在此基础上，他进一步提出了工会——管理层合作计划，该计划受到他所在的安美尔钢铁和马口铁公司上下的一致欢迎，使公司不仅免于破产，效益也大幅提高。1944 年，斯坎伦提出了团体奖金方案，对原来的合作计划进行了改进，至此斯坎伦计划基本成型。

斯坎伦计划提出后，学者们不断对它进行补充与完善，并以不同的操作模式应用于企业管理之中。通过分析总结，可以看到斯坎伦计划具有五项基本要素：

第一，合作理念。管理者和员工需要消除分立态度，因为这种态度阻碍了员工的企业所有者意识的培养，应代之以双方合作的良好氛围。这种合作理念同泰勒强调的“思想革命”（劳资合作，共创利润）似乎有某种联系，也可以认为是库克主张的经营者与工会合作思想的延伸。泰勒强调思想革命，目的在于追求组织的效率，而斯坎伦强调合作理念，目的则在于满足人的高层次需要（社会需要和尊重需要）。正因为这种合作既能够带来组织的成功又能够带来个人的满足，所以斯坎伦计划得以被企业界广泛采用。

第二，明确性。明确性强调信息公开和信息共享，因为保障员工的知情权是员工有效参与的根本前提。如果管理者对一些实质性的信息遮遮掩掩，那么所谓的员工参与只能停留在形式层面，这不仅使得员工参与的应有作用无法发挥，还可能起到反面效果。因此，企业管理者要针对企业目标、经营情况、存在的困难等给出明确信息，使每一个员工都充分知晓和理解，从而实现高水平的员工参与。

第三，胜任性。斯坎伦计划不仅对管理者，而且对员工也有很高的要求。它要求员工不仅能够胜任本职工作，而且有能力发现工作中的种种不足，并采取切实有效的措施予以改正，而对一般员工而言这有一定难度的。另外，该计划还要求组织的基层管理者具备参与式管理的领导能力，即在推动业务前进的同时，使其所管理的员工在思想上、情感上对业务的决定与处理都有感同身受，从而产生对组织的认同感、依附感和责任感以及自尊、自重、自荣的心理，愿意主动贡献才智和力量，进而达成组织目标。

第四，参与系统。斯坎伦计划要求实施的企业建立两个层面的委员会，分别为部门委员会和高层经营管理委员会。部门委员会一般包含 2 ~ 5 人，其中一名为管理人员，其余皆为一般员工。员工提出的建议措施首先提交给部门委员会讨论，部门委员会认为可行的则上交给高层经营管理委员会。高层经营管理委员会一般包含 8 ~ 12 人，负责对部门委员会提交的建议进行审查，并决定是否采纳。

第五，利益分享方案。按照斯坎伦计划，要确定利益的分享方案，首先要确定企业的工资成本与净销售额的比率。员工参与后，如果提高了销售额或者降低了工资成本，工资成本的差额部分由公司和员工分享，员工分享实行团体奖励制。比如：某公司年销售额为 5000 万元，原材料和供应成本为 1000 万元，那其净销售额就为 4000 万元。假设规定工资成本与净销售额的比率为 50%，应支出工资成本则为 2000 万元。此时，如果销售额提高到 6000 万元，实际支出工资成本为 2000 万元，根据计算应支出工资成本为 2500 万元，那么这之间 500 万元的差额就可以由公司和员工按一定比例进行分享；或者销售额不变，实际支出工资成本仅为 1800 万元，较应支付工资成本节省的 200 万元也可以用来进行利益分享。

可见，斯坎伦计划的核心在于合作，劳资双方本着双赢的原则共同努力推进企业的发展与进步。实施斯坎伦计划将对降低企业的劳动力成本、培养员工的合作精神起到显著效果。

（3）委托代理理论。1932 年，阿道夫·伯利（AdolfBerle）和加德纳·米恩斯（GardinerMeans）针对企业所有者同为经营者模式存在的巨大弊端，对企业所有权与经营权分离后产生的委托人（股东）与代理人（经理层）之间的利益冲突进行了经济学的分析，并在其著作《现代公司与私有财产》提出了关于企业所有权与经营权分离的命题，即著名的“伯利－米恩斯命题”，为之后代理理论的产生与发展奠定了基础。

迈克尔·詹森（MichaelC. Jensen）和威廉·麦克林（WilliamHMeckling）于 1976 年发表了名为《企业理论：经理行为、代理成本与所有权结构》的论文，文章吸收了代理理论、产权理论和财务理论，提出了“代理成本”概念和企业所有权结构理论，标志着委托代理理论初步确立。他们认为委托代理关系是一种契约关系，不管是经济领域还是社会领域，都普遍存在着这一关系。在现代企业经营管理中，企业的所有者即股东成为委托人，企业的经营者即经理人成为代理人，由于委托—代理双方都有追求利益最大化的意愿，代理人并不会完全以实现委托人利益为行动目标，委托人则必须承担由此带来的风险。另一方面，实施委托代理本身是有成本的，即所谓“代理成本”，主要包括四个方面：①委托人的监督成本，即委托人为了使代理人能够尽全力为其工作，对代理人进行激励和监控而产生的成本；②代理人的担保成本，即代理人用以保证不采取损害委托人行为的成本，以及如果采用了那种行为，将给予赔偿的成本；③剩余损失，即因代理人代为行使决策而给委托人带来价值损失，这是因为即使在掌握信息与判断决策能力相等的情况下，委托人与代理人基于各自对利益最大化的判断所作的决策也是不同的。

委托代理理论在薪酬管理上的一个直接应用就是对于经理人，或者说是公司高管人员薪酬的管理。对经理人薪酬管理的结点在于委托人与代理人之间存在着信息的不对称性，一是获取信息的时间不对称，二是获取的信息内容不对称。经理人直接从事经营活动，掌握着企业货币资金的流入流出，在一定的授权范围内负责企业内部资源的配置，控制着企业各项费用的支出。相对而言，企业所有者对于企业经营信息的掌握则明显滞后，而且其获得的信息往往是经由经理人加工筛选过的，既不完全也不准确。因此，企业所有者一方面将面临经营者利用信息优势可能为自己谋取额外利益，另一方面将面临由于对经营者加以了过多的约束和控制，导致经营者无法正常工作或是工作积极性受到挫伤的两难境地。针对这一问题，学者们提出了经理人持股这一新的薪酬分配方式。这并不是要回到以前的所有二合一的状态，而是要通过一定数量的持股这种灵活的激励方式，将经营者的利益与企业以及所有者的利益紧密联系在一起，尽力避免经理人在经营过程中出现“损公肥私、短期效应”等现象，以较低的代理成本获得各方都比较满意的收益。

3. 心理学视角

（1）强化理论。强化理论由美国心理学家斯金纳（Burrhus Frederic Skinner，1904—1990 年）等人提出，也叫操作条件反射理论、行为修正理论。该理论认为：人为了达到某种目的，会采取一定的行为作用于环境，如果这种行为的后果对他有利，这种行为就会在以后重复出现；如果不利，这种行为就减弱或消失。从另一个角度讲就是，当管理者希望被管理者持续某种行为时，就在被管理者做出这种行为后给予其所希望的回报，这被称为正向强化；当管理者不希望被管理者出现某种行为时，就在被管理者做出该行为后给予其所不希望的回馈，这被称为负向强化。

虽然强化理论只讨论外部因素或环境刺激对行为的影响，一定程度上忽略了人的内在因素和主观能动性对环境的反作用，具有机械论的色彩，但许多行为科学家认为，强化理论有助于对人们行为的理解和引导。因此，强化理论在人员激励和行为改造上得到了广泛应用，比如在薪酬结构中设置奖金单元，对违反管理规定或工作表现不佳的员工予以薪酬扣罚等。

（2）期望理论。1964 年，美国著名的心理学家和行为科学家维克托·弗鲁姆（VictorH. Vroom）在其著作《工作与激励》提出了激励理论。该理论认为：人们采取某项行动的动力取决于其对行动结果的价值评价以及预期达成该结果可能性的估计。用公式可以表示为：

$$M = \sum V \times E$$

式中，M 表示激发力量，是指激发起的一个人内部潜力的强度，即其从事该项事情的动力。V 表示效价，是指目标达到对于满足个人需要的价值。E 是期望值，是人们根据经验判断自己达到该目标或满足需要的可能性大小，即能够达到目标的主观概率。

从期望理论可以看出，一个人在进行某种行为之前，他会考虑以下系列问题：自己在付出行为后，是否会达到应有的绩效？在达到应有绩效后，是否会得到组织的认可？在得到组织认可后，组织是否会给予自己相应的回报？组织给予的回报是否是自己所需要的？一般情况下，只有在所有这些问题的答案都为“是”的情况下，人们才会付出行动。

利姆·波特（Lyman. W. Porter）和爱德华·劳勒三世（Edward. E. lawler Ⅲ）扩展了期望理论的基本模型，以非传统的方式来确定激励、满足和绩效三个概念间的关系。他们认为，与其说满意是工作绩效的原因，不如说是工作绩效的结果，也就是说工作绩效能令人感到满意。这是因为，不同的绩效决定不同的报酬，不同的奖惩报酬又在员工中产生不同的满意结果。根据这一原理，管理者应该善于发现员工对奖惩的不同反应，检测其设置的绩效目标是否在员工可达到的范围水平内，应尽量保证员工在付出努力后能够达到目标并获得所希望的奖励。

（3）公平理论。公平理论也叫社会比较理论，是美国行为科学家约翰·斯塔西·亚当斯（JohnStaceyAdams）在其《工人关于工资不公平的内心冲突同其生产率的关系》、《工资不公平对工作质量的影响》、《社会交换中的不公平》等著作中提出来的一种激励理论。该理论认为：人们所关心的并不仅仅是自己得到的报酬的绝对数量，而往往会对工作投入带来的收益即报酬的相对水平进行比较，比较的结果使之产生公平感或不公平感，进而影响到其日后工作的积极性。这种比较分为横向比较和纵向比较两类：①横向比较的对象为组织中与自己工作性质相近的同事。当同一时期内，同事与自己的工作投入一样但所获报酬高于自己，或所获报酬一样但工作投入少于自己，就会觉得不公平，产生不满；反之，则会觉得比较满意。②纵向比较的对象是自身，是对自己之前和目前情况的对比。若工作投入未变但之前的收入高于目前，或是收入未变但目前的工作投入高于之前，则会觉得不公平；反之，则会感到满意。

当一个人因感到不公平而不满时，他往往会降低自己的工作投入，并且要求提高报酬水平；而当一个人对相对报酬水平感到满意时，他并不一定会加大工作投入到与报酬相匹配的程度；当一个人在进行纵向或横向比较后，发现比较结果为公平状态时，他会继续维持现有工作绩效，但所谓公平状态是暂时的、不稳定的。

公平理论对薪酬管理有着重要影响，它给了我们以下三个方面的主要启示：要注意员工间薪酬分配水平的相对平衡；要以科学的方法帮助员工确认自己的贡献大小；管理的目标不应是追求分配结果上的公平，而是尽量消除分配体系的不公平性。

（4）ERG 理论。1969 年，美国行为学家、心理学家克莱顿·阿尔德佛（Clayton Alderfer）在《人类需求新理论的经验测试》一书中提出了 ERG 理论。该理论在马斯洛需求层次理论的基础上作了一些修正，把人的需要分为三类：①存在需要，这类需要关系到机体的存在或生存，包括衣、食、住以及工作组织为使其得到这些因素而提供的手段；②关系需要，是指发展人际关系的需要，这种需要通过工作中或工作以外与其他人的接触和交往得到满足；③成长需要，这是个人自我发展和自我完善的需要，这种需要通过发展个人的潜力和才能得到满足。

ERG 理论的独特之处表现在：①不强调需要层次的顺序，认为某种需要在一定时间内对行为起作用，而当这种需要得到满足后，人可能去追求更高层次的需要，但也可能不存在这种上升趋势。②当较高级需要受到挫折时，可能会降而求其次追求较低层次的需要。③某种需要在得到基本满足后，其强烈程度不仅不会减弱，还可能会增强。

ERG 理论很好地解释了为什么人对物质和金钱的渴望是无穷的，同时也指出满足人对物质的基本需要是十分必要的，在进行薪酬管理时应该充分考虑这两个基本假设。

三、薪酬制度

薪酬制度是指用人单位为实现有效的激励与约束、规范薪酬的分配与管理、调动员工的积极性与创造性而制定的系统性规则，它对薪酬结构与标准、薪酬支付方法与流程、薪酬调整与控制以及薪酬管理权限划分等进行了规定，是企业实施薪酬管理的基本准则。此处着重介绍几种在我国薪酬制度发展演化历程中比较典型的制度。

1. 岗位薪酬制

岗位薪酬制是以岗位工资为主要内容，综合考虑其他影响劳动业绩的重要因素，按职工劳动贡献（质量、数量）确定劳动报酬的薪酬制度，是各类企业应用最为广泛的一种制度。岗位薪酬制是一个统称，包括多种具体形式，如岗位等级制、岗位技能制、岗位绩效制和岗位薪点制等。

（1）岗位等级制。岗位等级薪酬制是在岗位分级基础上，主要依据员工岗位等级确定工资等级和工资标准的一种薪酬制度。岗位等级按照各工作岗位所需劳动技术复杂程度、劳动强度、工作条件、责任大小进行评定与划分，企业根据岗位等级高低设置不同的岗位工资标准。除岗位工资外，企业可根据实际管理需要设置年功工资、特殊津补贴、奖金等其他工资单元。

岗位等级薪酬制度具有以下特性：①员工要提高工资等级，只能到高一级岗位工作。岗位工资制不存在升级问题，员工只有变动工作岗位，即到高一等级的岗位上，才能提高工资等级。②员工要上岗工作必须达到岗位既定的要求。虽然岗位工资制不制定技术标准，但各工作岗位制度规定有明确的职责范围、技术要求和操作规程，员工只有达到岗位的要求时才能上岗工作。

从以上特性可以发现，岗位等级薪酬制虽然简化了工资构成，操作起来简单明了，却相对缺乏灵活性，且存在一定的不公平性。为了弥补这一缺陷，有的企业在同一等级岗位内，又划分出若干档次。这样员工在本岗位内可以经考核后逐步升级，直至达到本岗位最高工资标准。另一种方法是将岗位工资标准与岗位任职年限挂钩，如第一年试用期拿 50% 的岗位工资，第二年熟练期拿 70% 的岗位工资，第三年拿 80% 的岗位工资，第四年拿 90% 的岗位工资，第五年经考核认定拿 100% 的岗位工资，经考核认定特别优秀的，可提前拿到 100% 的岗位工资。这两种方式在本质上是一样的，都可以解决员工由于工作年限、工作经验不同导致劳动成果不同，却采用同一标准的岗位工资这一问题，使工资报酬与劳动付出更加吻合。

（2）岗位技能制。岗位技能薪酬制是我国 20 世纪 90 年代初期，为了深化企业工资制度改革，转换企业内部分配机制，更好地贯彻按劳分配原则，主要在全民所有制企业推行的一种薪酬分配制度。岗位技能薪酬制以按劳分配为原则，以加强工资宏观调控为前提，以劳动技能、劳动责任、劳动强度和劳动条件等基本劳动要素评价为基础，以岗位、技能工资为主要内容，按职工实际劳动贡献（劳动质量和数量）确定劳动报酬。岗位技能薪酬制的实质是将职工的劳动报酬与岗位劳动责任、劳动技能、劳动强度、劳动条件和劳动贡献紧密联系起来，建立起“岗位靠竞争，报酬靠贡献”的激励机制。

岗位技能薪酬主要由岗位（职务）工资、技能工资两个单元构成，这是国家确认的职工基本工资。企业可以根据实际和需要设置岗位技能工资制的基本工资单元和具体的工资标准及工资单元的比重。

①岗位（职务）工资。岗位工资是根据职工所在岗位或所任职务、所在职位的劳动责任轻重、劳动强度大小和劳动条件好坏并兼顾劳动技能要求高低确定的工资。工人的岗位工资可按照劳动评价中各岗位评价的总分数的高低，并兼顾既有工资关系，划分为几类岗位工资标准，并相应设置若干档次。管理人员和专业技术人员的职务工资按照所任职务、所在职位的劳动评价的总分数的高低划分为三类并相应设置若干档次。

②技能工资。技能工资是根据不同岗位、职位、职务对劳动技能的要求同时兼顾职工所具备的劳动技能水平而确定的工资。技术工人的技能工资可分为初级、中级、高级技工三大类工资标准，并相应设置若干档次；非技术工人的技能工资视其岗位对劳动技能的要求程度原则上参照初级技工的技能工资档次确定。管理人员和专业技术人员的技能工资可分为初级、中级、高级管理（专业技术）人员三大类工资标准，并相应设置若干档次。

根据原劳动部《关于进行岗位技能工资制试点工作的通知》规定，除基本工资外，企业根据需要和可能可以设置符合自己特点的辅助工资单元。辅助工资一般包括年功工资、效益工资、特种工资（特殊津贴）三个单元。

尽管岗位技能薪酬制度对加强企业的基础管理工作，鼓励职工学习技术，合理拉开工资差距，提高企业的经济效益起到了积极作用，并使企业内部分配中技术等级与工资等级脱节、劳动报酬与劳动贡献脱节以及平均主义等问题因此得到一定程度的缓解，但其本身还是存在着诸如工资单元划分过细、工资结构缺乏灵活性以及工资标准未与市场接轨等不足，需要进一步改革完善。

（3）岗位绩效制。岗位绩效薪酬制以员工在单位组织中所聘岗位为基础，根据工作岗位的技术含量、责任权力、劳动强度和工作环境确定岗级，根据企业经济效益、员工规模和劳动力价位核定工资总量，进而根据员工的劳动成果、绩效贡献确定薪酬支付标准。岗位绩效工资制强调员工工资要与其担任的工作职责、工作中的表现和工作业绩直接联系。

岗位绩效薪酬一般包括五个工资单元：

①岗位工资。岗位工资体现了岗位职责、技能要求、劳动强度、工作环境等差别因素，是岗位绩效薪酬制的主体部分。

②保障工资。保障工资是员工在岗工作时保障其基本生活需要的劳动报酬，根据社会物价水平和员工工作地人民政府公布的最低工资标准确定。

③绩效工资。绩效工资是根据企业效益、员工工作业绩和遵守规章制度等情况并经过绩效考核后浮动计发的激励性劳动报酬。

④年功工资。年功工资是依据职工为企业累积工作年限来核定的工资单元，不随岗位的变化而变化，用以平衡新老员工分配水平，鼓励员工长期为企业工作，加强员工队伍的稳定性和对企业的向心力。

⑤津补贴。津贴补贴包括国家规定的政府性津贴，以及因特殊作业环境、劳动条件、劳动强度对职工生理、心理和生活造成了损害，或因从事特殊工作而给予员工的工资性补偿。

岗位绩效薪酬克服了岗位技能薪酬制仅以岗位和技能这些“前因”定薪的缺点，通过与绩效考核体系相联系，将工作表现、工作业绩这些“后果”也作为确定薪酬的依据，真正体现了薪酬“按劳分配、多劳多得”的分配原则。另一方面，岗位绩效薪酬制简化了工资单元，优化了工资结构，有利于充分发挥工资的调节职能。

2. 计时计件薪酬制

计时薪酬制与计件薪酬制在本质上是一样的，即都是直接依据员工所付出劳动以及形成劳动成果的多少来确定员工薪酬。

（1）计时制。计时工资制是按照职工的技术熟练程度、劳动繁重程度和工作时间的长短来计算和支付工资的一种分配形式，在单位时间工资标准一定的情况下，员工所得报酬与其付出的劳动时间成正比。这种薪酬制度简单易行、便于计算，比较适用于机械化自动化水平较高、技术性强、操作复杂，产品需要经过多道工序、多道操作才能完成，不易单独计算个人的劳动成果的行业和工种以及劳动量不便于定量统计计量的企业行政管理人员和技术研发人员等。

在实际应用计时薪酬制时，应严格按照编制定员和业务技术标准，为实行计时工资制的每个职工确定岗位、职务或者评定技术（业务）等级，建立健全考勤制度，对职工的实际工作时间进行严格的监督与统计；同时，还应把计时工资制与一定数量的定额任务紧密结合起来，根据完成任务的情况分部给予奖励或处罚。

（2）计件制。计件工资是指按照合格产品的数量和预先规定的计件单位来计算的工资。简单地讲，就是事先对每完成一件产品、一项工程或一次服务约定单价，之后以完成的数量乘以单价并结合工作质量确定工资报酬。

计件工资可分个人计件工资和集体计件工资。个人计件工资适用于个人能单独操作而且能够制定个人劳动定额的工种；集体计件工资适用于工艺过程要求集体完成，不能直接计算个人完成合格产品的数量的工种。

3．定额薪酬制

定额薪酬制是指企业在劳动者进行多种形式的定额劳动的基础上，按照劳动者完成定额的多少支付相应劳动报酬的企业内部工资分配形式，即通过考核物化形态的劳动量，按劳动定额的完成程度浮动地兑现标准工资（承包工资）。定额薪酬制包括三个组成要素：第一，能反映职工劳动量的各种定额，即职工无论从事何种具体形式的劳动，都必须明确具体地规定生产、工作和应完成的数量及质量；第二，各种定额都应该有科学准确的计量标准，并能进行严格的考核；第三，职工工资的多少取决于其完成定额的多少。完成定额多，其工资就多；完成定额少，其工资就少。

在我国一些企业中实行的定额薪酬制有多种具体形式。按不同的定额区分，可分为产量（实物量）定额薪酬制、工时定额薪酬制、消耗定额薪酬制、价值量定额薪酬制、工作量定额薪酬制以及综合定额薪酬制等。

上述各种形式的定额薪酬制各有其大体适用范围。企业可以根据生产的特点和需要，对各类生产车间和辅助生产车间按照它们各自的劳动定额或劳动（工作）规范要求，规定其生产任务和应完成的任务量。这一任务可以是产量、工时、消耗、价值量以及综合经济效益指标等，并按照各单位完成任务量的多少支付相应的工资。然后，再由各单位按照职工个人完成劳动定额的多少，支付职工个人的工资。

四、薪酬战略

在全球化和知识经济的今天，面对激烈的市场竞争和复杂的经营环境，越来越多的企业面临优秀人才的吸纳、保留和激励问题，一个优秀的企业必须重视从企业内部培养自身的核心竞争力。基于这一背景，薪酬管理正经历着一个从单纯强调技术、工具和流程的应用到强调薪酬要与经营环境、组织目标和价值观相匹配的巨大转变。由此，薪酬战略成为了企业吸引关键人才、引导员工行为，以实现组织战略目标的一种有效手段。

1．薪酬战略的概念

戈麦斯等人认为，薪酬战略是能对组织绩效和人力资源利用的有效性产生影响的关于薪酬决策的选择。这些薪酬决策能适应组织面临的内外部环境制约，能让各个部门和员工为实现组织的战略目标而努力。薪酬战略的核心是以一系列薪酬选择帮助组织获取应得并保持竞争优势。薪酬方案选择的成功与否取决于这种方案与当时组织的权变因素是否相符。

与薪酬战略相仿的一个概念战略薪酬也经常出现在薪酬管理相关文献或教科书中。对于这两个概念，虽然有学者认为内涵和本质上是一致的，目的都是为了强调薪酬管理的战略意义，都是为了突出薪酬管理必须与企业长期的目标和行为保持一致①，但我们认为还是应该对这两个概念进行一定的区分。薪酬战略是指导企业如何进行薪酬体系设计和管理的指导性文件和政策，是一种纲领性的表述，属于静态概念；而战略薪酬则是指基于战略的薪酬管理，体现为薪酬管理过程中一系列具体的活动，是对薪酬战略的具体实施和落实，属于静态概念。甚至在某种程度上可以说，薪酬战略属于战略薪酬的一部分，或者说薪酬战略支持了战略薪酬的实施。

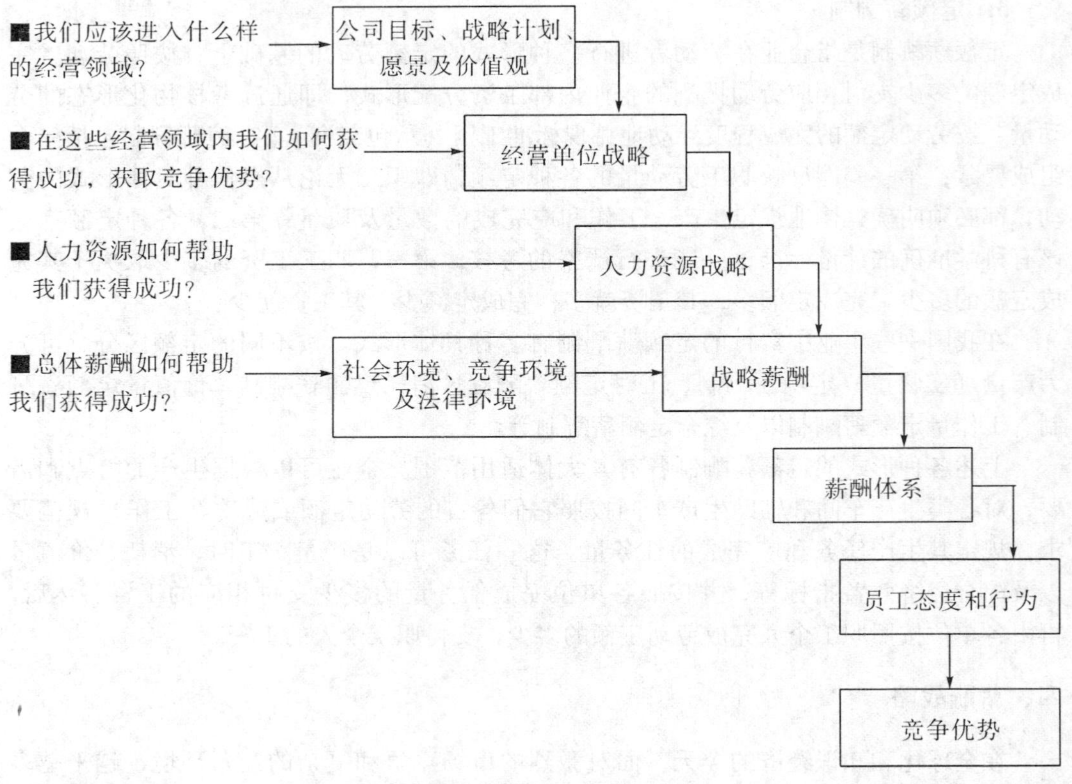

图6-2 薪酬战略关系图②

通过图6-2我们可以更为清楚地理解薪酬战略的概念以及它与整个战略体系中的联系：在企业整体层面上，最基本的战略决策就是明确企业应该进入哪些行业和领域，即明确企业的发展目标；在事业部或是经营单位层面上，核心的问题就是确定相应的

① 曾湘泉．薪酬：宏观、微观与趋势［M］．北京：中国人民大学出版社，2006：137.

② ［美］George T. Milkovich，Jerry M. Newman．薪酬管理［M］．9版．成得礼，董克用，译．北京：中国人民大学出版社，2008：27.

经营战略，考虑如何在特定行业的竞争中获得并保持竞争优势，是采用低成本战略，还是采用产品差异化战略，亦或其他一些竞争战略；在职能层面上，企业的战略决策就是制定相应的人力资源战略，以支持经营战略的实施，比如，企业需要什么样的核心人才和核心能力，企业的人力资源部门应该做出哪些相应的辅助和配合等；在明确了企业的人力资源战略后，应制定相应的薪酬战略，明晰企业所处的社会、经济和发展环境对薪酬战略的要求，分析如何通过战略性薪酬决策引导员工的态度和行为，从而帮助企业获得并保持竞争优势。

2. 薪酬战略的分类

薪酬的特性主要体现在激励度和灵活度两个方面。激励度是指薪酬对员工产生激励效应的程度，具有竞争力的薪酬水平和合理的分配方法都会产生较高的激励度；灵活度是指薪酬制度本身的组合变化性，以及因应企业发展需要的自适应程度。根据薪酬激励度（纵轴）和灵活度（横轴）高低不同，可以将薪酬战略分为四类（见图6-3）。

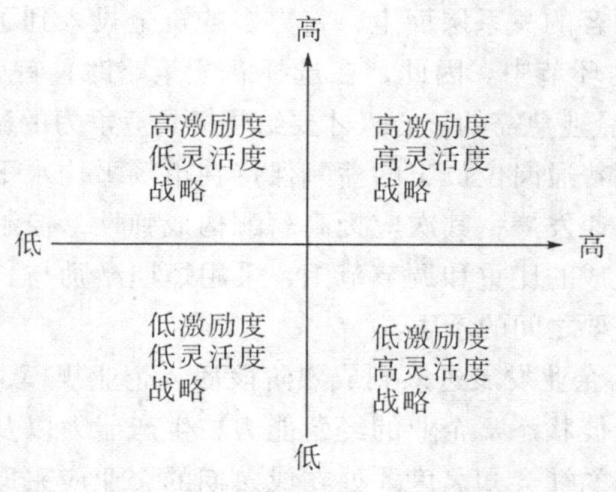

图6-3 薪酬战略类型图

（1）低激励度低灵活度战略。采用这种薪酬战略的企业往往处于经营不良状态，仅能维持基本的工资支付，谈不上发挥薪酬的激励作用；在管理上也没有能力做到精细化管理，无法针对工作性质和市场变化制定相应的薪酬政策，只能沿用已有的相对固定的薪酬制度。

（2）高激励度低灵活度战略。采用这种薪酬战略的企业通常发展较为成熟，处于稳定经营的状态，且具有良好的盈利能力。比较典型的就是我国的国有大型企业，这些企业盈利比较稳定，为了保有人才以及让员工分享到企业经营的成果，通常将薪酬水平保持在行业内中等偏上标准，薪酬的市场竞争力较强。但由于受管理体制、企业文化等因素影响，此类企业的薪酬管理体系相对机械，日常仅对具体执行方式及局部制度规定进行调整完善，根本性的改革要遵循政府国有资产管理部门的统一部署。

（3）低激励度高灵活度战略。采用这种薪酬战略的企业一般从事的是具有完全竞争特性产业，由于利润率较低，企业无法向员工支付高工资，薪酬的激励度相应较低；另一方面，企业必须尽量降低成本，就人工成本而言，需要通过高灵活性薪酬分配制度作用的发挥来减少人工费用支出。

（4）高激励度高灵活度战略。采用这种薪酬战略的企业通常处于快速发展的时期，业务量和利润额的高速增长要求企业必须给予员工足够的薪酬激励；同时，由于企业整个管理体系也在不断建立完善，受到的制约和束缚较少，可以根据管理需要制定相应的制度，并适时进行调整和转化。

3. 薪酬战略的选择

企业确定了薪酬战略后，需要选择相应的配套策略，应主要考虑以下几方面的因素：企业的目标与使命，即企业整体发展要达到一个什么样的状况，实现什么样的目标；企业发展的节奏，即实现短期目标和远期目标的时间期限；企业的承受能力，即企业盈利能力能够支撑多高的薪酬水平；企业的人才价值观，即在各种形式的资本中对人力资本的重视程度如何。一般而言，企业对薪酬策略的选择与其所处生命发展周期有着密切联系。

（1）成长期企业。处在这一阶段企业比较注重提高产品和服务的质量，将更多的注意力集中在营销和顾客的关系层面上，将更多的资金投入到了产品设计、服务、生产和销售等创造价值的环节中。因此，在选择薪酬策略时，首先应强调外部竞争性、淡化内部公平性[①]，对企业急需的核心人才要给予极具竞争力的薪酬，达到吸引他们加盟企业发展的目的，而普通岗位员工的薪酬保持在市场平均水平即可，较少的内部不公平不会影响企业的快速发展；其次应提高薪酬构成弹性，控制固定工资占工资总额的比例，加大奖金、提成的比重和调节范围，采用短期激励与长期激励相结合的方法解决财力不足与激励需要之间的矛盾。

（2）成熟期企业。企业发展进入到成熟阶段后，企业规模、业务量、利润额、市场占有率等都达到了最佳状态，企业的经营能力、生产能力以及研发能力也处于鼎盛时期，企业具有了较高的社会知名度。处在成熟期的企业应采取以下薪酬策略：①注重薪酬分配的内部公平性，依据岗位价值评价结果，对员工的价值贡献予以相应的回报与激励；②强化薪酬制度化管理，减少人为因素干扰，规范管理流程，提高员工满意度，引入福利计划弥补薪酬激励的不足；③继续关注优秀核心人才，可保持薪酬政策在一定程度上对其倾斜。

（3）衰退期企业。当企业出现业务量急剧下跌、市场占有率和利润大幅度下降，财务恶化、负债增加等情况时，可以判断企业进入了衰退期，企业可能由此走向灭亡，也有可能度过短暂的衰退后重新起步。此时，企业内部通常会出现员工离职率增加、士气低落、员工不公平感增强等现象。为了应对这些困难，企业需灵活选择薪酬策略：①区别实施薪酬激励，对核心员工仍要提供具有市场竞争力的薪酬，以充分调动他们的积极性帮助企业走出困境；对普通岗位的员工可配合使用或主要使用非物质激励方法，让他们体验到自我价值以及企业对他们的需要；②将薪酬体系与绩效体系紧密挂钩，强调按贡献大小参与分配的理念；③减少不必要的人工开支，寻找适当的减薪策略，尽量将人工成本控制在最为经济的范围内。

---

① 梁江伟. 企业不同发展阶段的薪酬策略［J］. 人力资源，2008（10）：55.

第二节　薪酬设计

一、薪酬设计的原则

1. 合法性与合理性相结合原则

（1）薪酬设计的合法性主要体现在内容合法和程序合法两个方面。①内容合法。即设计出的薪酬制度其内容必须符合国家法律法规及有关规章制度规定，不得违反、歪曲或故意忽略相关规定。例如，某保险公司薪酬制度规定："实行标准工作时间制员工在法定标准工作时间以外工作的时间，均为延长工作时间。公司根据生产、工作的实际需要安排员工在法定标准工作时间以外工作的，应在事后给予同等时间的补休。实在无法安排补休的，应按国家规定标准支付加班工资。"但《中华人民共和国劳动法》第四十四条规定："有下列情形之一的，用人单位应当按照下列标准支付高于劳动者正常工作时间工资的工资报酬：（一）安排劳动者延长工作时间的，支付不低于工资的百分之一百五十的工资报酬；（二）休息日安排劳动者工作又不能安排补休的，支付不低于工资的百分之二百的工资报酬；（三）法定休假日安排劳动者工作的，支付不低于工资的百分之三百的工资报酬。"也就是说，只有在休息日加班的，才能以同等时间补休的形式予以补偿，延长工作时间和在法定休假日加班的，必须按规定向员工支付加班工资，不得以补休作为替代。因此，该公司关于员工加班补偿的规定是不合法的，损害了劳动者的合法权益。②程序合法。《中华人民共和国劳动合同法》第四条明确规定："用人单位在制定、修改或者决定有关劳动报酬、工作时间、休息休假、劳动安全卫生、保险福利、职工培训、劳动纪律以及劳动定额管理等直接涉及劳动者切身利益的规章制度或者重大事项时，应当经职工代表大会或者全体职工讨论，提出方案和意见，与工会或者职工代表平等协商确定。在规章制度和重大事项决定实施过程中，工会或者职工认为不适当的，有权向用人单位提出，通过协商予以修改完善。"因此，薪酬设计必须经过一定的法定程序，其最终成果——薪酬制度才能正式生效并得以实施。

（2）薪酬设计除要具备合法性外，还需保证设计出的薪酬方案合情合理。这里首先要指出的是，由于每个人的价值判断不一样，他们对于同一薪酬政策的反应也是不同的。比如：A公司做出规定，所有员工的薪酬由固定工资和绩效工资两部分组成，固定工资占70%，绩效工资占30%。此政策一出，公司职能部门的员工对此表示欢迎，因为他们的工作成果不能直接反映到企业利润指标数据的增长上，难以量化考核，较高比例的固定工资使得他们的收入更有保障；而生产、销售部门的员工则感到不太公平，因为该公司产品销售情况较好，较低的绩效工资比例设置使得快速增长的产销量无法显著地反映到员工收入变化上。尽管此薪酬政策在某些员工看来是可接受的，但另一部分人对其却颇有微词，从总体上看，由于其抑制了企业的生产与销售工作，对企业的长期发展将起到极大的负面作用，故可以被认为是不合理的。因此，看一套薪酬制度是否合理，不应仅局限于员工的感受和反应这些表面现象，而应该以它是否能平衡各方利益、激励员工积极性、促进企业长远发展为依据，从整体上、本质上进行判断。如果判断结果显示目前的薪酬制度不够合理，就需要及时进行调整和完善，比如本案例中，可根据工作性质和工作内容的不同，对各类别岗位设置不同的固定—绩效比例。值得注意的是，由于缺乏明确固定的评定标准，所有的调整与完善都只能使薪酬制度变得相对更为合理，而所谓绝对合理的状态是无法达到的。

2. 理论性与现实性相结合原则

薪酬设计是一个理论性与现实性交替体现功能螺旋性上升的过程（见图6－4）。一般的，无论是新成立的组织还是处于存续状态的组织，进行薪酬设计的第一步就是明确组织目标、掌握基本情况；第二步是根据组织发展目标，结合实际管理需要，应用薪酬管理理论设计出一套最优的薪酬方案；第三步是将理论最优方案下发征求意见，找出实际应用后将出现的问题，即看哪些地方操作起来比较困难甚至无法执行，哪些地方需要补充或调整；第四步是根据反馈的意见应用相关理论提出针对性的解决措施，修订原薪酬办法，并形成正式制度；最后将已成型的正式制度付诸实施。

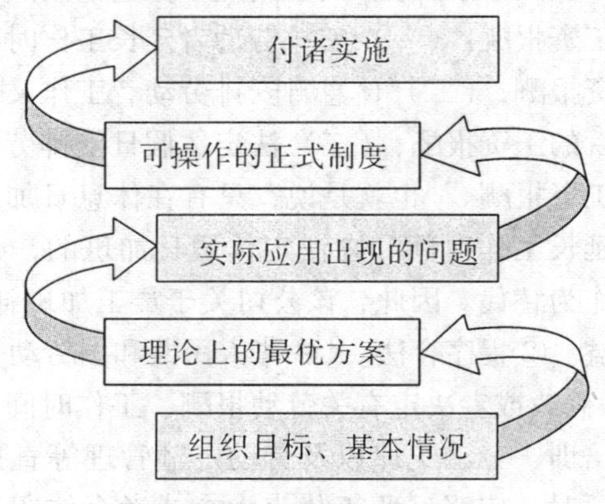

图6－4　薪酬设计逻辑图

3. 宏观性与微观性相结合原则

薪酬设计应统筹考虑宏观与微观两个层面的问题，即坚持点面结合、远近结合。

（1）点面结合。一方面，薪酬设计是对整个企业的薪酬从总体上构建一个系统性的决策与管理模式，而不是仅仅对某个部门或部分人员的薪酬决策与管理，所以要站在全局的高度考虑薪酬整体性方面的问题；另一方面，薪酬设计必须具体到每一个岗位、每一个部门和每一个层次，又是一个由分到总的过程。

（2）远近结合。在进行薪酬设计时，首先要基于企业发展战略目标，着眼于薪酬管理长期的变化趋势，为制度的完善和演变留有接口；其次就是要根据企业目前的实际情况，针对相关问题设计管理方法，尤其是一些在特定条件下出现的问题可本着“一事一办”的原则设计专门的处理办法，等相关条件消失后，该办法自然失效。

二、薪酬设计的依据

薪酬设计的依据，或者说是影响薪酬的因素有很多方面，最主要的是岗位（Position）因素、绩效（Performance）因素和个人（Person）因素，即要以这“3P”为基础确定薪酬。除三种微观因素外，还有一些宏观因素也对员工薪酬产生着重要影响，如企业因素、市场因素和政策因素。

1. 微观因素

（1）岗位因素。岗位因素是指通过岗位分析所确定的岗位性质、任务、职责、劳动条件和环境以及员工承担本岗位任务应具备的资格条件等。由于各岗位的特性和要求不同，岗位本身也具有不同的价值，应当针对岗位价值设计相应薪酬。

（2）绩效因素。绩效因素反映了员工的工作态度、工作效率和工作质量，依据绩效因素定薪体现了“按劳分配”这一薪酬管理的基本理念，有效防止了“干多干少一个样，干好干坏一个样”的平均主义现象的出现，有利于激发员工的积极性。

（3）个人因素。个人因素包括了一个人的学历、知识、职称、经验、工龄和工作技能等。之所以要在设计薪酬时考虑个人因素，主要是基于“具有不同能力和素质的人在同一岗位将会有不同的工作表现”这一假设，而且大量的实践证明，一个人的综合素质确实在很大程度上决定了他的工作绩效；此外，对于员工在性别、家庭、工龄等方面的差异，也应相应设置津贴补贴性工资单元。

2. 宏观因素

（1）企业因素。薪酬设计在宏观层面上首先应考虑企业因素，即根据企业的发展战略、所处的发展阶段、企业文化来确定薪酬导向，并结合企业财务状况、员工数量、营业收入等因素编制薪酬总额预算，在预算执行过程中对薪酬分配加以控制并根据实际需要进行修正。

（2）市场因素。市场因素主要包括三方面：一是社会物价水平，薪酬设计应建立起与市场物价水平的联动机制，随物价变化作相应变动；二是劳动力市场供需关系，当所需劳动力紧缺时，需要提高付薪水平以保有现有人才、吸引新进人才，当所需劳动力供给过剩时，可适当降低薪酬水平，节省人工支出；三是行业薪酬水平，企业可参照行业平均薪酬水平设计薪酬，根据发展战略和支付能力确定整体薪酬是高于、等于还是低于平均水平。

（3）政策因素。国家政策也是影响薪酬设计的一个重要因素，比如国家规定的最低工资制度、加班工资补偿制度、企业职工工资增长指导线等，都对薪酬设计形成了政策约束。

三、薪酬设计的技术

1. 宽带薪酬技术

宽带薪酬是目前企业进行薪酬设计所广泛使用的一种新方法。所谓宽带薪酬，是指通过对常规的多个薪酬等级以及薪酬变动范围进行重新组合，形成薪酬等级相对较少以及薪酬变动范围更宽的薪酬结构（见图6－5）。

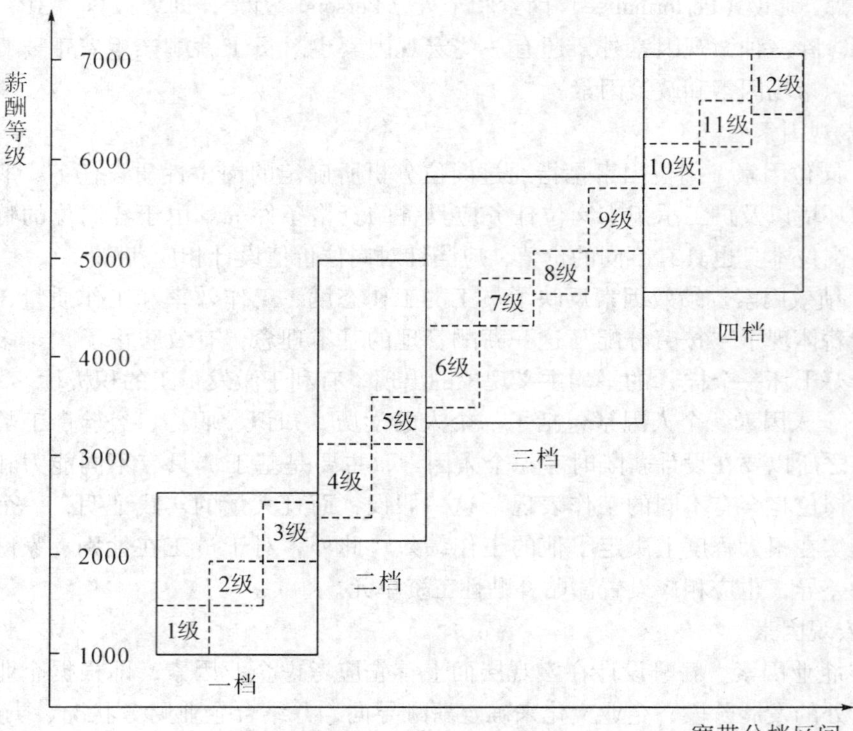

图6-5 宽带薪酬与传统薪酬对比图

图6-5中虚线小框表示的是传统薪酬设计模式。传统模式将薪酬分成许多等级，各等级之间几乎不重叠，等级变化幅度较小，每个等级所对应的岗位种类和数量较少。在这种制度下，员工想要提高薪酬水平只能通过职位逐级升迁来实现。此外，由于个人绩效对收入的影响较小，在相同的职位（薪酬等级）上员工的收入差距不大，导致薪酬激励效果减弱。

图中实线大框表示了宽带薪酬设计模式。宽带薪酬首先减少了薪酬等级划分，比如将原1至3级整合为一档，将原4至5级整合为二档等，薪酬等级由原来的12级减为4档（级），典型的宽带薪酬结构有三至四个等级的薪酬档别。其次，宽带薪酬加宽了档别区间，每个档别内最高值与最低值之间的区间变化率要达到100%～300%，而传统薪酬模式中薪酬区间变化率通常只有20%～50%，相邻档别的重叠幅度相应增大，较低档内的最高水平比较高档内最低水平有明显的高差。

运用宽带薪酬方法设计薪酬时，首先要进行岗位分析与评价，并确定以数值表示的岗位价值；其次根据岗位重要性和工作性质对岗位进行分类，比如可将高级管理职位归入上图四档，经营、研发、生产管理部门岗位归入三档，财务部、人力部、综合部等职能部门岗位归入二档，其他辅助服务部门和一线岗位可归入四档；再次，在职等档别内划分薪级，每个档别可划分四至五个薪级；最后，将已分类的岗位按岗位价值高低对应到具体的薪级上，作为初始薪酬标准，之后根据情况变化在档别内浮动。

案例：FX公司原薪酬体系中设置了27个薪酬级别，按照宽带薪酬的模式改革后所有岗位划分为五档，每档设计了4个薪级，并对应有相应的薪酬标准（见表6－1）。

表6－1　　FX公司岗位薪酬等级表

职等档别	薪级	薪酬标准(元)	岗位名称
A	A1	8000	总经理、副总经理、董事会秘书
	A2	7500	
	A3	6900	
	A4	6200	
B	B1	7100	总工程师、经营管理部经理、科学技术部经理、财务金融部经理、人力资源部经理
	B2	6500	
	B3	5800	
	B4	5300	
C	C1	6100	综合部、企业发展部、油运部、滑油部、油贸部经理，科学技术部、经营管理部、财务金融部、人力资源部副经理
	C2	5600	
	C3	5000	
	C4	4400	
D	D1	4900	信息、海务安全、机务、电气、陆地设备、调度，滑油、燃油销售代，信息管理员、调度员、会计、结算会计、人事员、统筹员、工资员
	D2	4350	
	D3	3700	
	D4	3350	
E	E1	3800	车辆管理员、材料管理员、统计计量员、出纳、司机、厨师、保洁、保安
	E2	3250	
	E3	2800	
	E4	2300	

以其中的部门经理岗位为例，在原有薪酬结构中，不同部门的经理职位都属于同一窄幅度的薪酬等级，该等级薪酬标准区间为6000～6500元/月，各部门经理的薪酬水平差距最大为8.3%，但从担负职责和工作成绩来讲，尚不足以反应实际差别。在宽带薪酬结构中，由于对部门和岗位进行了分类，就会实现经营管理部经理月薪6500元，油贸部经理月薪5000元这样的差别，薪酬分配拉开了差距，趋向合理。

2. 团队薪酬模式

随着工作流管理方式的兴起和企业中临时性任务的增多，团队作为一种新型的组织方式得到越来越多企业的青睐。乔恩·R. 卡曾巴赫将团队定义为“由少数有互补技能，愿意为了共同的目的、业绩目标和方法而相互承担责任的人们组成的群体”①。而所谓团队薪酬是指根据团队业绩而支付给正式成立的团队成员的报酬，它以整个团队作为薪酬支付对象，根据团队的价值、工作产出等确定团队的整体应得报酬。

---

① ［美］JonR. Katzenbach，Douglas. K Smith. 团队的智慧：创建绩优组织［M］. 侯玲，译. 北京：经济科学出版社，1999：9.

团队薪酬结构包括三个方面的内容：①基本薪酬。基本薪酬是企业根据团队所承担的工作职责、完成任务的艰巨性而向其支付的基本酬劳，旨在保障团队的基本生活需要。②团队奖励。企业根据团队绩效评估委员会或人力资源管理部门对团队工作进展情况或项目完成情况的评估结果来确定对团队的整体奖励，团队成员通过自己的努力工作为团队绩效的提高做出了贡献，都应该分享这一奖励。团队奖励表现了企业对团队绩效的认可，同时也增强了成员的团队意识，促进了团队成员之间的协作，促使团队绩效不断提高。③个体薪酬。在一个团队中，每个成员的个体情况和为团队做出的贡献是不一样的，应根据成员在团队内担任的职责、自身具备的技能和学历设计相应的津贴，并根据实际工作表现在考核后针对个人给予特别奖励。

根据团队自治程度和团队成员专注于团队工作时间的不同可将团队划分为三种类型：工作团队、项目团队和平行团队。对不同类型的团队而言，团队薪酬制度的适用性不尽相同。

（1）工作团队。工作团队的成员全职参与团队工作，一般只有等任务完成团队解散后才自然脱离团队。由于成员是将其所有时间花费在团队任务上，企业薪酬制度的设计基础就应该与团队贡献高度相关。所以，以工作团队作为主导团队类型的企业最适合于采用团队薪酬制度。

（2）项目团队。项目团队通常从不同的专业领域招募新成员，以提供知识的互补。团队成员的工作时间需要在本职工作和团队工作之间调节。项目团队的工作结果可用完成时间、质量、技术特征、成本等因素来度量。所以团队的薪酬可以建立在上述目标测度上。但由于项目团队成员任务多变，且经常在不同项目中流动，这会增加管理的复杂性，从而阻碍团队薪酬制度的应用。例如，项目团队中非常需要某些有特殊技能的成员，但这些成员的任务很少。因此他们经常在不同的项目之间流动，并不一定参与某一项目的全过程，使得建立这类非核心成员的绩效与薪酬制度之间的关联非常困难。所以，在以项目团队为主导团队的企业中，团队薪酬制度只能得到适当的应用。

（3）平行团队。平行团队要完成的任务大多为“角色外任务”。有些平行团队能取得实际的成果，如质量的提高或成本的降低；而有些平行团队则只是研究某一个问题或撰写某一个报告，无法对其工作成果进行经济性评价。所以，影响在平行团队中推行团队薪酬制度的关键限制因素有两个：第一，团队任务是兼职和短期的，团队成员主要从事本职工作，团队工作通常被视为个人对企业的贡献和责任。在这种情况下，以工作为基础的薪酬结构最为适用；第二，对平行团队工作结果的价值评判非常困难，在平行团队中推行团队薪酬的必要性往往被低估。所以在以平行团队为主导的团队结构的企业中，推行团队薪酬的可能性更小。

3．EVA 薪酬激励方式

EVA 是英文 Economic Value Added（经济增加值）的缩写，它是税后净经营利润与资本费用的差额，用公式表示即：EVA = 税后净经营利润 - 资本费用 = 税后净经营利润 - 加权平均资本成本 × 总资本额。EVA 理论由美国思图思特（Stern Steward）公司在 20 世纪 90 年代提出，成为了传统业绩衡量指标体系的重要补充。该理论的核心是，一个公司只有在其资本收益超过为获得该收益所投入资本的全部成本时，才能为股东带来价值。

EVA 薪酬激励模式正是建立在 EVA 思想基础之上的。EVA 第一次真正让企业经营者的利益和股东的利益一致起来，使经理人为企业所有者着想，能够从股东的角度长远地看待问题，得到像企业所有者那样的报偿。在 EVA 激励模式下，企业经营者为自身谋取更多利益的唯一途径就是为股东创造更多的财富。

（1）早期 EVA 薪酬激励方式。最初的 EVA 薪酬激励仅仅是和企业经营者约定一个固定比例的 EVA 值，在扣除股东所要求的必要资本回报之后，企业经营者和所有者在进行讨价还价后确定一个对差额例如分成的百分比，即经营者奖金 = EVA × X%，其中 X% 为企业经营者享有的分成比例，EVA 需大于 0。

此方式的局限性在于：一是对于经营状况不佳的公司而言，企业经营者可人为调节收入转移到某一年度来确认，以最大化该年年底的资金支付。二是没有考虑 EVA 增量，可能出现一方面在股东遭到损失时，公司仍将支付大额的奖金；另一方面，与利润直接挂钩的激励份额杠杆作用过于强烈，以至于激励机制的强度与股东成本之间的权衡无效率。三是不利于前任经理和新任经理的责任界定，比如前任经理人选择了错误的投资项目后离任，该投资项目的 EVA 结果却由下一任经理负担。此外，企业所处的市场环境是不同的，处于“顺势”市场环境的企业可以很容易获得较高的 EVA；而处于逆势市场环境的企业费尽心机下的 EVA 也未必尽如人意，所以直接以 EVA 为考核指标，无法充分体现经理人的真实贡献。

（2）改进型 EVA 薪酬激励模式。鉴于早期 EVA 薪酬激励存在的不足，在改进时引入了 EVA 增量因素，建立了如下计算式：经营者奖金 =（EVA × X%）+（△EVA × Y%）。

由于 EVA 增量的运用，对于 EVA 值为正的公司而言，公式中的 Y 值可以创造出更强有力的激励机制，而公式中的 X 值则可以为公司提供竞争性工资水平的标准。但该模型仍存在着不足，即如果公司业绩的增长是由企业经营者不可控制的因素（如市场宏观环境、行业因素、国家政策倾斜等）带来的，则会导致管理成果被严重高估，公司将向经营者支付不必要的薪酬成本。

（3）现代 EVA 薪酬激励计划。现代 EVA 薪酬激励计划对改进型“XY 红利计划”做了两项重要完善：一是用目标奖金代替了 XY 计划中（EVA × X%）部分，二是用超额 EVA 增量（△EVA − ET）代替了 XY 计划中的△EVA，其中 ET 为预见性增量（Expected Improvement）。修改后奖金计算方法变为：经营者奖金 = 目标奖金 +（△EVA − ET）× Y%。

在该计划中，将“超额 EVA 增量”作为企业经营业绩的衡量标准，主要出于以下三个原因：一是与先前依据 EVA 值计算奖金额相比，依据 EVA 增量值所计算出的奖金额可以提高激励的“性价比”，达到事半功倍的效果；二是 EVA 增量可以适用于所有企业，而不仅只局限于 EVA 值为正数的企业；三是 EVA 增量可以与超额回报之间建立更直接的联系，超额回报是股东财富创造的最终衡量标准。只要一个公司的市场价值中包括了该公司未来增长价值而不只是现期的经营价值，那么公司投资者要想获得一个相当于资本成本回报的话，增加 EVA 是必需的。

四、薪酬设计流程

薪酬设计流程大致可分成收集分析资料、评价岗位价值、评估任职能力、设计薪酬结构、测算薪酬数据、编制薪酬方案以及调整完善方案7个步骤（见图6－6）。特别的，对于新成立的企业，在进行薪酬设计前应首先完成组织结构设计和岗位设置，因为岗位和职责是影响企业薪酬体系的核心因素。

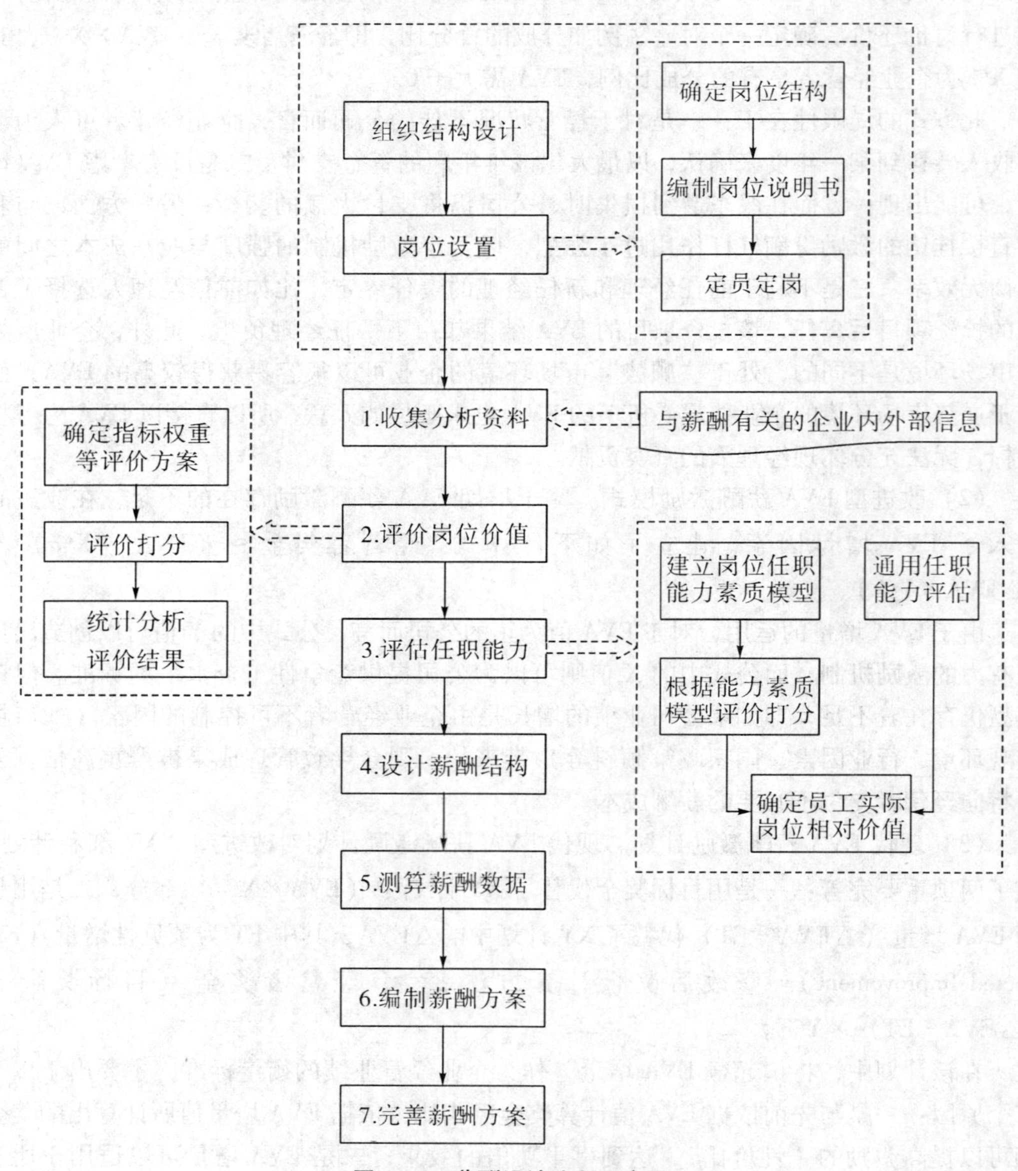

图6－6　薪酬设计流程示意图

1. 收集分析资料

薪酬设计的第一步就是通过薪酬调查等方式收集相关基本资料，包括企业内外两方面的信息。企业内部信息主要指组织架构及机构设置、组织岗位设置情况即各岗位的岗位说明书、与员工薪酬支付相关联的员工管理制度以及企业历年经营数据、财务数据、薪酬支付数据。企业外部信息是指外部市场劳动力供需情况、行业薪酬水平、社会物价水平以及经济增长趋势等。资料收集完毕后要对资料进行分析，确定薪酬设计的原则和基调，之后薪酬设计各步骤都将据此展开。

2. 评价岗位价值

评价岗位价值环节的主要任务是通过对各岗位的相互比较，确定岗位的相对价值，并以统一的数值体系予以标记。岗位价值评价以各岗位工作分析结果和职位说明书为依据，采用分类法、排列法、评分法等多种岗位评估方法，对所有岗位按工作内容、工作职责、任职资格、工作时间与工作环境等不同层次的要求进行排序，将全公司各部门和各个职位族群均纳入一个统一的职位等级序列，从而建立起企业的职位体系。表 6－2 是一家商业银行的区域性支行的岗位价值评定结果。

表 6－2　　××商业银行××支行岗位价值评定结果表

岗位类别	岗位名称	岗位价值系数
领导人员	行长	6.8
	副行长	5.9
	行长助理	5.5
部门经理	法人客户部经理、个人客户部经理	4.2
	运管部经理、财会部经理	3.8
	综合管理部经理	3.5
部门职员	一类职员	2.5
	二类职员	2.0
	三类职员	1.6
网点主任	一类网点主任	4.2
	二类网点主任	3.6
网点业务经理	客户经理	2.2
	大堂经理	1.8
营业员	对公业务岗	1.1
	普通业务岗	1.0

3. 评估任职能力

为了使对员工岗位任职能力的评估更为准确，管理能力较强或条件较好的企业可以针对每一个核心岗位以及其他划分为类群的相似岗位建立岗位任职能力素质模型，模型对任职者所需的知识、技能、工作态度、价值观、特质和动机等做出规定和要求。参照模型对任职者的实际能力和素质进行评价，依据其综合任职能力得分判定任职者的岗位相对价值。比如，对一名银行客户经理任职能力做出如表 6－3 所示评估：

表 6－3　　　　　　　　　　客户经理任职能力评估表

序号	评价项目	项目权重	实际得分
1	了解企业管理方面的知识	6	8
2	具备金融专业的理论知识	8	11
3	对本行提供的金融产品完全了解，能解决客户的提问	7	7
4	能灵活组合所在银行的产品满足客户的需求	7	8
5	能迅速把握问题的关键并果断采取行动	4	4
6	工作思路清晰，有条理性	5	4
7	对问题的预测能力	4	3
8	善于对执行部门进行管理和控制，善于和合作部门协调、沟通	5	5
9	善于向目标客户准确传达信息并维系关系	4	4
10	营销思路清晰，善于把握客户需求，量身定做，“银企”双赢	6	6
11	能迅速弄清楚组织中的关键人物	4	4
12	能主动收集同业资料，善于吸取经验	4	3
13	在工作中尽力达到某种目标，积极承担挑战性的任务	6	3
14	有强烈的成功欲望，有明确的目标，尽可能超额完成任务	4	3
15	能保持积极向上的进取心，并不断自我学习、创新	4	3
16	容易与客户沟通，表达有条理，具有说服力	6	6
17	善于调动各方面的力量解决问题	5	5
18	善于理解客户的感受和观点	4	4
19	乐观积极的心态	7	4
合计		100	95

从表 6－3 中可以看出，虽然该名任职者在知识技能方面已超出了职位任职的要求，但由于其在工作态度和价值观上表现的不足，导致最终评估出的岗位相对价值要略低于标准值。这就要求在薪酬设计时对此有所体现，以激励员工继续发扬长处，并尽量弥补短处。

对于管理能力相对较弱，或岗位本身对于区分任职者胜任素质要求不高，则可使用通用任职能力模型对任职者进行评估，并同样根据评估结果确定其岗位相对价值。

4．设计薪酬结构

薪酬结构是指在同一组织内部不同职位或不同技能薪酬水平的排列形式，它强调薪酬水平等级的多少、不同薪酬水平之间级差的大小以及决定薪酬级差的标准。因此，一个规范的企业薪酬结构设计需要从两个维度进行思考，一是如何使用工作评价法形成职位等级，二是如何运用市场薪酬调查确定薪酬水平。具体设计过程一般包括以下五个步骤（见图 6－7）：

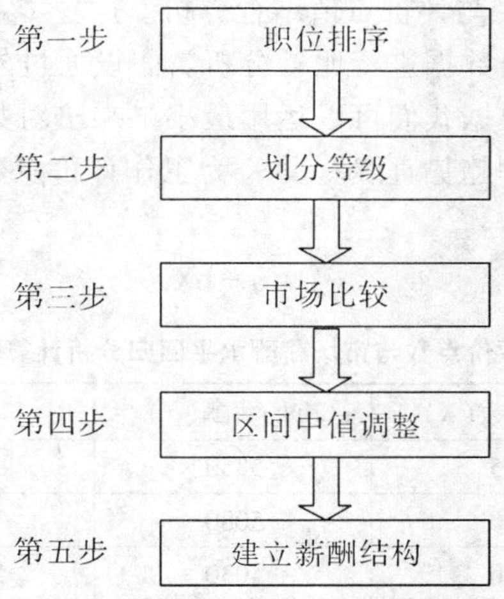

图 6-7 薪酬结构设计步骤图

（1）根据工作评价点数对职位进行排序。通过比较被评价工作相应职位的点值状况，根据工作评价点数对相应职位进行排序。首先，从总体上观察被评价工作的点值情况，看一看是否存在明显有出入的点值。例如，可以通过将同一工作组中的工作或者是属于其他职能但是明显属于同级工作的点数进行对比分析，如果点数存在明显的不合理情况，应考虑予以调整，以准确反映该工作职位在内部一致性价值评价中所应得的点数。

（2）划分职位组别确定职位等级。观察工作评价点数后会发现，尽管各工作职位的价值评价点数不同，但总有若干职位的点数比较接近，这些职位应当属于同一级别。在对职位进行组别划分时，可以利用自然断点来确定职位的等级，比如以 100 点为界限进行划分（见表 6-4）。

表 6-4 职位等级分类表

职位等级	职位名称	点数
1	总经理	565
	副总经理	550
2	经营部经理	470
	信贷部经理	425
	财务部经理	405
3	总经理秘书	355
	薪酬主管	355
	报销会计	345
	客户主管	335
4	行政助理	260
	出纳	210

（3）职位市场薪酬水平与评价点值结合分析。这一步主要是将职位等级划分、工作评价点数与市场薪酬调查数据进行比较分析。假设通过外部调查得到了相应职位的市场薪酬水平，根据这些数据我们可以运用最小二乘法对数据进行拟合，得到一条能够体现不同职位等级的薪酬趋势直线。设 X 为工作评价点数，Y 为市场薪酬水平，建立方程式：

$$Y = a + bX$$

表 6-5　　评价点数与市场薪酬水平回归分析计算表

职位名称	评价点数(X)	市场薪酬(Y)	X^2	X·Y
总经理	565	5350	319 225	3 022 750
副总经理	550	5080	302 500	2 794 000
经营部经理	470	4030	220 990	1 894 100
信贷部经理	425	3780	180 625	1 606 500
财务部经理	405	3560	164 025	1 441 800
总经理秘书	355	3150	126 025	1 118 250
薪酬主管	355	3150	126 025	1 118 250
报销会计	345	2720	119 025	938 400
客户主管	335	2570	112 225	860 950
行政助理	260	2230	67 600	579 800
出纳	210	1850	44 100	388 500

计算得到回归直线方程式：

$$Y = -25.314 + 8.885X$$

通过该方程式可以计算各等级薪酬区间的中值 $\bar{Y}$（见表 6-6）。

表 6-6　　薪酬区间中值计算表

职级	点数区间	点数区间中值（$\bar{X}$）	薪酬区间中值（$\bar{Y}$）
1	>527		
2	488~526	507	4479
3	449~487	468	4133
4	410~448	429	3786
5	371~409	390	3440
6	332~370	351	3093
7	293~331	312	2747
8	254~292	273	2400
9	215~253	234	2054
10	176~214	195	1707
11	137~175	156	1361

（4）对偏差较大的区间中值进行调整。将薪酬区间中值与外部市场薪酬水平进行比较，两者差距在10%以内的，一般认为是可以接受的；若差距超过了10%，则考虑是否对区间中值进行调整（见表6-7）。

表6-7　　薪酬区间中值对比分析表

等级	区间点值范围	职位名称	评价点数（X）	市场薪酬（Y）	薪酬区间中值（$\bar{Y}$）	$(\bar{Y}-Y)/Y$
1	>527	总经理	565	5350	4826（4980）	-9.8%
		副总经理	550	5080		-5.0%
2	488~526	无	—	—	4479	—
3	449~487	经营部经理	470	4030	4133	2.6%
4	410~448	信贷部经理	425	3780	3786	0.2%
5	371~409	财务部经理	405	3560	3440（3510）	-3.4%
6	332~370	总经理秘书	355	3150	3093（3020）	-1.8%
		薪酬主管	355	3150		-1.8%
		报销会计	345	2720		13.7%
		客户主管	335	2570		20.4%
7	293~331	无	—	—	2747	—
8	254~292	行政助理	260	2230	2400	7.6%
9	215~253	无	—	—	2054	—
10	176~214	出纳	210	1850	1707（1800）	-7.7%
11	137~175	无	—	—	1361	—

注：区间中值列中括号内的数字是调整后的中值数值。

从表6-7可以看出，总经理、副总经理、财务部经理、出纳这些职位所对应的薪酬区间中值较市场水平明显偏低，应适当提高；报销会计、客户主管职位所对应的薪酬区间中值相对较高，可适当降低。

（5）根据职位等级的区间中值建立薪酬结构。在考虑等级内部各职位价值差异大小及外部薪酬市场水平的前提下，确定各薪酬区间的变动比率后，就可以建立起相应的薪酬结构。此处假定各级薪酬区间的变动比率均为40%（在最低值基础之上），以上述调整确定后的中值为基础，计算出各等级区间最高值和最低值，从而建立起薪酬结构关系（见表6-8）。

表6-8　　岗位薪酬结构表　　单位：元

等级	区间最低值	区间中值	区间最高值
1	4150	4980	5810
2	3733	4479	5226
3	3444	4133	4822

表6-8(续)

等级	区间最低值	区间中值	区间最高值
4	3155	3786	4417
5	2925	3510	4095
6	2517	3020	3523
7	2289	2747	3205
8	2000	2400	2800
9	1712	2054	2396
10	1500	1800	2100
11	1134	1361	1588

5. 测算薪酬数据

薪酬结构设计好后，接下来的任务就是确定薪酬标准，而这需要通过测算薪酬数据来实现。由于此前的任职能力评估和薪酬结构设计是分别进行的，“人”与“岗”这两个定薪因素在单独分析后未得以综合。加之要具体落实到对个人实施薪酬分配，难免会发现很多在设计过程中没有考虑到的问题，甚至可能出现与设计预期目标出现较大反差的情况。这就需要在薪酬方案正式公布前先进行系统的测算，并根据测算情况进行一些调整修正，以确保薪酬方案能够顺利平稳地推进。薪酬测算大致分为以下三个步骤：

（1）按照之前已划定的条件将全体员工分别归入相应薪酬等级，确定员工的薪酬标准。对分级过程中遇到的各种现实文集进行分类处理，必要时对分级条件进行一定的修改和补充。

（2）将新方案条件下员工薪酬水平与原制度下的进行纵向比较，或是与市场水平进行横向比较，看新的薪酬水平以及整个企业的工资总量是高是低、是增长了还是减少了，找出其中的主要原因；对不同类别员工（如：高级管理者、中层管理者、核心员工、一线员工）的薪酬水平变化情况进行比较，看新的薪酬方案是否能达到预期的激励效果。

（3）对薪酬标准和定薪条件进行修订与调整。分析评估新薪酬方案下员工薪酬的水平变化情况重点在三个方面：一是薪酬水平差异是否是由制度性的不公平造成的；二是新薪酬方案是否带来了部分岗位薪酬水平增幅或降幅过大；三是新方案下的薪酬总量是否在企业可承受范围内，是否符合企业的薪酬规划。针对这三方面的情况，根据问题存在的范围和严重程度对新方案进行适当修订与调整，完善后重新回到第一步进行新一轮测算，如此循环往复，直到得到较为满意的方案结果为止。

6. 编制薪酬方案

以上步骤已经解决了薪酬设计的核心问题，即按什么标准支付薪酬的问题，接下来就要形成一个完整的薪酬设计成果——薪酬方案，或称薪酬制度、薪酬办法等。薪酬方案是一个企业进行薪酬管理的系统规章制度，一般包括六个部分：

（1）总则。其对本薪酬方案出台的目的、适用范围进行说明，对方案中的关键名称进行定义，对薪酬管理及方案执行的基本原则进行阐述。

（2）薪酬构成。其一方面介绍薪酬总体的构成情况，即包括哪些薪酬单元，并对每个薪酬单元进行解释和界定；另一方面规定每一类员工所适用的薪酬模式，即其薪酬由哪些薪酬单元组成。

（3）薪酬确定。其主要是规定各薪酬单元的标准方法，即涉及具体发放时薪酬数据如何计算。

（4）薪酬支付。其规定了薪酬的支付方式和支付流程以及与薪酬支付相关的工作纪律。

（5）薪酬监控。其对薪酬管理的监督与控制措施进行规定，主要涉及职务消费、奖励处罚、休息休假、代缴代扣等方面。

（6）附则。其对方案尚未涉及的单项事例进行补充规定，明确方案的生效（有时也包括失效）时间以及方案解释权的归属。

7. 完善薪酬方案

薪酬方案确定后，一般可先以试行方式予以公布实施。这是因为无论在薪酬设计时考虑得多周全、多细致，薪酬方案在实际执行时总会遇到很多无法预期的问题，比如条文表意不明或有缺失、执行程序不合理、标准有失公平等。经过一段时间（一般为一年）的试行后，薪酬方案的各项规定和条款基本都得到了操作执行，此时应对执行情况进行总结，找出存在的问题和不足，对原设计方案进行全面系统的调整完善，从而形成正式的薪酬制度。薪酬制度出台后，应以保持政策连续性为基本原则，除了一些细小的补充规定外，不宜在短期内再做大的调整，以避免因制度动荡对企业发展带来的损伤。

第三节　薪酬分配

如果说薪酬设计主要体现了薪酬管理的科学性，那么薪酬分配则更多地体现了薪酬管理的艺术性。作为执行层面，薪酬分配要更多地考虑“人”的因素，而人的复杂性使得薪酬分配的实施面临着诸多困难和不可控因素。因此，薪酬分配应真正秉承“以人为本”思想，坚持激励与约束相互统一、公平与效率相互兼顾、分配与考核相互结合的基本原则，努力实现“激励有效、支出有度，员工满意、企业发展”的管理目标。

一、薪酬分配模式

这里的薪酬分配模式主要是针对具体的薪酬支付而言的，即要解决通过什么方式、按照什么节奏、以什么样的比例和标准、对哪些员工支付薪酬等一系列问题。一般薪酬制度中已经规定好了薪酬支付的有关问题，只要遵照制度执行即可，这里介绍几种较为特别的薪酬分配模式。

1．协议式薪酬分配模式

在企业既有薪酬制度下的薪酬分配是具有普遍性的，即薪酬分配面向的是一类人或是直接面向每个岗位，而不会针对每一个人设计一套薪酬政策。但有的时候，企业一方面需要引进或保有特殊人才，另一方面又不能打破现有的薪酬管理体系，形成了人才使用需求与制度刚性管理之间的矛盾。因此，就迫切需要有一种薪酬分配方式来解决这一难题，而协议式薪酬分配模式就是一个不错的选择。

协议薪酬是指根据聘用人员的工作岗位、工作能力和贡献大小，企业对人才的需求程度，利用市场经济下的人才市场法则，经双方平等协商后确定聘用人员薪酬水平的一种薪酬分配模式。协议薪酬主要面向企业必需的核心人才、优秀人才和高级人才，故该分配模式是一种特例式的模式，是对整体薪酬管理体系的一个补充。协议薪酬一般包括岗位工资和绩效工资两个单元，也可根据实际情况设置津补贴单元。其中：岗位工资主要由工作内容和工作职责确定，体现岗位价值；绩效工资根据双方约定的工作任务，由企业对员工的工作表现和工作业绩考核后确定，体现薪酬激励作用；津补贴则主要表示对员工具有的职称、学历和头衔的认可，体现了企业对人才的尊重和重视。

实行协议式薪酬分配模式具有以下意义：第一，确立了劳动者在劳动法律关系中的主体地位。长久以来，劳动者往往只能被动地执行企业内统一的薪酬制度，对自身薪酬分配几乎没有什么话语权。企业薪酬制度提交职工代表大会表决通过在某些企业通常只是一种形式上的程序，即使是集体协商制度往往也只能商议一般性和共性的问题，无法解决满足个人的特殊需求的问题。正因为如此，不少企业经营者并不看重劳动者在薪酬决策的地位，员工只能选择接受或不接受，而不能跟企业讨价还价。因此，协议式薪酬在体现劳动者主体地位方面是一个可喜的突破。第二，可以增强薪酬分配的灵活性，缩短决策流程，提高管理效率。协议式薪酬模式没有刻板框架的束缚，完全由企业和员工或应聘者在十分宽松的氛围下进行讨论商谈，企业可依据自身资源的许可灵活地使用薪酬资源。企业的人力资源管理人员可以充分发挥自身谈判的技巧，来寻求企业与员工或应聘者“双赢”的结果。协议式薪酬模式还具有决策流程短的优势。一般企业制定或修订某项薪酬制度，总少不了进行各项调研、上下讨论、形成预案，再报企业最高领导层决策。决策形成后，人力资源管理部门发布文件，制定细则，负责解释，再层层下达到员工。而协议薪酬则在企业最高决策层确定的大框架内，只需人力资源主管人员与员工或被招募者直接面谈，取得共识后报企业领导核准即可实施，完全实现了短流程、高效率。

2．矩阵式薪酬分配模式

（1）矩阵管理模式

要理解矩阵式薪酬分配模式，首先要介绍一下矩阵管理模式。矩阵式管理于20世纪50年代在美国开始出现，最早应用于飞机制造和航天器械的生产项目中，20世纪60~70年代流行一时，包括IBM等在内的诸多跨国公司逐渐成为实施矩阵式管理的成功典范。目前，国内很多企业也在广泛学习和应用矩阵式管理模式，尤其是在工程施工、研发设计、产品制造、艺术创造等领域取得了明显的成效。

矩阵式管理模式是指从各个职能部门中抽调有关专家，将他们分派在一个或多个项目经理领导的项目小组中工作的一种组织形式。矩阵式模式是相对于传统的、按照直线职能理念设置的一维式管理而言的，它将管理职能和业务功能归为两向维度：纵向维度是传统的职能部门、业务机构、生产单位等（下简称部门）；横向维度是为完成某一任务成立的虚拟或实体的专项任务小组，项目小组集中力量完成任务后自动解散，成员继续回岗位工作。这样，横向的项目小组系统与原来的垂直领导系统就形成了一个矩阵。

矩阵型组织中的员工往往受到双重甚至是多头领导，项目经理对于作为其项目小组成员的职能人员拥有与实现该项目目标相关的职权，而诸如晋升、工薪建议和年度评价等决策，则仍由职能经理来行使。为使矩阵型结构有效地运作，项目经理和职能经理必须经常保持沟通，并协调他们对所属共同员工提出的工作要求，共同解决冲突。

（2）矩阵式薪酬分配模式

矩阵式管理结构是一种相对较新的管理模式，在成功集中资源优势快速完成任务的同时也对传统的薪酬分配模式提出了要求，薪酬分配需要根据组织管理模式进行创新和改造。

①纵向薪酬分配。在纵向管理维度设置保障性的薪酬分配单元，从而使员工无论能否参加项目，都可以获得一定的保障性收入，不至于造成项目组成员与其他无项目人员之间收入差距过大。纵向薪酬体系一般包括岗位工资、技能工资、等级工资和绩效工资，由纵向部门向员工支付。对于以生产制造、维修加工为主，纵向管理维度有明确的业务流程和岗位分工的，可以采用“岗位工资为主体+效益工资”的岗位效益薪酬制度，设置岗位体系，明确岗位职责和任职条件。对研发、设计、艺术创作等以“发挥人的技能”为主的业务单位，更适于使用技能等级绩效工资制，其中能级工资根据技能等级确定，绩效工资根据员工实际业绩确定。纵向分配体系的正常加薪机制包括两方面内容：即建立岗位晋升或技能增长带来的正常的工资调整制度以及建立随企业效益增长相应提高员工基础性工资水平的正常联动机制，这既能体现员工参与分享企业发展成果，又能够吸引并稳定员工队伍，激励其从事基础性研究，积累与提高专业素质。

②横向薪酬分配。横向项目维度的分配决定了员工浮动工资收入，是体现员工贡献和收入差异的激励性单元。由于横向的分配体系直接针对员工在项目工作中的业绩贡献，所以分配模式和思路必须考虑项目本身的特点量身定制。一般而言，横向薪酬包括项目津贴和项目分成两部分。项目津贴是指员工由于参与项目工作，定期定额发给员工的补助；项目分成则是指项目结束并通过验收后，给予项目成员的一次性工作奖励，如果项目成果可直接带来经济效益，还可针对经济收益确定一定的比例对项目成员实施项目分成，项目组组长负责项目任务分解并有权决定项目薪酬分配。项目薪酬横向的项目运作可以较大程度地脱离纵向管理维度的影响，可选择针对项目任务需要重新设置岗位，设计职位晋升制度和评聘制度，重新制定项目业绩考核制度和分配方案等。

3. 自助式薪酬分配模式

自助式薪酬分配模式是由美国密歇根大学约翰·特鲁普曼（John E. Tropman）博士在吸收众多学者研究成果的基础上，于1990年在其著作《薪酬方案——如何制定员工激励机制》一书中提出来的。所谓自助式薪酬，是指企业改变了原有的机械性的薪酬结构，使薪酬单元和支付方式可以根据员工自己的需求和偏好灵活组合，在维持整体薪酬分配秩序良好的前提下，最大限度地通过薪酬分配满足员工多方面的需求。这就像顾客去超市购物一样，超市为顾客提供多样的商品，顾客可自由选择自己所需的商品；由于所选商品的范围是有限的，而且存在“过时”问题，因此超市要适时根据顾客的需求来调整和补充商品种类，以更好地满足顾客需求。同样，企业要满足员工对薪酬分配的不同需求就得制定一个尽量宽的薪酬选择范围。约翰·特鲁普曼提出了整体薪酬方案的参考模型，将薪酬划分为10种类型，并将这10种类型归为五大组成部分：

整体薪酬 = 直接薪酬 + 间接薪酬

= (基本薪酬、附加薪酬、福利薪酬) + (工作用品补贴、额外津贴) + (晋升机会、发展机会) + (心理收入、生活质量) + 私人因素

直接薪酬包括基本薪酬、附加薪酬和福利薪酬。其中：基本薪酬是企业根据岗位、技能确定的薪酬部分；附加薪酬是企业一次性支付的薪酬，包括加班费、股票期权和盈利分享等，附加薪酬的发放可以是定期的，但不是确保的；福利薪酬主要是指企业支付给员工的福利性费用。直接薪酬是以现金支付的，一部分会当期兑现，另一部分则会延期支付。

间接薪酬包括工作用品补贴、额外津贴、晋升机会、发展机会、心理收入、生活质量和私人因素。其中：工作用品补贴是指员工不必自己在外购买工作用品，如制服、工作用具等，这些都由企业提供；额外津贴是指员工在购买本企业产品或享受本企业营业服务时可以享受的优惠；晋升机会是指员工向较高层级岗位发展的机遇；发展机会是指员工接受企业培训和岗位培养提升自身素质和能力的机会；心理收入和生活质量指员工在工作中得到的情感回报以及对工作与家庭生活之间矛盾的协调程度；私人因素是企业为了留住某个特定员工而满足该员工的特殊需求。

在实际应用中，可依据约翰·特鲁普曼对整体薪酬的分类，结合实际情况进行一定的改革和完善。应该说，自助式薪酬的“自助”是有限的自助，即薪酬结构中一些重要的基本单元应相对固定，在此基础上员工再对其他薪酬单元进行自由选择，这样既保证了员工可以得到基本收入，也避免了给企业带来管理上的混乱，对双方都有利。此外，企业应对选择数量加以限定，员工不能够选择所有薪酬项目，且有的项目之间应为替代关系，即选了项目A就不能选项目B，选了B就不能选A。表6-9为YG通信公司针对员工需求建立的自助薪酬分配计划。

表6－9　　　　YG公司自助式薪酬分配计划表

薪酬项目		自选组合			
		A	B	C	D
可选项	灵活的工作时间	√			√
	培训或轮岗			√	
	优惠使用本公司通信服务		√	√	√
	工作用品、办公设施补贴	√	√		
	交通、用餐补贴		√		√
	股票期权和超额利润分享	√			
必选项	岗位薪金	√	√	√	√
	绩效薪金	√	√	√	√

YG公司的自助式薪酬分配计划共设置了8个薪酬项目，采用“2＋3”模式，即其中两项为必选项，而其余六项可供员工根据身上情况和需要自由选择，但最多只能选择其中的三项。选择的结果是：公司的高层管理者选择了A组合，因为他们有机会获得股票期权并参与公司超额利润的分享，且他们的工作性质要求工作时间十分灵活；一线柜面营业人员选择了B组合，因为他们的收入水平较低，需要尽可能减少生活开支；部分核心员工和基层管理者选择了C组合，因为他们需要通过培训和轮岗提升自身素质以谋求更高的发展；营销人员选择了D组合，因为他们在办公室工作的时间很少，对办公用具的需求不大，但由于业务洽谈的不确定性，他们需要灵活调剂工作与休息的时间。

二、薪酬分配技巧

薪酬分配可以理解为是一种投资行为，如何有效控制投资成本，取得更高的投资收益就是薪酬分配所要解决的最大问题。当企业的薪酬制度已经建立、员工的薪酬标准也已确定后，要发挥薪酬的激励作用，达到人力资源管理效能最大化，就需要运用薪酬的支付艺术，即在薪酬分配中巧妙使用一些技巧性方法。

1. 处理好公开与保密的关系

（1）保密分配。实行保密式的薪酬分配方式，一是可以简化薪酬分配工作流程，节省工作精力；二是避免员工在得知其他人薪酬分配结果后产生攀比心理和不公平感，减少员工之间的矛盾以及对薪酬分配本身的不满。但这种做法极易产生一种相反的效果，即越是保密越容易增加员工的好奇心，引起员工的怀疑。在员工看来，薪酬水平的高低反映了能力强弱和业绩优劣，薪酬水平高的往往能赢得人们的尊敬和羡慕，在这种奇妙心理地支配下，四处打听他人尤其是与自己岗位相近的同事的薪酬水平便成了一种下意识的行动。如果员工了解到同事的工作表现不如自己但所获薪酬却高于自己时，就会产生一种不满的情绪，从而导致消极怠工、降低工作效率，而这又会进一步影响自己之后的薪酬分配，逐渐形成恶性循环，既不利于自己也不利于企业。

（2）公开分配。薪酬管理强调公平原则，员工对薪酬制度的公平感有赖于管理人员将正确的薪酬信息传递给员工，同时员工需有机会参与发表自己的意见和建议。同时，如果员工对薪酬制度有任何不满意的地方，也可以通过正常的途径向管理者提出申诉，从而使得问题得以妥善解决。因此，在实行公开式分配的情况下，企业及时将信息传达给员工，并向员工解释清楚，可以避免员工做出错误的猜测，从而树立正面积极的工作态度；同时，可以减少保密分配体制下由于缺乏监督而产生的分配不公和腐败现象。

（3）保密与公开有机结合。尽管公开分配受到多数人的赞同，但绝对的公开也是不可取的，因此应该适当把握保密与公开的程度，使两者有机结合起来。一般认为，基本薪酬制度、可晋升的职级、薪级的起薪点和顶薪点、薪点点值、个人绩效考核结果等是可以公开的；而每个人具体的薪酬数目、因特殊原因给予的个人奖励等则应当保密。总之，要本着公正透明的原则处理薪酬分配事宜，努力使员工对分配结果心服口服。

2．充分发挥奖金的激励作用

现在有些企业的奖金分配可以说是“标准月月不变、同级人人相等”，也就是每月按照固定的标准发放奖金，同级别员工所得奖金完全相等，这使得奖金应有的体现员工贡献、激励员工进步的作用荡然无存，已变相成为固定工资的一部分。造成这种现象的直接原因是绩效考核工作不到位，可能是未对各岗位绩效进行考核，也可能是考核后未将考核结果兑现到奖金分配上；而根本原因则在于企业的文化氛围和基本管理理念，这些企业的管理者出于种种考虑在分配上更倾向于平均主义。因此，要真正发挥奖金的激励作用首先要破除平均主义的思想，让“奖优罚劣、不进则退”的思想深入每个员工的心中。其次，薪酬分配不是一项孤立的工作，要将它与岗位分析、绩效考核等工作紧密联系起来，即应根据岗位的重要程度和所需劳动的复杂程度确定该岗位的岗位系数，并根据员工的工作表现和工作结果确定其考核系数，然后根据岗位系数和考核系数确定员工个人奖金数额。通过采用这样的分配方法，一方面，员工收入水平拉开了差距，消除了平均主义对生产效率提高的阻碍作用；另一方面，员工的劳动效率和劳动能力在物质分配上得到了直接体现，员工改善绩效并努力提高自身素质的意愿更为强烈，奖金的激励作用得以体现。

3．正确选择分配时机

对于薪酬分配时机，不同员工会有不同的心理需求，即使是同一员工，受年龄增长、经济状况的改变以及企业经营环境的变化等因素影响，其对薪酬分配时机的偏好也会有所变化。因此，如果企业能把握好薪酬支付的时机，将对员工产生更为直接的激励效果。

薪酬支付可分为即时支付和延期支付。即时支付是指当员工的良好绩效出现后或完成目标任务后立即给予相应的外在性和内在性薪酬奖励；延期支付是确定员工绩效行为后隔一段时间再兑现奖励。

从薪酬分配的频次上讲，可以分为规则支付和不规则支付。规则支付是指每次支付薪酬的时间间隔是相同的，比如按月发放基本薪酬，按季度或按年发放奖金等；不规则支付是指薪酬支付的时间间隔不等，无规律性地要么十天半个月支付一次，要么三五个月支付一次。

在具体选择薪酬分配时机时，可以根据以下几种情况进行：

（1）根据员工的年龄差异进行选择。心理学家研究表明，人对时间单位的主观感觉会随着年龄的增长而变快，也就是说如果同样是一个月时间，年轻人会认为过得比较慢，而年长的人则觉得很快就过去了。除了主观原因外，客观上由于年轻员工物质积累较少，日常花销又比较频繁，他们对金钱的现实渴望更为强烈。因此，在支付薪酬时以及包括给予休假、升迁或者表彰等，对年轻员工都应保证及时兑现；而年长的员工对于及时性的要求则不那么高，也就是说及时支付对他们并不能起到什么激励作用。

（2）根据员工的知识水平进行选择。员工的知识水平、心理素质、价值观不同，对薪酬的认识和感受也不一样。对于那些心理素质较差、工作主动性不高、认识层次偏低的员工，应采取及时支付的手段，因为工资基本上就是促使他们工作的唯一动力；而对那些自制力较强、工作热情主动、知识水平较高或者高职务的员工，则可以根据需要将支付时段适当延长，因为频率过高但强度不大的报酬对他们的激励作用不会太大。

（3）根据企业的需要进行选择。奖励时机的选择要根据奖励的对象和目标而定，像维持良好的生产经营状态、保证团队和谐合作、促进销售额的完成或是留住顶尖人才等，都是符合企业需要进行奖励的有利时机。

三、薪酬分配的几个误区

1．过分强调薪酬分配差异

古语有云："不患寡而患不均"，意思是"不担心分得少，而是担心分配得不均匀"。朱熹对此句中的"均"做了解释："均，谓各得其分"，就是说均不是指平均，而是得到各自应该得到的。由此可见，在薪酬分配时，要把握好薪酬差异的度，既要保证体现"按劳分配、多劳多得"，又要注意维护整个工作团体的和谐气氛，不能为了体现差异去进行人为调整。这是因为，以现有的绩效评价方法和模式，很难对员工的工作成果做出完全准确的评估，对于工作成果无法用数量衡量的岗位以及相似度很高的大量中低层次岗位而言尤其如此。因此，在员工对绩效考核结果并不是完全认同的前提下，如果不顾实际情况和员工感受依据所谓的考核分数差强行拉开收入差距，必定会造成员工之间的矛盾和员工对企业的不满，严重影响员工的工作积极性。

2．过分加大浮动薪酬比例

现在有的企业为了让员工更卖力地为公司工作，规定员工的主要薪酬收入与其实现的业绩挂钩，或同时与企业的经营成果挂钩，这一部分薪酬作为浮动薪酬，在整个薪酬中占到70%以上，有的企业甚至达到100%，实行所谓"零底薪、全浮动"分配制度。尽管加大浮动工资比例可以有效激发员工的工作积极性，并为企业减少用工成本开支，但这种做法本身仍存在一些问题。

（1）可能违反国家政策规定。根据劳动和社会保障部2004年颁布的《最低工资规定》，劳动者在法定工作时间或依法签订的劳动合同约定的工作时间内提供了正常劳动的（本规定所称正常劳动，是指劳动者按依法签订的劳动合同约定，在法定工作时间或劳动合同约定的工作时间内从事的劳动），用人单位依法应支付的最低劳动报酬。也就是说，只要员工按企业要求进行了劳动，即使是没有创造出明显的效益，企业也应按最低工资标准向其支付劳动报酬。以杭州市的情况为例：2008 年杭州市区全社会在岗职工月平均工资为 2322 元（统计范围包括国有、集体、股份制、三资和私营单位），而 2008 年杭州市最低月工资标准为 960 元，以社会平均工资为标准如果按照固定薪酬占 30%、浮动薪酬占 70% 进行分配，在没有浮动薪酬收入的情况下，每月可领到固定工资 697 元，低于最低工资限制标准。

（2）会对企业发展带来负面影响。由于固定薪酬的比例明显偏低，员工始终是在一种忐忑不安的情绪下进行工作的。因为他们知道固定工资部分根本不够满足基本的生存需要，而浮动工资是否能创造出来、能创造多少、企业是否会按约定及时予以兑现等都存在较大变数。长此以往，必然会导致员工思想波动、队伍涣散，出现大量的人员流失，企业发展将受到重创。

（3）会直接损害顾客和社会利益。实行高浮动薪酬比例方法的岗位多为生产经营类岗位，即其工作成果可以直接表现为企业利润或效益的增长。这就意味着，如果员工想获得更高的收入，就必须为企业创造更多的利润，或是借助企业提供的工作平台直接为自身谋利，而无视顾客利益和企业的长远发展。以旅游行业为例：我国的旅游行业已进入了完全竞争时期，各家旅行社在无法提供差异化服务的情况下只有通过低成本战略保持竞争优势。为了控制人工成本，有些旅行社对导游实行"零底薪"分配政策，或是仅发给象征性的少量基本工资，其余大部分工资需要从导游服务费、游客额外消费中提成，由此造成了导游随意减少旅游景点、强制消费、克扣票款等诸多混乱现象。对此，国家及时出台政策予以规范，《国家旅游局关于进一步加强全国导游队伍建设的若干意见》明确指出："探索建立公平透明的导游薪酬制度。要积极推进旅行社和导游利益分配机制的改革，建立以基本工资和导游服务费为主体，带团补贴为补充的导游人员薪酬制度。"可见，在薪酬分配时，根据企业所处行业特性以及岗位特征，将固定薪酬与浮动薪酬的比例保持在合理范围内是十分必要的。

3. 过分依赖加薪激励手段

有的企业面对居高不下的离职率、员工较低的工作意愿，总认为是薪酬水平太低造成的，以为员工就是为钱而工作，只要给他更多的钱他就会为企业更好地工作。但实际效果却往往差强人意，分析其中原因主要有以下两点：

（1）员工的需求是多种多样、有层次区别的。虽然获取金钱是工作的主要目的，但是从工作中获得成就感与乐趣也十分重要。给员工营造良好的工作环境、赋予其具有挑战性的工作岗位、对其工作成果予以肯定和表彰以及更多的关心和帮助往往能解决许多看起来很棘手的问题。总之，不是钱的问题就别用钱来解决。

（2）薪酬的激励效果同样遵循边际效益递减的规律。对于绝大多数员工而言，对金钱的需求是无止境的，所以提高薪酬待遇总能起到一定的激励作用。但是应该看到，随着员工薪酬待遇的不断提高，每一单位金钱所产生的激励效应是逐渐递减的。比如，对于一个刚进公司的大学毕业生来说，在实习期内一直按 2000 元/月的工资标准支付薪酬，若实习期满被评为考核优秀，工资增长500元，那么他肯定会因这25%的增幅而激动，进而增强工作的积极主动性。但若干年后，他的月薪已涨到6500元/月，如果此时再用同样的方式加薪500元，想必就不会激发起多少额外的工作动力了。因此，在企业资源有限的情况下，一味的加薪是没必要的，也是不可能持续下去的。

第四节　薪酬管理效果评价

在薪酬管理过程中，有必要适时对薪酬管理的效果进行评价，通过反馈结果指导薪酬管理的自我完善。下面介绍四个衡量薪酬管理效果的评价指标：

一、薪酬满意度指标

1．薪酬满意度的概念

对薪酬满意度的理解经历了从单一维度向多维度的转变，早期研究侧重于单一的薪酬水平满意度，从薪酬水平和福利水平来理解薪酬满意度，但有的学者等认为应该从数量和体系两方面来理解。美国威斯康星大学麦迪逊分校商学院教授赫伯特·G．赫尼曼（Herbert G. Heneman）等提出了多维结构，这一观点受到了研究者的基本认可，他们认为薪酬满意度是员工对所获得的薪酬数量与薪酬管理体系的情感反应。赫尼曼和希沃布（Donald P. Schwab）编制了一个由18个计量项目组成的“员工薪酬满意度量表”（Pay Satisfaction Questionnaire，简称PSQ），从薪酬水平、薪酬结构、薪酬管理、加薪和福利五个方面来计量员工的薪酬满意度。

我们认为，所谓薪酬满意度，简单地讲就是员工将从企业获得的报酬与他们的期望值相比后所形成的心理状态。

2．薪酬满意度的测量方法

（1）单一整体评估法。这种方法只要求被调查者回答对自己目前薪酬水平的总体感受，如“就各方面而言，我满意（或不满意）自己目前的薪酬状况”。许多研究表明，这种方法简单明了，因为满意度的内涵很广泛，单一整体评估法是一种包容性极广的测量方法。但由于这种方法只有总体判断，虽然可以知道员工对薪酬的相对满意程度，但无法对管理存在的具体问题进行诊断，不利于工作的改进。

（2）工作要素总和评估法。这种方法将员工薪酬满意度划分为多个维度进行调查，主要包括薪酬制度、体系设计、薪酬水平等方面，对每一维度设置等级评定选项，由员工选择后综合得到薪酬满意度结果。进行评估首先确定薪酬调查的关键维度，编制调查问题，然后根据标准量表来评价这些维度。在调查员工薪酬满意度时可结合多种调查方法，除传统问卷调查法外，还可使用面谈法、焦点小组访谈法、专家意见法等，以保证调查结果的准确性。在设计量表或问卷时，需预先检验将来收集结果的可靠性和有效性，尽量减少误差。具体方法有测试—再测试法、等效形式可靠性分析、分半可靠性分析、预示有效性分析等。此外，在设计调查活动时还需综合考虑背景、环境、员工特征等各项因素，最好先请专业人士对调查设计进行整体评估。表6－10是某公司员工薪酬满意度调查表：

表 6-10　　EJ 公司薪酬满意度调查表

为配合公司的薪酬改革，了解公司薪酬管理工作存在的不足，特组织本次薪酬调查。为了解员工在薪酬方面的真实想法和建议，本次薪酬调查可署名也可不署名。希望所有员工积极支持，本着认真负责和客观的态度完成本问卷，于　月　日前交人力资源部，谢谢！

您的姓名：（可以不填）　　所在部门：（可以不填）
年龄：　　性别：　　入职年限：
职位：　　学历：　　职称：

1. 您对自己目前的薪酬水平：
A. 非常满意　B. 比较满意　C. 一般　D. 不满意　E. 非常不满意
2. 您认为现有的薪酬制度公平吗？
A. 非常公平　B. 比较公平　C. 一般　D. 不公平　E. 非常不公平
如果选择 D、E 项，请具体说明原因：________________
3. 请在本公司下列职务类别中选出三个您认为薪酬过高的（按顺序）：
A. 麦芽车间　B. 实验室　C. 销售部　D. 财务部　E. 人力资源部
F. 保安　G. 机修　H. 电修　I. 清洁工　J. 车队
4. 您认为与同行业其他公司相比，本公司的薪酬：
A. 很高　B. 比较高　C. 差不多　D. 偏低　E. 很低
5. 您对公司目前的福利状况：
A. 非常满意　B. 比较满意　C. 一般　D. 不满意　E. 非常不满意
请简要说明理由：________________
6. 与本部门的相似资历的员工相比，您对自己的薪酬水平：
A. 相当满意　B. 比较满意　C. 差不多　D. 比较不满意　E. 非常不满意
7. 与其他部门的相似资历的员工相比，您对自己的薪酬水平：
A. 相当满意　B. 比较满意　C. 差不多　D. 比较不满意　E. 非常不满意
8. 与其他公司相比，您认为目前本公司主管级人员的薪酬相比普通员工来说：
A. 太高　B. 偏高　C. 合理　D. 偏低　E. 太低
9. 与其他公司相比，您认为目前本公司经理级人员的薪酬相比普通员工来说：
A. 太高　B. 偏高　C. 合理　D. 偏低　E. 太低
10. 您能很明确地知道自己的月总收入是由哪些部分组成的吗？
A. 是，很清楚　B. 部分项目不清楚　C. 完全不清楚
11. 您知道您身边的同事的收入水平吗？
A. 是的，非常清楚　B. 比较清楚　C. 不太清楚　D. 完全不知道
12. 您认为保密薪酬好还是透明好？
A. 保密　B. 无所谓　C. 透明
13. 您觉得公司大部分员工的辞职：
A. 因为薪酬而直接导致　B. 和薪酬有一定的关系　C. 不清楚
D. 与薪酬关系不大　E. 绝对与薪酬无关
14. 您认为本公司的薪酬结构中最不合理的部分是：
A. 基本工资　B. 绩效工资　C. 涨幅工资　D. 年资
E. 福利　F. 津贴　G. 加班工资

表 6－10（续）

请简要说明理由：＿＿＿＿＿＿＿＿＿＿＿＿＿＿
15．如果公司有 6000 元要发给您，您认为哪种发放方式对您的吸引力大？
A．一次发放　B．按月平均，每月 500
16．您认为目前的薪酬制度对员工的激励：
A．很好　B．较好　C．一般　D．较差　E．非常差
17．您认为多长时间调整一次薪酬比较合理？
A．3 个月　B．半年　C．一年　D．两年　E．两年以上
18．如果要降低您的薪酬，您觉得多少比例是您可以忍受的极限：
A．5%　B．10%　C．15%　D．20%　E．25%
19．在过去的工作中，您感觉自己的努力在薪酬方面有明显的回报吗？
A．有　B．没有　C．有，但不明显
20．您认为决定工资最重要的因素是：（请按顺序列出前五位）
A．个人业绩　B．个人能力　C．学历　D．职称　E．职位高低　F．资历
G．专业　H．工作复杂程度　I．工作中承担的责任和风险
21．您认为薪酬收入中浮动部分（涨幅工资）占总收入的比例应该为：
A．5%　B．10%　C．15%　D．20%　E．25%　F．30%　G．35% 或以上
22．如果公司要制定一个新的薪酬制度，您对新的薪酬制度的建议：
＿＿＿＿＿＿＿＿＿＿＿＿＿＿＿＿＿＿＿＿＿＿＿＿＿＿＿＿＿＿

二、薪酬竞争力指标

1．薪酬竞争力的概念

所谓薪酬竞争力，是指一个企业（或一个地区）相对于其他企业（地区）薪酬管理体系发挥功效的能力，如果其薪酬管理体系能够发挥出较大的功效，薪酬竞争力就相对较强。很多人将薪酬水平与薪酬竞争力直接画上等号，认为“薪酬水平越高，薪酬竞争力就越高”，或认为“要提升薪酬竞争力，就必须提高薪酬水平”，这些认识都是片面的。薪酬满意度反映了薪酬管理效果对内部的影响，薪酬竞争力则着重体现薪酬管理效果对外部的影响情况，两者分别从内外两个方面衡量着薪酬管理工作的成效。因此，薪酬竞争力是基于诸多薪酬管理元素的一个综合结果的体现，是通过比较得出的一个相对性指标。一个企业薪酬竞争力的大小主要表现在对外部人才的吸引力、对内部人才的保有力和企业的社会美誉度等方面，而其中是否能吸引企业所需的人才加盟则是衡量薪酬竞争力的最关键指标。

2．薪酬竞争力的决定因素

薪酬水平是决定薪酬竞争力的根本因素，因为毕竟大多数人工作的目的主要是为了获取经济报酬。

太和顾问公司针对 2004 年中国城市薪酬竞争力进行了调查和统计，并列出了位居前十位的城市（见表 6－11）：

表 6－11　　城市薪酬竞争力排名表

排名	城市	总得分
1	上海	1.033 34
2	北京	1.0
3	深圳	0.98
4	广州	0.92
5	东莞	0.901 295
6	苏州	0.88
7	杭州	0.799 044
8	温州	0.77
9	福州	0.691 666
10	成都	0.655 85

资料来源：太和顾问。

从表 6－11 中的数据（以北京为标准值 1，其他城市通过与北京相比较而得出相应分值）可以看出：①城市经济活跃程度与城市薪酬水平呈正相关关系。调查发现，越是经济活跃的城市，公司对人才的竞争也越激烈，城市的经济活动收益越高，致使城市的综合薪酬水平也越高。②中国主要城市之间对人才的竞争日益激烈。上海、北京、广州之间的薪酬竞争力得分极为接近，正好解释了中国这三大主要城市之间存在强劲人才竞争关系的原因。③沿海地区在薪酬竞争力优于中西部，符合了人才的流动趋势。

地区间存在着由薪酬水平导致的竞争力差距，企业之间也同样如此。表 6－12 是智联招聘薪酬数据研究中心发布的 2009 年薪酬调查报告中对企业薪酬水平的统计情况。

表 6－12　　企业薪酬水平排名表

按行业分类	按资本结构分类	排名
高科技	外商独资（欧美）	★★★★★
房地产	合作/合资（欧美）	★★★★☆
金融	外商独资（非欧美）	★★★★
制造	合作/合资（非欧美）	★★★☆
消费品	民营/私营	★★★

以上两项排名充分说明了为什么很多优秀的人才都倾向于去北京、上海、广州这些大城市以及外资企业就业，而不愿意去相对落后的地区或是一些国有企业。这是因为其中存在薪酬水平这一主导因素，并客观上决定了薪酬竞争力的高低，从而引导着人才流动的方向。

除了薪酬水平这一企业“硬实力”的表现，薪酬政策、薪酬结构、薪酬支付方式、薪酬文化等“软实力”因素也决定着企业薪酬竞争力能否得到全面提高和长久保持。员工除了希望得到高薪外，还会关心自己是否是按制度化的正常运作程序得到薪酬，自己的所得与付出是否匹配，甚至于获得薪酬的过程是否愉悦等问题。

3．薪酬竞争力的测量方法

（1）统计分析法。采用统计分析法指可以通过劳资统计年鉴、公开披露信息、专业调查报告等渠道收集相关薪酬数据（主要是与企业同属一个行业或是相近行业的其他企业的薪酬水平情况），按照区域、资本结构性质、经营规模等条件组合分类并进行比较，从而确定自己在市场上的排名和竞争力。比如，可建立“全市中小型国有企业”、“全国大型民营企业”，甚至是“世界500强金融类企业”等参照序列进行比较排序。

（2）调查问卷法。调查问卷是测量薪酬竞争力的最为直观也是相对准确的方法。企业可针对目标人群发放问卷，如具有明确求职意向的高校毕业生；或是针对全社会进行随机调查，以保证反馈信息更为全面，减少主观情形下。通过对求职者或是企业内部核心员工的问卷调查，需要了解以下内容：一是对薪酬的期望值是多少，企业现有薪酬标准是否能满足期望；二是对企业的薪酬管理以及企业本身有什么看法，企业的管理水平是否还需提高，企业管理的目的是否已经达到；三是与其他同类企业相比较，企业具备的优势和存在的差距分别在哪里。

三、员工流失率指标

1．员工流失率的概念

（1）员工流失。所谓员工流失指的是员工未依照企业的意愿继续服务于企业，而选择自动退出。我们认为，所有可以为企业创造价值的员工，不论其职务高低，只要是通过自愿辞职离开企业，那么就属于人员流失。

这里需要对与员工流失相近的两个概念进行辨析：

一是员工流动。首先流动是双向的，既包括人员的流入也包括人员的流出；其次流动是中性的，合理的人员流动不仅不会影响员工队伍稳定，还可以帮助企业吐故纳新，增加发展活力；其三，流动是内外兼有的，企业内部员工在不同部门不同岗位之间变换工作也属于人员流动。

二是人才流失。人才流失特指对企业经营发展具有重要作用，不易从外部市场获取的人才非单位意愿而离开企业，这将给该企业的人力资源管理造成困难，甚至直接给企业带来损失。除了显性人才流失外，还应注意隐性流失现象，即单位内的人才因激励不够或受其他因素影响而失去工作积极性，才能没有发挥出来，实际产生的负面影响不亚于显性流失。

（2）员工流失率。员工流失率反映了员工流失情况的严重程度，指的是单位时间内流失员工占员工总数的比率。

由于种种原因和主客观方面的限制，员工流失是不可避免的，因此，就企业管理而言，重要的是使员工流失率保持在一个相对合理的范围之内。关于员工流失率究竟为多少是比较合理的，或者说控制的红线在哪儿，对于不同的企业有不同的理解。这里提供一个调研材料以做参考：根据2005年在上海举行的“第一资本”高峰论坛主办方发布的主题调研报告——《CEO眼中的人力资源管理》（该报告调研了156家知名外企的 CEO 对于人力资源管理的见解）。2004—2005 年外企员工的平均流失率为 16.5%，超过了 CEO 们认为的合理的员工流失率。其中，房地产企业的员工流失率最高，接近 30%；其次是消费品、能源、旅游（酒店）等行业，平均流失率超过了 20%，这与行业的特色和市场的需求程度有关。接受调查的经理中，有 75% 认为“15% 以下的员工流失率”是合理的，其中又有 55% 认为员工流失率最好控制在“5% ~ 10%”；而 100% 的 CEO 都认为，超过 20% 的流失率会给企业带来实质性影响。

2. 员工流失率与薪酬管理的关联性

员工是企业发展的宝贵资源，如何留住员工，并激励其为企业贡献智慧和力量是每个企业进行人力资源管理的宗旨。说到留人，通常有待遇留人、事业留人和感情留人等方式，而其中待遇留人又是为广大企业所常用的，而且是效果比较明显的一种方式。也就是说，当员工对待遇感到十分满意时往往不会选择主动离开企业，而这个所谓的“待遇”并不是单纯指工资收入水平，是整个薪酬管理工作的一个缩影和体现。

（1）客观因素分析。影响员工流失率的客观因素比较多，分为企业内部环境和企业外部环境两个方面。企业内部环境包括企业的薪酬体系、用工制度、工作环境和企业文化等；企业外部环境则包括国家和地方就业政策、社会保障体系、所在地区自然环境和文化背景等。

（2）主观因素分析。影响员工流失率个人主观因素主要有年龄、工作年限、受教育程度、家庭状况及生活方式等。其一，员工年龄。国外学者的研究显示，员工流动与其年龄总体成负相关关系，较年轻的员工有更大的流动可能性。这是因为年轻员工对所在企业依附性不强，有更多进入新工作岗位的机会且可以很快适应，同时很少有家庭负担，因此流动起来较为容易。其二，在当前企业工作年限。员工在企业的工作年限与流动之间也存在着负相关关系。一般工作年限越短，流动率越高。其三，人力资本存量。人力资本存量较高（通常也是受教育程度较高）的员工，对各种信息的把握能力较强，随着知识经济的发展，社会对一些具有较高教育水平的人才需求会越来越大，这使得高素质的员工更有资本进行流动。其四，生活方式。有些人喜欢较为稳定的生活方式，其流动欲望不很强烈；相反，有些人讨厌单调而稳定的生活方式，喜欢多变，因而其流动可能性也较大。

由以上分析可知，影响员工流失率的因素很多，薪酬管理因素只是其中之一。但相比较而言，薪酬因素又属于关键因素，当员工流失率出现异常波动的时候，有必要首先检视一下是不是薪酬管理出了问题。

3. 员工流失率的测量方法

（1）测量方法一：$员工流失率=\dfrac{单位时间内员工流失数量}{（期初员工总数+期末员工总数）/2}\times 100\%$

这种方法适用于员工总数比较大，员工流失数量相对很小的情况。比如，一家公司年初员工总数为 5232 人，年内流失员工 258 人，年末人数为 5201 人，那么这家公司该年员工流失率为 4.95%。

（2）测量方法二：$员工流失率 = \frac{单位时间内员工流失数量}{期初员工总数} \times 100\%$

这种方法适用于员工总数较小，员工流失数远大于期末员工总数的情况。比如，某公司科技研发部季度初员工总数为21人，期间流失16人，新进3人，季度末员工总数为8人，那么该部门季度员工流失率为76.19%。

（3）测量方法三：$员工流失率 = \frac{单位时间内员工流失数量}{期末员工总数} \times 100\%$

这种方法适用于员工总数较小，员工流失数远大于期初员工总数，补充的员工在统计期间也出现流失的情况。比如，某公司营销部年初员工总数为5人，为了满足业务发展需要期间招聘了12人，但员工对薪酬分配满意度很低，新老员工又一并流失了6人，年末人数为11人，那么该部门年度员工流失率为54.55%。

四、人工成本指标

薪酬满意度、薪酬竞争力和员工流失率指标都是从员工感受、员工反应的角度来评价薪酬管理工作，而人工成本指标则是企业所有者所关心的，因为人工成本直接决定着企业经营成本支出并进而影响到利润收益，它反映了薪酬管理的效率。

1．人工成本的概念

根据《人力资源社会保障统计报表制度（2010年）》中的指标解释，企业人工成本是指企业在生产、经营和提供劳务活动中所发生的各项直接和间接人工费用的总和，范围包括：从业人员劳动报酬、社会保险费用、福利费用、教育经费、劳动保护费用、住房费用和其他人工成本。

（1）从业人员劳动报酬。从业人员劳动报酬指各单位在一定时期内直接支付给本单位全部从业人员的劳动报酬总额，包括在岗职工工资总额和本单位其他从业人员劳动报酬两部分。在岗职工指在本单位工作并由单位支付工资的人员以及有工作岗位，但由于学习、病伤产假等原因暂未工作，仍由单位支付工资的人员。其他从业人员是指劳动统计制度规定不作职工统计，但实际参加各单位生产或工作并取得劳动节报酬的人员，包括：再就业的离退休人员、民办教师以及在各单位工作的外方人员和港、澳、台方人员、聘用的外单位下岗职工、兼职人员和从事第二职业的人员、借用外单位人员等。

（2）社会保险费用。社会保险费用指企业实际为从业人员缴纳的养老保险、医疗保险、失业保险、工伤保险和生育保险费用。其包括企业上交给社会保险机构的费用和在此费用之外为从业人员支付的补充养老保险或储蓄性养老保险；不包括不在岗人员的社会保险费用。

（3）福利费用。福利费用指企业在工资以外实际支付给从业人员个人以及用于集体的福利费用。主要包括企业支付给从业人员的医疗卫生费、生活困难补助、文体宣传费、集体福利设施和集体福利事业补贴费以及丧葬抚恤救济费等。该指标来源于两方面，一方面是企业净利润分配中公益金里用于集体福利设施的费用，另一方面是从业人员福利费（不包括上缴给社会保险机构的医疗保险费用）。

（4）教育经费。教育经费指企业为从业人员学习先进技术和提高文化水平而支付的培训费用（包括企业为主要培训本企业从业人员的技工学校所支付的费用）。该指标主要来源于管理费用中的教育经费。

（5）劳动保护费用。劳动保护费用指企业为实施安全技术措施、工业卫生等发生的费用以及用于职工劳动保护用品（如保健用品、清凉用品、工作服等）的费用。该指标来源于制造费用中的劳动保护费科目。

（6）住房费用。住房费用指企业为改善从业人员居住条件而支付的所有费用。具体包括企业实际为从业人员支付的住房补贴（包括租房费用、租房差价补贴、购房差价补贴等）、住房公积金、宿舍的折旧费用等。

（7）其他人工成本。其他人工成本指不包括在以上各项中的其他人工成本项目。如工会经费、企业为员工支付的各种商业保险费用、企业因招聘从业人员而实际花费的招聘费用、解聘辞退费用以及在本企业领取劳动报酬的外籍从业人员费用等。

2. 人工成本分析

人工成本分析指标体系主要分为水平指标、结构指标、指数指标以及投入产出指标四类。

（1）人工成本水平指标

①人均人工成本（计量单位：千元、元）：人均人工成本是企业全部人工成本支出平均分摊到每一名从业人员的份额。可以细化为人均年、月和小时人工成本，人均月、小时人工成本应按年人均人工成本指标进行折算，是国际间进行横向比较的常用指标。

年人均人工成本 = 年人工成本总额/年从业人员平均人数

月人均人工成本 = 年人均人工成本/12

小时人工成本 = 年人均人工成本/年人均实际工作时数

企业从业人员年人均实际工作时数是指企业从业人员实际发生的年人均实际工时，即按国家和企业内部规定平均每人每年的制度工作时数和加班工作时数之和减去非正常工作工时损耗所得额度。

②职位人工成本：职位人工成本是企业在一定时期内对某一类职位从业人员直接和间接支出的平均人工成本指标，据此反映企业在一定时期内（一般为一年，也可以是月、小时）因使用某一类人员所发生的全部人工成本，同时反映这一类人员在一定时期内获得的总体报酬水平。

（2）人工成本结构指标

①人工成本分项结构比例（计量单位:%）：人工成本分项结构比例是企业支出的全部人工成本中的七大构成项目各自占有的比例，它可以反映企业人工成本支出的总体结构以及各个构成部分的变动状况和优化程度。

某项人工成本构成比例 = 某个人工成本项目总额/企业人工成本总额 ×100%

②人工成本相当总成本（费用）的比例（计量单位:%）

人工成本相当于总成本（费用）的比例 = 企业人工成本总额/企业成本（费用）总额 ×100%

（3）人工成本指数指标

人工成本水平指数是指当期人均人工成本（年度、月、小时人工成本）、职位人工成本与基期的对比关系。该指标以定比或环比形式反映一定时期内人工成本水平的升降幅度。

①年度人均人工成本环比指数：年度人均人工成本环比指数是指报告年度人均人工成本水平与上一年度人均人工成本水平之间的比值。

年度人均人工成本环比指数 = 报告年度人均人工成本/上一年度人均人工成本 ×100

②年度人均人工成本定比指数：年度人均人工成本定比指数是指报告年度人均人工成本水平与某一基期年度人均人工成本水平之间的比值。

年度人均人工成本定比指数 = 报告期年度人均人工成本/某一基期年度人均人工成本 ×100

月人均人工成本环比指数、月人均人工成本定比指数、小时人均人工成本环比指数以及小时人均人工成本定比指数可参照上述公式的方法进行计算。

（4）人工成本分析的投入产出指标

①劳动分配率（计量单位:%）：劳动分配率是指人工成本占增加值（纯收入）比重。它是集中反映企业人工成本投入产出水平的指标，也是衡量企业人工成本相对水平高低程度的重要指标。

劳动分配率 = 人工成本总额/增加值（纯收入） ×100%

②人事费用率（计量单位:%）：人事费用率指人工成本占销售收入（营业收入）比重。该指标反映了人工成本的投入产出比例、从业人员报酬在企业总收入中的份额以及从业人员报酬与劳动生产率的对比关系。

人事费用率 = 人工成本总额/销售收入 ×100%

③人工成本利润率（计量单位:%）：人工成本利润率是指企业投入的人工成本代价与企业最终获得的以利润表现的经济效益之间的关系。该指标表明，在企业新创造的价值当中，从业人员直接和间接得到的全部报酬与企业利润之间的关系。在同行业企业中，人工成本利润率越高，表明单位人工成本支出所取得的经济效益越好，人工成本的相对水平越低。

人工成本利润率 = 利润总额/人工成本总额 ×100%

3. 人工成本控制

人工成本是企业获取利润必须付出的代价，同时也是员工薪酬和福利水平的体现，尽管从员工的角度来讲这一水平提得越高越好，但是在生产力水平的客观限制下，企业还是要对此进行合理控制，否则就会影响企业的再生产，并损害出资人（股东）的利益。当然，人工成本的控制目标也不是使人工成本越少越好，而是希望获得更高的投入产出比。

（1）人工成本弹性控制

进行人工成本弹性控制，即从动态的角度，通过监测人均人工成本变动幅度与人均增加值、人均销售收入、人均总成本变动幅度的比值，把人工成本水平的提高控制在经济效益和投入产出水平所能允许的范围之内。

从投入产出的经济效益角度考虑，人工成本作为一种消耗性要素，这种消耗的必要性取决于它为企业带来的产出效益的大小。也就是说，一定的人工成本投入应带来一定的产出效益，当企业人均人工成本增长时，人均增加值和人均销售收入也应呈增长的趋势；否则，这种人工成本投入所产生的效果就是负面的。同时，在其他条件不变的情况下，人工成本的增加必然引起总成本的增加，二者也是一种同向变动的关系。因此，可以通过人均人工成本增长率与人均增加值增长率、与人均销售收入增长率、与人均总成本增长率的比值，反映人工成本投入的经济效益。

（2）人工成本水平状态控制

进行人工成本水平状态控制，即从分配水平的角度控制人工成本，以使企业在分配方面更好地兼顾员工与企业相互间的利益，兼顾个人的眼前利益与长远利益的关系，保证企业的持续、稳定发展。人工成本的水平状态主要是从人工成本的比率指标来考察的，包括劳动分配率、人事费用率、人工成本占总成本的比重，以行业平均值为参照衡量企业与行业对应比率指标的偏差程度。显然，企业的这三项比率指标应当低于行业平均水平，且这三项比率指标都不能为负值，符合这一条件的企业人工成本比率控制得较好，反之则可以认为该企业在人工成本管理方面失控了。

本章小结

健全的薪酬管理体系是吸引、激励、发展与保有人才的最有力工具，它作为人力资源管理系统中的一个子系统，向员工传达了企业的价值导向，说明什么样的行为是企业所倡导的，什么样的行为是企业所不愿看到的。同时，它还会通过与企业发展战略的充分一致性，来使企业所有员工的努力和行为都集中到能够帮助企业提升竞争力的方向上去。

本章详细介绍了薪酬的概念及薪酬制度的基本类型，从保障、激励和导向三个角度分析了薪酬的重要作用；从经济学、管理学和心理学三个视角介绍了影响薪酬管理的经典理论；介绍了薪酬战略的管理思想。薪酬体系的设计是一个系统工程，应遵循一些基本的工作原则，考虑相关影响因素，使用必要的技术方法，按照一定的流程和步骤完成薪酬设计活动。薪酬分配是薪酬管理中应用性的一步，是对薪酬制度的实践和检验，本章介绍了几种特别的薪酬分配模式，并分析了做好薪酬分配的技巧以及需要注意的误区。最后，本章介绍了对薪酬管理本身进行效果评价可使用的几个衡量指标。

思考题

1. 如何理解薪酬管理？

2 什么是薪酬？它由哪些部分构成？它的作用有哪些？

3. 企业应如何选择薪酬战略?

4. 薪酬设计的依据有哪些?

5. 试述宽带薪酬及其与传统薪酬的区别。

6. 试述薪酬体系设计的流程。

7. 薪酬分配模式的常见模式有哪些?

8. 什么是薪酬满意度? 如何测量薪酬满意度?

9. 什么是薪酬竞争力? 决定薪酬竞争力的因素有哪些?

案例分析

IBM公司：薪酬管理的秘密

国际商用机器公司（IBM）是一家拥有520亿美元资产，34万名职工的著名跨国企业，长期位居世界500强企业前列。很长时间以来，它一直是世界上最大的计算机制造公司。IBM之所以能够长期雄居世界顶级企业之林而不衰，与其有效的人力资源管理和开发工作密不可分，薪酬管理是IBM人力资源管理的重要支柱。IBM的管理层认为，公司的薪酬制度对于公司的竞争优势具有重要影响，不合理的薪酬会使员工对公司感到失望，消极影响人们的态度和行为，直接或间接地降低士气、生产率和企业绩效。因此，必须建立完整、科学的薪酬体系，必须积极有效地实施薪酬管理。

1. IBM的薪酬应等于或高于一流企业

IBM公司认为，所谓一流公司，就应该付给职工一流公司的薪酬，这样才算一流公司，职工也会为身为一流公司的职工而自豪，并转化为热爱公司的精神和对工作充满热情。

为确保公司比其他公司拥有更多的优秀人才，IBM在确定薪酬标准时，采用的是薪酬领先的策略。薪酬调查时，IBM在选择调查对象时主要考虑：应当是薪酬标准、卫生福利都优越的一流企业；应当与IBM从事相同工作的人员的待遇进行比较；应当选择具有技术、制造、营业、服务部门的企业；应当是有发展前途的企业。

为了与各公司交换这些极秘密的资料，根据君子协定，绝对不能公开各公司的名字。

IBM所说的“高出其他公司的薪酬”最终目的是为了获得高于其他公司的工作成绩。在提薪时，根据当年营业额、利润等计算出定期提薪额，由人力资源部提出“每人的平均值”。因此，要提高薪酬就必须要提高业绩。

2. 工资要与工作的难度、工作的重要性相称

IBM根据各个部门的不同情况，根据工作的难度、重要性，将职务机制分为五个系列，在五个系列中分别规定了工资最高额与最低额。不妨把这五个系列叫做A系列、B系列、C系列、D系列与E系列。

领取A系列工资的许多职工，当他们的工资超过B系列最低额的水平时，就提出“请让我做再难一点的工作吧!”向B系列挑战，因为B系列最高额比A系列最高额高

得多。各部门的管理人员以便对照工资限度，一边建议职工"以后你该搞搞难度稍大的工作，是否会好一些?"从而引导职工渐渐向价值高的工作挑战。

3. 工资要充分反映每个人的成绩

职工个人绩效的大小是由考核评价来确定的。通常由直属上级负责对职工情况进行评定，上一级领导进行总的调整。每个职工都有进行年度总结和与他的上级面对面讨论这个总结的权利，上级在评定时往往与做类似工作或工作内容相同的其他职工相比较，根据其成绩是否突出而定，评价大体上分10~20个项目进行，这些项目客观上都是可以取得一致的。例如："在简单的指示下，理解是否快，处理是否得当"。

对营业部门或技术部门进行评价是比较简单的，但对凭感觉评价的部门，IBM公司会设法把感觉换成数字。以宣传为例，他们把考核期内在刊物杂志上刊载的关于IBM的报道加以搜集整理，把有利报道与不利报道进行比较，以便作为一定时期宣传工作的尺度。

4. IBM的报酬体系应当平衡而完备

除了在薪酬制度上进行精心设计和准确管理外，IBM建立了"IBM会员资格"、IBM部门奖、IBM发明成就奖等奖励制度，对于员工为公司所做出的能够或无法用货币价值衡量的贡献和创新给予相应的奖励，激励了员工的工作积极性和创新精神。

此外，IBM还构造了与薪酬制度相配套、相协调、相补充的福利和服务体系，在员工假期、健康管理、工作环境、晋升机会、获得认可等方面进行了制度化的设计和管理，从而建立了一个涵盖经济性报酬和非经济性报酬的完善的薪酬体系，极大地激励了员工，为企业节约成本、留住人才、提高形象做出了贡献。

5. IBM的薪酬制度改革

20世纪90年代中期，IBM公司转入危机时期，成本居高不下，利用新技术步伐缓慢，与客户和市场之间的关系变得越来越疏远。直到20世纪90年代后期，其领导者劳格斯特纳带领IBM进行了一系列的改革，IBM才再度以十分成功的大企业面目出现。明显的是，IBM薪酬制度的改革是导致公司重新崛起的重要因素之一。

针对薪酬制度中出现的问题，IBM对其薪酬制度进行了根本性的变革：IBM的薪酬制度是受市场驱动的，非常注重外部竞争性；减少等级层次，削弱官僚主义；进行权力分散；削减奖励性工资增长预算、加大对风险投资项目的资金投入；削减雇员以降低成本。

（资料来源：马新建，等. 人力资源管理与开发［M］. 北京：石油工业出版社，2003：394-396.）

讨论题

1. IBM的分配制度体现了什么样的原则和公平观?

2. IBM采取了什么样的薪酬战略和薪酬水平策略? 阐述其原因。

3. IBM的薪酬体系、薪酬水平、薪酬结构各自有何特点? 发挥什么效用?

4. IBM的薪酬管理中蕴含了哪些薪酬管理理论?

5. IBM的薪酬制度改革有何启示?

第七章 绩效管理

【学习目标】

- 重点掌握绩效及绩效管理的相关概念。
- 掌握绩效管理的技术方法。
- 熟悉绩效管理的基本流程。
- 理解绩效管理系统的评价与导入。

【导入案例】

通用（GE）电气公司的绩效管理

通用（GE）电气公司有值得自豪的历史，时至今日，已誉满全球。GE是美国道琼斯工业指数1896年设立以来唯一至今仍在榜上的公司。曾被《财富》杂志评为“美国最受推崇的公司”、“美国最大财富创造者”。1998和1999年均名列世界500强第九位。

韦尔奇在任时认识到员工的积极性对企业价值增值魔力无穷，提出“群策群力”的口号，为员工提供了广阔的创造空间。通过提薪、晋级、升职、发放奖金、在职培训等兴奋剂来激励员工，并充分给员工探索、创造的机会，让他们承担更重要的责任，为他们提高业绩和个人发展营造条件。而GE在管理上的杀手锏是经常性、制度性的考评。

1. 每年年初公司包括总经理在内的每个人都要制订目标工作计划，确定工作任务和具体工作制度。这个计划经主管经理审批与个人协商确认后予以执行。

2. 每3个月进行一次小结，检查执行情况，并由经理写出评语，提出下一步工作改进要求。

3. 到年底做总体考评，先由本人填写总结表，按公司统一考评标准，衡量自己一年来工作完成情况，拟出自己应得的考评等级数，交主管经理评审。

4. 主管经理根据职员表现情况确定其等级，并写出评语报告，对评出的杰出人物还要附上其贡献和成果报告，并提出对他们的使用建议和方向。对低等级的职员也要附有专门报告和使用建议。

5. 职员的评价报告要经本人复阅签字，然后由上一级经理批准。中层以上报告和使用要由上一级人力资源部门经理和集团副总经理批准。

6. 考评标准分为五个等级：杰出、优秀、良好、及格和不及格。每次考评后，人力资源部会收集各方面的意见，对该标准进行修订，保持其科学性。

7. 考评结果与提薪、晋级、升职、发放奖金、在职培训等紧密联系起来。

（资料来源：莫寰，张延平，王满四. 人力资源管理——原理、技巧与应用［M］. 北京：清华大学出版社，2007：283.）

讨论题

通过阅读上述案例，可以得出：GE 的成功与其成功的绩效管理是分不开的。那么，作为一个企业，怎样去建立一个适合本企业的绩效管理系统？如何对员工进行绩效考评呢？本章将从绩效管理的基本理论出发，对“什么是绩效管理，绩效管理有什么作用，绩效评估的技术方法是什么，怎么进行绩效管理，绩效评估的结果如何运用”等五个方面对绩效管理进行阐述。

第一节　绩效管理概述

一、绩效管理的相关概念

1. 绩效的概念

（1）绩效的涵义。绩效是现代竞争社会中所有成员都不得不关注的永恒的问题。绩效到底是什么呢？时至今日，人们对绩效这一概念的认识仍存在分歧。Bates 和 Holton（1995）指出，“绩效是一多维建构，测量的因素不同，其结果也会不同”①。因此，我们要想测量和管理绩效，必须先对其进行界定，弄清楚其确切内涵。从管理学的角度看，绩效是个人或组织期望的结果，是个人或组织为实现其目标在不同层面上的有效输出的显示。组织绩效的实现应在个人绩效实现的基础上，但是个人绩效的实现未必能保证组织绩效的实现②。从经济学的角度看，绩效与薪酬是员工和组织之间的契约关系，绩效是员工对组织所做出的承诺，而薪酬是组织对员工所做出的承诺。尽管这种契约关系是隐性契约，但是它能使企业和员工在动态的条件下保持良好、稳定的关系。因为这种契约关系体现了等价交换的原则，而这一原则正是市场经济运行的基本准则。从社会学的角度看，绩效意味着每一个社会成员作为社会人按照社会分工所确定的角色必须承担的那一份责任。

因此，我们要想测量和管理绩效，就必须先对绩效进行界定，弄清楚它的确切内涵。目前，学术界对绩效的界定主要有以下三种观点：

第一种观点认为绩效是结果。Bernadin 等（1995）认为，“绩效应该定义为工作的结果，因为这些工作结果与组织的战略目标、顾客满意感及所投资金的关系最为密

① Michael Armstrong, Angela Baronl . Performance Management［M］. London: The Cromwell Press, 1998: 15.

② 个人目标和集体目标往往是不一致的。管理者如果能设计一套这样的机制，即使组织成员在追求个人绩效的行为，正好达成组织绩效目标的实现，这一制度安排，在机制设计理论中就称之为“激励相容”。

切”[①]。Kane（1996）指出，绩效是“一个人留下的东西，这种东西与目的相对独立存在”[②]。不难看出，“绩效是结果”的观点认为，绩效的工作所达到的结果，是一个人工作成绩的记录。表示绩效结果的相关概念有：职责（Account Abilities），关键结果领域（Key Result Areas），结果（Results），责任、任务及事务（Duties，Tasks and Activities），目的（Objectives），目标（Goals Or targets），生产量（Outputs），关键成功因素（Critical Success Factors）等。不同的绩效结果界定，可用来表示不同类型或水平的工作的要求，在设计绩效目标时应注意区分。

第二种观点认为绩效是行为。这并不是说绩效的行为定义中不能包容目标，Murphy（1990）给绩效下的定义是，“绩效是与一个人在其中工作的组织或组织单元的目标有关的一组行为”[③]。Campbell（1990）指出，“绩效是行为，应该与结果区分开，因为结果会受系统因素的影响”，他在1993年给绩效下的定义是，“绩效是行为的同义词。它是人们实际的行为表现并能观察到。就定义而言，它只包括与组织目标有关的行动或行为，能够用个人的熟练程度（即贡献水平）来定等级（测量）。绩效是组织雇人来做并需做好的事情。绩效不是行为后果或结果，而是行为本身……绩效由个体控制下的与目标相关的行为组成，不论这些行为是认知的、生理的、心智活动的或人际的”[④]。Borman&Motowidlo（1993）则提出了绩效的二维模型，认为行为绩效包括任务绩效和关系绩效两方面，其中，任务绩效指所规定的行为或与特定的工作熟练有关的行为；关系绩效指自发的行为或与非特定的工作熟练有关的行为[⑤]。上述认为绩效不是工作成绩或目标的观点的依据是：第一，许多工作结果并不一定是个体行为所致，可能会受与工作无关的其他影响因素影响（Cardy and Dobbins，1994；Murphy and Clebeland，1995）[⑥]；第二，员工没有平等地完成工作的机会，而且，员工在工作中的表现不一定都与工作任务有关（Murphy，1989）[⑦]；第三，过分关注结果会导致忽视重要的过程和人际因素，不适当地强调结果可能会在工作要求上误导员工。

第三种观点认为绩效包括过程和结果两个方面，过程是结果的前提条件之一。这一观点在Brumbrach（1988）给绩效下的定义中得到很好的体现，即“绩效指行为和结果。行为由从事工作的人表现出来，将工作任务付诸实施。（行为）不仅仅是结果的工具，行为本身也是结果，是为完成工作任务所付出的脑力和体力的结果，并且能与结果分开进行判断”[⑧]。这一定义告诉我们，当对个体的绩效进行管理时，既要考虑投入（行为），也要考虑产出（结果）。

---

① Michael Armstrong, Angela Baronl . Performance Management [M]. London: The Cromwell Press, 1998: 16.

② Michael Armstrong, Angela Baronl . Performance Management [M]. London: The Cromwell Press, 1998: 16.

③ Richard Williams. Performance Management [M]. London: International Thomson Business Press, 1998: 93.

④ Campbell, J. P., McCloy, R. A., Oppler, S. H. and Sager, C. E. A theory of performance. In N. Schmitt, W. C. Borman and Associates Personnel Selection in Organizations [M]. San Francisco, CA: Jossey - Bass, 1993: 35 - 70.

⑤ In N. Schitt & W. Borman (Eds), Personnel Selection in Organizations [M]. New York: Jossey - Bass, 1993: 71 - 98.

⑥ Richard Williams. Performance Management [M]. London: International Thomson Business Press, 1998: 173.

⑦ Richard Williams. Performance Management [M]. London: International Thomson Business Press, 1998: 173.

⑧ Michael Armstrong, Angela Baronl . Performance Management [M]. London: The Cromwell Press, 1998: 41.

（2）绩效的特点。一般认为，绩效具有以下三个主要特点：①多因性。多因性是指员工的绩效水平受多个因素的影响，不是有某一个单一因素决定的，绩效和影响因素之间的关系可以用一个函数形式表示：

$$P = f(K, A, M, E)$$

上式中，P 即 performance，代表绩效；K 即 knowledge，代表与工作相关的知识；A 即 ability，代表员工的能力；M 即 motivation，就是员工受到的激励；E 即 environment，代表工作的环境。②多维性。多维性指的是需要从多个维度多个层面去分析和评价员工的绩效。例如一名打字员的绩效，除了打字的速度和正确率以外，机器的保养、耗材的使用以及对公司纪律的遵守等都是绩效的表现。因此，对员工绩效必须从多个维度进行考察。当然，不同的维度在整体绩效中的权重是不同的。③动态性。动态性指的是考核标准随考核对象和考核时间的变化而变化，不是一成不变的。这种动态性就决定了绩效的时效性，绩效往往是针对某一特定时期而言的。

2. 绩效管理的概念

绩效管理并不是一个什么新的概念，人们早就认识到绩效需要管理。无论是从组织层次考虑，还是从个人角度乃至两者之间的其他层次考虑，这一点都是无可争议的。20 世纪 80 年代后期和 90 年代早期，绩效管理逐渐成为一种非常流行的观点。绩效管理本身代表着一种管理理念，代表着企业绩效相关问题的系统思考。但是绩效管理的本质涵义仍比较模糊。加里·德斯勒把绩效管理定义为“对组织流程中影响雇员绩效的各种因素所进行的管理”[①]，绩效管理过程可能包括以下几个方面：目标设定、雇员甄选与配置、绩效评价、薪酬、培训与开发以及雇员职业生涯管理——也就是说，可能会对雇员的绩效产生影响的人力资源管理流程中的所有模块。绩效管理作为一种管理理念，应该渗透到企业管理的整个过程之中，涉及企业文化、战略和计划、组织、人力资源、领导等各个方面。雷蒙德·A. 诺伊等把绩效管理定义为“为管理者确保雇员的工作活动以及工作产出能够与组织的目标保持一致这样一个过程”[②]。因此，给绩效管理一个确切的定义并不容易。

学术界对绩效管理的涵义总体上概括为以下三种观点[③]：

（1）绩效管理是管理组织绩效的一种体系。布拉德拉普对这种观点进行了阐述（见图 7-1），认为绩效管理是由计划、改善和考察三个过程组成的。当然，这三个过程也可以应用于所选定的任何层次所进行的绩效管理分析，如组织范围、经营单位、部门、团队以及个人等层次。绩效计划所分析的，主要是制定组织的愿景和战略以及对绩效进行定义等活动。对绩效改进则从过程的角度进行分析；也就是说，绩效改进包括商业过程再造、持续性过程改进、基准化和全面质量管理等活动。绩效考察包括

① [美] 加里·德斯勒. 人力资源管理 [M]. 9 版. 吴雯芳，刘昕，译. 北京：中国人民大学出版社，2005：353.

② [美] 雷蒙德·A. 诺伊，约翰霍伦拜克，拜雷格哈特. 人力资源管理：赢得竞争优势 [M]. 刘昕，译. 北京：中国人民大学出版社，2002：343.

③ [英] 理查德·威廉姆斯. 组织绩效管理 [M]. 蓝天星翻译公司，译. 北京：清华人民大学出版社，2002：13.

绩效的衡量和评估。该观点的核心思想在于通过组织结构、技术、经营体系和程序等手段确定组织战略并加以实施。尽管雇员会受到技术、结构、作业系统等变革的影响，但他们并非这种观点的核心。

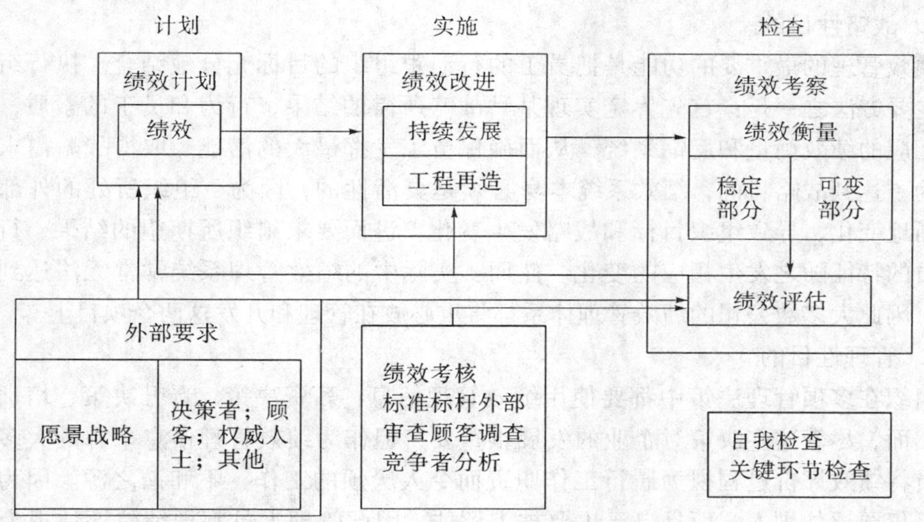

图 7-1　布拉德拉普的绩效管理模型①

（2）把绩效管理视为一个对雇员绩效进行管理的系统。持这种观点的学者通常用一个循环过程来描述绩效管理。安斯沃斯（Ainsworth，1993）和斯密斯（Smith，1993）提出了一个三步骤循环，即计划、评估、反馈。奎因（Quin，1987）也提出了一个三步骤过程，即计划、管理和评估。托林顿（Torrington，1995）和霍尔（Hall，1995）提出的三步骤是：计划、支持和绩效考察。海斯勒（1998）把绩效管理过程分为四个要素：指导、加强、控制、奖励。施奈尔（1987）提出了五个要素：计划、管理、考察、奖励和发展。这些模型的一个共同点是管理者与被管理者应在对雇员的期望值问题上形成一致的认识；都提倡员工对组织的直接投入和参与，这也许是达成共识的一种方式；绩效考察应该是一项共同的活动，其责任不仅在于管理者，直接工作者也承担着相应的责任。

（3）绩效管理是一个组织绩效管理与雇员绩效管理相结合的体系。这种观点是上述两种观点的综合，更强调雇员的绩效，而前两者更强调组织的绩效。

本节倾向于第三种观点，把绩效管理定义为管理者与员工之间在目标与如何实现目标上所达成共识的过程，以及增强员工成功地达到目标的管理方法以及促进员工取得优异绩效的管理过程。绩效管理的目的在于提高员工的能力和素质，改进与提高公司绩效水平。绩效管理首先要解决以下几个问题：①就目标及如何达到目标需要达成共识。②绩效管理不是简单的任务管理，它特别强调沟通、辅导和员工能力的提高。③绩效管理不仅强调结果导向，而且重视达成目标的过程。

① A. Rolstadås：Performance Management - A Business Process Benchmarking Approach［M］. London：Chapman & Hall. 1995.

二、绩效管理的目的

一般来说，绩效管理的目的主要有三个：战略目的、管理目的以及开发目的。

1．战略性目的

绩效管理的最重要的功能是把员工的行动跟组织的目标充分地结合。执行组织战略的主要方法之一是：首先界定实现某种战略所需的结果、行为和员工的素质，然后设计相应的绩效衡量和反馈系统，从而确保员工发挥最大的潜能、取得战略需求的结果。为了达到战略目的，绩效系统本身必须是灵活性的，因为，组织所处的外部环境在不断地变化，导致组织目标和战略发生变化，进而要求组织所期望的结果、行为以及雇员的特征随之发生相应的变化。然而，实际中的绩效管理系统常常无法达到这一目的，因此大多数公司的绩效管理体系都将重心放在管理和开发这两个项目上。

2．管理性目的

组织在多项管理决策中都要使用绩效管理信息：薪资决策、晋升决策、培训决策等。然而，尽管这些决策对企业的发展很重要，但作为绩效管理信息来源的大多数管理人员将绩效评价过程视为履行工作职责而令人厌烦的工作，不和谐之源。因为绩效评估不仅要评估别人，而且自己也要被人评估，因此管理人员都把绩效评估视为“紧箍咒”。通常评估的分数要么偏高、要么趋中，常常沦为走形式，这也直接导致绩效评估丧失了作为管理决策依据的重要功能。

3．开发性目的

绩效管理的最终目的是持续改善员工的绩效，帮助员工发展。在绩效反馈阶段要和员工交流员工的优缺点，找到员工绩效表现方面存在的问题，要针对这些问题对员工的发展制订出详细的改进计划。

三、绩效管理的作用

1．绩效管理可以促进组织和个人绩效的提升

绩效管理通过设定科学合理的组织和个人绩效目标为组织和个人指出了努力方向；管理者通过绩效辅导实施及时发现下属工作中存在的问题，给下属提供必要的工作辅导和资源支持，下属通过工作态度以及工作方法的改进，保证绩效目标的实现；在绩效考核评价环节，对组织或个人的阶段工作进行客观公正的评价，明确组织和个人对企业的贡献，激励高绩效的组织和个人继续努力提升绩效，督促低绩效的组织和个人找出差距改善绩效；在绩效反馈面谈阶段，通过考核者和被考核者面对面的交流沟通，帮助被考核者分析工作中的长处和不足，鼓励下属扬长避短，对绩效水平较差的组织和个人，考核者应帮助被考核者制定详细的绩效改善计划和措施，同时绩效反馈阶段，考核者应和被考核者就下一阶段工作提出新的绩效目标，在企业正常运营情况下，新的目标应超出前一阶段目标，激励组织和个人进一步提升绩效。

2．绩效管理可以促进管理和业务流程优化

企业管理涉及对人和事的管理。对人的管理主要是约束激励问题，对事的管理就是流程问题，所谓流程，就是一件事情或者一个业务如何运作，涉及因何而做、由谁

来做、到哪里去做、做完了交给谁的问题。上述四个方面都会对产出结果有很大的影响，极大的影响着组织的效率。

在绩效管理过程中，各级管理者都会从公司整体或本部门角度出发，尽量提高事情处理的效率，会在上述四个方面不断进行调整，使组织运行效率逐渐提高，一方面提升了组织的绩效，另一方面逐步优化了管理和业务流程。

3. 绩效管理可以保证组织战略目标的实现

一个成熟的企业一般有比较清晰的发展战略，已经制定出企业发展的远期及近期目标，在此基础上根据企业外部经营环境的变化以及企业内部条件制订出年度经营计划及投资计划，这也就是企业整体的年度经营目标。企业管理者将公司的年度经营目标向各个部门分解就成为部门的年度业绩目标，各个部门向每个岗位分解核心指标就成为每个岗位的关键业绩指标。当然年度经营目标的制订过程中要有各级管理人员的参与，让各级管理人员以及基层员工充分发表自己的看法和意见，这种做法一方面保证了公司目标可以层层向下分解，不会遇到太大的阻力，另一方面也使目标的完成有了群众基础，大家认为是可行的，才会努力克服困难，最终促使组织目标的实现。

第二节 绩效管理的技术方法

一、绩效管理指标的分类

在绩效管理系统中，绩效指标大体上可以分为三种类型：特性指标、行为指标和结果指标。

1. 特性指标

基于特性的指标关注的是个人的特征。例如忠诚、可靠、有道德和领导能力都是评价过程中经常被评估的特性。这种类型的指标只说明一个人是什么样的人，而不说明一个人在工作上完成什么或完成的情况如何。对于有些难以观察的工作而言，基于特性的指标可能是最容易开发的，但他们可能不是有效的工作业绩指标。

2. 行为指标

行为指标关注工作是怎样执行的。这种对含有人际联系的工作特别重要。家乐福的服务员对顾客是否友好、和蔼可亲，这对商场在顾客心目中的形象是很主要的。为了评价雇员的友善，该公司列出了一张雇员应该具有的特定行为表。雇员的绩效被一些随机选定的购物者衡量。当组织努力营造一种重视和尊重多样性的文化时，行为指标有利于监控管理人员在他们自己的发展上投入精力的程度。设想一下评价一个经理“重视下属员工的培养”这样的类似于特性的标准，将是多么困难。这样的绩效指标给经理实际应该做什么提供了很少的指导。经理同他的上级解释起来也同样困难。只有把行为指标和结果联系起来时，行为指标对员工的开发才会特别有效。由于行为被清楚地界定，所以员工就可能被引导表现出高绩效的行为。行为指标不太适合那些采用多种行为都能得到高绩效的工作。然而，即使在这些工作中，对恰当行为的界定也能够当作对大多数员工有用的行为准则。

3. 结果指标

由于企业面对的竞争环境的加剧，因此基于结果的指标日益受到欢迎。这类指标注重完成了什么或生产了什么，而不注重怎样完成的或怎样生产的。如果企业不在意结果是如何达到的，那么基于结果的标准可能是合适的标准，但是它们并不是对所有的工作都合适。由于看不到那些难以量化的工作的关键问题，它们经常被抱怨。

二、绩效评估方法

各种评估系统的重点各有侧重：行为导向评估方法聚焦员工行为；相对评估系统强调员工绩效的两两比较；绝对评估系统根据事先定好的绩效标准评估员工的绩效表现；结果导向评估方法侧重销售额、生产量等，强调员工的生产结果。典型的目标管理就采用结果导向的方法。下面重点介绍行为导向的评估方法和结果导向的评估方法：

1. 行为导向的评估方法

（1）排序法（Ranking Method）。排序法要求评价者按照某一标准，将所有员工从最高到最低排序，从最好向最差排序。从这个词面上可以看出来，排序法就是把部门的员工按照优劣排列名次，从最好的一直排到最后一名。排序考评表见表7－1。

表7－1 排序考评表

部门：市场部	
员工总数：10人	
排序说明：1为最好，10为最差	
姓名	排序
李玉	10
赵敏	2
郭靖	4
黄蓉	3
杨过	5
蔡琴	1
刘丹	9
王业	8
马飞	6
阳光	7

我们根据什么指标来排呢？比如，销售部门人员就可以制定一个销售利润的指标，根据这一指标进行排序，用以衡量这个部门的销售人员，谁拿的单子总和利润最大，他的排序就最靠前，就是第一名。其次第二名、第三名，谁的利润最少排在最后一名。也许今年排行最后一名就可能被末位淘汰了。排序法的重点是在部门里选取一个衡量因素。比如，针对业务员开发新客户的数量，也可以用来排序。好处是什么？就是针对业绩来说，这个部门谁好谁坏，一目了然，给你加薪、发奖金，还有提升谁，不提

升谁，淘汰谁，培训谁，可以做出一个非常公正的判断。它的坏处是什么？坏处就是太简单了。每一次排序只能找一项最基本因素。有时业务员考虑销售的利润非常大，而放弃了开发新客户，只是维持一两个老客户，他能得到很高的利润，但是他不开发新客户。这是排序法一个比较短视的地方。排序法在很大程度上取决于部门经理对员工的看法。所以，有时会有一些误区。排序法操作简单，仅适合正在起步的企业采用。

（2）配对比较法。配对比较法是管理者将每一位员工与工作群体中的所有其他每一位员工进行一对一的两两比较，如果一位员工在与另外一位员工的比较中被认为是绩效更为优秀者，那么此人将得到 1 分。在全部的配对比较都完成之后，管理者再统计每一位员工获得较好评价的次数（也就是对所得分数进行加总），而这便是员工的绩效评估的分数，然后根据员工所获分数将员工进行排序。

配对比较法对于管理者来说是一项很花时间的绩效评价方法，并且随着组织变得越来越扁平化，控制幅度越来越大，这种方法会变得更加耗费时间。例如，一位手下只有 10 个员工的管理人员必须进行 45 次（即 10×9/2）比较。然而，如果这一工作群体的人数上升到 15 人，则这位管理者所必须进行的比较次数就上升到了 105 次（即 15×14/2）。如果需对 n 个员工进行评估则需进行 n(n-1)/2 次的比较。例如管理人员如需对 5 个员工进行绩效评估则需进行 10(5×4/2)次比较，具体比较如表 7-2 所示，结果如表 7-3 所示。

表 7-2　配对比较表

员工姓名	A	B	C	D	E
A	—	1	1	1	1
B	0	—	1	1	1
C	0	0	—	1	1
D	0	0	0	—	1
E	0	0	0	0	—

表 7-3　配对比较法的评估结果表

员工姓名	配对比较胜出次数	名次
E	4	1
D	3	2
C	2	3
B	1	4
A	0	5

（3）强制分布法。强制分布法也是一种员工比较方法。评价的总体分布要求成正态分布或钟形曲线，这种分布建立在优秀员工和不符合要求的员工只占少数的假设基础之上。强制分布就是强迫给员工分布，但分布什么，则根据正态分布的规律，先确定好各等级在总体中所占的比例，然后按照每个员工的绩效优劣程度，强制列入其中的一定等级。使用这种方法，要求事先确定被评估者等级与各等级的分布比例。比如，

评估者可按一定比例原则来确定员工作绩效分布情况：绩效优，5%；绩效良好，15%；绩效中，40%；绩效中下，15%；绩效差，5%。

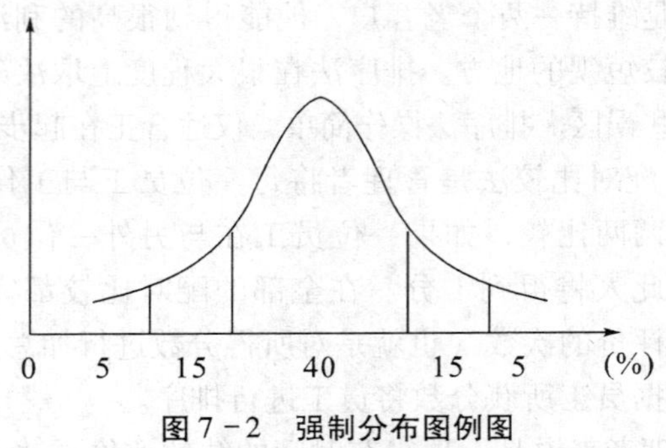

图 7－2 强制分布图例图

强制分布法克服了大部分员工绩效评价分布在高端分数的现象（宽大效应），或分布在低端分数的现象（严格效应），或分布在中间分数的现象（趋中效应）。然而“强制分布法”较之其他考评办法，更需要文化的吻合。因为其强烈的刺激，给人们心理带来的冲击更大，可能带来更大的冲突和员工的愤怒。通用电气（简称 GE）的“活力曲线”之所以发挥出很好的效果，在于其整整花费了 10 年时间来建立新的绩效文化。但即便是在 GE，冲突也是经常发生，有的部门负责人，甚至将已经去世的人的名字拉来充当后 10% 的人数。但 GE 的文化，较好地弥合了“强制分布法”的负面效应。坦率与公开是 GE 绩效文化中最显著的特点，人们可以在任何层次上进行沟通与反馈，在这种文化下，绩效的持续改进与提升是人们关注的重点。如果没有这种绩效文化的依托，“强制分布法”也只能起到传统考核所起到的“胡萝卜 + 大棒”的效果。强制分布法实施效果除了依托于特定的企业文化外，还依赖于制度保证。企业的各项管理系统间必须是兼容的。企业的人力资源系统内部、企业的其他管理系统与人力资源系统之间，必须有很好的融合度。如果企业的绩效管理本身就不够系统和规范，如果绩效只能与物质奖励（或惩罚）挂钩而无法引导员工的持续发展，如果企业的使命不能焕发起员工的激情，可以肯定，“强制分布法”的激励效果会非常有限，甚至会蚀掉员工的积极性。

（4）图尺度评价法。图尺度评价法是最常用的一种绩效评估的方法。此方法使用前必须确定两个因素，一为评估项目，也即从哪些方面评估员工绩效；二为评定每一项目分为几个等级。在使用过程中，评估者每次只要考虑一位员工，然后从中圈出一个与被评估员工具有某一种特性的程度最为相符的分数即可。

表 7－4 是一家制造业公司所采用的图尺度评价等级的例子。从表中我们可看到，在一张清单中所列举的每一项特性都要根据一个五分（或其他的分数）评估尺度来进行等级评估。表 7－5 是一个按照工作质量、工作数量、工作知识、工作协调四个方面，每个方面分 5 个档次对员工进行绩效评估的例子。图尺度评价法既可以为评价者提供大量的不同点数（“自由尺度”），也可以给评价者提供一种具有连续性的点数，评价者只要在这个连续段上做标记即可（“连续”尺度）。图尺度评价法的优点：①考核内容全面，打分档次可以设置较多。②实用而且开发成本小。它的缺点是：①被评

估者的绩效评估分数受评估者的主观因素影响比较大，对评估项目诸如：工作范围、工作数量、工作知识、可靠性以及合作性等进行确切的定义。②这种方法没有考虑加权，每一被评估的项目对于员工绩效评估的总结果都具有同样的重要性。③此种方法得出的绩效评估结果不能指导行为，员工并不知道自己该如何改善自己的行为才能得到高分，也不利于绩效评估的反馈。这种方法比较适用于评估工作行为和结果都比较容易被了解的员工。

表 7-4 图尺度评价法举例表

下列绩效要素大多数职位都是非常重要的。请你对这些绩效要素进行评估，并将相应的分数圈起来。

	评价尺度				
绩效维度	优秀	良好	中等	需要改进	不令人满意
知识	5	4	3	2	1
沟通能力	5	4	3	2	1
判断力	5	4	3	2	1
管理技能	5	4	3	2	1
质量绩效	5	4	3	2	1
团队合作	5	4	3	2	1
人际关系能力	5	4	3	2	1
主动性	5	4	3	2	1
创造性	5	4	3	2	1
解决问题能力	5	4	3	2	1

资料来源：[美] 雷蒙德·A. 诺伊，约翰·霍伦拜克，拜雷·格哈特，帕特雷克·莱特. 人力资源管理：赢得竞争优势 [M]. 3 版. 刘昕，译. 北京：中国人民大学出版社，2001：355.

表 7-5 图尺度评价法举例表

姓 名：					职 务：	
评估项目	评级记分					得分
工作质量	5 （太粗糙）	10 （不精确）	15 （基本精确）	20 （很精确）	25 （最精确）	
工作数量	5 （完成任务极差）	10 （完成任务较差）	15 （完成任务）	20 （超额完成）	25 （超额完成一倍）	
工作知识	5 （缺乏）	10 （不足）	15 （一般）	20 （较好）	25 （很好）	
工作协调	5 （差）	10 （较差）	15 （一般）	20 （较好）	25 （很好）	
总分						

资料来源：张德. 人力资源开发与管理 [M]. 2 版. 北京：清华大学出版社，2001：183.

图尺度评价估法还可以进行一定的修改、补充，表7-6是对一位汽车工人进行绩效评估的图表，该表并没有在评估表上给出分数，其目的是为了使评估者避免分数的干扰，从而使评估者给出更为准确的分数，分数由人力资源部门在事后计算并且加上了评语，有助于提供更丰富的绩评估信息。

表7-6　　图尺度评价法举例表

<table>
<tr><td colspan="6">请根据下表评估员工在当前岗位上的绩效。在你认为最合适的等级上画钩（√）。同时你可以自由地进行相应的评价。</td></tr>
<tr><td rowspan="3">1. 工作所需要的知识
对其工作的各个阶段及有关知识的理解</td><td>需要指导</td><td></td><td>具备自己工作及相关的知识</td><td></td><td>有比自己工作及相关情况更多的知识</td></tr>
<tr><td>□</td><td>□</td><td>□</td><td>□</td><td>□</td></tr>
<tr><td colspan="5">评价：在汽油发动机方面特别在行。</td></tr>
<tr><td rowspan="3">2. 首创性
创造新想法及推动工作进展的能力</td><td>缺乏想象力</td><td></td><td>可达到必需的要求</td><td></td><td>通常很有创见</td></tr>
<tr><td>□</td><td>□</td><td>□</td><td>□</td><td>□</td></tr>
<tr><td colspan="5">评价：问到时候，一般有好想法；不问的话就不说。有时有点缺乏自信。</td></tr>
<tr><td rowspan="3">3. 操作
关注工作，能够操作</td><td>浪费时间
需要认真监督</td><td></td><td>稳定、愿意工作</td><td></td><td>特别能干</td></tr>
<tr><td>□</td><td>□</td><td>□</td><td>□</td><td>□</td></tr>
<tr><td colspan="5">评价：布置工作都能完成。</td></tr>
<tr><td rowspan="3">4. 工作质量
工作的完整性、整洁和正确</td><td>需要改进</td><td></td><td>通常能达到要求</td><td></td><td>一直高质量</td></tr>
<tr><td>□</td><td>□</td><td>□</td><td>□</td><td>□</td></tr>
<tr><td colspan="5">评价：他做的工作总是质量最高的。</td></tr>
<tr><td rowspan="3">5. 工作量
接受工作的数量</td><td>应该增加</td><td></td><td>通常能达到要求</td><td></td><td>一直高产出</td></tr>
<tr><td>□</td><td>□</td><td>□</td><td>□</td><td>□</td></tr>
<tr><td colspan="5">评价：如不是总检查来检查去的话，工作量可以更高。</td></tr>
</table>

资料来源：[美] 小舍曼（Sherman，Jr.，A. W.），等. 人力资源管理 [M]. 11版. 张文贤，译. 大连：东北财经大学出版社，2001：247.

（5）关键事件法。关键事件法是由美国学者福莱·诺格（Flanagan）和伯恩斯（Bara）在1954年共同创立的。它常常被用作等级评价技术的一种补充，在认定员工特殊的良好表现和劣等表现方面是十分有效的，而且对于制定改善不良绩效的规划也是十分方便的。关键事件法是由上级主管纪录员工平时工作中的关键事件：一种是做得特别好的，一种是做得不好的。在预定的时间，通常是半年或一年之后，利用积累的纪录，由主管者与被测评讨论相关事件，为测评提供依据。包含了三个重点：①观察；②书面记录员工所做的事情；③有关工作成败的关键性的事实。

对每一事件的描述内容，包括：①导致事件发生的原因和背景；②员工的特别有效或多余的行为；③关键行为的后果；④员工自己能否支配或控制上述后果。在大量收集这些关键以后，可以对他们做出分类，并总结出职务的关键特征和行为要求。关键事件法既能获得有关职务的静态信息，也可以了解职务的动态特点。

一般情况下，记录关键事件的方法是 STAR 法。记录的一个事件要从四个方面来写：第一个 S 是 Situation——情境。这件事情发生时的情境是怎么样的。第二个 T 是 Target——目标。他为什么要做这件事。第三个 A 是 Action——行动。他当时采取什么行动。第四个 R 是 Result——结果。他采取这个行动获得了什么结果。连起这四个角就叫 STAR（见图 7－3）。

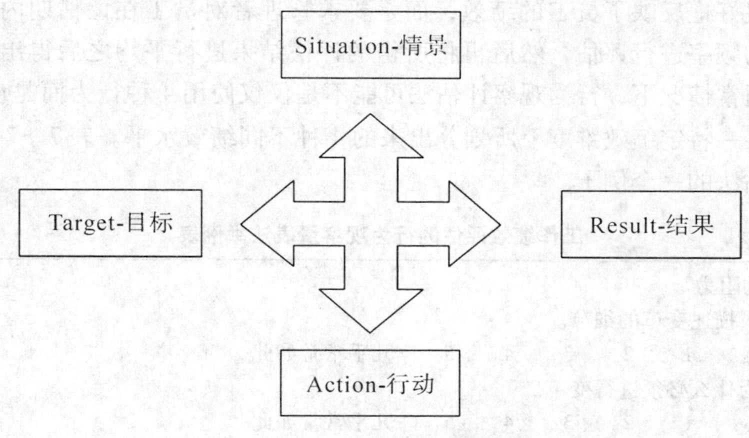

图 7－3 STAR 模型图

运用关键事件分析法的步骤：①识别岗位关键事件。运用关键事件分析法进行绩效考核，其重点是对岗位关键事件的识别，这对调查人员提出了非常高的要求，一般非本行业、对专业技术了解不深的调查人员很难在很短时间内识别该岗位的关键事件是什么，如果在识别关键事件时出现偏差，将对调查的整个结果带来巨大的影响。②识别关键事件后，调查人员应记录以下信息和资料：导致该关键事件发生的前提条件是什么？导致该事件发生的直接和间接原因是什么？关键事件的发生过程和背景是什么？员工在关键事件中的行为表现是什么？关键事件发生后的结果如何？员工控制和把握关键事件的能力如何？③将上述各项信息资料详细记录后，可以对这些信息资料分类，并归纳总结出该岗位的主要特征、具体控制要求和员工的工作表现情况。

采用关键事件分析法，应注意：关键事件应具有岗位代表性。关键事件的数量不能强求，识别清楚后是多少就是多少。关键事件的表述言简意赅，清晰、准确。对关键事件的调查次数不宜太少。

关键事件法的优点是：①有理有据。因为时间、地点、人物记录齐全，有理有据。②成本很低。不需要花钱，也不需要花太多的时间，经理做的只是把这个事件用几分钟，将这四个角给写下来而已，成本非常低。③还有一个很大的优点，及时反馈，提高员工的绩效。如果不及时反馈，摇身一变，就成了缺点，那是在积累小过失。

关键事件法的缺点是它不能单独作为考核的工具，必须跟其他方法搭配使用，效果才会更好。关键事件的定义是显著的对工作绩效有效或无效的事件，但是，这就遗漏了平均绩效水平。因此，就它本身来说，在对员工进行比较或在做出与之相关的薪资提升决策时，可能不会有太大的用处。

（6）行为观察量表法。行为观察量表法（Behavioral Observation Scales，BOS）是在行为锚定等级评估法基础上发展起来的一种变异形式。行为观察评估法也是从关键事件中发展而来的一种绩效评估方法。行为观察评估法与行为锚定等级评估法的不同点主要表现在两个方面：①行为观察法并不剔除那些不能代表有效绩效和无效绩效的大量非关键行为；相反，它采用了这些事件中的许多行为来更为具体地界定构成有效绩效（或者会被认为是无效绩效）的所有必要行为。②行为观察评估法并不是要评估哪一种行为最好地反映了员工的绩效，而是要求管理者对员工在评估期内表现出来的每一种行为的频率进行评估，然后再将所得的评估结果进行平均之后得出总体的绩效评估等级。通常情况下，行为观察评估法可能不是仅仅使用4种行为而是应用15种行为来界定在某一特定绩效维度上所划分出来的4种不同绩效水平。表7－7所示是行为观察绩效评估法的一个例子。

表7－7　工作绩效评估的行为观察量表法举例表

克服变革的阻力

（1）向下属描述变革的细节。

几乎从来不　1　2　3　4　5　几乎常常如此

（2）解释为什么必须进行变革。

几乎从来不　1　2　3　4　5　几乎常常如此

（3）与员工讨论变革会给员工带来何种影响。

几乎从来不　1　2　3　4　5　几乎常常如此

（4）倾听员工的心声。

几乎从来不　1　2　3　4　5　几乎常常如此

（5）在使变革成功的过程中请求员工的帮助。

几乎从来不　1　2　3　4　5　几乎常常如此

（6）如果有必要，会就员工关心的问题定一个具体的日期来进行变革之后的跟踪会谈。

几乎从来不　1　2　3　4　5　几乎常常如此

总分数＝

很差	尚可	良好	优秀的	出色的
6～10	11～15	16～20	21～25	26～30

注：分数是由管理者确定的。

资料来源：［美］雷蒙德·A. 诺伊，约翰·霍伦拜克，拜雷·格哈特，帕特雷克·莱特. 人力资源管理：赢得竞争优势［M］. 3版. 刘昕，译. 北京：中国人民大学出版社，2001：359.

行为观察绩效评估法所使用的行为观察量表包含特定工作的成功绩效所要求的一系列合乎希望的行为。我们在开发行为观察量表时需要收集关键事件并对其按维度分类。在使用行为观察量表时，评估者通过指出员工表现各种行为的频率来评定员工的工作绩效。一个5分制的行为观察量表被分为从“极少或从不是（1）”到“总是（5）”的5个分数段。评估者通过将员工在每一行为项目上的得分相加计算出员工绩效评估的总评分，高分意味着员工经常表现出合乎希望的行为。表7－8列举了行为观察量表的一部分。

表 7-8 行为观察量表举例：药物顾问

说明： 通过指出员工表现下列每个行为的频率，用下列评定量表在指定期区间给出你的评分。 5 = 总是 4 = 经常 3 = 有时 2 = 偶尔 1 = 极少或从不 工作知识 · 对所有的患者和合作者都表现出同情和无条件的关心。 · 系统地陈述可测量的目标，为每位患者提供全面的文件证明和反馈。 · 显示关于可供治疗安排的社区资源的知识。 临床技能 · 很快评估患者的心理状态并开始恰当的相互配合。 人际技能 · 与所有的医院职员保持开放的沟通。 · 利用恰当的沟通渠道。

资料来源：[美] 克雷曼（Kleiman，L. S.）. 人力资源管理：获取竞争优势的工具 [M]. 2 版. 孙非，等，译. 北京：机械工业大学出版社，2003：262.

行为观察评估法的优点：与行为锚定等级评估法和图尺度评估法相比其优点主要表现为：①能够将高绩效者和低绩效者区分开来；②能够维持客观性；③便于向员工提供绩效评估反馈；④便于确定员工培训需求；⑤在管理者及其下属员工中容易被使用。行为观察评估法的主要缺点是由于它所需要的信息可能会超出大多数评估者所能够加工或记忆的信息量，因此其在实施的过程中对评估者的要求比较高。一套行为观察评估体系可能会涉及 80 或 80 种以上的行为，而评估者还必须记住每一位员工在 6 个月或 12 个月这样长的评估期间之内所表现出的每一种行为的发生频率。对于一位员工的绩效评估来说，这种工作已经够繁琐的了，更何况评估者通常要对 10 个或 10 个以上的员工进行评估。

（7）行为锚定等级评价法。行为锚定等级评价法（Behaviorally Anchored Rating Scale，BARS）是建立在关键事件法基础之上的。设计行为锚定等级评估法的目的主要是，通过建立与不同绩效水平相联系的行为锚定来对绩效维度加以具体的界定。它为每个评估项目都设计一个评分量表，并使典型的行为描述与量表上的一定的等级评分标准相对应，以供评估者在评估员工的工作绩效时作为参考。典型的行为锚定等级评估量表包括 7 个或 8 个个人特征，被称作“维度”。每一个都被一个 7 分或 9 分的量表加以锚定，它没有使用数目或形容词。表 7-9 是大学老师行为锚定等级评价法分量表的例子。行为锚定等级评估量表是用反映不同绩效水平的具体工作行为的例子来锚定每个特征。图 7-4 中所列举的就是行为锚定等级评估法的一个应用实例。在表中我们可以看到，在同一个绩效维度中存在着一系列的行为事例，每一种行为事例分别表示这一维度中的一种特定绩效水平。

表 7-9　　行为锚定等级评估法评分量表举例：大学讲师（部分）

难度：教学内容

等级	分值	行为描述
优秀	7	教师能够向学生介绍国际前沿的知识，并给予清楚的讲解
优良	6	教师能够使用适当的例子辅助自己讲解
较好	5	教师讲课能够生动地传授知识，但是缺乏新意
中等	4	教师能够传授知识
合格	3	教师讲课缺乏新知识，照本宣科
较差	2	教师对传授的知识缺乏理解
极差	1	教师讲课知识有错误

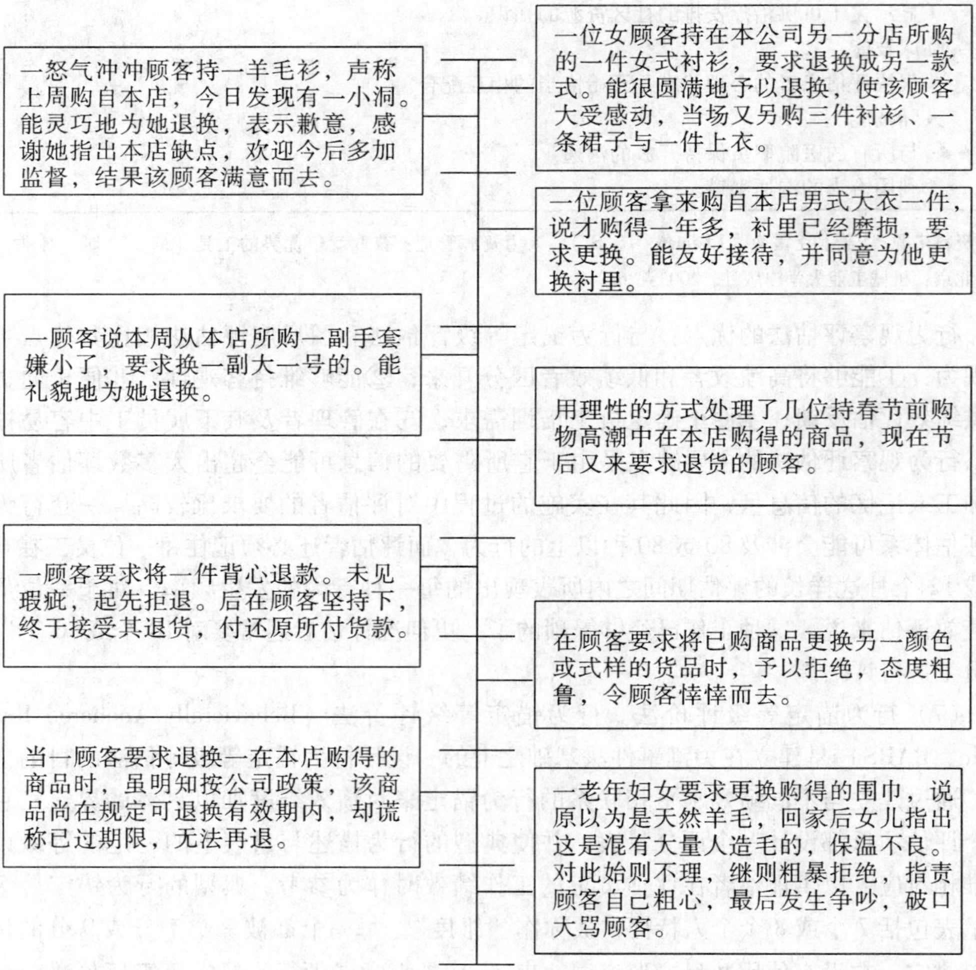

图 7-4　百货店售货员绩效评估行为锚定等级评估法

考核维度：对待顾客投诉的处理态度与方式。

开发一项行为锚定式评定量表的过程是相当复杂的。主要需经历以下几个步骤：①搜集大量的代表工作中的优秀和无效绩效的关键事件。②再将这些关键事件划分为不同的绩效维度，确定评估员工工作绩效的重要维度，列出维度表并对每一维度进行定义。③把那些被专家们认为能够清楚地代表某一特定绩效水平的关键事件作为指导评估者评估员工工作绩效的行为事例的标准。④为每一维度开发出一个评定量表，用这些行为作为“锚”来定义量表上的评分。管理者的任务就是根据每一个绩效维度来分别考察员工的绩效，然后以行为锚定为指导来确定在每一绩效维度中的哪些关键事例是与员工的情况最为相符的。这种评价就成为员工在这一绩效维度上的得分。

行为锚定法既存在优点也存在缺点。优点：①它可以通过提供一种精确、完整的绩效维度定义来提高评估者信度。②绩效评估的反馈有利于员工明确自己工作中存在的问题从而加以改进。缺点：①由于那些与行为锚定最为近似的行为是最容易被回忆起来的，因此它在信息回忆方面存在偏见。②管理者在使用过程中容易和特性评估法混淆。

三、绩效管理技术

1. 目标管理

（1）目标管理概述。管理大师彼得·德鲁克最早提出了“目标管理”（Management By Objectives，MBO）的概念。德鲁克认为，目标管理是根据重成果的思想，先由企业确定并提出在一定时期内期望达到的理想总目标，然后由各部门和全体员工根据总目标确定各自的分目标并积极主动使之实现的一种管理方法。

目标管理的设计思想是通过有意识地为员工设立一个目标，实现影响其工作表现的目的，进而达到改善企业绩效的效果。

（2）目标管理考核法操作流程。目标管理考核法的操作流程，如图7－5所示。

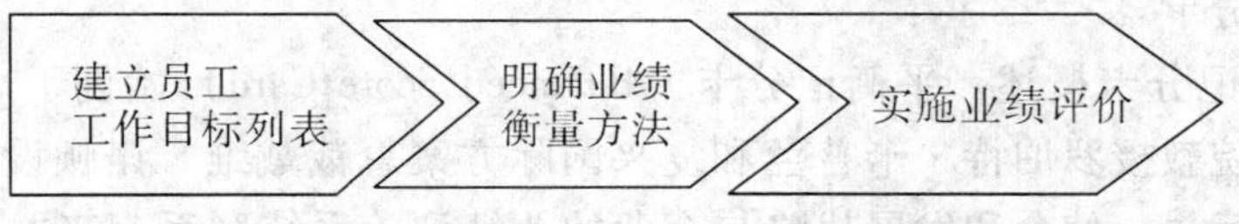

图7－5　目标管理考核法的操作流程图

①建立员工工作目标列表。员工工作目标列表的编制由员工及其上级主管共同完成。目标的实现者同时也是目标的制定者，这样有利于目标的实现。②明确业绩衡量方法。一旦某项目标被确定用于绩效考核，必须收集相关的数据，明确如何以该目标衡量业绩，并建立相关的检查和平衡机制。③实施业绩评价。在给定时间期末，将员工业绩与目标相比较，从而评价业绩，识别培训需要，评价组织战略成功性，或提出下一时期的目标。

2. 关键业绩指标（KPI）

（1）关键业绩指标概述。关键业绩指标（Key Performance Indicators，KPI），是通过对组织内部流程的输入端、输出端的关键参数进行设置、取样、计算、分析，衡量流程绩效的一种目标式量化管理指标，是对企业运作过程中关键成功要素的提炼和归纳。

关键业绩指标设计的思想是通过把影响80%工作的20%关键行为进行量化设计，

变成可操作性的目标，从而提高绩效考核的效率。关键业绩指标的个数一般控制在5~12个。

（2）关键业绩指标考核法操作流程。关键业绩指标考核法操作流程如图7-6所示。①明确企业总体战略目标。根据企业的战略方向，从增加利润、提升盈利能力、提高员工素质等角度分别确定企业的战略重点，并运用关键业绩指标的设计方法进行分析，从而明确企业总体战略目标。②确定企业的战略支目标。将企业的总体战略目标按照内部的某些主要业务流程分解为几项主要的支持性子目标。③内部流程的整合与分析。以内部流程整合为基础的关键业绩指标设计，将使员工知道自己的指标和职责是为哪一个流程服务的，对其他部门乃至企业的整体运作会产生什么样的影响。所以说，要进行关键业绩指标细化的前提是进行内部流程整合与分析。④部门级关键业绩指标的提取。通过对组织架构与部门职能的理解，对企业战略支目标进行分解。在分解的同时要注意根据各个部门的职能对分解的指标进行调整补充，并兼顾其与部门分管上级的指标关联度。⑤形成关键业绩指标体系。根据部门关键业绩指标、业务流程以及各岗位的工作说明书，对部门目标进行分解。根据岗位职责对个人关键业绩指标进行修正与补充，建立企业目标、流程、职能与职位相统一的关键业绩指标体系。

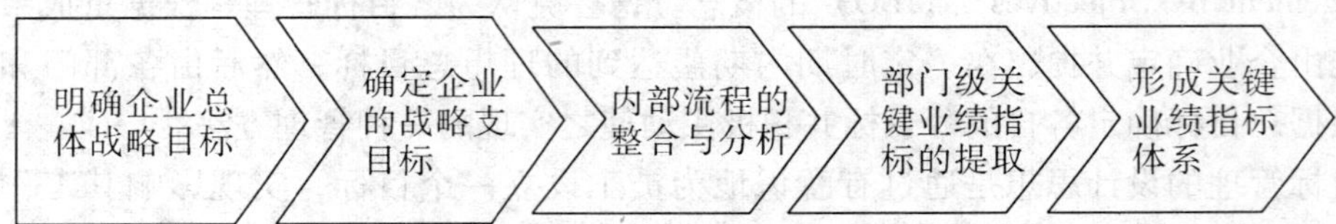

图7-6　关键业绩指标考核法的操作流程图

3.平衡记分卡

（1）平衡记分卡概述。平衡记分卡（Balanced Score Card）始创于1992年，是由哈佛大学商学院教授罗伯特·卡普兰和复兴国际方案总裁戴维·诺顿设计的。平衡记分卡将企业的远景、使命和发展战略与企业的业绩评价系统联系起来并把企业的使命和战略转变为具体的目标和评测指标，以实现战略和绩效的有机结合。平衡记分卡以企业的战略为基础，并将各种衡量方法整合为一个有机的整体，它既包含了传统绩效考核的财务指标，又通过增加顾客满意度、内部流程、学习和成长等业务指标来补充说明财务指标，使整个绩效考核体系更趋完善。

（2）平衡记分卡操作流程。平衡记分卡的操作流程，如图7-7所示。

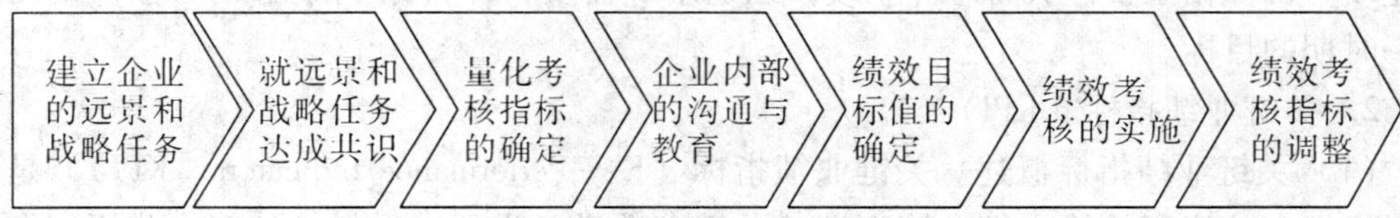

图7-7　平衡记分卡的操作流程图

①建立企业的远景和战略任务。通过调查采集企业各种相关信息资料，运用态势（Strengths、Weaknesses、Opportunities、Threats，SWOT）分析、目标市场价值定位分析

等方法对企业内外部环境和现状进行系统全面的分析，进而确立企业的远景和战略任务。②就远景和战略任务达成共识。与企业的所有员工沟通企业的远景与战略任务，使其对企业的远景和战略任务达成共识。根据企业的战略，从财务、客户、内部运营、学习发展四个方面设定具体的绩效考核指标。③确定量化考核指标。为上述四个方面的目标找出具体的、可量化的业绩考核指标。④企业内部的沟通与教育。加强企业的内部沟通，利用各种信息传输的渠道和手段，如刊物、宣传栏、电视、广播、标语、会议等，对企业的远景规划与战略构想在全体员工中进行深入的传达和解释，并把绩效目标以及具体的衡量指标逐级落实到各级组织，乃至基层的每一位员工。⑤绩效目标值的确定。确定每年、每季、每月的业绩衡量指标的具体数字，并与企业的计划和预算相结合。将每年企业员工的浮动薪酬与绩效目标值的完成程度挂钩，形成绩效奖惩机制。⑥绩效考核的实施。为切实保障平衡记分卡的顺利实施，应当不断强化各种管理基础工作，完善人力资源信息系统，加强定编、定岗、定员、定额，促进员工关系和谐，注重员工培训与开发。⑦绩效考核指标调整。考核结束后，及时汇报企业各个部门的绩效考核结果，听取员工的意见，通过评估与反馈分析，对相关考核指标做出调整。

4．全方位绩效考核法

（1）全方位绩效考核法概述。全方位绩效考核法又称为360度考核法，是一种较为全面的绩效考核方法。它强调从与被考核者发生工作关系的多方主体那里获得被考核者的信息。这些信息的来源包括：来自上级监督者的自上而下的反馈（上级）；来自下属的自下而上的反馈（下属）；来自平级同事的反馈（同事）；来自企业内部的协作部门和供应部门的反馈；来自企业内部和客户的反馈以及来自本人的反馈。

（2）全方位绩效考核法操作。全方位绩效考核法的操作流程，如图7－8所示。

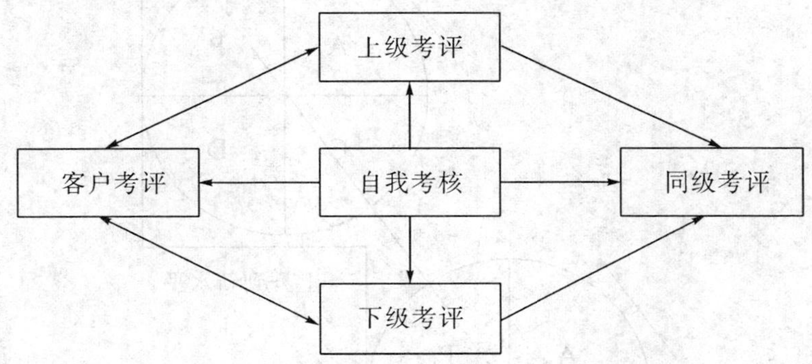

图7－8　全方位绩效考核法的操作流程图

①上级考评。上级考评的实施者一般为被考评者的直接上级，也是绩效考核中最主要的考评者。②同级考评。同级考评者，一般为与被考评者工作联系较为密切的人员，他们对被考评者的工作技能、工作态度、工作表现等较为熟悉。③下级考评。下级对上级进行考评，对企业民主作风的培养、企业员工之间凝聚力的提高等方面起着重要的作用。④自我考评。自我考评是被考评者本人对自己的工作表现进行评价的一种活动，它一方面有助于员工提高自我管理能力；另一方面可以取得员工对绩效考核工作的支持。⑤客户考评。对于那些经常与客户打交道的员工来说，客户满意度是衡

量其工作绩效的主要标准。

第三节　绩效管理的基本流程

一、PDCA 循环与绩效管理的基本流程

PDCA 最早由美国质量管理专家戴明提出来的，所以又称为“戴明环”。PDCA 的涵义如下：P（Plan）——计划；D（Do）——执行；C（Check）——检查；A（Action）——行动，对总结检查的结果进行处理，成功的经验加以肯定并适当推广、标准化；失败的教训加以总结，未解决的问题放到下一个 PDCA 循环里。以上四个过程不是运行一次就结束，而是周而复始地进行，一个循环完了，解决一些问题，未解决的问题进入下一个循环，这样阶梯式上升的。PCDA 循环实际上是有效进行任何一项工作的合乎逻辑的工作程序。因此在质量管理中，有人称其为质量管理的基本方法。

PDCA 循环实际上是有效进行任何一项工作的合乎逻辑的工作程序。在质量管理中，PDCA 循环得到了广泛的应用，并取得了很好的效果，因此有人称 PDCA 循环是质量管理的基本方法。之所以将其称之为 PDCA 循环，是因为这四个过程不是运行一次就完结，而是要周而复始地进行。一个循环完了，解决了一部分的问题，可能还有其他问题尚未解决，或者又出现了新的问题，再进行下一次循环。如图 7-9 所示。

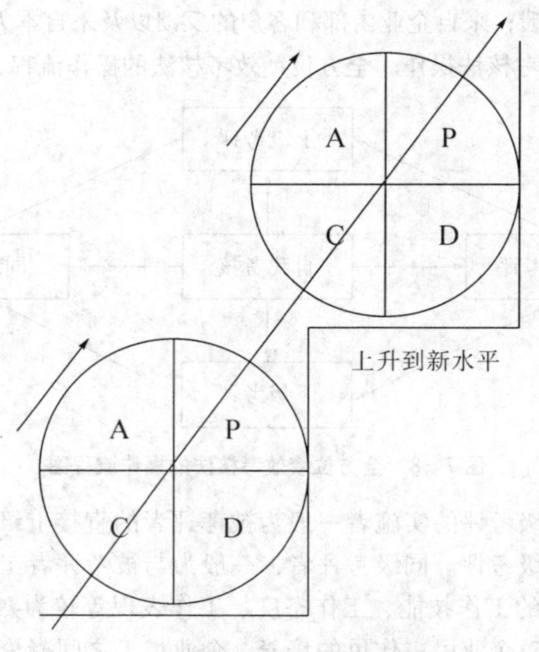

图 7-9　PDCA 循环图

PDCA 循环的四个阶段，“计划—实施—检查—改进”的 PDCA 循环的管理模式，体现着科学认识论的一种管理手段和一套科学的工作程序。PDCA 管理模式的应用对我

们提高日常工作的效率有很大的益处，它不仅在质量管理工作中可以运用，同样也适合于其他各项管理工作。

让我们按 PDCA 循环向前走，推动人们的工作，登上更高一个台阶，再上一个台阶；推动我们的思想境界，修养情操再上一个又一个新台阶。

绩效管理是通过管理者与员工之间持续不断地进行业务管理的循环过程。实现业绩的改进，所采用的流程为 PDCA 循环，见图 7－10。

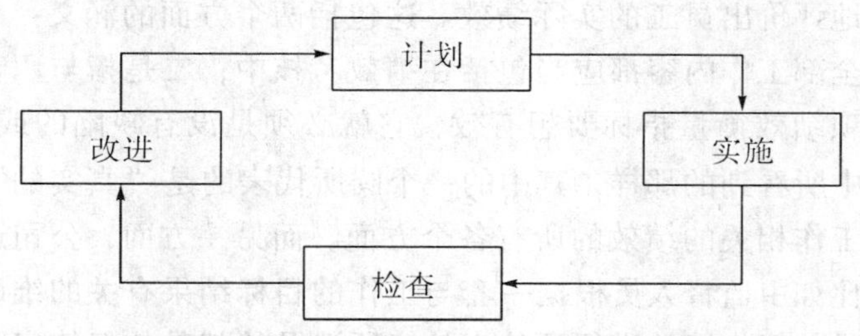

图 7－10　绩效管理的 PDCA 循环流程图

绩效管理的侧重点体现在以下几个方面：

（1）计划式而非判断式。①着重于过程而非评价；②寻求对问题的解决；③体现在结果与行为两个方面而非人力资源的程序；④强调推动性而非威胁性。

（2）绩效管理的根本目的在于绩效的改进。①改进与提高绩效水平；②绩效改进的目标列入下期绩效计划中；③绩效改进需管理者与员工双方的共同努力；④绩效改进的关键是提高员工的能力与素质；⑤绩效管理循环的过程是绩效改进的过程；⑥绩效管理过程也是员工能力与素质开发的过程。

二、绩效计划（P 阶段）

绩效计划是整个绩效管理流程中的第一个环节，这一阶段主要是确定出员工的绩效考核目标和绩效考核周期。制订绩效计划的主要依据是员工职位说明书和公司战略目标以及年度经营计划。在绩效计划阶段，管理者和被管理者之间需要在对被管理者绩效的期望问题上达成共识。在共识的基础上，被管理者对自己的工作目标做出承诺。管理者和被管理者共同的投入和参与是进行绩效管理的基础，也就是说绩效管理必须由员工和管理者共同参与，才能真正取得好的结果，获得成功。对此，管理者必须有一个清醒且坚持的认识；否则，绩效管理很难得到有效的实施。

1. 绩效考核目标

绩效考核目标是对员工在绩效考核期内的工作任务和工作要求所做的界定，这是对员工进行绩效考核的参照系，绩效目标由绩效内容和绩效标准组成。

（1）绩效内容。绩效内容界定员工在绩效考核期内应该做什么，它包括绩效项目和绩效指标两个部分。

绩效项目是指绩效的维度，指从哪些方面来对员工进行绩效评价。一般来说，绩效考核项目有三个：工作业绩、工作能力和工作态度。

绩效指标则是指绩效项目的具体内容，可以理解为是对绩效项目的分解和细化。

例如对于某一职位，工作能力这一考核项目就可以细化为分析能力、沟通能力、公关能力、组织能力等具体的指标。

对于工作业绩，设定指标时一般要从指标的个数、与业绩的相关度和考核成本三个方面进行考虑；对于工作能力和工作态度，则要根据各个职位的工作内容来设定指标。绩效指标的确定，有助于保证绩效考核内容的客观性。确定绩效指标时，应注意以下几个问题：①绩效指标应当有效。就是说绩效指标应当涵盖员工的全部工作内容，这样才能够准确地评价出员工的实际绩效。这包括两个方面的涵义：一是指绩效指标要全面，员工的全部工作内容都应当包括在绩效考核中；二是指与职责无关的指标不应包括其中。一项绩效衡量指标要想有效，它就必须是没有缺陷的或者不受污染的。正如从图 7－11 中所看到的那样，其中的一个圆所代表的是“真实的”工作绩效——即与成功地完成工作相关的绩效的所有各个方面。而另一方面，公司还必须采用一些绩效衡量系统，比如由监督人员根据一套与工作的目标结果有关的维度或者绩效衡量指标来对下属人员的工作绩效进行评价。效度所涉及的就是如何使实际工作绩效和工作绩效衡量系统之间的重叠部分达到最大的问题。如果一种绩效衡量系统不能够衡量出工作绩效的各个方面（图中右边的半圆），那么这种系统就是缺失的。受污染的绩效衡量系统则会对与绩效或者与工作无关的方面（图中左侧的半圆）进行评价。绩效衡量系统应当尽力使得污染降低到最低程度，但是要想完全消除污染几乎是不可能的。②绩效指标应当具体。就是说指标要明确地指出到底是要考核什么内容，不能过于笼统，否则考核主体就无法进行考核。例如，在考核工人的工作业绩时，“工作情况”就是一个不具体的指标，因为工作情况涉及多方面的内容，若把它分解为“上班的准时性”、“产量”、“质量”等指标进行考核，考核就更具体和更有针对性。③绩效指标应当明确。也就是说指标的涵义应该明确，不要产生歧义。④绩效指标应该体现差异性。这包括两个层次的涵义：一是指对于同一个员工来说，应该按照各个指标对绩效的影响程度设置不同的权重；二是指对于不同类型的员工来说，绩效指标应该有差异，因为每种类型的工作其工作内容是不同的，例如人力资源经理和市场营销经理的指标差异就很大，尽管有的指标相同。⑤绩效指标应当具有变动性。一方面在不同的考核周

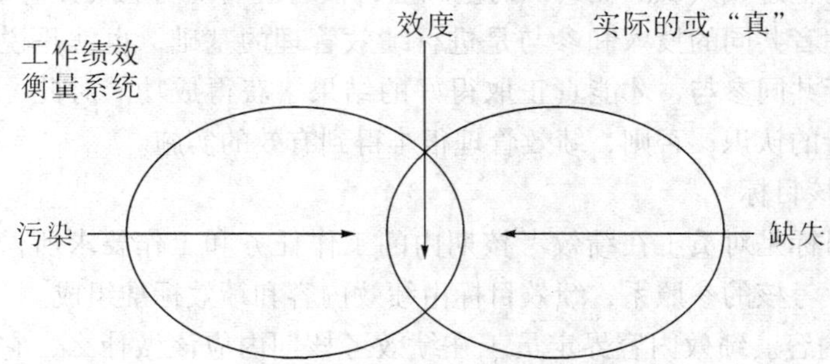

图 7－11　工作绩效衡量系统的缺失与污染图①

① ［美］雷蒙德·A. 诺伊，约翰·霍伦拜克，拜雷·格哈特，等. 人力资源管理：赢得竞争优势［M］. 刘昕，译. 北京：中国人民大学出版社，2001：349.

期，绩效指标应该随着工作任务的变化而有所变化。例如，企业的人力资源经理在这个月没有招聘计划，就不应该设置与招聘相关的考核指标。另一方面在不同的考核周期。各个指标的权重也应当根据工作重点的不同而有所区别。

（2）绩效标准。绩效标准明确了员工的工作要求，也就是说对于绩效内容界定的事情，员工应当怎么做或者做到什么样的程度。例如，“产品的合格率达到90%”、“接到投诉后两天内给客户以满意的答复”等。绩效标准的确定，有助于保证绩效考核的公正性，否则就无法确定员工的绩效到底是好还是不好。确定绩效标准时，应当注意以下几个问题：①绩效标准应当明确。按照目标激励理论的解释，目标越明确，对员工的激励效果就越好，因此在确定绩效标准时应当具体清楚，不能含糊不清，这就要求尽可能地使用量化的标准。②绩效标准应该有一定的挑战性。就是说制定的标准要具有一定的难度，但是员工经过努力是可以实现的，通俗的说“跳一跳摸得着”。目标太难或太容易，对员工的激励效应会大打折扣，因此，绩效标准应该有一定的挑战性。③绩效标准应当可变。这包括两个层次的涵义：一是指对于同一个员工来说，在不同的绩效周期，随着外部环境的变化，绩效标准有可能也要变化，例如对于啤酒销售员来说，由于销售有淡旺季之分，因此在淡季的绩效标准应该低于旺季。二是指对于不同的员工来说，即使在同样的绩效周期，由于工作环境的差异，绩效标准也有可能不同，例如两个电器销售员，一个在深圳，一个在青海，由于地域经济发展的差异，两个电器销售员的绩效标准也应该有差异，深圳的电器销售员的绩效标准应该高于青海的电器销售员的绩效标准。

对于绩效目标的设计，应该遵循“SMART”原则：

第一，目标必须是明确的（Specific）。所谓明确就是要用具体的语言清楚地说明要达成的行为标准。明确的目标几乎是所有成功团队的一致特点。很多团队不成功的重要原因之一就是因为目标定得模棱两可，或没有将目标有效地传达给相关成员。例如，目标——“增强客户意识”。这种对目标的描述就很不明确，因为增强客户意识有许多具体做法，如：减少客户投诉，过去客户投诉率是3%，现在把它降低到1.5%或者1%。提升服务的速度，使用规范礼貌的用语，采用规范的服务流程，也是客户意识的一个方面。有这么多增强客户意识的做法，所说的“增强客户意识”到底指哪一块？不明确就没有办法评判、衡量。

第二，目标必须是可以衡量的（Measurable）。衡量性就是指目标应该是明确的，而不是模糊的。应该有一组明确的数据，作为衡量是否达成目标的依据。如果制定的目标没有办法衡量，就无法判断这个目标是否实现。例如，领导有一天问“这个目标离实现大概有多远?”团队成员的回答是“早实现了”。这就是领导和下属对团队目标所产生的一种分歧。原因就在于没有给他一个定量的可以衡量的分析数据。但并不是所有的目标都可以衡量，有时也会有例外，比如说大方向性质的目标就难以衡量。比方说，“为所有的老员工安排进一步的管理培训”。进一步是一个既不明确也不容易衡量的概念，到底指什么？是不是只要安排了这个培训，不管谁讲，也不管效果好坏都叫“进一步”？如果改进一下：准确地说，在什么时间完成对所有老员工关于某个主题的培训，并且在这个课程结束后，学员的评分在85分以上，低于85分就认为效果不理想，高于85分就是所期待的结果。这样目标变得可以衡量。因此，目标的衡量标准遵循“能量化的量化，不能量化的质化”。使制定人与考核人有一个统一的、标准的、清晰的可度量的标尺，杜绝在目标设置中使用形容词等概念模糊、无法衡量的描述。对于目标的可衡量性应该首先从数量、质量、成本、时间、上级或客户的满意程度五个方面来进行，如果仍不能进行衡量，可考虑将目标细化，细化成分目标后再从以上五个方面衡量，如果仍不能衡量，还可以将完成目标的工作进行流程化，通过流程化使目标可衡量。

第三，目标必须是可以达到的（Attainable）。目标是要能够被执行人所达到的，如果上司利用一些行政手段，利用权力性的影响力一厢情愿地把自己所制定的目标强压给下属，下属典型的反映是一种心理和行为上的抗拒：我可以接受，但是否完成这个目标，有没有最终的把握，这个可不好说。一旦有一天这个目标真完成不了的时候，下属有一百个理由可以推卸责任：你看我早就说了，这个目标肯定完成不了，但你坚持要压给我。一般情况下，“控制式”的领导喜欢自己定目标，然后交给下属去完成，他们不在乎下属的意见和反应，这种做法越来越没有市场。今天员工的知识层次、学历、自己本身的素质以及他们主张的个性张扬的程度都远远超出从前。因此，领导者应该更多地吸纳下属来参与目标制定的过程，即便是团队整体的目标。定目标成长，就先不要想是否能达成的问题，不然热情还没点燃就先被畏惧给打消念头了。因此，目标设置要坚持员工参与、上下左右沟通，使拟定的工作目标在组织及个人之间达成一致，既要使工作内容饱满，也要具有可达性。可以制定出跳起来“摘桃”的目标，不能制定出跳起来“摘星星”的目标。

第四，目标必须和其他目标具有现实性（Realistic）。目标的实际性是指在现实条件下是否可行、可操作。可能有两种情形，一方面领导者乐观地估计了当前形势，低估了达成目标所需要的条件，这些条件包括人力资源、硬件条件、技术条件、系统信息条件、团队环境因素等，以至于下达了一个高于实际能力的指标。另外，可能花了大量的时间、资源，甚至人力成本，最后确定的目标根本没有多大实际意义。例如，一位餐厅的经理定的目标是——早餐时段的销售在上月早餐销售额的基础上提升15%。算一下知道，这可能是一个几千块钱的概念，如果把它换成利润是一个相当低的数字。但为完成这个目标的投入要花费多少？这个投入比起利润要更高。这就是一个不太实际的目标，就在于它花了大量的钱，最后还没有收回所投入的资本，不是一个好目标。有时实际性需要团队领导衡量。因为有时可能领导说投入这么多钱，目的就是打败竞争对手，所以尽管获得的并不那么高，但打败竞争对手是主要目标。这种情形下的目标就是实际的。因此，部门工作目标要得到各位成员的通力配合，就必须让各位成员参与到部门工作目标的制定中去，使个人目标与组织目标达成认识一致，目标一致，既要有由上到下的工作目标协调，也要有员工自下而上的工作目标的参与。

第五，目标必须具有明确的截止期限（Time - based）。目标特性的时限性就是指目标是有时间限制的。例如，我将在2009年5月31日之前完成某事。5月31日就是一个确定的时间限制。没有时间限制的目标没有办法考核，或带来考核的不公。上下级之间对目标轻重缓急的认识程度不同，上司着急，但下面不知道。到头来上司可以暴跳如雷，而下属觉得委屈。这种没有明确的时间限定的方式也会带来考核的不公正，伤害工作关系，伤害下属的工作热情。因此，目标设置要具有时间限制，根据工作任务的权重、事情的轻重缓急，拟定出完成目标项目的时间要求，定期检查项目的完成进度，及时掌握项目进展的变化情况，以方便对下属进行及时的工作指导以及根据工作计划的异常情况变化及时地调整工作计划。

2. 绩效考核周期

绩效考核周期，也可以叫做绩效考核期限，是指多长时间对员工进行一次绩效考核。由于绩效考核需要耗费一定的成本，因此考核的周期要适当。考核周期过短，考核的次数就会增加，考核的成本必然会增加；但是，考核的周期过长，又会降低绩效考核的准确性，不利于员工工作绩效的改进，从而影响绩效管理的效果。因此，在准备阶段，还应当确定出恰当的绩效考核周期。

绩效考核周期的确定，要考虑到以下几个因素：

（1）职位的性质。一般来说，不同的职位有不同的工作内容，因此绩效考核的周期也应当不同。通常职位的工作绩效越容易考核，考核周期越短。例如，生产工人的考核周期就应当比管理人员的短。此外，职位的工作绩效对企业整体绩效影响越大，考核周期越短。例如，市场营销人员的绩效考核周期相对人力资源管理人员的要短一些。

一般来讲，企业内部人员按照职能和层级划分为如下几类，针对不同人员考核周期不同：①中高层管理人员。对中高层管理人员的考核周期实际上就是对整个企业或部门经营与管理状况的全面评估的过程，这种战略实施和改进计划的效果都不是可以通过短期就可以取得成果的，其评价周期适当放长，一般为半年或一年，并且随着管理人员层级的提高，考核周期也要逐渐延长。另外，对于大型企业的中高层管理人员来说，考核周期一般比小型企业的中高层管理人员的评价周期要长，因为对于大型企业的高层管理者来说，无论是制定战略还是实施战略，都会由于组织的复杂性而需要更长的时间。②营销或业务人员。对于销售人员的考核，往往是企业中最容易量化的环节，因为其考核指标通常为销售额、回款率、市场占有率、客户满意度等所谓的“硬指标”，这些指标都是企业经营运作所关注的重要指标，作为企业的管理层人员，需要及时获取这些重要的信息并做出调整或决策，因此对销售人员的评价根据实际情况应该尽可能缩短，一般为月度或季度，或者先进行月度再进行季度考核。③生产系统内员工。对于生产系统的基层员工，出于强调质量和交货期的重要性，强调的是短期的激励，因此一般应采用短的考核周期，同时加强薪酬管理，缩短发放的时间，以此来强化激励的效果。因为对于生产系统的基层员工，如普通的操作工人和辅助人员，他们更加关注现实的东西（如薪酬）而不太关心未来，薪酬的激励作用大，薪酬的及时发放对他们的积极性的影响很大。另外，对于生产周期比较长的生产制造系统员工，如大型设备制造等行业，生产周期普遍较长，因此考核周期与指标周期不匹配的问题就会出现，而对这种生产状况的考核则可以延长考核周期，按照生产批次周期来进行考核，年底时再以年为单位进行考核，即每个批次开始的时候制定目标，批次或阶段结束的时候进行考核，年底算总账。④售后服务人员或技术服务人员。售后服务人员的绩效与销售业绩有着密切的关系，因此，服务人员的评价周期应与业务人员一样，尽可能缩短。同样道理，车间技术服务人员的评价周期也要与生产系统人员的评价周期挂钩。⑤研发人员。研发系统中普遍存在考核周期与指标周期不匹配的现象，而对研发人员的评价指标一般为任务完成率和项目效果评估，因此一般采用考核周期迁就研发指标周期的做法，即以研发的各个关键节点（如概念阶段、立项阶段、开发设计阶段、小批试生产阶段、定型生产阶段等）作为考核的周期，年底再根据各个关键节点和项目完成情况进行综合的考评。另外对研发人员的评价最忌讳的就是急功近利，因为研发人员需要的是一个宽松、稳定的环境，而不应增加太多的管制，如果采用常规的周期进行考核，有可能造成研发人员的逆反心理，这样不但分散了研发人员的精力，影响研发进度，还有可能因为疲于应付考核，使考核效果适得其反。因此对研发人员按照各个关键节点作为周期进行考核，既有利于让研发人员集中精力于研发工作中，又能公平地考核研发人员的工作成果。⑥行政与职能人员。通常来说，行政与职能人员的考评标准不像业务人员那样有容易量化的指标，行政与职能人员是考核工作的难点。针对行政人员工作的特点，重点应该评价工作过程的行为而非工作的结果，评价周期应该适当缩短，并采用随时监控的方式，记录业绩状况，该类人员的考核以月度考核为主。

（2）绩效指标的类型。一般来讲，岗位的产出与成果——业绩（Performance）是绩效考核评价的主要内容，而对于业绩评价，一般采用关键业绩指标（即 Key Performance Index，简称 KPI）进行评估，能力和态度指标是支撑关键业绩指标得以实现的保证（即所谓的绩效管理“冰山模型”）。综合起来，一般的企业进行绩效考核，其评价的内容主要分为三大类：业绩指标、能力指标和态度指标。①工作业绩是工作产生的结果，如数量指标、质量指标、完成率、控制率等，一般为短期之内就要取得的效果，因此业绩类指标评价周期应该适当缩短，以使其将注意力集中于短期业绩指标。②工作能力包括领导能力、沟通能力、客户服务能力等，不同序列和层次其会有不同，工作能力评估着眼于关注未来，但这些指标的改变往往不是短期内可以提高的，因此，对于能力指标的评估周期应该加长，一般以年度或半年度作为评价的周期。③态度指标的评价周期应该缩短，因为工作态度往往直接影响到工作的产出，也就是业绩指标，正所谓“态度决定一切”，因此将态度指标评价周期缩短有利于引导员工关注工作的态度与作风问题，从而确保业绩指标的实现。在实际运用中，可以考虑态度考核与业绩考核（KPI）的周期一致。

（3）企业所在行业的特征。企业所处的行业特征主要包括所提供的产品类别、生产周期和特点、销售方式和特点等，不同的行业特征将对企业绩效考核的周期造成影响。产品生产周期长短不同，考核周期必然要受到影响。例如，生产和销售周期短的行业，如生产日用消费品的企业，其生产周期较短，一般为一个月内就有好几批成品生产出来或销售出去，这样对生产系统和销售系统都可以以月度为周期进行考核，而某些生产大型设备的行业，或者以提供项目服务为产品的企业，服务周期一般都比较长，其生产周期往往是跨月度、跨季度，甚至是跨年度的，因此，对于此类企业的评价周期如果为月度显然是不合理的，其考核周期应该加长，或以生产周期（批次）、项目周期作为考核的周期。

在准备阶段，应当采取互动的方式，让员工参与到绩效目标的制定过程中。按照目标管理的说法，只有当员工直接参与到目标制定过程时，这一目标实现的可能性才比较大。

三、绩效考核（D阶段）

准备阶段之后就是实施阶段，这一阶段主要是完成绩效考核任务。绩效考核就是指在考核周期结束时，选择相应的考核主体和考核方法，收集相关的信息，对员工完成绩效目标的情况做出考核。

1．绩效考核

（1）考核主体。考核主体是指由谁来考核员工的绩效。一般情况下，考核主体包括五类：直接上级、同事、下属、员工本人和客户。①直接上级。进行绩效考核时，应选择这样的评价者：他非常了解被评价者的工作绩效，在工作的大部分时间内，他有机会直接观察被评价者的实际工作绩效。直接上级属于这类评价者，他可以把员工个人的绩效同部门绩效和组织绩效联系起来。由于他负责下属的奖惩决策以及整个绩效管理过程，毫无疑问，来自直接上级的反馈与工作绩效相关最大，这是其他考核主体所无法比拟的。②同事。一些工作，如市场营销，直接上级很少有机会观察下属的实际工作绩效（而只能通过间接的书面报告）。在另一些情况下，如自我管理团队，它没有指定的管理人员。有时目标指标（如销售产品的数量）能提供非常有用的绩效信息。但在另一些情况下，同事的评价会更好一些，同事与直线上级所站角度不同，他们各自所提供的信息内容就不同。因此，在跨部门工作的团队中，团队成员的评价比成员的直接上级所做的评价更为合理有效。研究发现，利用同事的评价获取个人发展的反馈信息，具有以下特征："促使评价者兼顾正反两方面的反馈信息；有利于收集来自多个评价者的信息；面对面的讨论增加了信度、效度和被评价者对反馈信息的接受度，这样的反馈对于知觉沟通的开放性、绩效激励、群体生存能力、成员关系等具有直接的积极的影响"①。此外，如果反馈在项目执行之前就开始，反馈效果持续的时间最久。③下属。下属考核为直接上级的自我开发提供有意义的第一手资料。然而，下级考核对上级几乎不产生影响，上级不可能基于下属的评价采取相应的行动。指标确定以后，管理者应扮演辅导员和教练员的角色，以指导者和帮助者的姿态与员工保持积极的双向沟通，帮助员工理清工作思路，授予与工作职责相当的权限，提供必要的资源支持，提供恰当（针对员工的绩效薄弱环节）的培训机会，提高员工的技能水平，为员工完成绩效目标提供各种便利。一个纵向研究发现，重视下属反馈的经理比忽略下属反馈意见的经理提高得更快；更进一步的发现是经常在讨论之前反馈信息的经理比不常在讨论之前反馈的经理发展得更快，这就证实了重视自下而上反馈的重要性。下属评价采用匿名的方式效果会更好。下属为了避免报复，希望匿名评价，匿名评价的信息比较真实，不会歪曲对管理人员的总体评价。④自评。是否应该广泛使用自评，

① ［美］韦恩·F．卡肖．人力资源管理［M］．6版．王重鸣，译．北京：机械工业出版社，2006：176.

存在很多争论。赞成者认为自评可以提高被评价者的动机，降低他对考核面谈的抵制。反对者认为，自评容易出现宽大效应，评价变异较小，偏差较大，与别人的判断缺乏一致性。因此自评更适用于开发和咨询目的，不适合人事决策目的。⑤客户。这里的客户是一个广义的概念，不仅包括外部客户，还包括内部客户。在一些情境下，客户为工作绩效提供了独特的视角。尽管客户的目标与公司的目标并不完全一致，客户提供的反馈信息还是对人事决策有重要意义，如晋升、培训需求和人员调动；此外，客户提供的反馈信息对培训效果的评价、对自我提高的效果具有重要意义。它的缺点是：客户更侧重于员工的工作结果，不利于对员工进行全面的评价；另外某些职位的客户比较难以确定，不适于使用这种方法。由于不同的考核主体收集考核信息的来源不同，对员工绩效的看法也会不同，为了保证绩效考核的客观公正，应根据考核指标的性质来选择考核主体，选择的考核主体应当是对考核对象最了解的。因为每个职位的绩效标准都由一系列的指标组成，不同的指标又由不同的考核主体来进行考核，因此每个职位的考核主体应有多个组成，尽量消除考核的片面性。

（2）考核方法。绩效考核的方法很多，实践中企业应根据实际情况，按照上一节提供的方法来选择合适的方法。

2．绩效考核中的评价错误

如果绩效评价的标准不明确，评价者即使做出了正确的评价也得不到什么激励，那么，绩效考核过程中就会出现各种各样的评价错误。这些错误，正如表 7－10 中列出的一样，对整个绩效评价过程的各个阶段都会产生影响，但是，具体的影响在最后一个阶段会更加明显。

表 7－10　常见的绩效评价错误表

晕轮效应	晕轮效应是指在考察员工业绩时，由于一些特别的或突出的特征，而掩盖了被考核人其他方面的表现和品质。在考核中将被考核者的某一优点扩大化，以偏概全，通常表现为一好百好，或一无是处，要么全面肯定，要么全面否定，因而影响考核结果。例如，某经理看到某员工经常加班、忙忙碌碌，对他的工作态度很有好感，在年终考核时对他的评价就较高，从而忽略了对他的工作效率和经济效益等综合表现的考察。
宽松和严厉倾向	绩效评定要求评定者具有某种程度的准确性和客观性，但评定者要做到完全“客观”是很难的。有的评价者认为什么都是好的，这样的人在评定中标准会比较宽松。评定中的宽松和严厉倾向可以通过两种方法加以控制或消除：一是控制评定结果的分布状况，比如要求有一定比例的“优秀”，一定比例的“不合格”，这样迫使评定者评定标准较一致；一是降低评定量表本身的含糊性，使评定遵循特定的明确要求。
趋中效应	趋中效应是指评定者可能对全部下属做出既不太好又不太坏的评价。他们避免出现极高和极低的两个极端，而不自觉地将所有评定向中间等级靠拢。这样做的结果是使评定结果失去价值，因为这种绩效评定不能在人与人之间进行区别，既不能为管理决策的制定提供帮助，也不能为人员培训提供有针对性的建议。要减少评定中的趋中倾向，关键是要让评定者认识到区分被评价者和评定结果的重要性。必要的时候，组织也可以明确要求评定者尽量减少选择中间等级的次数。

表7－10(续)

近因效应	评定者对被评价者的近期行为表现往往产生比较深刻的印象，这样，明明是对被评价者半年的绩效评定最后可能变成对评价者近几周的绩效评定。尤其当被评价者在近期内取得了令人注目的成绩或犯下过错时，近期效应会使评定者出现偏高或偏低的倾向。要摆脱这一效应，可以采用诸如关键事件法之类的技术，全面考察被评价者在较长时期内的行为表现和工作业绩。
对比效应	对比效应是指在绩效评定中，他人的绩效影响了对某人的绩效评定。比如，假定评定者刚刚评定完一名绩效非常突出的员工，紧接着评定一名绩效一般的员工，那么很可能将这名绩效本来属于中等水平的人评为“比较差”。对比效应很可能发生在评定者无意中将被评人新近的绩效与过去的绩效进行对比的时候。一些以前绩效很差而近来有所改进的人可能被评为“较好”，即使这种改进事实上使其绩效勉强达到一般水平。对比效应也是评定中难以消除的问题。好在这种误差会随着时间的推移而积累有关员工绩效的更多信息而消失 。

为了减少甚至避免这些错误，应当采取以下措施：①建立完善的绩效目标体系，绩效考核指标和绩效考核标准应符合“SMART”原则；②选择合适的考核主体；③选择适当的考核方法，例如强制分布法和排序法就可以避免宽松和严厉倾向和趋中效应；④要对考核主体进行严格的培训，让他们了解这些误区对考核结果的影响和危害。要尽最大可能消除这些误区对绩效考核结果的影响，保证绩效考核结果的客观公正。

四、绩效反馈（C 阶段）

绩效反馈是绩效管理过程中的一个重要环节。它主要通过考核者与被考核者之间的沟通，就被考核者在考核周期内的绩效情况进行面谈，在肯定成绩的同时，找出工作中的不足并加以改进。绩效反馈的目的是为了让员工了解自己在本绩效周期内的业绩是否达到所定的目标，行为态度是否合格，让管理者和员工双方达成对评估结果一致的看法；双方共同探讨绩效未合格的原因所在并制订绩效改进计划，同时，管理者要向员工传达组织的期望，双方对绩效周期的目标进行探讨，最终形成一个绩效合约。由于绩效反馈在绩效考核结束后实施，而且是考核者和被考核者之间的直接对话，因此，有效的绩效反馈对绩效管理起着至关重要的作用。

1. 绩效反馈的重要性

绩效反馈是绩效考核的最后一步，是由员工和管理人员一起，回顾和讨论考评的结果，如果不将考核结果反馈给被考评的员工，考核将失去极为重要的激励、奖惩和培训的功能。因此，有效的绩效反馈对绩效管理起着至关重要的作用。

（1）绩效反馈是考核公正的基础。由于绩效考核与被考核者的切身利益息息相关，考核结果的公正性就成为人们关心的焦点。而考核过程是考核者履行职责的能动行为，考核者不可避免地会掺杂自己的主观意志，导致这种公正性不能完全依靠制度的改善来实现。绩效反馈较好地解决了这个矛盾，它不仅让被考核者成为主动因素，更赋予了其一定权利，使被考核者不但拥有知情权，更有了发言权；同时，通过程序化的绩效申诉，有效降低了考核过程中不公正因素所带来的负面效应，在被考核者与考核者之间找到了结合点、平衡点。其对整个绩效管理体系的完善起到了积极作用。

（2）绩效反馈是提高绩效的保证。绩效考核结束后，当被考核者接到考核结果通知单时，在很大程度上并不了解考核结果的由来，这时就需要考核者就考核的全过程，特别是被考核者的绩效情况进行详细介绍，指出被考核者的优缺点，特别是考核者还需要对被考核者的绩效提出改进建议。

（3）绩效反馈是增强竞争力的手段。任何一个团队都存在两个目标：团队目标和个体目标。个体目标与团队目标一致，能够促进团队的不断进步；反之，就会产生负面影响。在这两者之间，团队目标占主导地位，个体目标属于服从的地位。

2．绩效反馈的基本原则

（1）经常性原则。绩效反馈应当是经常性的，而不应当是一年一次。这样做的原因有两点：首先，管理者一旦意识到员工在绩效中存在缺陷，就有责任立即去纠正它。如果员工的绩效在 1 月份时就低于标准要求，而管理人员却非要等到 12 月份再去对绩效进行评价，那么就意味着企业要蒙受 11 个月的生产率损失。其次，绩效反馈过程有效性的一个重要决定因素是员工对于评价结果基本认同。因此，考核者应当向员工提供经常性的绩效反馈，使他们在正式的评价过程结束之前就基本知道自己的绩效评价结果。

（2）对事不对人原则。在绩效反馈面谈中双方应该讨论和评估的是工作行为和工作绩效，也就是工作中的一些事实表现，而不是讨论员工的个性特点。员工的个性特点不能作为评估绩效的依据，比如个人气质的活泼或者沉静。但是，在涉及员工的优点和不足时，可以谈论员工的某些个性特征，但要注意这些个性特征必须是与工作绩效有关的。例如，一个员工个性特征中有不太喜欢与人沟通的特点，这个特点使他的工作绩效因此受到影响，这种关键性的影响绩效的个性特征还是应该指出来的。

（3）多问少讲原则。发号施令的经理很难实现从上司到“帮助者”、“伙伴”的角色转换。我们建议管理者在与员工进行绩效沟通时遵循 20/80 法则：80% 的时间留给员工，20% 的时间留给自己，而自己在这 20% 的时间内，可以将 80% 的时间用来发问，20% 的时间才用来“指导”、“建议”、“发号施令”，因为员工往往比经理更清楚本职工作中存在的问题。换言之，要多提好问题，引导员工自己思考和解决问题，自己评价工作进展，而不是发号施令，居高临下地告诉员工应该如何做。

（4）着眼未来的原则。绩效反馈面谈中很大一部分内容是对过去的工作绩效进行回顾和评估，但这并不等于说绩效反馈面谈集中于过去。谈论过去的目的并不是停留在过去，而是从过去的事实中总结出一些对未来发展有用的东西。因此，任何对过去绩效的讨论都应着眼于未来，核心目的是为了制订未来发展的计划。

（5）正面引导原则。不管员工的绩效考核结果是好是坏，一定要多给员工一些鼓励，至少让员工感觉到：虽然我的绩效考核成绩不理想，但我得到了一个客观认识自己的机会，我找到了应该努力的方向，并且在我前进的过程中会得到主管人员的帮助。总之，要让员工把一种积极向上的态度带到工作中去。

（6）制度化原则。绩效反馈必须建立一套制度，只有将其制度化，才能保证它能够持久地发挥作用。

3. 绩效反馈的有效方法

(1) 反馈前做好充分的准备。“凡事预则立，不预则废”，如果在反馈前能做好充分的准备（包括了解员工的基本情况，安排好反馈面谈的时间地点以及大致程序等），就可以很好地驾驭整个反馈面谈过程。

(2) 与员工建立融洽的关系。不要让员工觉得有压力，比如可以谈谈与反馈内容无关的话题，拉近彼此的距离。

(3) 以事实为依据。对事不对人非常关键，反馈尽量拿出事实依据来，就事论事。不要伤害员工的人格和尊严。

(4) 肯定成绩。对员工表现好的地方一定要给予充分的肯定，这有利于增强员工的自信和消除员工的紧张心理。

(5) 差别化对待。不同类型的员工反馈的重点应该不同，对工作业绩和态度都很好的员工，应该肯定其成绩，给予奖励，并提出更高的目标；对工作业绩好但态度不好的员工应该加强了解，找到态度不好的原因，并给予辅导；对工作业绩不好但态度很好的员工应该帮助分析绩效不好的原因，制订绩效改善计划；对工作业绩和工作态度都不好的员工则应该重申工作目标，把问题的严重性告之对方。

五、结果运用（A 阶段）

绩效管理的最后一个阶段是运用阶段，就是说要将绩效考核的结果运用到人力资源管理的其他职能中去，从而真正发挥绩效管理的作用，保证绩效目标的实现。

1. 用于员工奖金分配和薪酬调整

绩效考核能较为准确地确定员工的劳动贡献，因此，在企业进行薪酬分配时，应当根据员工的绩效考核结果，建立绩效工资制度，使不同的绩效考核结果对应不同的工资待遇；另外，薪酬的调整也可以根据绩效考核结果的比较来决定，实现企业的薪酬体系更加公平化、客观化的目的。

2. 用于员工职业生涯规划

绩效考核结果与员工职业发展结合起来，达到企业人力资源需求与员工职业生涯需求之间的动态平衡，创造一个高效率的工作环境。一方面绩效考核作为企业的一种导向功能，反映了企业的价值取向；另一方面绩效考核结果包含着大量的与职业成长相关的信息，有利于员工认真分析自己的职业发展方向，强化、调整、修正自己的职业生涯规划。

3. 用于员工培训

通过分析绩效考核结果，能够发现员工的知识和能力有哪些方面的不足，从而采取有针对性的培训；另外员工培训的有效性如何也可以通过绩效考核结果来衡量。

4. 用于员工的职务调整

职务调整会影响到工资、奖金、工作环境等的变化，是很重要的激励措施。我们应将绩效考核的结果与员工的职务调整结合起来调动员工的工作积极性。对于在绩效考核结果中连续取得优秀且大有潜力的员工，可以通过晋升的方式给他们提供更大的舞台和施展才能的机会；对于那些绩效不佳且有潜力待挖掘的员工，可以考虑对其进行工作调动和重新安排，帮助其创造更佳业绩；而对于那些经过多次的职务调整且潜力不大的员工，可以考虑将其解雇。

5. 用于员工的招聘和选拔

员工的招聘、选拔是企业人力资源管理的重要部分。一方面通过对绩效考核结果的分析，可以对各职位的优秀员工所应具备的能力与绩效特征会有更加深入的理解；另一方面把员工的工作特长与其绩效考核结果相结合，实现工作职位的定位优化。

6. 用于绩效体系的校正

绩效诊断与提高有两个方面的涵义，一种是对公司所采用的绩效管理体系以及管理者的管理方式进行诊断，另一种是对员工本绩效周期内存在的绩效不足进行诊断，通过这两个方面的诊断，得出结论，放到下一轮 PDCA 循环里加以改进和提高。所以，在绩效周期结束时，管理者还应对员工进行绩效满意度调查，通过调查，发现绩效管理体系中存在的不足并加以调整，人力资源部也可以据此对整个企业的绩效管理体系进行调整，使之不断地得到改善和提高；同时，根据绩效反馈的结果，管理者还要帮助员工制订个人发展计划或者称改进计划，对员工在知识、技能和经验等方面存在的不足，制订发展计划，放入到下一轮 PDCA 循环加以改进。

第四节　绩效管理系统的评价与导入

目前，很多企业都认识到了绩效管理的重要性，并建立了绩效管理体系。由于企业的规模大小、发展水平、行业性质、企业管理人的素质能力水平的不同，各个企业的绩效管理体系存在很大差异，有的以绩效考核为主，强调对员工的考核评价，解决工资发放的问题；有的以绩效改进为主，希望通过绩效管理体系改进经理、员工和组织的绩效；有的则把二者有效地结合起来，既改善绩效，又评价绩效，并将评价的结果运用到诸如调整工资、加薪、晋升、降职等人事决策当中。可以说，有多少家企业就有多少种绩效管理体系。

那么，在众多的绩效管理体系中，哪一家是最好的呢？有没有可供遵循的评价标准呢？本书通过建立一个对绩效管理体系进行评价的模型，帮助企业建立更加有效的绩效管理体系。

一、绩效管理系统评价模型

如果想对一个企业的绩效管理体系做出有效的评价，建议从以下八个维度进行[①]：战略一致性；角色分工；管理流程；工具表格；绩效沟通；绩效反馈；结果运用；诊断提高。

---

① 赵日磊. 绩效管理体系有效性的评价模型［EB/OL］http：//www. mie168. com/human - resource/2006 - 12/183992. htm.

1．战略一致性

战略一致性是指绩效管理系统与企业战略、组织目标和文化的一致性程度。如果没有战略作为基础，绩效管理就没有了依托，就无法发挥它的综合效用。它强调的是绩效管理系统需要为员工提供一种向导，从而使员工能够为企业的成功做出贡献，这就要求一方面绩效体系要和企业战略、企业文化一致，另一方面绩效管理体系要具有充分的弹性来适应公司战略的变化。企业实施绩效管理的目的是什么？是战略，是帮助企业分解并落实企业的战略目标，这是绩效管理最终要致力达成的目标。图 7－12 可以说明这个问题。

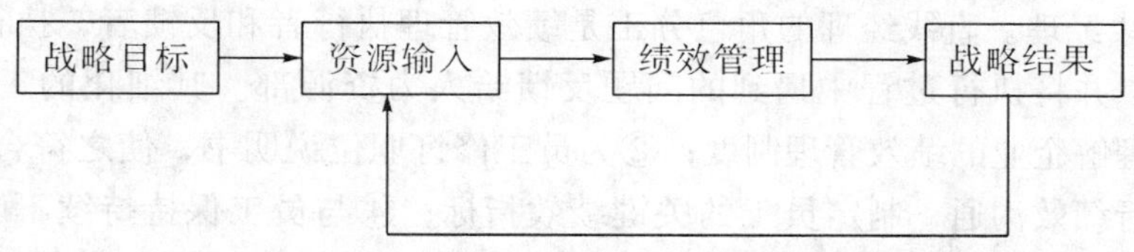

图 7－12　绩效管理在战略实施中的作用图

战略目标是绩效管理实践的出发点和落脚点，首先制定战略目标，并把战略目标分解到年度，形成年度经营计划，然后再通过绩效管理的目标分解工具（SMART 原则），分解落实到部门，形成部门绩效目标，进而落实到具体办事的员工，形成员工的关键绩效指标（KPI）。所以，考察一个企业的绩效管理体系是否有效的第一个标准是看该企业的战略目标是否清晰明确，是否已经被企业管理层所熟知，是否已经得到分解。

2．角色分工

通常，那些没有做好绩效管理的企业都没有把员工在绩效管理中的角色分工做好，因此导致了执行变形，流于形式。所以，我们把角色分工作为第二个评价的纬度。

经验表明，上至企业老总，下至普通员工，他们通常都不太清楚自己在绩效管理中的职责，不知道自己该做些什么，该怎么做。因此，很多管理者和员工在绩效管理中，往往表现得比较被动，经常需要人力资源部门催促，甚至经常需要企业老总出面协调。

做任何一项工作，首先都要一个科学合理的分工，然后根据分工制定细化的工作细则，只有这样，工作才可能被理解得好，做得好。那么，在绩效管理中，什么样的分工才是有效的呢？通常，我们可以把一个企业绩效管理中管理者和员工的角色分成四个层次，分别是企业老总、HR 经理、直线经理和员工。

（1）企业老总。企业老总的角色分工是绩效管理的支持者和推动者。其细化的工作细则有：①在绩效管理实施动员会上发表讲话，给绩效管理的实施制造声势；②主持制定符合企业实际的绩效管理方案；③主持企业管理者绩效管理培训会；④主持企业管理者对企业的绩效管理方案的研讨会，澄清认识，消除误解；⑤主持绩效管理协调会，使绩效管理不断向深入开展；⑥对副总一级管理者进行绩效沟通和考核；⑦主持修订新的绩效管理制度，使绩效管理体系不断地得到改进。

（2）HR 经理。HR 经理的角色分工是绩效管理的组织者和咨询专家。其细化的工作细则有：①研究绩效管理理论，并向企业管理层进行推销，在企业内部进行宣传，使绩效管理的理论、方法和技巧被广大员工认识、理解和接受；②组织管理者参加有关绩效管理的培训和研讨，使管理者的绩效管理技能得到提高；③组织制定符合企业现状的绩效管理制度和工具表格；④组织直线经理为员工制定绩效目标；⑤督促直线经理与员工进行绩效沟通；⑥督促直线经理建立员工业绩效档案；⑦组织直线经理进行绩效考核和反馈；⑧组织直线经理帮助员工制订绩效改进计划；⑨组织直线经理进行绩效管理满意度调查；⑩对绩效管理体系进行诊断并向企业老总汇报；⑪对绩效管理制度进行修订。

（3）直线经理。直线经理的角色分工是绩效管理执行者和反馈者，执行企业的绩效管理制度，并将执行过程中遇到的问题反馈给人力资源部。其细化的工作细则有：①认真阅读理解企业的绩效管理制度；②为员工修订职位说明书，使之符合当前实际；③与员工进行绩效沟通，制定员工的关键绩效指标；④与员工保持持续不断的绩效沟通，对员工进行绩效辅导；⑤记录员工的绩效，并建立员工业绩档案；⑥考核员工的业绩表现；⑦将绩效考核结果反馈给员工；⑧对员工进行绩效满意度调查；⑨帮助员工制订绩效改进计划；⑩将执行过程中遇到的问题反馈给人力资源部门。

（4）员工。员工的角色分工是绩效管理的主人，拥有并产生绩效。其细化的工作细则有：①认真学习企业的绩效管理制度；②与经理一起制定关键绩效指标；③与经理保持持续的绩效沟通，向经理寻求资源支持和帮助；④记录自己的绩效表现，并向经理进行反馈；⑤在经理的帮助下，分析自己在绩效周期的表现，并制订绩效改进计划。

3．管理流程

很多企业的绩效管理体系往往只注重绩效考核这一个环节，没有上升到流程的高度来看待绩效，所以经常只是做一些表面的工作，给人留下形式主义的印象。我们如果想要判断一个绩效管理体系是否有效，就一定要从它的流程的完善程度入手，只有具备了完善的绩效管理流程，绩效管理体系才可能会有效；否则，有效性无从谈起。那么，一个有效的绩效管理体系应具备哪些流程呢？我们可以用 PDCA 循环来说明这个问题。图 7－13 是绩效管理的 PDCA 循环图。

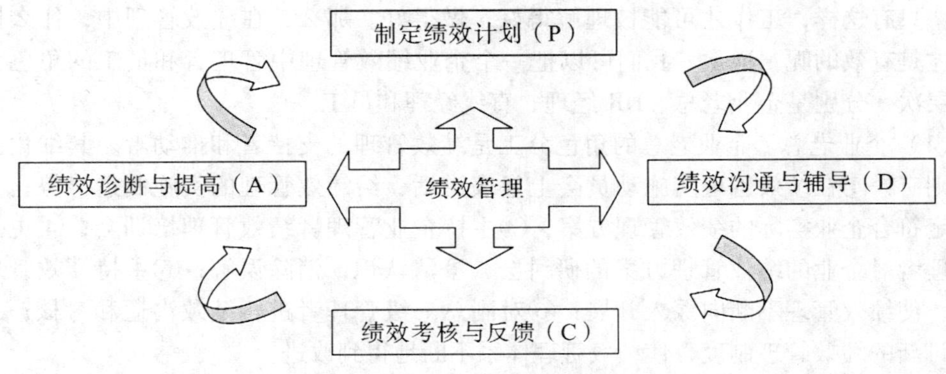

图 7－13　绩效管理 PDCA 循环图

从图 7－13 可以看出，一个有效的绩效管理体系应具备以下四个大的流程：①制订绩效计划（P），确定关键绩效指标（KPI）；②绩效沟通与辅导（D），保证绩效管理过程的有效性；③绩效考核与反馈（C），对前一绩效周期的成果进行检验；④绩效诊断与提高（A），总结提高并进入下一循环。

4. 工具表格

流程制定好了，并不能保证它能被执行得好，要想被执行得好，人力资源部门还要为直线经理设计简单实用的工具表格，作为绩效管理过程的控制工具加以使用。通常，一个完善的员工绩效管理体系中应至少包括以下几个表格：

（1）员工关键绩效指标管理卡，用来帮助经理为员工确立员工绩效指标。注意，是管理卡，而不是考核卡，不是到最后才拿出来，而是在绩效沟通与辅导的沟通中需要经常使用的，员工要经常看，以便于明白自己的工作目标，经理也要经常看，以便于准确地知道员工的绩效是否在预定的轨道上运行。所以，是否经常使用，也要成为评价绩效管理体系是否有效的重要特征予以重视。

（2）员工业绩档案记录卡，用来帮助直线经理记录员工的业绩表现并建立业绩档案。建立员工业绩档案，主要是为了保证经理对员工所做出的绩效评价是基于事实而不是想象，保证经理和员工进行绩效反馈的时候“没有意外”，这对于保证绩效评价公平与公正是相当重要的。

（3）员工绩效反馈卡，用来帮助直线经理对员工进行绩效反馈。直线经理对员工绩效反馈的时候不是泛泛而谈，而应基于员工的关键绩效指标来谈，因此，直线经理要凭借绩效反馈卡来记录沟通的过程，形成绩效反馈记录，为下一步帮助员工制订绩效改进计划打下基础。

（4）员工绩效改进计划，用来帮助直线经理为员工制订绩效改进计划。绩效面谈结束的时候，直线经理应针对员工在前一绩效周期内表现出来的不足，提出建设性的建议，并与员工一起制订绩效改进计划，放在下一绩效周期内加以改进。

（5）员工绩效申诉表，用来帮助员工对自己在考核评价中所遭遇的不公正待遇进行申诉，以保证绩效管理制度的严肃性。

（6）绩效管理满意度调查表，用来帮助企业对所实施的绩效管理制度以及直线经理在执行绩效制度时的表现进行调查，使企业与直线经理也能不断做出合适的调整，使绩效管理制度得到改进和提高。

5. 绩效沟通

实际上，绩效管理的过程就是一个经理和员工就绩效问题进行充分沟通并达成一致理解的过程。在这个过程中，经理要与员工一起确立目标，一起清除障碍，一起完成并超越目标，而要做到这一切，绩效沟通必须做好。

所以，我们来对一个企业的绩效管理体系进行评价的时候，不能仅仅看它的硬件是否具备，更要看软件，比如绩效沟通的环境是否良好，绩效沟通的渠道是否顺畅，绩效沟通的习惯是否已经建立等。

6. 绩效反馈

这里的绩效反馈主要是绩效评价结束后对评价结果的反馈，通常很多企业这项工作开展得不好，要么不反馈，要么只是简单地签字交差，没有中间的过程。这既是对企业绩效管理制度的忽视，也是对员工的不负责。一个阶段的绩效评价结束后，直线经理一定要将评价结果通过面谈的方式告诉员工，与员工就评价结果达成一致理解，并真诚地指出员工存在的不足，提出建设性的改进意见，如果企业没有做这项工作，我们就不能认为这个企业的绩效管理体系是有效的。

7. 结果运用

通常，绩效评价与员工的奖惩是紧密相连的，如果评价结束了，企业没有兑现当初的承诺，没有对表现优秀的员工进行激励，那么优秀员工的积极性将受到打击；同样，如果评价结束后没有对表现不好的员工进行惩罚，那么也将对公司的管理环境造成不好的影响。所以，在绩效评价结束后，企业一定要按照绩效制度的规定，对绩效评价的结果进行运用，使绩效制度朝良性循环方向发展。

8. 诊断提高

这里的诊断与提高是指企业对整个绩效管理体系的诊断。一般每隔一年的时间，企业都要对绩效管理体系进行系统的诊断，从中发现存在的问题和不足，然后加以改进，使之不断地得到改善和提高，呈螺旋式上升的态势。

二、绩效管理系统的导入

1. 必要的时间和资金等资源支持

绩效管理作为人力资源管理的关键环节，是现代一切管理模式的基础，好的绩效管理，能提高企业的绩效水平，实现其战略目标。因此，虽然中小企业资源有限，但是必须有必要的时间和资金的投入。①必要的资金投入。中小企业在实行绩效管理时，必然会涉及绩效管理培训、考评表格的设计开发等，这些均是需要投入的，但这些投入应该是符合企业的根本利益的。②高层领导的参与。高层领导应亲自参与到绩效管理过程中来，多花一些时间思考绩效管理过程中的问题。因为只有“一把手”亲自参与，才有可能把公司的战略目标逐级分解下去，同时将绩效管理的理念和方法渗透到企业的各个角落，推动各部门经理和员工参与到绩效管理中来。③直线管理者的参与。绩效管理不只是人力资源部门的责任，真正的责任主体应该是直接管理者——各部门经理、班组长、主管，他们在绩效管理者身上应花费更多的精力和时间，经常与下属讨论绩效目标、标准，经常进行检查，掌握下属的工作业绩，对下属进行反馈和辅导，评定下属的绩效结果，给予奖励和惩罚。

2. 制定科学的绩效考评体系

绩效考评不等同于绩效管理，但却是绩效管理中的关键环节，有效的考评体系设计是绩效管理成功的保证。在制定绩效体系时企业应注意以下方面：

（1）选择合适的考评方法。目前可供选择的考评方法共计有几十种，传统的考评方法主要有比较法、关键事件法、图表等级评定法、行为锚定等级评价法、目标管理法等。现在比较流行的考评方法有经济增加值法、关键绩效指标法、平衡计分卡等。不论何种考评方法均有其优点，也有其缺点，没有绝对完全有效的方法。企业可采取综合选择几点考评方法，弥补单一考评方法存在的缺陷。但也应考虑成本问题，包括时间成本和经济成本，应在有效性和成本之间寻找适合企业的平衡点。

（2）选择合适的考评指标。在确定企业绩效指标时，应针对企业的战略目标，确定关键绩效领域，突出那些最为关键的绩效关注点，不能面面俱到。在此基础上，对企业的绩效指标分解到各部门，并结合部门职责，形成部门绩效指标。在确定部门绩效指标后，将之分解到个人，并结合个人岗位职责，形成员工工作业绩指标。另外还需根据不同层级岗位的特征，考虑工作能力类指标和工作态度类指标，形成员工的绩效指标。这样确定的企业、部门、个人的绩效指标形成了一个有机的整体。在确定指标时，应进行工作分析、工作流程分析、绩效特征分析和理论验证，绩效指标应符合SMART法则。

（3）设定合适的指标权重和标准。在确定指标权重时，不能只从单个指标出发，而是要处理好各指标之关的关系，合理分配它们的权重。指标权重应能反映企业对成员工作的引导意图和价值观念。权重的具体确定方法有许多，包括主观经验法、对偶加权法、层次分析法、权值因子判断法等，中小企业可根据实际选择。确定好权重后，还要确定每个指标的评价标准，可以依据计划标准、历史标准、同行标准或经验标准确定，标准必须明确具体。

（4）确定合理的考评周期。考评周期过短，考核成本加大，中小企业难以承受；考评周期过长，评价结果难免会产生“近因效应”使考评有误差，也会使员工失去对绩效考评的关注。根据中小企业的特点，一般对员工的工作业绩类指标的考核以每月或每季度进行一次为宜，而对工作能力和工作态度类指标的考核则应相对长一些，以每隔半年进行一次为宜，但平时应注意考评信息的积累。

3．实现绩效管理系统内部各环节的有效整合

绩效管理是一个循环的动态的系统，绩效管理系统的几个环节紧密联系，任何一个环节的脱节都将导致绩效管理的失败，所以中小企业应重视内部各环节的有效整合。

（1）绩效计划。该环节是管理者与员工合作，对下一年度应履行的工作职责、绩效的衡量、可能遇到的困难及解决的办法等一系列问题进行探讨，并达成共识的过程。因此绩效计划在帮助员工找准路线、认清目标方面具有一定的前瞻性，是整个绩效管理系统中的基本的环节。

（2）绩效实施与管理。该环节就是一种双向交互沟通的过程，而且这种交互沟通必须贯穿于绩效管理的整个过程。通过沟通，使员工清楚地了解绩效考核制度的内容，制定目标的方法、衡量标准、工作业绩、工作中存在的问题及改进的方法，也使管理者听到员工对绩效管理的期望及呼声，这样绩效管理才能达到预期目的。

（3）绩效考评。该环节本身也是一个动态的持续的过程，所以，不能孤立地进行绩效考评，而应将之放在绩效管理系统中考虑，重视考评前期和后期的相关工作。绩效计划和持续的沟通是绩效考评的基础，只有平时认真执行了绩效计划并做好了绩效沟通工作，考评产生分歧的可能性才会小。绩效诊断与绩效改进是绩效考评的后续工作。考评结束后，应针对考评结果进行分析，寻找问题，并提供改进方案供员工参考，帮助员工改进绩效。同时，应合理地运用考评结果，将之充分用于报酬分配、职位变动、员工培训与开发、招聘与选拔等，发挥绩效管理对员工业绩和能力提升的激励

作用。

（4）绩效诊断与绩效改进。作为一种有效的管理手段，绩效管理提供的绝对不仅仅是一个奖罚手段，更重要的意义在于它能为企业提供一个促进工作改进和业绩提高的工具。所以在进行绩效考核时，不能停留在绩效考评资料的表面，而在于管理部门如何综合分析考核资料并将之作为绩效改进的一个切入点。管理者通过绩效考评发现问题，找出原因，并帮助员工出谋划策，与员工一起排除问题。一个循环结束后，本轮绩效管理工作基本完成，这时应进行总结，制订下一轮绩效计划，进入下一个绩效管理循环。可以看出，绩效管理各环节的整合，使绩效管理成为了一个完整的系统。中小企业如能充分认识到各环节的作用，将各环节有效地整合在到一起，收到的管理效果将大不一样。

4. 加强绩效管理系统配套建设

绩效管理系统不是一个孤立的管理系统，它的有效运行还需要中小企业加强配套建设，以达到最佳的管理效果。

（1）明确可运行的战略目标。绩效管理是企业的一种执行力体系，是贯彻企业战略目标的重要管理手段。绩效管理是围绕绩效目标来进行的，没有绩效目标无从谈论绩效管理。许多中小企业推行绩效管理只是就事论事，仅对员工应负的职责进行管理，不能形成企业的合力，结果可能大家的绩效结果都很好，但却看不到企业进步的结果。要想有成功的绩效管理，中小企业必须加强战略管理，形成明确的、可运行的战略目标，并通过有效的绩效体系将绩效分解到每个员工身上，真正实现战略目标的全员管理。

（2）形成高绩效企业文化。企业文化的核心是企业的价值准则，企业文化对绩效管理体系的实施、运行起着一种无形的指导、影响作用。反过来，企业文化最终要通过企业的价值评价体系（绩效管理体系）、价值分配体系来发挥其作用，通过绩效管理有助于企业文化的形成，因此企业文化与绩效管理之间是一种相辅相成的关系。中小企业应建设以绩效为基本导向的企业文化，必须把有关人员的各项规定，比如岗位安排、工资报酬、晋升降级和解雇等看成一个组织的真正“控制手段”。因为，有关人的各项决定将向企业的每一个成员表明管理层的真正要求是什么。同时，绩效管理中沟通是“灵魂”，贯穿于绩效管理的整个始终，因此中小企业还要塑造一种上下级之间的无缝沟通的文化氛围。

（3）建立一致的责权利结构。绩效管理是一种授权管理，也是与利益挂钩的管理，它的前提是员工清楚自己的职责范围，能够在规定的范围内对自己的工作有采取措施进行控制的权力，并对自己采取的措施承担利益和责任。因此中小企业应通过工作分析、组织设计等，围绕绩效管理建立资源管理。各个非人力资源经理需要明确地了解本部门与人力资源部门各自的职责，最大限度地避免由于分工协作问题而造成的失误和冲突。一般而言，整个人力资源管理流程都需要非人力资源部门的参与和配合。这里需要特别指出的是，现代人力资源管理的发展趋势表明：非人力资源部门的工作在整个组织的人力资源管理中所占的比例正在逐步提高。

5. 配合人力资源部门做好各项工作

招聘、甄选、培训、考核等都是人力资源的重要工作。但这些工作如果没有非人力资源部门的大力配合，仅靠人力资源部门来做，无论如何也难以达到理想的效果。在人力资源工作的四个重要环节即选人、育人、用人、留人中，选人即招聘必须经过人力资源部门以外的其他部门的配合，比如招聘的时候需要直线部门经理的参加等。

实际上每个环节的主要工作都会落实在用人部门。这就要求非人力资源部门除了做好本部门的人力资源工作以外，还需要建立本部门的上岗培训机制、督导机制以及绩效评估机制等，使之与公司的培训、督导、评估等人力资源管理工作形成完整的系统。可以这么说，如果没有非人力资源部门的配合，企业的人力资源管理工作也就成为无水之源，将失去其存在的实际意义。

6. 尊重人力资源管理的专业性规定

对于组织整体而言，部门经理需要尊重人力资源管理的专业性规章制度以减少内部冲突。公司的人力资源规章及管理流程是公司根据经营情况、人才市场以及公司用人要求等综合因素制定的，它要求公司在招聘人才时必须严格按照规定统一实施，决不允许自行其是。如果部门经理不了解公司的人事规章及管理流程，等到员工离职后才意识到需要招人，必然会因为岗位缺员使工作受到影响。所以，各部门经理需要对人事规章及流程清晰明了，这样才能配合人力资源部门做好人力资源工作，及时有效地满足本部门的人力资源需求。

7. 加强非人力资源部门与人力资源部门的整合与互动

一般说来，部门经理与人力资源的整合大概有以下几类：①人力资源管理培训。作为公司的主管和人力资源部经理需要有意识地培养和提高各个部门主管的人力资源管理能力，要对他们开展一定的培训工作。②定期的会议交流。许多企业常常会召开部门经理会议，在会议中，人力资源部门必须将其在这段时间需要其他部门配合的事情做一个报告。同样非人力资源部门经理也可以提出在人力资源管理上发现的问题或者遇到的困难，请人力资源部门给予业务上的支持。

(1) 正确处理人事问题。部门内的人力资源管理工作会有很多突发事件需要非人力资源经理科学处理。例如，有时候有的员工不和部门经理讲而是直接找人力资源部门提出一些人事问题。这时作为部门经理要心平气和地看待此事，不要对这个员工大发雷霆，而是要先了解实情再来决定应该怎么处理，必要时可向人力资源部门咨询。

(2) 参与制定规章制度。如果非人力资部门的负责人能够在制定一项人力资源工作流程的规章时参与讨论，积极提出一些好的建议，这样就会对公司人事规章的制定起一定的帮助作用。

总之，企业在实践中还需要结合企业行业规定、业务特点、机构设置、人力资源部门的专业水平等多权变因素因地制宜地提高非人力资源部门的人力资源管理水平，做好组织的人力源管理工作。管理是从实践中而来的艺术性科学，人又具有非常复杂的社会性特点，所以非人力资源部门的人力资源管理理论更需要从实践中摸索和提炼。

本章小结

有效的绩效管理体系可以发挥如下作用：①绩效管理可以促进组织和个人绩效的提升；②绩效管理可以促进管理和业务流程优化；③绩效管理可以保证组织战略目标的实现。

绩效管理指标可以分为三种类型：特性指标、行为指标和结果指标。重点介绍了行为导向的评估方法（例如：排序法、配对比较法、强制分布法、尺度评价法、关键事件法、行为观察量表法和行为定位等级评价法等）和系统性的绩效管理技术（360°评价、目标管理、BSC 等）。

“PDCA”把绩效管理的实施划分为四个阶段：绩效计划（P 阶段）；绩效评估（D 阶段）；绩效反馈（C 阶段）；结果应用（A 阶段）。

要检查绩效管理体系的有效性，应该从以下八个方面进行：战略一致性；角色分工；管理流程；工具表格；绩效沟通；绩效反馈；结果运用；诊断提高。

企业要成功地导入有效的绩效管理体系，必须做以下准备：①必要的时间和资金等资源支持；②制定科学的绩效考评体系；③实现绩效管理系统内部各环节的有效整合；④加强绩效管理系统配套建设；⑤非人力资源管理部门要配合人力资源部门做好各项工作；⑥尊重人力资源管理的专业性规定；⑦加强非人力资源部门与人力资源部门的整合与互动。

思考题

1. 什么是绩效？如何理解绩效管理？
2. 绩效管理的意义何在？
3. 如何制定绩效考核目标和绩效考核周期？
4. 绩效考核的主体有哪些？
5. 绩效考核中有哪些误区？如何避免？
6. 绩效考核的方法有几种类型？

案例分析

目标管理何以“迷失方向”？

某公司刚开始实行目标管理时，还属于试行阶段，后来由于人力资源部人员不断变动，这种试行也就成了不成文的规定执行至今。应该说执行的过程并不是很顺利，每个月目标管理卡的填写或制作似乎成了各个部门经理的累赘，总感觉占了他们大部分的时间或者说是浪费了他们许多的时间。每个月都是由办公室督促大家写目标管理卡。除此之外就是一些部门，例如财务部门的工作每个月的常规项目占据所有工作的

90%，目标管理卡的内容重复性特别的大；另外一些行政部门的工作临时性的特别的多，每一个月之前很难确定他们的目标管理卡……

该公司的目标管理按如下几个步骤执行：

1. 目标的制定

前一财年末公司总经理在职工大会上作总结报告是向全体职工讲明下一财年的大体的工作目标。财年初的部门经理会议上总经理和副总经理、各部门经理讨论协商确定该财年的目标；每个部门在前一个月的25日之前确定出下一个月的工作目标，并以目标管理卡的形式报告给总经理，总经理办公室留存一份，本部门留存一份。目标分别为各个工作的权重以及完成的质量与效率，由权重、质量和效率共同来决定。最后由总经理审批，经批阅以后方可作为部门的工作最后得分；各个部门的目标确定以后，由部门经理根据部门内部的具体的岗位职责以及内部分工协作情况进行分配。

2. 目标的实施

目标的实施过程主要采用监督、督促并协调的方式，每个月月中由总经理办公室主任与人力资源部绩效主管共同或是分别到各个部门询问或是了解目标进行的情况，直接与各部门的负责人沟通，在这个过程中了解到哪些项目进行到什么程度，哪些项目没有按规定的时间、质量完成，为什么没有完成，并督促其完成项目。

3. 目标结果的评定与运用

目标管理卡首先由各部门的负责人自评，自评过程受人力资源部与办公室的监督，最后报总经理审批，总经理根据每个月各部门的工作情况，对目标管理卡进行相应的调整以及自评的调整；目标管理卡，最后以考评得分的形式作为部门负责人的月考评分数，部门的员工的月考评分数的一部分来源于部门目标管理卡。这些考评分数作为月工资的发放的主要依据之一。

在最近，部门领导人大多数反映不愿意每个月填写目标管理卡，认为这没有必要，但是明显地在执行过程中，部门员工能够了解到本月自己应该完成的项目，而且每一个项目应该到什么样的程度是最完美的。还有在最近的一次与部门员工的座谈中了解到有的部门员工对本部门的目标管理卡不是很明确，其中的原因主要就是部门的办公环境不允许把目标管理卡张贴出来（个别的部门），如果领导每个月不对本部门员工解释明白，他们根本就不知道他们的工作目标是什么，只是每个月领导叫干什么就干什么，显得很被动……可是部门领导如今不愿意做目标管理这一块，而且有一定数目的员工也不明白目标管理分解到他们那里的应该是什么。

目前人力资源部的人数有限，而且各司其职。面对以上存在的问题，该公司人力资源部应该怎样处理？

（资料来源：北大商学网，http：//www. beidabiz. com）

讨论题

1. 从这个案例中给出的信息来看，该公司的目标管理体系其实还是比较完善的。那么，为什么还会出现案例中的问题呢？

2. 假设您是人力资源部经理，面对该问题时，如何解决？试提出您的解决方案。

第八章 培训管理

【学习目标】

- 重点掌握培训的涵义。
- 了解培训需求分析的内容。
- 理解并应用培训需求分析的方法。
- 了解培训计划的内容。
- 了解培训的组织与发展实施的流程。
- 理解应用培训的方法。
- 了解培训效果评估与反馈的内容。
- 了解新员工导向培训的内容，掌握新员工导向培训的技巧。

【导入案例】

施乐公司依靠培训获取竞争优势

作为新任施乐公司的首席执行官，戴维·凯恩斯面临着一个严重的问题。由于复印机行业竞争十分激烈，无论在本土还是在海外，施乐公司正在经历着严重的市场下滑。曾经被称为“复印机之王”的施乐公司，市场份额从18.5%下降到10%。

凯恩斯先生意识到，要想重新获取竞争的优势，施乐公司就不得不大力改善其产品和服务质量。这就意味着必须改变公司雇员的行为，施乐公司从而开发并制订了一个名为“通过质量来领导”的5年计划，该计划有两项基本的内容，一是使消费者永远满意，二是提高质量是施乐每一位雇员的工作。

为了贯彻这一计划，施乐公司开辟了一系列的培训课程，这些课程是为了指导雇员们做什么而设计的，目的是在质量的改善方案中能够完成他们新的工作任务。为了开发这些课程，施乐公司从遍及全球的每个运营单位引入培训专业人员，与公司总部的人员一起工作，课程开发出来后，所有教员完成了一个认证过程，通过该过程教授他们怎样进行质量培训教学。

培训从一个取向性阶段开始。在这个阶段中，管理部门向雇员说明为什么施乐公司要从事这样大规模的质量培训计划；高层管理部门所认为的质量的涵义是什么以及每一位雇员的任务是什么。总经理被指导怎样成为一个角色的榜样，并向工人提供必要在职强化培训。随后并向部门经理及其雇员提供有效的团队工作和以解决问题的技能中心的培训。培训后，雇员被鼓励在工作中实践这些新的技能，他们的经理提供反馈和咨询来帮助雇员们调整这些技能。

培训过程十分昂贵并将消耗大量的时间。每次培训估计要花掉1.25亿美元和400万个工时。然而，培训的效果却远远超过它的支出。因为雇员现在作为一个团队一起工作，以识别和纠正妨碍优质生产和服务的质量问题；消费者对施乐公司的认知戏剧性的改变了，消费者的满意度增加了40%，同时对有关质量的投诉降低了60%。更重要的是，施乐公司已经在美国的市场上夺回了王位。

第一节　员工培训概述

在企业竞争越来越多地表现为人力资本竞争的今天，培训无疑是企业培养高素质员工的重要途径，是打造企业核心竞争力的重要手段。成功和有效的员工培训和培养计划，不仅提高了企业员工素质，而且满足了员工自我实现的需要，从而有助于稳定员工队伍、增加企业凝聚力。

一、员工培训的涵义

员工培训有广义和狭义的区别。对两者的划分，有助于明确企业培训工作的管理要求与实现途径。

狭义的培训是指给新员工或现有员工传授其完成本职工作所必需的基本技能的过程。

广义的培训是指根据企业经营的战略目标和宗旨，一切通过传授知识、转变观念或提高技能来改善当前或未来管理工作绩效的活动。

从本质来说，培训是一系统化的行为改变过程，这个行为改变的最终目的就是通过工作能力、知识水平的提高以及个人潜能的发挥，明显地表现出工作上的绩效特征。工作行为的有效提高是培训的关键所在。

我们都知道，普通的教育，只能够提供一些基本的专业知识和层次很低的技能。而面临规模化的企业发展，必须进行多元化的培训，包括技能、观念、行为、认知等，才能使员工逐步达到企业不断发展的要求，而这是一个长期持续学习和改变的过程。所以，企业组织员工培训必须营造鼓励持续学习的工作环境。在这样的环境下，帮助员工够获得新的技能和知识，并且将它们应用于工作中，同时还能与其他员工共同分享这种信息；为了便于知识共享，管理者应采取信息图或应用电子会议软件及互联网技术，使员工在不同部门共同解决同一难题，共享信息；同时，持续学习要求员工了解整个工作系统，其中包括他们的工作、他们所在的部门以及他们所需的公司三者之间的关系；企业管理人员还要明确员工的培训需求、确保员工将培训内容应用到工作当中。

为了企业组织的员工培训能够更好地发挥培训的作用，实现培训的目标，笔者给出以下几点建议：

(1) 培训是为了帮助学员建立内在的对成长、发展的渴望，唤醒其内在潜能，而不仅仅是传授知识；

（2）培训不是帮学员解决所有问题，而是帮其自己从问题中走出来；

（3）学员参与是最快速而最有效的方法；

（4）培训是福利也是投资，培训投资同样有风险；

（5）培训是企业挖掘自身资源的手段；

（6）有奖励的培训更有效；

（7）培训是持续、循序渐进的过程。

二、员工培训的作用

松下公司有一句广为企业界所推崇的名言："出产品之前先出人才。"其创始人松下幸之助更是强调："一个天才的企业家总是不失时机地把对职员的培养和训练摆上重要的议事日程。"克里斯·兰德尔（Chris Landauer）也认为"培训是一种我们希望能融入每个管理者大脑思维中的东西。"我国政府也把1998年确定为"管理培训工程年"。由此可见，培训对所有企业和员工的巨大作用。

1. 培训对企业的作用

公司拥有完善、系统的专业培训机制，通过系统专业的培训，提高员工的职业素养、工作技能，让员工有更好的发展平台，满足员工发展和自我实现的需要。

（1）吸引人才和留住人才。就企业而言，对员工培训得越充分，越具有吸引力，越能发挥人力资源的高增值性，从而为企业创造更多的效益。企业重视培训才能吸引优秀人才的加盟，才能留住自己的优秀员工，因为培训不仅是企业发展的需要，更是人才自身的需要。据权威机构调查，许多人才在应聘选择企业时，其中一个重要的因素便是要考虑这个企业是否能对员工提供良好的培训机会。

（2）培养人才，增强企业核心竞争力。企业竞争说到底是人才的竞争。培训能提高员工综合素质，提高生产效率和服务水平，树立企业良好形象，增强企业盈利能力。明智的企业家愈来愈清醒地认识到培训是企业发展不可忽视的"人本投资"，是提高企业"造血功能"，塑造竞争优势的根本途径。

（3）提高企业经营效益。美国权威机构监测，培训的投资回报率一般在33%左右。在对美国大型制造业公司的分析中，公司从培训中得到的回报率大约可达20%～30%。摩托罗拉公司向全体雇员提供每年至少40小时的培训，而摩托罗拉公司每1美元培训费可以在3年以内实现40美元的生产效益。摩托罗拉公司认为，素质良好的公司雇员们已通过技术革新和节约操作为公司创造了40亿美元的财富。哈佛大学一项研究表明，员工满意度每提高5%，企业盈利随之会提高2.5%。越来越多的企业家已经明白一个道理："投在人脑中的钱比投在机器上的钱能够赚回更多的钱"。

（4）培训能促进企业与员工、管理层与员工层的双向沟通，增强企业向心力和凝聚力，塑造优秀的企业文化。

不少企业采取自己培训和委托培训的办法。这样做容易将培训融入企业文化，因为企业文化是企业的灵魂，是一种以价值观为核心，对全体职工进行企业意识教育的微观文化体系。企业管理人员和员工认同企业文化，不仅会自觉学习掌握科技知识和技能，而且会增强主人翁意识、质量意识、创新意识，从而培养大家的敬业精神、革新精神和社会责任感，形成上上下下自学科技知识，自觉发明创造的良好氛围，也只有重视培训，企业的科技人才才会茁壮成长，企业科技开发能力会明显增强。

(5) 培养员工的团队意识。据调查显实，接受过培训的员工无论在团队意识、工作责任、归属感、忠诚度方面都比没有接受过培训的员工要高。通过培训可以联络员工之间的沟通，增加感情，增强团队的凝聚力和归属感。

2. 培训对员工的好处

有人认为：培训只是对企业有利，对员工来说是一种说教。其实不然，通过专业培训，员工自身综合素质得到非常明显的提高，个人的潜力也将得到最大限度的释放，且能为员工以后的成长打下坚实的基础。

(1) 有利于增强就业能力。。现代社会人才的流动性很大，市场需要人才像其他资源一样按市场供求流动。换岗、换工作主要依赖于自身技能的高低，而培训是企业员工增长自身知识、技能的一条重要途径。因此，很多员工要求企业能够提供足够的培训机会。

(2) 有利于学到技能以外的知识。培训不但可以提高员工的工作技能，还能够满足其对其他知识渴求的欲望，全面提高员工整体素质，使员工更好地健康发展。

(3) 有利于获得较高收入的机会。员工的收入和其在工作中表现出来的劳动效率和工作质量直接相关。为了追求更高收入，员工就要提高自己的工作技能，技能越高报酬越高，劳动技能越高，创造的成果也就越大。多劳多得在刺激员工努力提高自已的劳动技能的同时，同样对于企业的管理者也一样，管理能力的高低也与其收入有直接关系。

(4) 有利于增强职业的稳定性。从员工来看，参加培训、外出学习、脱产深造等就是企业对自己的一种奖励。员工经过培训，素质、能力得到提高后，在工作中表现得更为突出，就更有可能受到企业的重用或晋升，也更愿意在原企业服务。

三、员工培训的原则

企业组织员工培训的最终目的是为了提高员工工作能力，从而提高企业效益，实现企业目标。但是，很多企业虽然实施了培训，但却是为培训而培训，没有发挥培训应发挥的作用。因此，为了保证培训任务的完成和培训目标的实现，企业在组织培训的过程中，要注意把握如下几项原则：

1. 权变原则

企业员工培训受社会生产力发展水平、人员素质、企业经济状况及需要不同、文化传统与背景等多种因素的影响。在组织企业培训时，要考虑其内容应与各类受训员工的工作、知识、技能的现状及发展要求相适应，与我国的经济、科技和社会进步的发展需要相适应，同时还要充分反映新的科学理念、新的知识、新的技术等信息。企业员工培训的多变与不稳定的特征，使企业培训系统成为一个充分考虑个人、企业、社会、经济、文化的相互作用的动态系统。因此针对不同的工作性质、不同的岗位特点、不同的培训层次、不同的培训对象，合理安排培训工作，选择适宜的培训方式和方法，通过改进创新适应不断的培训新需要，使员工有计划有步骤地补充和改善知识结构、增进技能、提高素质，适应实际工作的不同需要。组织企业员工培训中应强调权变原则，在培训过程中要做到“因人而异”、“因时而异”、“因事而异”。

2. 快乐化原则

许多企业的员工培训工作没有产生效果，往往是由于员工对参加培训是不情愿的，在培训中的感觉是“痛苦”的。许多企业对员工培训是硬性规定，“为培训而培训”。有的员工培训后缺乏可应用的工作环境从而使员工觉得培训无意义；有的员工在培训中缺乏同事及家人的支持使员工对培训缺乏动力；有的员工培训造成了员工个人负担增加和脱产培训带来的经济效益下降，使员工对培训产生躲避行为。另外，在培训中如果相关的培训内容单调、枯燥，培训方法简单陈旧，培训过程枯燥无味，就不能提起员工的受培训兴趣。企业员工进行有效培训首先要使员工在培训中产生快乐感与满足感，对学习产生高度的兴趣和积极性，而这必须依靠员工个人与企业双方的共同努力，誓将企业员工培训“快乐地进行到底”。

3. 长期性原则

企业面临不断变化的环境，其战略、政策也随之发生相应变化，因此企业员工培训也应紧跟这些变化，重新定位。因而企业员工培训过程是一个持续的长期的过程。员工培训需要企业投入大量的人力、物力和财力，这增加了企业的经营成本并可能会对企业当前工作造成一定影响。有的员工培训项目有立竿见影的效果，而有的培训项目在一段时间后才能反映到员工工作绩效或企业的经济效益上，由此企业要正确认识到智力投资和人力培训的长期性和持续性，摒弃急功近利的态度，坚持长期、持续地做好培训工作。

4. 实用性原则

企业在员工培训的实施过程中，应注重培训的实用性、适应性和先进性，特别是要遵循实用的原则，使培训做到“学以致用”。在培训中要一切从员工个人、企业、社会的实际出发，坚持培养目标、坚持教学与生产劳动相结合、坚持培训与企业营运目标、经营理念相结合，致力于使员工知识和技能更新进步，这样的培训才不会偏离方向，造成“训而无用”。

5. 全方位原则

企业员工培训涉及多项工作任务及多种知识与技能活动，且它们之间有着十分密切的关系。其中，任何一项活动的成功都有赖于其他活动的成功。对任何一项培训活动分析、实施的遗漏或忽视，都可能使整个培训工作出现一个缺憾或薄弱环节。因此，在企业进行员工培训的活动中应该全方位的考虑所有与培训相关的问题，尽可能涵盖所有的活动。

6.“企业战略”需要与员工“职业生涯”需要相结合的原则

培训和员工的职业生涯规划是密不可分的。企业在进行培训需求分析的时候也要把员工的职业生涯规划考虑进去。企业培训是立足于企业发展战略需要还是立足于员工职业生涯发展需要，反映出不同的培训目标取向，从激发员工的学习积极性来说，前者可能偏重“要我学”，后者则更多地让员工觉得“我要学”。其实，两个立足点并不存在天然的矛盾，关键在于要将两方面的培训需求科学地整合在一起。

7. 职前导向培训与岗位培训相结合的原则

职前导向培训是必需的，而且是一次的、短期的、初级的。使员工在短期内产生对企业的信任感与热爱心理，使员工基本掌握岗位的性质、特点和要求，使之能顺利地正式上岗。但切忌用岗前导向培训替代岗位培训，岗位培训是不断的、长期的，是从初级到高级不断提高的培训，是造就员工具备企业特色专才的一项长期工作。

第二节　培训的需求分析

随着经济发展的迅速，企业对培训越来越重视，对培训的投入也越来越大，然而培训效果却不尽如人意。据统计，目前约有 70% 的企业选择了 70% 以上不需要的培训课程，也就是说，企业在选择培训时，对自身的需求不明确，不知道自己真正需要的是什么，这直接导致了企业在选择培训时的盲目性，出现了“流行什么学什么，别人学什么我就学什么”，甚至有些企业是老总拍脑门决定培训内容，很多是应急式培训，培训如“救火”，无法规范操作。其最终的结果必然是培训不能对症下药，企业花了许多冤枉钱。那么，问题出在哪里呢？原因就在于这些企业在做培训之前，没有做培训需求分析。

培训需求分析是指在规划与设计每项培训活动之前，由培训部门采取各种办法和技术，对组织及成员的目标、知识、技能等方面进行系统的鉴别与分析，从而确定培训必要性及培训内容的过程。培训需求分析就是采用科学的方法弄清谁最需要培训、为什么要培训、培训什么等问题，并进行深入探索研究的过程。它具有很强的指导性，是确定培训目标、设计培训计划、有效地实施培训的前提，是现代培训活动的首要环节，是进行培训评估的基础，对企业的培训工作至关重要，是使培训工作准确、及时和有效的重要保证。

一、培训需求产生的原因

有效的培训需求分析是建立在对培训需求成因有效性的分析这一基础之上的，对培训需求形成的原因进行客观分析，直接关系到培训需求分析的针对性和实效性。

产生培训需求原因可能有下面的一种或几种：

1. 由于企业经营方向的变化而产生的培训需求

随着现代社会科技水平的迅猛发展，越来越多的企业比以往任何时候都灵活地调整着自己的经营方向。这就给整个企业的所有员工提出了重新定位的问题。如何适应一个新的生产和经营环境，并且能够取得更佳的工作成绩，就需要员工培训来提供平稳过渡的桥梁。

2. 由于工作环境和岗位的变化而产生的培训需求

即使是在同一企业中继续工作，许多管理者和手下的员工也必须接受其工作内容、工作环境的显著变化，或者干脆重新接受一项崭新的工作。这在近些年来表现得极为突出。这些变化的产生源于：新的生产设备、新的加工方法、新的工艺流程、企业管理风格的改变以及企业的重新定位等变化。因此，组织和个人要在这种环境中得以生存并获得发展，就必须对变化做出灵活的反应。对自身做出某些调节，这就产生了培训的需求。

3. 由于企业的人员变化而产生的培训需求

只要人们改变工作，无论是主动选择，还是被迫选择，无论其在本企业内或在其他企业内或在其他企业间改变工作，都必须接受相关的培训，或者必然存在一种潜在的培训需求。如刚刚踏入社会的年轻人要获得就业方面的相关培训；有着多年工作经验的员工则需要掌握新知识、学习新技能的培训；对试图获得长远发展和进一步提升的人而言，相关培训更是不可或缺的。

4. 由于企业绩效低下而产生的培训需求

企业在对待由技术和其他变化所导致的培训需求时，也同样重视企业的生产经营绩效。事实上，实现企业正常的既定的绩效是相当重要的，但现实却常常令人感到遗憾。某个环节的执行失误，对具体工作的疏忽大意，工作情绪低落等等都使企业应达到的绩效没有很好的实现。因此针对提高企业绩效的员工培训也应运而生。

二、培训需求分析的内容

企业的培训需求是由各个方面的原因引起的，确定进行培训需求分析并收集到相关的资料后，就要从不同层次、不同方面、不同时期对培训需求进行分析。

1. 培训需求的层次分析

需求分析一般从三个层面上进行：战略层次分析、组织层次分析、人员分析。

(1) 培训需求分析的人员分析

人员分析是以企业员工个体作为分析的对象，主要分析企业员工个体现有状况与应有状况之间的差距，在此基础上确定谁需要和应该接受培训及培训的内容。

人员分析的主要作用是帮助管理者确定培训是否合适以及哪些雇员需要培训。其要解决的问题主要是如何确定能否通过培训这种方法，来解决员工的现有绩效和企业对他们的期望绩效之间的差距。同时，人员分析还要关注员工的个性特点、工作态度、工作动机和工作风格等方面。人员分析还可以帮助企业管理者更好地了解组织的人力资源素质。

人员分析主要包括以下一些内容：

①员工个性结构分析。员工个性结构的分析从理论上来讲是很重要的，但是几乎大多数的企业在培训中都忽视了这方面的问题，他们没有注意到在培训中还要根据受训者的个性因素制定培训方案以及安排合适的工作岗位。如销售岗位更适合性格外向的员工从事，而财会岗位更适合性格内向的员工从事，创造性高的员工较宜从事研发工作，创造性低的员工则应安排行政性质的工作等。

②员工知识结构分析。对员工的知识结构进行分析，不但是为了准确地制订培训方案，而且是为了充分利用各种有效的资源，使培训获得最大的经济效益。在对员工素质进行知识结构分析时，首先要从员工的教育水平着手，对整个公司来说，需要知道

公司各个文化层次上的员工数目，特别是中层管理者和业务骨干的文化层次，这是公司制订培训方案的基本依据。弄清员工的知识结构，从而结合组织和工作任务的需要，制订有目的的培训方案。

③员工专业结构分析。由于员工所在的岗位不同，从事的工作性质不同，承担的责任不同，可以把员工分为技术研发、生产、销售、财会、人事行政等类型。不同类型的员工需要不同的专业知识和技能，其培训也有不同的侧重点。员工的培训可以分为三个层次，即基本操作技能的培训、综合素质的培训和敬业精神的培训。在进行培训需求分析时，人员分析要根据企业已有的员工专业结构，结合组织任务制订相应的培训方案。

④员工需求分析。对员工的需求分析是为了了解员工的需求层次。因为只有满足需求的培训才会最大限度地调动人员学习的积极性。没有进行员工的需求分析，可能会造成培训与培训需要的脱节；同时，如果员工对组织分配的培训没有积极性，那么他就会想方设法规避培训责任；如果员工对派出参加培训感到不满意，那么他往往表现出缺乏培训热情，并且在培训过程中会因缺乏积极投入而影响最终培训效果。因此，在培训过程中，如果不进行员工的需求分析，不但培训很难顺利进行，而且培训效果也很难保证。

当然，有的时候员工的需求和组织的需求可能有冲突，如作为机构和组织，它往往更多的是从组织需要和角度来确定和衡量人员的员工培训需求，因而员工个人的培训意愿可能与组织的培训需求不一致。这个时候，就需要组织领导对员工进行指导和帮助，让他们清楚地知道自己可以利用的各种培训选择，最大限度地满足他们的培训需求。

（2）培训需求分析的组织层次分析

组织层次分析主要分析的是企业的目标、资源、环境等因素，准确找出企业存在的问题，并确定培训是否是解决问题的最佳途径。组织层次的分析应包括以下一些内容：

①组织目标的分析。组织目标作为一定时期内组织及其成员的行为动力和前进方向，既对组织的发展起决定性作用，也对培训规划的设计与执行起决定性作用。一般说来，组织目标决定培训目标，培训目标为组织目标的实现服务。有什么样的组织目标，就会有什么样的培训目标，组织目标与培训目标具有内在的一致性。当组织目标不清晰、不明确时，培训目标便难以确定，培训规划也难以设计与执行，详细说明培训过程中应用的标准也不可能。因而在培训需求分析中，详细说明组织目标显得尤为重要。

既然明确、清晰的组织目标有助于培训目标的确定、培训规划的设计与执行，那么当组织目标不清晰而组织绩效低下时，应如何处理呢？在该种情况下，对于组织来说，应通过组织变革等方式首先确定组织目标，然后再决定是否是培训问题。

②组织气候的分析。所谓组织气候是指在组织内存在的，能够影响培训效果的诸因素的总称，包括价值观、人际关系状况、态度、制度构成、领导水平等。一般情况下，培训与组织气候的关系是辩证的，一方面，组织气候决定、影响和制约培训效果，

组织气候的变化必然导致培训效果的变化；另一方面，培训效果对组织气候具有反作用。

很多研究看到了组织气候对培训的重要作用。有研究者指出，当培训规划与工作现场的价值不一致时，培训效果将很难保证；有研究者警告说，培训部门对知识、技能的获得投入了大量的精力，而对培训后将要发生的情况考虑不足；还有研究者认为，如果受训者同事的行为方式同受训者在培训中学习到的行为方式相一致，那么受训者在工作中将会被提醒 而运用所学到的行为方式。上述几种观点都说明了培训转换中的组织气候问题的重要性。

③资源分析。资源分析主要包括组织人员的安排、设备类型、财政资源的描述，其中最重要的是人力资源分析。

人力资源分析主要是对组织内现有人力资源状况的分析，它往往涉及组织工作人员的数量、质量、结构等方面。一般说来，由于人们调离原单位到其他不同的组织工作、退休、在组织内部获得晋升，生产结构、工艺流程的改变导致的人员下岗以及组织内产生新任务等，都会造成人力资源的不足。这就促使组织想方设法弥补人力资源之不足，或者到组织外重新雇佣一批人员，或者是迅速设计培训规划为现有工作人员提供指导，为新工作任务作准备。这些工作都必须建立在人力资源分析基础之上。

（3）培训需求分析的战略层次分析

随着企业变革速度的加快，人们把目光投向未来，不仅针对企业的过去和现在进行培训需求分析，而且重视对企业未来进行培训需求分析，即战略层次分析。战略层次分析要考虑各种可能改变组织优先权的因素，如引进一项新的技术、出现了临时性的紧急任务、领导人的更换、产品结构的调整、产品市场的扩张、组织的分合以及财政的约束等；还要预测企业未来的人事变动和企业人才结构的发展趋势（如高中低各级人才的比例），调查了解员工的工作态度和对企业的满意度，找出对培训不利的影响因素和可能对培训有利的辅助方法。

①组织优先权的改变。一般说来，组织优先权是指组织当前的工作重心，或组织当前必须优先考虑的问题。随着外界环境的变化，组织优先权也不断发生变化。

组织优先权的改变，说明了这样一种观点：培训部门不能仅仅考虑现在的需要和建立在过去倾向基础上的服务提供，它必须具有一定的前瞻性；必须分析组织的未来需要，并尽量为组织未来的可能变化作准备。

②人力资源预测。人力资源预测是对组织未来人力资源状况的一种预先分析，主要包括需求预测和供给预测两部分内容。需求预测主要考察一个组织所需的人员数量及这些人员必须掌握的技能。供给预测不但要考虑可能参加工作的人员数量，而且也要考查这些人员所具有的技能状况。例如，通过需求预测，运输部门可能预测到需要增加一部分工程技术人员。而通过供给预测，运输部门就可以发现全国，尤其是一些关键地区和部门工程技术人员的短缺状况，就可以利用这些信息制定一个包括培训、工资待遇、职务晋升、新员工录用的计划，以保证所需人员的雇佣、培训和再培训。

③组织态度分析。在培训需求的战略分析中，收集全体人员对其工作、工资、晋升、同事等的态度和满意程度的信息是非常重要的。这主要是因为，首先，对态度和

满意程度的调查能帮助查出组织内最需要培训的领域；其次，对态度与满意程度的调查不仅可以表明是否需要培训以外的方法，而且也能确认那些阻碍改革和反对改革的领域。

工作人员可以根据满意程度的不同，标出他们对调查问题的看法。根据工作人员的态度状况，我们又可以形成一些问题；如组织中的个人或团体是否缺乏技术技能？是否缺乏处理人际关系的技能？组织是否被认为观念复杂和整体和谐？组织利益同个人利益是一致还是冲突？对这些问题的不同回答，将会产生不同的培训与组织开发冲动。如果认为技术能力欠缺，那么进行传统培训可能是适宜的。如果人际关系技能比较欠缺，那么管理培训可能是适宜的。如果观念认同是一个问题，那么组织目标的重新解释或重新确定可能是适宜的。如果工作人员同组织之间的一致性比较差，那么强化职业生涯开发可能是适宜的。因此，在培训需求的战略分析中，对组织成员态度进行系统的分析，有助于了解组织未来的培训需求及培训内容。

必须明确的是，培训需求分析的三大层次并不是截然分开的，而是相互关联、互有交叉。具体表现为：个体分析是组织分析和战略分析的基础，无论是组织分析，还是战略分析，最终均体现为工作人员个体的培训需要的确定；战略分析是个体分析和组织分析的延伸和深化，个体分析和组织分析集中于组织及其成员的现有培训需要，战略分析集中于组织及其成员的未来培训需要，都是对组织及其成员培训需要的分析。因此，在进行培训需求分析时，应把三个层次综合起来，同时进行，以保证培训需求分析的有效性。

2. 培训需求的对象分析

（1）新员工培训需求分析

新员工由于对企业文化、企业制度不了解而不能融入企业，或是由于对企业工作岗位的不熟悉而不能很好地胜任新工作，此时就需要对新员工进行培训。对于新员工的培训需求分析，特别是对于从事低层次工作的新员工的培训需求分析，通常使用任务分析法来确定其在工作中需要的各种技能。

（2）在职员工培训需求分析

在职员工培训需求是指由于新技术在生产过程中的应用，在职员工的效能不能满足工作需要等方面的原因而产生的培训需求，通常采用绩效分析法评估在职员工的培训需求。

3. 培训需求的阶段分析

（1）目前培训需求分析

目前培训需求是指针对企业目前存在的问题和不足而提出的培训要求。目前培训需求分析主要分析企业现阶段的生产经营目标、生产经营目标的实现状况、未能实现的生产任务、企业运行中存在的问题等方面。找出上述问题产生的原因，并确认培训是解决问题的有效途径。

（2）未来培训需求分析

未来培训需求是为满足企业未来发展过程中的需要而提出的培训要求。未来培训需求分析主要采用前瞻性培训需求分析方法，预测企业未来工作变化、员工调动情况、新工作岗位对员工的要求以及员工已具备的知识水平和尚欠缺的部分。

三、培训需求分析的方法

培训的成功与否在很大程度上取决于需求分析的准确性和有效性。如果需求分析不准确，就会让接下来的培训偏离轨道，做无用功，花费了企业的人力、物力和财力，却收不到应有的效果。因此，企业要进行有效的需求分析，就必须采取合适的方法。

1. 培训需求分析的方法

（1）绩效差距分析法

绩效差距分析法也称问题分析法或者结果分析法，主要集中于组织或组织成员存在的问题，即在分析组织及其成员现状与理想状况之间的差距的基础上，确认和提出造成差距的症结与根源，明确培训是否是解决这些问题、提高组织绩效的有效途径。它可以归纳为有逻辑的三个步骤：

第一步，找出部门或个人绩效差距。有关培训的理论认为培训应当从绩效差距入手：培训之所以必要，传统理论认为是因为企业工作岗位要求的绩效标准与员工实际工作绩效之间存在着差距；新的理论则认为也应包括企业战略或需要的员工能力与员工实际能力之间的差距，这种差距导致低效率，阻碍企业目标的实现。只有找出存在绩效差距的地方，才能明确改进的目标，进而确定能否通过培训手段消除差距，提高员工生产率。

第二步，寻找分析差距产生的原因。发现了绩效差距的存在，并不等于完成了培训需求分析，还必须寻找存在差距的原因，因为不是所有的绩效差距都可以通过培训的方式去消除。有的绩效差距属于环境、技术设备或制度的原因，有的则属于员工个人难以克服的个性特征原因，只有在员工不是因为难以克服的个性特征原因，而仅是存在知识、技能和态度等方面能力不足的情况时，培训才是必要的。

第三步，确定解决方案，产生培训需求。找出了差距原因，就能判断应该采用培训方法还是非培训方法去消除差距。企业根据差距原因有时采用培训方法，有时采用非培训方法，有时也采用培训与非培训结合的方法，一切都根据绩效差距原因的分析结果来确定。

绩效差距分析法主要集中在问题而不是组织系统方面，其推动力在于解决问题而不是系统分析。绩效差距分析方法是一种广泛采用的，非常有效的培训需求分析方法。

（2）问卷调查法

利用调查问卷调查员工的培训需求也是培训组织较常采用的一种方法。一般由培训部门设计一系列培训需求的相关问题，以书面问卷的形式发放给培训对象，待培训对象填写之后再收回进行分析。

采用调查问卷法进行培训需求分析时，可以遵循以下五个步骤，见表 8－1。

表 8-1　　调查问卷法的实施步骤

步骤	内容	说明
1	制订调研计划	明确调研目标及任务，并具体化，调研才能紧紧围绕目标展开
2	编制问卷	调研问卷（表）是调研问卷分析法的基本工具，通常采用选择题和问答题的方式（如表 8-2 所示）
3	收集数据	发放调研问卷（表），并组织回收、整理
4	处理数据	统计数据，将问题进行汇总、分析
5	得出结论	根据分析结果得出结论，编写调研报告，提交调查结果

在设计调研问卷的问题时，应该注意下几个问题：

①问题尽量简短，并注意使用简单的、固定用法的术语，避免使用读者不了解或者容易引起歧义的名词；

②一个问题只涉及一件事，避免“结构复杂”的问句；

③题目设计要简单，不要使作答者作计算或逻辑推理；

④避免出现诱导答案的问题，保证作答者完全陈述自己观点。

调查问卷的设计看似是一份简单的工作，但是要设计出一份高水平的问卷，并不是一件很容易的事。表 8-2 是一份培训需求调查表的样例，供读者参考。

表 8-2　　培训需求调研问卷例表

姓名：	部门：		岗位：		
您对现在岗位的工作程序	非常熟悉	比较熟悉	一般	不太熟悉	很不熟悉
您对本行业的新知识	非常熟悉	比较熟悉	一般	不太熟悉	很不熟悉
以您现有的知识，您对您现在的工作	非常胜任	比较胜任	一般	不大胜任	很不胜任
备选课程	培训需要程度				
	很高	高	中	低	不需要
专业知识					
专业技能					
创新性思维					
目标管理					
成本管理					
时间管理					
沟通与表达技能					
会议管理与技巧					
团队领导与协作					
商业礼仪					
办公室自动化					
心态培养和压力管理					
潜能开发					
年　　月　　日					

备注：填表时在对应的内容下面用“√”标明。

（3）访谈法

访谈法是指培训组织者为了了解培训对象在哪些方面需要培训，就培训对象对于工作或对于自己的未来抱有什么样的态度，或者说是否有什么具体的计划，并且由此而产生相关的工作技能、知识、态度或观念等方面的需求而进行面谈的方法。访谈法是为了得到培训需求的数据和信息，与访谈对象进行面对面交流的活动过程。这个过程不只是收集硬性数据，比如事实、数据等，包括印象、观点、判断等信息。

访谈法可以遵循以下几个步骤进行，见表 8－3。

表 8－3　　**访谈法的实施步骤表**

步骤	内容	说明
1	访谈计划	确定访谈目的、项目，准备相关资料，确定相关人员名单
2	访谈预演	进行访谈练习，总结经验，发现问题及时更正
3	访谈开始	向访谈对象做简单介绍，营造适合交流的访谈氛围
4	收集数据	通过向访谈对象提问获得信息，基本工具为访谈记录表（如表 8－4 所示）
5	访谈结束	对访谈内容进行小结并让访谈对象确认，重问没有充分回答的问题
6	访谈总结	整理访谈记录表，总结访谈记录并收集归档
7	访谈综合	对访谈资料进行总结，综合访谈中的发现及结论

培训者在利用访谈法来讲进行培训需求分析之前，要对即将要访谈的问题做充分的准备，并在访谈中加以引导。如表 8－4 所示。

表 8－4　　**访谈记录例表**

访谈对象：	职位：
访谈人：	访谈时间：
具体问题	访谈记录
员工的性格特征、个人素质如何	
员工特别出色的知识、技能表现在什么方面	
员工特别需要学习的知识和技能有哪些	
员工对工作的热忱、关心度如何	
员工有望取得的成绩或者晋升的职务	
对员工参加培训的意见和建议	
其他需要说明的内容	
备注：	
记录人：	日期：

（4）观察法

观察法多用于生产型或服务性行业，是指到培训对象的实际工作岗位上去了解其工作技能、态度、表现以及在工作中遇到的主要问题等具体情况的一种方法。为了提高观察效果，一般要设计一份观察记录表，以作为需求分析的参考依据，如表 8－5 所示。

表 8-5 观察记录表

观察对象：	部门：	岗位：
观察地点：	观察时间：	
观察内容	记录	评价
工作态度		
工作方法		
工作熟练程度		
工作制度遵守		
工作沟通与协作		
灵活性与创新性		
工作效率		
工作完成情况		
时间管理		
突发事件应对		
备注：		
记录人：	记录时间：	

（5）档案资料法

档案资料法即利用现有的有关企业发展、组织目标、岗位工作、人员分析等方面的文件资料，对培训需求进行综合分析的方法。由于档案资料信息纷杂，通常需要利用表格工具进行提炼归纳，如表 8-6 所示。

表 8-6 资料信息归纳例表

归纳人：	归纳时间：	
归纳方式（用“√”标出）：	□资料收集	□资料整理
资料份数：		
资料完整情况：		
资料信息分类	内容	
企业信息		
外部信息		
管理层信息		
部门信息		
岗位信息		
个人信息		
备注：		
整理人：	日期：	

（6）关键事件法

关键事件法是指通过分析企业内外部对员工或者客户产生较大影响的事件以及其

暴露出来的问题，确定培训需求的一种方法。常见的典型事件如顾客投诉、重大事故等。表 8－7 给出了关键事件法的工具示例。

表 8－7　　　　关键事件收集例表

<table>
<tr><td colspan="2">员工姓名：</td><td>部门：</td><td>岗位：</td></tr>
<tr><td colspan="2">访问者：</td><td>访问时间：</td><td>访问地点：</td></tr>
<tr><td colspan="4">访问背景陈述：</td></tr>
<tr><td rowspan="5">访问内容及其描述</td><td>工作中遇到哪些重要事件</td><td colspan="2"></td></tr>
<tr><td>事件发生的情境</td><td colspan="2"></td></tr>
<tr><td>采取了怎样的应对行动</td><td colspan="2"></td></tr>
<tr><td>事件结果</td><td colspan="2"></td></tr>
<tr><td>经验教训</td><td colspan="2"></td></tr>
<tr><td rowspan="5">分析及评价</td><td>导致事件发生的原因和背景</td><td colspan="2"></td></tr>
<tr><td>员工的特别有效或多余的行为</td><td colspan="2"></td></tr>
<tr><td>关键行为的后果</td><td colspan="2"></td></tr>
<tr><td>员工自己能否支配或控制上述后果</td><td colspan="2"></td></tr>
<tr><td>员工事件处理欠缺的方面</td><td colspan="2"></td></tr>
<tr><td colspan="4">备注：</td></tr>
<tr><td colspan="3">制表人：</td><td>日期：</td></tr>
</table>

（7）自我分析法

自我分析法即通过培训对象的自我评价，比如对岗位知识、技能、掌握程度等内容的分析，来判断个人培训需求的一种方法。表 8－8 为一份自我分析例表。

表 8－8　　　　自我分析例表

<table>
<tr><td>姓名：</td><td>部门：</td><td>岗位：</td></tr>
<tr><td>项目</td><td colspan="2">分析</td></tr>
<tr><td>岗位任务所需条件</td><td colspan="2"></td></tr>
<tr><td>岗位工作胜任情况</td><td colspan="2"></td></tr>
<tr><td>工作成绩</td><td colspan="2"></td></tr>
<tr><td>工作失误及遇到的问题</td><td colspan="2"></td></tr>
<tr><td>自身优点</td><td colspan="2"></td></tr>
<tr><td>个人不足</td><td colspan="2"></td></tr>
<tr><td>应加强哪些方面的学习</td><td colspan="2"></td></tr>
<tr><td>学习目标及学习标准</td><td colspan="2"></td></tr>
<tr><td>学习方式</td><td colspan="2"></td></tr>
<tr><td colspan="3">部门主管意见：</td></tr>
<tr><td colspan="3">备注：</td></tr>
<tr><td colspan="3">年　　月　　日</td></tr>
</table>

2. 需求分析方法的使用

1）各方法优劣比较

上面提到的培训需求分析的这些方法各有优劣（如表8－9所示），企业可以根据自身状况自由选择。

表8－9　培训需求分析方法对比表

方法	说明	优点	缺点
绩效差距分析法	主要集中在问题而不是组织系统方面，其推动力在于解决问题而不是系统分析	能及时找到解决问题的方法，简单明了，易于实施，制定出的措施也有针对性，近期容易出成绩，效果较佳	易失去方向性，对于整体中的轻重缓急，不易把握，长期可能造成发展的偏差
调查问卷法	将有关事项转化成问题以问卷形式进行调查	成本低；信息比较齐全；可大规模开展	针对性强；很难收集具体信息；难保证回收率
访谈法	可根据访谈的对象和内容灵活变换形式	方式灵活；信息直接；易得到支持和配合	主观性强；分析难度大；需要高水平访谈员
观察法	到员工的工作岗位上了解员工的具体情况	可以得到有关工作环境的信息；所得资料与培训需求相关性较高	可能会影响观察对象的行为方式；观察结果只是表面现象
档案资料法	利用现有文件资料综合分析培训需求	耗时少；成本低；信息质量高	不能显示解决办法；需要分析专家
关键事件法	以影响较大的事件来收集培训需求信息	易于分析和总结	事件具有偶然性；易以偏概全
自我分析法	通过个人情况来判断自己的培训需求	信息真实、直接	只代表个人情况

2）确定需求分析方法

培训需求分析方法的选择主要取决于培训本身的要求，因此，企业必须首先依据自身条件，再结合各方法的优点和缺点，最后确定培训需求的分析方法。

以下给出三点建议，见表8－10。

表8－10　确定培训需求分析方法的建议表

建议	说明
多种方法混合使用	选择两种或多种方法进行组合，可以弥补缺点，提高效果
允许自由意见	允许培训对象就他们认为重要的问题自由发表意见
做好充分准备	分析进行之前一定要明确目标，找准关键数据和关键人

不同的企业使用调研分析方法的侧重点也有所不同。例如：一个20人的小企业通过访谈就可以知道每个员工的基本培训需求和岗位差距；而一个2000人的企业的培训需求调查靠访谈却很难实现，而用调查问卷法则更容易，也更能了解到普遍的情况。又例如在具体方法的使用过程中，调查问卷法和访谈法都是自上而下进行，由于职务、工作等缘故，被访对象反映的问题不一定是真实情况，因此就没有现场观察的方法那

么直观和可靠；但是现场观察法在使用的时候也有一定的局限性，不能覆盖企业管理的各个层面。

因此，企业在实际操作中，可以结合自身特点，综合利用各种方法进行培训需求分析，得出培训需求结论。

第三节 培训计划的制订

所谓培训计划（Training Program）是指按照一定的逻辑顺序排列的记录，从组织的战略出发，在全面、客观的培训需求分析基础上做出的对培训时间、培训地点、培训者、培训对象、培训方式和培训内容等的预先系统设定。

培训计划必须满足组织及员工两方面的需求，兼顾组织资源条件及员工素质基础，并充分考虑人才培养的超前性及培训结果的不确定性。

一、培训计划的作用

从某种意义上讲，培训计划的作用就如同驾车外出旅行时常需的道路指南。有了它，培训者就能够知道起点在哪，终点在哪，所要经过地方的确切位置；否则，虽可出发旅行，但却无从得知去什么地方，或能否抵达目的地。

具体地说，培训计划给管理和控制带来的好处有五条：

（1）它保证不会遗忘主要任务。

（2）它清楚地说明了谁负责、谁有责任、谁有职权。

（3）它预先设定了某项任务与其他任务的依赖关系，这样也就规定了工作职能上的依赖关系。

（4）它是一种尺度，可用于衡量对照各种状态，最后则用于判断项目、管理者及各成员的成败。

（5）它是用做监控、跟踪及控制的重要工具，也是一中交流和管理的工具。

二、影响培训计划制定的因素

在制订培训计划时，必须顾及以下的因素：

1．员工的参与

让员工参与设计和决定培训计划，除了加深员工对培训的了解外，还能增加他们对培训计划的兴趣和承诺。此外，员工的参与可使课程设计更切合员工的真实需要。

2．管理者的参与

各部门主管对于部门内员工的能力及所需何种培训，通常比负责培训计划者或最高管理阶层更清楚，故他们的参与、支持及协助，对计划的成功有很大的帮助。

3．时间

在制订培训计划时，必须准确预测培训所需时间及该段时间内人手调动是否有可能影响组织的运作。编排课程及培训方法必须严格依照预先拟订的时间表执行。

4. 成本

培训计划必须符合组织的资源限制。有些计划可能很理想，但如果需要庞大的培训经费，就不是每个组织都负担得起的。能否确保经费的来源和能否合理地分配和使用经费，不仅直接关系到培训的规模、水平及程度，而且也关系到培训者与学员能否有很好的心态来对待培训。

三、培训计划的类型

以培训计划的时间跨度为分类标志，可将培训计划分为长期、中期和短期培训计划三种类型。这三种是一种从属的包含关系，中期培训计划是长期培训计划的进一步细化，短期培训计划则是中期培训计划的进一步细化。

1. 长期培训计划

长期培训计划一般指时间跨度为3~5年以上的培训计划。时间过长有些变数无法做出预测，时间过短就失去了长期计划的意义。长期培训计划的重要性在于明确培训的方向性、目标与现实之间的差距和资源的配置，此三项是影响培训最终结果的关键性因素，应引起特别关注。

2. 中期培训计划

中期培训计划是指时间跨度为1~3年的培训计划。它起到了承上启下的作用，是长期培训计划的进一步细化，同时又为短期培训计划提供了参照物。

3. 短期培训计划

短期培训计划是指时间跨度在1年以内的培训计划。在制订短期培训计划时需要着重考虑的两个要素是：可操作性和效果。因为没有它的点滴落实，组织的中、长期培训目标就会成为空中楼阁。

四、培训计划的内容

我们可以利用5W1H的原理，来分析培训计划应该包含的内容。

所谓“5W1H”，是指以WHY（为什么?）、WHO（谁?）、WHAT（培训的内容是什么?）、WHEN（什么时候、时间?）、WHERE（在哪里?）、HOW（如何进行）等六个单词的第一个字母组成的“5W1H”。

如果将其所包含的内涵对应到制订企业培训计划中来，即要求我们明确：我们组织培训的目的是什么？（WHY）培训的对象是谁？并由谁负责？授课讲师是谁?（WHO）培训的内容如何确定？（WHAT）培训的时间、期限有多长？（WHEN）培训的场地、地点在何地?（WHERE）以及如何进行正常的教学（HOW）等六要素。这六个要素所构成的内容就是组织企业培训计划的主要依据。

1. 企业培训的目的（WHY）

企业培训管理员在进行培训前，一定要明确企业培训计划的真正目的，并且要将培训的目的与公司的发展、员工的职业生涯紧密结合起来，这样，才可以使培训效果更佳，针对性也更强。因此，我们在组织一个培训项目的时候，一定要很清楚地知道此次培训的目的，并且还需要用简洁、明了的语言将它描述出来，以成为我们培训的纲领。

2. 企业培训的负责人（WHO）

负责企业培训的管理员，虽然依企业的规模、行业及经营者的经营方针、策略不同而归属的部门各有不同，但大体上，规模较大的企业，一般都设有负责培训的专职部门，如训练中心等，来对公司的全体员工进行有组织、有系统的持续性训练。因此，当我们在设立某一培训项目时，就一定要明确具体的培训负责人，使之全身心地投入到有培训计划的策划和运作中去，避免出现培训组织的失误。另外，在遴选培训讲师时，如公司内部有适当人选时要优先聘请，如内部无适当人选时，再考虑聘请外部讲师。受聘的讲师必须具有广泛的知识、丰富的经验及专业的技术，才能受到受训者的信赖与尊敬；同时，还要有卓越的训练技巧和对教育的执著、耐心与热心。

3. 企业培训的对象（WHO）

人力资源开发的企业培训对象，可依照阶层别（垂直的）及职能别（水平的）加以区分。阶层别大致可分为普通操作员级、主管级及中、高层管理级；而职能别的培训又可以分为生产系统、营销系统、质量管理系统、财务系统、行政人事系统等项目。我们在组织、策划培训项目时，首先应该决定培训人员的对象，然后再决定企业培训计划的培训内容、时间期限、培训场地以及授课讲师。培训学员的选定可由各部门推荐，或自行报名再经甄选程序而决定。

4. 企业培训的内容（WHAT）

企业培训的内容包括是否为开发员工的专门技术、技能或知识？或为改变工作态度的企业文化精神教育？或者是为改善工作意愿等的问题，可依照培训人员的对象不同而分别确定。在拟订企业培训计划的培训内容以前，应先进行培训需求的分析调查，了解企业及员工的培训需要，然后研究员工所担任的职务，明确每项职务所应达到的任职标准，然后再考察员工个人的工作实绩、能力、态度等，并与岗位任职标准相互比较。如果某员工尚未达到该职位规定的任职标准时，该不足部分的知识或技能，便是我们的培训内容，需要通过企业的内部培训，给予迅速的补足。

5. 企业培训的时间、期限（WHEN）

企业培训计划项目的时间和期限，一般而言，可以根据培训的目的、培训的场地、讲师及受训者的能力、上班时间等而决定。一般新进人员的培训（不管是操作员还是管理人员），可在实际从事工作前实施，培训时间可以是一周或十天，甚至一个月；而在职员工的培训，则可以以培训者的工作能力、经验为标准来决定培训期限的长短。企业培训计划中时间的选定以尽可能不过多影响工作为宜。

6. 企业培训的场地（WHERE）

企业培训场地的选用可以因培训内容和方式的不同而有区别，一般可分为利用内部培训场地及利用外面专业培训机构和场地两种。内部培训场地的训练项目主要有工作现场的培训（即工作中培训）和部分技术、技能或知识、态度等方面的培训，主要是利用公司内部现有的培训场地实施培训，优点是组织方便、费用节省，缺点是培训形式较为单一且受外来环境影响较大；外面专业培训机构和场地的培训项目主要是一些需要借助专业培训工具和培训设施的培训项目，或是利用其优美安静的环境实施一些重要的专题研修等的培训，其优点是可利用特定的设施，并离开工作岗位而专心接受训练，且应用的企业培训技巧亦较内部培训多样化，缺点是组织较为困难，且费用较大。

7. 企业培训的方法（HOW）

在各种企业培训计划的教育训练方法中，选择那些方法来实施教育训练，是企业培训计划的主要内容之一，也是培训成败的关键因素之一。根据培训的项目、内容、方式的不同，所采取的培训技巧也有区别。从培训技巧的种类来说，可以划分为讲课类、学习类、研讨类、演练类和综合类，而每一类培训技巧中所包含的内容又各有不同，如讲课类中可以分为 MGO—自我管理架构、监督能力提高法、讲课法等；学习类技巧中可以分为 SAAM 法、博览式学习法、读书法等；研讨类技巧中可以分为 PTI 个人心理疗法、案例分析法、管理原则贯彻法等；演练类技巧中可以分为 SCT 现场感受性训练法、TCA 沟通能力分析训练法、冲突化解法等；综合类技巧中可以分为函授教育法、科学决策法、离职外派教育法、面谈沟通法、视听教育法等。不同的技巧与方法所产生的培训效果是不同的，需要我们在制定企业培训计划时与授课讲师共同研讨与确定，以达到培训效果的最大化。

第四节　培训的组织与实施

培训计划的组织与实施是把培训计划付诸实施的全过程，是达到预期的培训目标的基本途径。一个完善的培训计划在拟定阶段，必然会涉及许多在实施中将发生的事情。包括：学员、培训师的选择，培训时间、场地的安排，教材、讲义的准备，培训经费的落实，培训评估方法的选择等。所以，培训计划能否成功实施，除了有一个完善的培训计划外，培训师的素质、培训人员的学习成效及环境、时间等相关因素的配合都不可忽视。因此为了实现预期的培训目标，培训的组织与实施必须要按照一定的科学的流程来操作，如图 8－1 所示。

由图 8－1 可以看出整个培训的组织与实施过程可以归纳为三个阶段：准备阶段、实施阶段和效果评估阶段。

一、准备阶段

根据培训需求分析制订出培训计划之后，为了保证培训的顺利实施，必须要先做好一系列的准备工作，主要包括以下一些内容：

1. 确认并通知参加培训的学员

如果先前的培训计划已有培训对象，在培训实施前必须先进行一次审核，看是否有变化，须考虑的相关因素如下：学员的工作内容、工作经验与资历、工作意愿、工作绩效、公司政策、所属主管的态度等。

要确保每一个应该来的人都收到通知，因此，最后有一次追踪，使每个人都确知时间、地点与培训的基本内容。

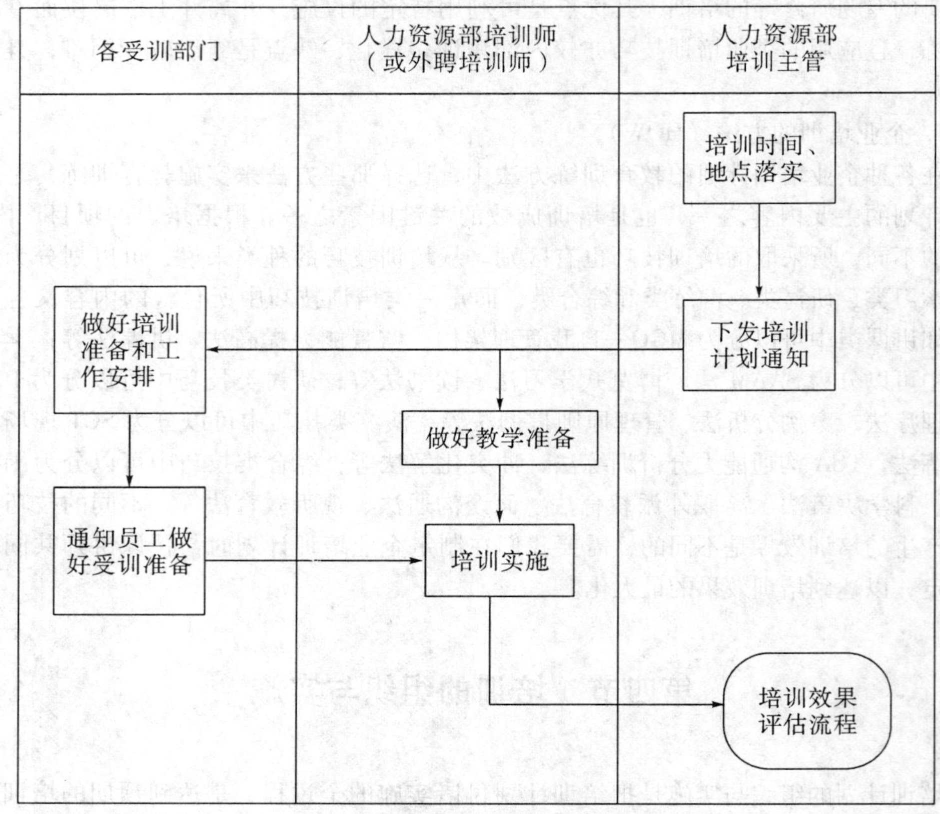

图 8－1　培训组织与实施流程图

2．确定培训师

要寻找到一位合适的培训师并不是一件容易的事，而培训师的好坏直接影响到培训的效果。一般而言，对于培训师的选择可以有两种途径，一是内部培养，二是进行外聘。

（1）内部培养

企业要培养一位合格的培训师成本很高，因为一位优秀的培训师既要有广博的理论知识，又要有丰富的实践经验，既要有扎实的培训技能，又要有吸引人的高尚人格。

（2）外聘

外聘培训师是目前很多企业常用的一种方式，因为这种方式比起内部培养成本要低得多，而且选择面也很广。但值得注意的是，很多企业在首次培训中选择培训师的标准可能只是其名气声望或者是一些人的推荐，但这并不能代表其真实能力。所以每次培训项目完成以后，培训组织者应该对培训教师进行相关评估，这样可以确切地反映其在培训中所发挥的作用。对于教学效果较好的教师，可以长期保持联系，为以后的培训储备资源。

3．确定教材

培训一般由培训师确定教材。教材来源主要有四种：外面公开出售的教材、企业内部的教材、培训公司开发的教材和培训师编写的教材。一套好的教材应该是围绕目标，尽可能考虑到趣味性，深入浅出，易记易懂。充分利用现代化的培训工具，采用视听材料，以增加感性认识。书面材料力求形式多样化，多用图表，简明扼要。

4．确定培训地点

培训地点的优劣也会影响到培训的效果。培训地点一般有以下几种：企业内部的会议室、企业外部的会议室、宾馆内的会议室。

对于培训地点的选择，须考虑的相关因素如下：培训性质、交通情况、培训设施与设备、行政服务、座位安排、费用（场地、餐费）等。

5．准备好培训设备

培训设备基本包括：电视机、投影仪、屏幕、放像机、摄像机、幻灯机、黑板、白板、纸、笔等等。一些特殊的培训，可能会需要一些特殊的设备，事前一定要准备好。

6．相关资料的准备

培训的相关资料主要包括：课程资料编制、活动资料准备、座位或签到表印制、结业证书等。

7．决定培训时间

培训时间须考虑的相关因素：能否配合员工的工作状况，是在白天，还是在晚上，工作日还是周末，旺季还是淡季，何时开始，何时结束，等等。

二、实施阶段

培训的实施过程是讲师与学员互动的过程。培训过程中的培训记录将为培训评估和下一阶段的培训方案设计和培训实施提供必要的依据。

1．课前工作

课前准备工作包括：

（1）准备茶水、播放音乐。

（2）学员报到，要求在签到表上签名。

（3）引导学员入座。

（4）课程及讲师介绍。

（5）学员心态引导、宣布课堂纪律。

2．培训开始的介绍工作

培训开始的介绍工作包括：

（1）培训主题介绍。

（2）培训者的自我介绍。

（3）后勤安排和管理规则介绍。

（4）培训课程的简要介绍。

（5）培训目标和日程安排的介绍。

（6）学员自我介绍。

3. 知识或技能的传授

传授新知识或技能的方法有很多，培训师可以根据培训内容和培训目标选择如下一种或多种方法结合使用。

（1）演示法

演示法又分为讲座法、视听法。

①讲座法

讲座法是指培训者用语言传达想要受训者学习的内容。这种学习的沟通主要是单向的——从培训者到听众。不论新技术如何发展，讲座法一直是受欢迎的培训方法。

讲座法是按照一定组织形式有效传递大量信息的成本最低、时间最节省的一种培训方法。讲座的形式之所以有用，也是因为它可向大批受训者提供培训。除了作为能够传递大量信息的主要沟通方法之外，讲座法还可作为其他培训方法的辅助手段，如行为示范和技术培训。

讲座法也有不足之处。它缺少受训者的参与、反馈以及与实际工作环境的密切联系，这些都会阻碍学习和培训成果的转化。讲座法不太能吸引受训者的注意，因为它强调的是信息的聆听，而且讲座法使培训者很难迅速有效地把握学习者的理解程度。为克服这些问题，讲座法常常会附加问答、讨论和案例研究。

②视听法

视听教学使用的媒体包括投影胶片、幻灯片和录像。录像是最常用的方法之一。它可以用来提高学员的沟通技能、谈话技能和顾客服务技能，并能详细阐明一道程序（如，焊接）的要领。但是，录像方法很少单独使用，它通常与讲座一起向雇员展示实际的生活经验和例子。

录像也是行为示范法和互动录像指导法借助的主要手段之一。在培训中使用录像有很多优点：第一，培训者可以重播、慢放或快放课程内容，这使他们可以根据受训者的专业水平来灵活调整培训内容；第二，可让受训者接触到不易解释说明的设备、难题和事件，如设备故障、顾客抱怨或其他紧急情况；第三，受训者可接受相同的指导，使项目内容不会受到培训者兴趣和目标的影响；第四，通过现场摄像可以让受训者亲眼目睹自己的绩效而无须培训者过多的解释。这样，受训者就不能将绩效差归咎于外部评估人员。

（2）传递法

传递法是指要求受训者积极参与学习的培训方法。

①现场培训是指新雇员或没有经验的雇员通过观察并效仿同事或管理者工作时的行为来学习。现场培训是一种很受欢迎的方法，因为与其他方法相比，它在材料、培训者的工资或指导方案上投入的时间或资金相对较少。某一领域内的管理者和同事都可作为指导者。

但是使用这种缺乏组织的现场培训方法也有不足之处：管理者和同事完成一项任务的过程并不一定相同；或许既传授了有用的技能，也传授了不良习惯。

②自我指导学习是指由雇员自己全权负责的学习，包括什么时候学习及谁将参与到学习过程中来。受训者不需要任何指导者，只需按照自己的进度学习预定的培训内

容。培训者只是作为一名辅助者而已。

自我指导学习的一个主要不足在于它要求受训者必须愿意自学，即有学习动力。

自我指导学习在将来会越来越普遍，因为公司希望能灵活机动地培训雇员，不断使用新技术，并且鼓励雇员积极参与学习而不是迫于雇主的压力而学习。

③师带徒是一种既有现场培训又有课堂培训的工作—学习培训方法。大部分师带徒培训项目被用于技能行业，如管道维修业、木工行业、电工行业及瓦工行业。

师带徒培训的一个主要优点是可让学习者在学习的同时获得收入。因为师带徒培训会持续好几年，学习者的工资会随着他们技能水平的提高而自动增长。而且，师带徒培训还是一种有效的学习经历，因为它包括由地方商业学校、高中或社区大学提供的课堂指导，其中指出了为什么及如何执行一项任务。一般情况下，会在培训结束后将受训者吸纳为全职雇员。

师带徒培训的一个缺点是无法大量进行培训；另一个缺点是无法保证培训结束后还能有职务空缺；最后一点就是师带徒项目只对受训者进行某一技艺或工作的培训。

④仿真模拟是一种体现真实生活场景的培训方法，受训者的决策结果能反映出如果他在某个岗位上工作会发生的真实情况。模拟可以让受训者在一个人造的、无风险的环境下看清他们所作决策的影响，常被用来传授生产和加工技能及管理和人际关系技能。

⑤案例研究是关于雇员或组织如何应对困难情形的描述，要求受训者分析评价他们所采取的行动，指出正确的行为，并提出其他可能的处理方式。

⑥商业游戏要求受训者收集信息，对其进行分析并作出决策。主要用于管理技能的开发。游戏可以刺激学习，因为参与者会积极参与游戏而且游戏仿照了商业的竞争常态。

⑦角色扮演是指让受训者扮演分配给他们的角色，并给受训者提供有关情景信息（如，工作或人际关系的问题）。

角色扮演与模拟的区别在于受训者可选择的反应类型及情景信息的详尽程度。角色扮演提供的情景信息十分有限，而模拟所提供的情景信息通常都很详尽。模拟注重于物理反应（如，拉动杠杆、拨号码），而角色扮演则注重人际关系反应（寻求更多的信息、解决冲突）。

⑧行为示范是指向受训者提供一个演示关键行为的示范者，然后给他们机会去实践这些关键行为。其更适合于学习某一种技能或行为，而不太适合于事实信息的学习。

（3）团队建设法

团队建设法是用以提高小组或团队绩效的培训方法，旨在提高受训者的技能和团队的有效性。团队建设法让受训者共享各种观点和经历，建立群体统一性，了解人际关系的力量，并审视自身及同事的优缺点。

①冒险性学习注重利用有组织的户外活动来开发团队协作和领导技能，也被称作野外培训或户外培训。冒险性学习最适合于开发与团队效率有关的技能，如自我意识、问题解决、冲突管理和风险承担。

②团队培训协调一起工作的单个人的绩效，从而实现共同目标。团队绩效的三要

素为：知识、态度和行为。

③行为学习是指给团队或工作小组一个实际工作中面临的问题，让他们共同解决并制订出行为计划，然后由他们负责实施该计划的培训方式。

4．对学习进行回顾

做任何一件事情都要有始有终，培训也是一样。但培训者通常都是很重视开始和整个培训过程，而忽略了结束部分。当然，好的开始可以给学员和培训者带来信心，而整个培训过程更是传授新知识和技能的主要环节，所以能留给总结部分的时间就不多了。但是只要能给结束部分留出相当于全部培训时间的5%左右的时间，就能取得意想不到的效果。

值得注意的是，即使是在培训的总结阶段，也不能忘记学员的参与培训是成功的关键。

三、评估阶段

培训效果的评估是在所收集的评估资料的基础上，寻找确定培训中的不足，对培训进行深入分析与不断改进的过程，以逐步提高企业员工培训的质量和效果，促进企业员工培训与开放目标的最终实现。这部分内容将在下一节做详细阐述。

第五节　培训效果的评估与反馈

培训效果评估与反馈是培训流程中的最后一个环节，是组织管理中对培训工作修正、完善和提高的重要手段，也是员工培训流程必不可少的组成部分。培训效果评估既能对培训组织部门的业绩做出评价，也能了解接受培训的人员的培训效果；培训效果评估可以作为对培训投入产出的收益进行定性的统计分析的基础，为企业人力资本投资和管理提供依据；培训评估能够帮助决策者做出科学的决策，在不同的培训项目之间做出科学的选择，确保培训项目实现所确定的目标。

需要注意的是，培训效果评估的工作尽管位于一个培训流程的末端，但这种评估工作不是在培训结束后才开始的，它要贯穿在整个培训体系流程的始终，也就是说，我们所做的不仅是对结果的评估，而是对整个培训过程的评估。

一、培训效果评估与反馈的基本原则

“没有评估就没有管理”。通过评估，可以有效开展与监控培训的过程，反映并突显培训的价值，支持并促进人才资源管理其他业务板块的持续改进。

（1）培训效果评估要贯穿培训过程始终，坚持过程评估与结果评估相结合。培训评估不仅仅是收集反馈信息，衡量结果，其根本意义在于检验与促进培训目标的达成。因此从制订培训计划开始，到培训过程结束，评估都发挥着不可或缺的作用。

（2）关注培训评估与人力资源其他业务板块的有序联动以及培训效果的实践转化力，依据现阶段培训战略，确定相应的评估策略重点，指导评估的有序进行。

(3) 依据培训目标，选择相应的培训评估方法组合。保证培训持续有效开展的关键环节之一在于培训评估的方法系统，具体涉及根据培训目标、对象确定评估层面以及相关的工作等内容。

(4) 营造评估文化。培训管理者要对培训评估整个环节负责；学员要对培训应取得的成果负责；各级直线管理者要参与培训评估的各个阶段，为培训效果的实践转化提供支持。

二、培训效果评估与反馈的内容

培训评估包括绩效评估和责任评估两项。

1. 培训绩效评估

绩效评估是以培训成果为对象进行评估，包括接受培训者的个人学习成果和他在培训后对组织的贡献，这是培训评估的重点。

根据唐·柯克帕特里克（Donald L. Kirkpatrick）的 柯氏“四级评估模型”，将评估活动分为四个级别，如图 8－2 所示。

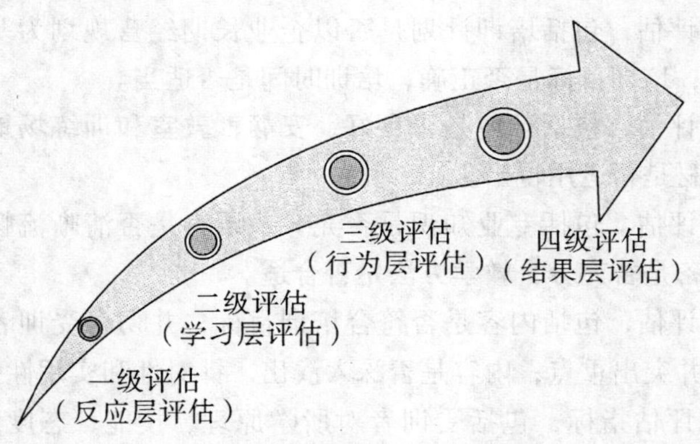

图 8－2　柯氏“四级评估模型”图

(1) 一级评估：反应层面。它是最基础的评估，是学员对课程的满意程度。比如培训的整体安排、课程内容、讲师的满意度等。

因此，反应层面需要评估以下几个方面：内容、讲师、方法、材料、设施、场地、报名的程序等。

这个层面的评估易于进行，是最基本、最普遍的评估方式，主要采用问卷调查、面谈、座谈的方式来进行。

(2) 二级评估：学习层面。这个层面的评估就进入评估的实质性阶段，从学习的收获入手，考察学员对所学原理、技能、态度的理解和掌握的程度。

该层面的评估方法有：考试、演示、讲演、讨论、角色扮演等多种方式。

(3) 三级评估：行为层面。其主要是指培训后的学员在实际岗位工作中的行为改变。培训的目的就是改变学员的行为，因此这个层面的评估可以直接反映课程的效果；可以使高层领导和直接主管看到培训的效果，使他们更支持培训。

该层面的评估，主要有采用观察、主管的评价、客户的评价、同事的评价等方式。

（4）四级评估：结果层面。其主要是指培训后学员的绩效有没有带来变化，例如次品率降低、产量提高、缺勤率和离职率降低等。这一层面的评估是把企业或学员的上司最关注的并且可量度的指标，如质量、数量、安全、销售额、成本、利润、投资回报率、员工流动率等，与培训前进行对照。如果能在这个层面上拿出翔实的、令人信服的调查数据，不但可以打消高层主管投资于培训的疑虑心理，而且可以指导培训课程计划，把有限的培训费用用到最可以为企业创造经济效益的课程上来。但是，结果层面的评估不好评，主要是因为培训的收获有可能是马上见效，当月的绩效就可以看得出来，但有的是为适应未来长远发展而进行的培训，这个时候绩效不能马上显现，还有一种情况是在运用学习到的新技能、技巧改变的时候，可能出现业绩的临时下滑，这就会有一个试错成本。另外，结果层面的评估需要公司有相关的数据提供支撑，因此对于结果层面的考评对部门主管的要求最高，对公司的管理规范的要求也最高。

2. 培训责任评估

责任评估是以负责培训或培训者的责任为对象的评估，目的是进一步明确培训工作方向，改进培训工作。主要包括以下几个方面：

（1）培训计划评估，包括培训计划是否以企业长期经营规划为基础；培训有无必要、有无客观需求；培训目标是否正确；培训时间是否适当。

（2）培训设施评估，包括环境是否良好、安静；教室和训练场地是否适用；设备是否充足；辅教器材是否运用得当。

（3）培训师资评估，包括专业知识是否充分；语言是否清晰流畅；表达能力是否令人满意；教材准备是否充分；教学方法是否合适。

（4）培训教材评估，包括内容是否符合培训目标，并切合受训者的程度；教材编写是否自成体系，并突出重点；内容是否深入浅出、针对性和实用性强。

（5）培训成果评估指标，包括受训者对所学原理、技能、态度的掌握程度如何；培训结果对受训者工作绩效的影响如何；受训者对培训工作的意见如何；接受受训者的意见，改善了哪些工作；培训与人力资源管理措施的结合程度如何。

培训责任评估工作，主要由负责培训的部门及其责任者进行自我总结和评估，以便肯定成绩，找出差距，改进培训工作。采用的方法有问卷法、追踪法、现场验证法及对照法等。

三、培训投资效果分析

培训是一种投资，因此，对这一投资的结果必须加以测定和评估。一般来讲，对组织内培训投资的分析，可以使用“成本—收益分析”的方法，测定投资的效果。

1. 培训成本

培训成本可以分为直接成本和间接成本两个方面。直接成本包括组织所支付的讲课费、外请教师的食宿、交通费、图书文具、受训者的津贴等实际金额。间接成本包括受训者在培训期间损失的工作量、返回工作岗位后的生疏感和工作的迟缓以及因离开工作岗位而引起的人际关系疏远等因素。

2．培训收益

培训收益也可分为直接效果和间接效果两个方面。培训收益的直接效果，是指受训人劳动生产率的提高。因为培训使受训人工作能力提高，使工作态度改善。这里的“工作能力”包括工作上所必需的知识、对工作指令的理解力、业务处理的速度、分析能力、计划能力、传达能力、领导力、独创力、判断力、果断力、视野等。“工作态度”包括协调性、指导性、勤勉性、自信、责任感等。培训收益的间接效果，是指由于培训让受训者个人的工作能力提高、工作内容改善和获得晋升等利益，促进群体内从业人员间的竞争意识、奋发向上，提高员工士气，从而提高劳动生产率。

第六节　新员工导向培训

一、新员工导向培训的涵义

“导向”一词是直接译自英语单词 orientation，意为指引方向。所以从浅层意义看，新员工导向培训活动是指对刚被招聘进入企业，对内外情况都很生疏的新员工进行指引，使之对新的工作环境、条件、人员关系、应尽职责、工作内容、规章制度、组织的期望有所了解，使其尽快而顺利地安下心来，融合到企业中来并投身到工作中去，进入职位角色并创造优良绩效的活动。

然而，从更深层的作用上去分析，新员工导向培训活动对于培养员工的组织归属感意义重大。员工的组织归属感是指职工对自己的工作单位从思想、感情及心理上产生的认同、依附、参与和投入，是对自己单位的忠诚、承诺与责任感。越来越多的企业发现，可以将导向活动运用于其他目的，包括使新雇员熟悉企业的目标和价值观。美国丰田汽车制造公司的上岗引导（被称作“同化”）计划就是这方面的一个案例。这个计划包括像公司福利一类传统的内容，但更重要的目的是潜移默化地使丰田的新雇员接受该公司的质量意识、团队意识、个人发展意识、开放沟通意识以及相互尊重意识。

二、新员工导向培训的意义

1．有助于减少新员工的焦虑感

刚刚步入一个组织的新员工，会产生心理上的紧张和不安。这是因为：一方面，由于面对一个全新的环境，头脑中会有一连串的问题，思想上会出现一种不确定感，行动上不知所措；另一方面，由于原来对公司有新员工入职培训的期望，进入企业后发现事实并非像个人预想或者该组织所介绍的那样好，心中会感到震惊和焦虑，美国学者霍尔称之为现实震动。为此，进行新员工培训，有助于稳定新员工的情绪。

2．有利于缩小新员工与所分配职位之间的差异

新员工进入企业后做的第一份工作都是新的工作，不管他（她）以前是否做过类似的工作。即使他们已经有了扎实的基本知识和丰富的实践经验，也需要了解本企业

在这方面是怎么做的，这正是培训要解决的，通过熟悉和领悟，让新员工尽快进入角色。如果岗位有特殊的技术和人际关系方面的要求，还应该对此进行特殊的培训。

3. 是新员工进入群体过程的需要

新的环境给员工一种不确定感。新员工会担心他是否会被组织中的其他成员接受，其他成员是否会喜欢自己以及他在生理和心理上是否会受到伤害，同事是否会主动与新员工交往并告诉他如何达到作业标准，企业给自己的第一项任务如何分配及其原因以及是否要加班工作。只有解决了这些问题，他才可能感到心情舒畅。

4. 可以培养员工的归属感

员工对于企业的归属感，就是员工对企业从思想、感情和心理上产生的认同、依附、参与和投入，是对企业的忠诚和责任感。归属感是培养出来的。新员工刚刚加入一个组织，一方面，迫切希望得到同事的认同和接受，得到上司的重视和赏识；另一方面，他们又觉得自己是新来的，还不属于这个组织。在这时，周到而充实的培训安排、管理者和老员工的热情态度都会给新员工带来员工培训大纲的心理感受。

5. 使新员工感到受尊重

如果新员工到来无人过问，或者随便让一个一般员工引领到工作地点便撒手不管，会使新员工感觉受到冷落，感到自己在此组织中无足轻重，自然会对此组织产生疏离感。

三、新员工导向培训的内容

对于每个公司来说，由于企业规模大小不一，情况各有不同，因此其员工导向培训的内容各有不同。新员工导航培训大致包括如下两块的内容：

1. 人力资源部门的一般性导向内容

（1）企业简介：企业简史、企业文化与价值观、企业的经营范围、企业组织结构与企业运作方式、所属分支机构等。

（2）政策与制度：休假请假制度、培训制度、晋升调职制度、奖惩制度和作息制度等。

（3）工资：工资及给付制度、加班及加班费给付制度。

（4）福利：各项福利设置及待遇、医疗、养老保险，住房政策，交通、工作餐及其他福利等。

（5）安全生产：有关政策与制度规定、火灾防护、防灾设备、安全组织机构等。

（6）工会：领导及行政人员、组织活动、加入手续等。

（7）实体设备：公司办公室配置，或是工厂车间、食堂、浴室、运动场所等。

2. 新员工所属部门特殊导向内容

（1）部门的功能：部门目标、业务、组织结构以及与其他部门之间的关系。

（2）工作职责：部门各岗位的工作职责、新进员工的工作职责（岗位说明书）、各岗位之间的关系。

（3）政策与规定：该部门特有的规定，如休息时间、午餐时间、安全问题等。

（4）参观整个部门环境：办公或生产设备、安全设施、更衣室等。

（5）介绍部门同事。

四、新员工培训的技巧

在对新员工进行岗前培训时我们要注意运用一些小技巧，使他们对企业有亲近感。下面列举一些对新员工培训的常用技巧：

1. 使新进人员有宾至如归的感受

当新进人员开始从事新工作时，成功与失败往往取决于最初的数小时或数天中。而在这开始的期间内，也最易形成好或坏的印象。新工作对新上司与新进员工一样提出考验。由于这份工作需要他，不然他就不会被聘用，所以主管人员成功地给予新进聘用人员一个好的印象，亦如新进人员要给予主管人员好印象同样重要。因此，主管人员首先要了解新员工所面临的各种问题。

2. 介绍同事及环境

新进人员会对环境感到陌生，但如果很快把他介绍给同事们认识时，这种陌生感将尽快会消失。当我们置身于未经介绍的人群中时，大家都将会感到困窘，而新进人员同样也感到尴尬。不过，如果把他介绍给同事们认识，这个困窘就消除了。友善地将公司环境介绍给新同事，使他消除对环境的陌生感，可协助其更快地进人状态。

3. 让新进人员对工作满意

尽量能在刚开始时就使新进人员对工作表示称心。这并不是说，人为地使新进人员对新工作过分乐观，但无论如何要使他对新工作有良好的印象。应当回忆自己是新进人员时的体验，回忆自己最初的印象，然后推己及人，以自己的感觉为经验，在新进人员参加到本单位工作时去鼓励和帮助他们。

4. 与新进人员做朋友

以诚挚及协助的方式对待新员工，可使其克服许多工作之初的不适应与困难，降低因不适应环境而造成的离职率。

本章小结

培训是一个系统化的行为改变过程，这个行为改变的最终目的就是通过工作能力、知识水平的提高以及个人潜能的发挥，明显地表现出工作上的绩效特征、工作行为的有效提高，这是培训的关键所在。本章主要阐述培训对企业和员工的重要作用、培训的需求分析、培训的组织与实施、培训效果的评估与反馈、新员工的导向培训等。通过上述内容介绍，使学生掌握相关的原理和知识，并获得在实践中可应用的技能。

思考题

1. 简述培训对企业和员工的作用。
2. 培训需求产生的原因有哪些？
3. 可以从哪些方面来进行培训需求分析？

4. 培训需求分析的方法有哪些？
5. 培训计划的内容有哪些？
6. 简述培训组织与实施的流程。
7. 培训的方法有哪些？
8. 培训效果评估的内容有哪些？
9. 新员工导向培训的内容有哪些？

案例分析

案例一　RB 公司的培训

RB 制造公司是一家位于华中某省的皮鞋制造公司，拥有近400 名工人。大约在一年前，公司因产品有过多的缺陷而失去了两个较大的客户。RB 公司领导研究了这个问题之后，一致认为：公司的基本工程技术方面还是很可靠的，问题出在生产线上的工人，质量检查员以及管理部门的疏忽大意、缺乏质量管理意识。于是公司决定通过开设一套质量管理课程来解决这个问题。

质量管理课程的授课时间被安排在工作时间之后，每周五晚上 7:00—9:00，历时10 周，公司不付给听课的员工额外的薪水，员工可以自愿听课，但是公司的主管表示，如果一名员工积极地参加培训，那么这个事实将被记录到他的个人档案里，以后在涉及加薪或提职时，公司将予以考虑。

课程由质量监控部门的李工程师主讲。主要包括各种讲座，有时还会放映有关质量管理的录像片，并进行一些专题讲座，内容包括质量管理的必要性，影响质量的客观条件，质量检验标准，检查的程序和方法，抽样检查以及程序控制等。公司所有对此感兴趣的员工，包括监管人员，都可以去听课。

课程刚开始时，听课人数平均60 人左右。在课程快要结束时，听课人数已经下降到 30 人左右。而且，因为课程是安排在周五的晚上，所以听课的人员都显得心不在焉，有一部分离家远的人员听到一半就提前回家了。

在总结这一课程培训的时候，人力资源部经理评论说：“李工程师的课讲得不错，内容充实，知识系统，而且很幽默，使得培训引人入胜。听课人数的减少并不是他的过错。”

案例二　“特色”培训引争议

2008 年 9 月，沸沸扬扬的“喝厕所水”事件见诸各大主流媒体。原来南京有一家玉器公司，新员工进公司，该企业老总亲自培训，要求员工洗马桶，直到敢于喝下一杯自己洗干净的马桶中的水才算合格。

老总喝过 5 次冲厕水

用洗厕所的方式训练新员工，在南京恐怕只有一家玉器公司敢这么做。据该公司的主任林枫（化名）介绍：“他们老总不喜欢别人称呼他‘总经理’、‘董事长’，而是偏爱别人称他为‘创始人’或‘领路人’。”林枫说，平时他们还叫“倪总”，不过背后会叫“老大”。

提及“老大”，林枫不禁竖起大拇指，“新员工进来，基本上都是倪总亲自培训”。林枫称，老总培训员工的方式在南京堪称独一无二。就说这洗厕所吧，老总不许员工戴手套，而且每次他都会亲自示范一遍：自己洗干净马桶，然后自信地从马桶里舀上一杯水喝下。

看着老总将一杯马桶水坦然喝下，员工们都觉得不可思议。“设计院新来的女孩曾对我说过，‘要不是亲眼所见，简直不敢相信’。”林枫回忆道。

对此，该公司的张主任解释：“倪总是要求将厕所洗干净，干净并不意味着要喝下冲厕水，或者用冲厕水洗脸，而是指边边角角都不要放过。倪总是从细节上考验大家。”

当然，也有部分新员工做不到而离开公司的。“留下和离开的比例约是6∶4”，林枫感慨地表示留下来的都是优秀的。

员工到小区免费擦鞋

除了洗厕所，该公司老总训练新员工的绝招还很多。“我刚进公司时，倪总让我们身无分文地去小区给人免费擦鞋，看能不能吃上饭。”想起当年的情形，林枫很有感触。那是某年最热的一天，他们四人一组到卫岗附近的小区，擦鞋挣饭吃。

起初，很多人都不愿擦鞋，他们怀疑林枫等人是推销鞋油的。经过一遍遍诚恳地解释，人们渐渐接受了他们的免费服务。“我第一个服务对象是个中年男子，他的皮鞋很旧，我帮他擦完后，他很满意，还让我上门服务，将家中的皮鞋、皮手套、皮夹克都拿了出来。”说起当年的经历，林枫很有感慨。

据悉，那次擦鞋，有的员工受邀吃了一顿午饭，有的“顾客”则给他们买了面包，也有人什么都没得到。

对此，公司老总表示，员工们悟出的道理虽不同，但都真真切切，这就够了。

（资料来源：世界经理人网. http：//www. icxo. com/. 2008－09－24）

讨论题

1. 结合案例一，您认为这次培训在组织和管理上有哪些不合理的地方？
2. 结合案例一，如果您是RB公司的人力资源部经理，您会怎样安排这个培训项目？
3. 结合案例二，你认为该企业的培训方法好还是不好，说说你的理由。
4. 企业内部培训如何变得让人易于接受，走企业特色培训路线要注意哪些问题？

第九章　职业生涯规划与管理

【学习目标】

● 重点掌握职业生涯的相关概念、内容，并学会运用所学知识进行个人职业生涯规划；

● 熟悉职业生涯规划的主要内容与方法；

● 了解职业生涯管理各阶段的特点及任务。

【导入案例】

职业如何规划?

小李是经济学本科毕业，工作背景并不复杂。小李毕业后便留校当了两年经济学教师，可是却对那种排资论辈、媳妇熬成婆的形式十分反感，而且也觉得自己并不适合在教育领域发展，于是便跳槽到一家国有风险投资公司，主要负责客户投资及产品销售业务。四年后因为家庭原因，小李来到了北京，通过朋友介绍进入一家国有证券公司任职，除了负责以前的部分工作之外，还要负责部门内部的管理工作。这样的工作一直持续到现在。国企绝对的稳定性使她从根本上丧失了晋升的欲望和念头，甚至已经有近两年的时间失去了对工作的兴趣和激情，而且薪资根本就没有什么大的提升。许多同事早已跳槽，过得也都还不错，薪资也是自己的两三倍，以自己的能力和资历绝不应该只拿这点钱。周围也有一些公司在向自己示意，但除了薪资稍稍提高之外，工作内容并无大的改变，小李拒绝了。小李也想过跳槽，趁着年关试探性地投出二十多份简历，但是已经35岁的她对于自己还能否经受得起职场的大风大浪的考验，显得毫无信心，且投出的简历近两个月了都杳无音信。没有前途的困惑和寻求发展的理想以及害怕风险的本能使小李感到恐慌，且极大地磨灭了她寻求发展的信心。

讨论题

如何解决小李职业规划中的问题?

第一节 职业生涯规划

一、职业生涯概述

1. 职业生涯的涵义

“生涯”一词源于《庄子·养生主》：“吾生也有涯，而知也无涯”，意思是我的生命是有限的，而知识是无限的。这里的生涯指的是每个人的全部人生历程。在英文中，生涯一词是 career，有整个生命的历程、人生道路、事业发展、职业，乃至某一段经历的涵义。因此，从某种意义上说，生涯有广义和狭义两个层面的涵义。广义地说，生涯指人的一生所经历的全部过程；而狭义的生涯则主要是围绕职业，指的是职业生涯。

关于职业生涯的概念，西方学者从不同的角度出发做了不同的定义，如沙特列（Shartle）认为职业生涯是指一个人在工作生活中所经历的职业或职位的总称。

萨帕（Donald E. Super）认为职业生涯是生活中各种事件的方向与历程，它统合了人的一生中各种职业和生活角色，是个人终其一生所扮演的角色的整个过程，由时间、广度和深度构成。

格林豪斯（Jeffrey，H. Greenhaus）对西方学者的观点进行了归纳和总结，认为传统的观点主要分为两类：一类观点是从某一类工作或某一组织出发，把职业生涯看做其中一系列职位构成的总体；而另一类观点则把职业生涯看做一个人的功能，而不是某种工作或某一组织的功能。后一类定义尤其严格，其以提升的职业生涯观、专业的职业生涯观、稳定的职业生涯观为代表，认为职业生涯必须伴有地位、金钱方面的提升或者必须具有专业化的特点，或从事一种稳定的职业才算得上是职业生涯。在总结归纳的基础上，格林豪斯认为以上对职业生涯概念的界定过于严格，他提出职业生涯是指与工作相关的整个人生历程。它包括：客观事件或情境，如工作岗位、工作职责或行为；与工作相关的各种决策；对与工作有关的事件的主观解释，如工作志向、期望、价值观、各种需求以及对特殊工作经历的感受。

我国学者也从不同的角度对职业生涯的概念进行了界定。

南开大学童天认为职业生涯是指“一个人一生所从事的工作、职业活动”，“职业生涯占据了人生的大部分时间，它是一个人投入时间和精力最多的人生组成部分，是人生存和发展的前提条件”。

南开大学曹振杰认为“职业生涯有两层涵义：广义的职业生涯包括了从职业能力的获得、职业兴趣的培养、选择职业、就职，直至最后完全退出职业劳动这样一个完整的职业发展过程；狭义的职业生涯包括从踏入社会、从事工作之前的职业训练或职业学习开始直到职业劳动最终结束、离开工作岗位为止的过程。狭义的职业生涯更多地被人们使用”。

综上所述，职业生涯是指一个人一生所经历的和工作相关的所有活动的总和，这些活动和职业的关系可以是直接的也可以是间接的，可以是连续的也可以是间断的，可以是客观的也可以是主观的。

2. 职业生涯影响因素的分析

正如世上没有完全相同的两片叶子，人与人的职业生涯也是不尽相同的，有的人一帆风顺，有的人历经坎坷，有的人功成名就，有的人抑郁而终。之所以造成这么大的差异，是因为个人的职业生涯自始至终都会受到很多因素的影响，归纳起来，不外乎有外部环境和自身因素两方面。

（1）外部环境

外部环境对个人职业生涯的影响是不言而喻的，主要包括社会的政治经济形势、涉及人们职业权利方面的管理体制、社会文化与习俗、职业的社会评价及其时尚等大环境以及个人所在的学校、社区、工作单位、家族关系、家庭环境、个人交际圈等小环境。

大环境如经济政治形势决定着社会上职业岗位的数量与结构，如在全球金融危机的大环境下，不少企业纷纷破产，更多企业面临的是裁员与减薪，这势必导致社会职业岗位数量的减少，随后一系列的经济刺激政策也势必导致社会职业结构的进一步变化。职业的社会评价也对个人的职业生涯产生影响，在不同时期，职业的社会评价也不相同，导致个体在职业生涯的发展过程中受到不同程度的影响。如 20 世纪 80 年代，社会上普遍认为进国有企业是最好的选择；在 20 世纪 90 年代，大家纷纷下海；而如今，人们又对公务员的工作趋之若鹜，这些都决定了处于这种大环境下的个体对不同职业的认定以及在面临职业生涯选择或变更时可能做出的选择。

小环境决定了一个人具体活动的范围、内容以及氛围，从而在某种程度上影响着一个人对某类职业的认知程度和偏好程度以及个人的职业生涯的具体际遇，诸如职业选择得合理不合理、该职业有没有发展前途、自己所在的工作单位是不是有利于自身的发展等，其中家庭环境对个人职业生涯的影响尤为明显。有人说“家长是孩子做人的第一任老师，家庭是孩子第一所生活的学校”。人的一生中和家人所处的时间占了很大一部分，在幼年时期，就开始受到家庭潜移默化的影响，在这种影响下，人会形成一定的价值观和行为模式。很多人因为家庭成员的影响会在平常生活中不自觉地习得某些职业知识和技能，这种价值观、行为模式、职业知识和职业技能的习得，必然会从根本上影响一个人的职业理想和职业目标，影响其职业方向和种类的选择，决定选择中的冒险与妥协程度、对职业岗位的态度、工作中的种种行为和表现等。而一个人在其择业和就业后的流动上，往往会因为家庭成员在某一职业领域的经验或经历能得到一定的帮助，这也会影响一个人的职业生涯。

当然，环境对个人职业生涯的影响作用要辩证地看待。

（2）自身因素

自身因素对个人的职业生涯的影响是根本性的。个人的需求与心理动机决定了其对职业生涯的选择，同样的工作或职业对于不同的个人有着不同的价值，同一个人对不同的职业有着不同的态度与抉择。而人们出于自己的主客观条件，在不同的年龄阶段、不同的阅历特别是职业经历状况下，在生涯的选择和调整方面，都会有不同的心理需求与动机，如人在年轻时择业往往以自我价值实现为目标，而人过中年则越来越趋向于追求稳定。个人需求与动机以及由此导致的职业行为，是影响个人生涯发展的极其重要的动力因素。

而个体所接受的教育及由此而形成的个体素质则是个人职业生涯发展的约束因素。获得的教育水平及由此形成的高低不一的个体素质决定了个人择业时的能量以及之后的职业生涯发展是否顺利；同时，个人所接受的教育类别对其职业生涯路径有着决定性的影响，往往决定了一个人前半部分乃至一生的职业类别。此外，个体所接受的不同类型的教育思想及所处的学习环境，会使其形成具备某类特征的思维模式，从而会以不同的态度对待所从事的职业。

二、职业生涯规划的重要性

职业生涯规划（Career Planning）简称生涯规划，又叫职业生涯设计，是指个人与组织相结合，在对一个人职业生涯的主客观条件进行测定、分析、总结的基础上，对自己的兴趣、爱好、能力、特点进行综合分析与权衡，结合时代特点，根据自己的职业倾向，确定其最佳的职业奋斗目标，并为实现这一目标作出行之有效的安排。无论对员工个人还是对组织而言，职业生涯规划对其都起到极其重要的作用。

1. 个人的职业生涯规划

个人职业生涯规划是指个人根据自身的主观因素和客观环境的分析，确定自己的职业生涯发展目标，选择实现这一目标的职业，以及制定相应的工作、培训和教育，并按照一定的时间安排，采取必要的行动实施职业生涯目标的过程。其重要性体现在以下几个方面：

（1）职业生涯规划能让员工更好地认识自己，从而更充分地发挥自己的潜力。个人目标应该建立在对自己的客观评价和认识的基础之上，通过职业生涯规划，组织可以帮助员工了解自己的特点及其所在组织的目标和要求，为自己制定切实可行的发展目标，并不断从工作中获得成就感。

（2）职业生涯规划可以帮助员工提高自身的专业技能和综合能力，增加自身竞争力。通过职业生涯规划提高员工进行职业生涯自我管理的能力，增强其对工作环境的把握能力和对工作困难的控制能力，帮助他们养成对环境和工作目标进行分析的习惯，合理分配时间与精力，最大程度实现自身价值。

（3）职业生涯规划可以帮助员工协调好工作与家庭的关系，更好地实现人生目标。家庭生活与工作的关系正如水与舟的关系，水能载舟，亦能覆舟。科学合理的职业规划可以帮助员工更理智地看待工作和家庭生活中的各种问题和选择，考虑问题能更系统全面，从而使决策更科学合理。同时，职业生涯规划能够帮助员工综合地考虑工作同个人追求、家庭目标等其他生活目标的平衡，从而达到共赢的局面，避免出现顾此失彼、左右为难的窘境。

（4）职业生涯规划可以使员工不断实现和提升自我价值，能满足需求中较高层次的尊重需要和自我实现的需要。职业生涯规划可以发掘出促使员工努力工作的最本质的动力。

2．组织的职业生涯规划

组织的职业生涯规划是组织根据自身的发展目标，并结合员工的发展需求，制定组织职业需求战略、职业变动规划与职业通道，并采取必要的措施加以实施，以实现组织目标与员工就业发展目标相统一的过程。组织进行职业生涯规划，能提高员工的工作质量，使员工形成积极的职业态度，提高员工对企业的忠诚度。其重要性体现在以下几方面：

（1）职业生涯规划将员工的成长与企业的发展联系在一起。在当今世界竞争加剧、环境不断变化的大背景下，实施职业生涯规划可以有效地实现员工和组织的共同发展，通过不断更新员工的知识、技能，提高员工的创造力和社会竞争力，从而使企业不断获得高质量的人才，满足组织对人才的需要，也是确保组织在激烈的竞争中立于不败之地的关键所在。

（2）职业生涯规划可以帮助组织了解内部员工的现状及其需求，了解职业方面的需要和变化，帮助员工提高技能，克服困难，实现组织和员工的发展目标。

（3）职业生涯规划可以使组织更加合理有效地利用人力资源。因为职业生涯规划是组织针对员工各自的特点“量身定做”的，同一般奖惩激励措施相比具有较强的独特性和排他性。相对于奖金、福利和荣誉等单纯的物质激励或精神激励而言，切实针对员工自身职业需要的职业生涯规划具有更直接更有效的激励作用。

（4）职业生涯规划为员工提供平等的就业机会，使其获得公平持续的发展。职业生涯规划考虑了员工不同的特点和需要，并据此设计不同的职业发展途径和道路，以利于不同类型员工在职业生活中扬长避短，且不同的发展方向和途径为员工在组织中提供了更为平等的就业和发展机会。通过职业生涯规划可以使全体人员的技能水平、创造性、主动性和积极性保持稳定乃至提升。

（5）职业生涯规划是组织吸引和留住人才的重要措施。职业生涯规划通过了解新员工在职业生涯方面想要什么和应该得到什么，协调并制定规划，帮助其实现职业生涯目标，这样可以有效地提高员工对企业的认同度和归属感，降低员工的流失率，从而更高效地实现企业的组织目标。

三、职业生涯规划的步骤

规划职业生涯是一个周而复始的连续过程，包括职业考查、确定目标、制定并实施战略、评估与反馈四个步骤。

1．职业考查

职业考查能够帮助人们进一步认识自身和环境，从而制定出适合自己的目标和职业生涯战略。职业考查包括自我测评和环境考查两部分。

自我测评，就是通过对自身人格、兴趣、能力、价值观等方面做全面的分析，认识自己，了解自己。因为只有认识了自己，才能对自己的职业做出正确选择，才能制定出适合自己的职业生涯目标以及科学可行的战略。自我测评是职业生涯必需的步骤之一，它回答了诸如“我对什么样的工作感兴趣”、“我的优势和劣势是什么”、“对我来说，什么样的回报是最重要的”、“我从工作中想得到什么”等问题。忽视了这一步，或者自我测评不全面，将会从根本上影响个体的职业生涯规划。

每个人都处在一定的环境中，离开了这个环境，便无法生存与成长。所以，在规划个人的职业生涯时需要考查所处环境的特点、环境的发展变化情况、自己与环境的关系、自己在这个环境中的地位、环境对自己提出的要求以及环境对自己的有利条件和不利条件等。只有对这些环境因素充分了解，职业生涯规划才能做到在复杂的环境中避害趋利，职业生涯规划也才具有实际意义。因此，积极地研究所处的环境，有助于职业生涯规划的顺利实施。环境考查主要是从职业（包括任务内容、对才能或培训的要求、经济回报、安全性、社会关系、工作场所的物质条件、生活方式问题）、工作（除了与职业方面相同的信息之外，还包括该工作独立自主的程度、与其他工作的关系）、组织（行业前景、组织的财务状况、经营战略、职业生涯道路的灵活性、职业生涯管理的做法和政策、组织规模和结构、薪酬制度）以及家庭（配偶的职业生涯志向、配偶的情感需求、子女的情感需求、其他家庭成员的需求、家庭的财务需求、家庭期望的生活方式、家庭的发展阶段、本人和配偶在职业生涯上所处的阶段）四个方面展开。

2. 确定目标

通过自我测评及环境考查为自己的职业生涯确定一个明确的目标。目标的设定，是规划职业生涯的核心。在确定目标时，要充分考虑到自身的特点，即自己的性格、兴趣、特长及价值观；同时也要充分考虑到环境因素对自己的影响。对这些因素的分析是确定目标的前提条件。分析自我、了解自己，分析环境、了解职业世界，使自己的性格、兴趣、特长与自己的职业目标相吻合，这一点对刚步入社会、初选职业的年轻人来说非常重要。相关统计研究发现，具有明确的、有挑战性目标的个人比那些没有明确目标或目标不切实际的个人表现得要好。目标能以多种方式影响人们的行为和业绩，从而影响人们的职业生涯。在确定目标时要注意长期目标与短期目标相结合以及概念目标与行动目标相结合。长期目标以及概念目标能给人以明确的愿景，而职业生涯的行动目标越具体，划分越细致，就越可能制定出有效的战略来实现这一目标。

3. 制定并实施战略

职业生涯战略是为了帮助个人实现职业生涯目标而设计制定的各种行动。在确定生涯目标后，行动便成了关键的环节。没有行动，就不能达到目标，也就谈不上职业生涯的成功。这里所指的战略，是指落实目标的具体措施，主要包括工作、训练、教育、构建人际关系网、谋求晋升等方面的措施。例如，为达到目标，在工作方面，计划采取什么措施来提高工作效率；在业务素质方面，计划如何提高业务能力；在潜能开发方面，计划采取什么样的措施开发潜能，等等，这些都要有具体的计划与明确的措施。并且这些计划要特别具体，以便于自己定时检查。格林豪斯的研究表明，人们用来增强其职业生涯成功和实现职业生涯目标的战略共有七大类型。

（1）胜任现职：希望有效地进行现职工作。

（2）延时工作：决定在自己的工作中投入大量的时间、精力和心思。这经常被认为有助于做到对当前工作的称职，但可能影响家庭和个人生活。

（3）开发技能：试图通过教育、培训或做实际工作来获取或提高与工作相关的技能。其目的在于提高现任职位上的绩效，或者将来工作时用得上。

（4）拓展机会：设计一些方法，把自己的兴趣和志向告知他人，以了解与自身志向相符的工作机会。

（5）拜师结友：用来寻找重要人士并与其建立良好关系的那些行为，目的是为了得到或提供有关信息、指导、支持和各种社会机会。建立师徒关系的过程，尽管主要是为了接收（或发送）信息，但是这种师徒关系远远不止简单地交换信息，还包含比较深厚的感情成分。

（6）树立形象：目的在于通过交流，使别人了解自己可被别人接受的能力、成功或成功的潜力等情况。还包括接受并完成首要职务的能力，以便在组织内树立自己的声誉。

（7）组织政治：试图以奉承、服从、联盟以及有利的交易和影响等手段去获得预期的结果。这包括公开的和私下的行动，例如“使坏”和其他利己的行为。这些行为都能提高自己的地位，但可能要以牺牲别人的利益为代价。

4. 评估与反馈

评估与反馈是指在达到职业生涯目标的过程中自觉地总结经验和教训，修正对自我的认知和职业目标。俗话说：“计划赶不上变化。”影响生涯规划的因素有很多，有的变化因素是可以预测的，而有些变化因素则难以预测。因此，要使生涯规划行之有效，就需要通过反馈不断地对生涯规划进行评估与修订。其修订的内容包括：职业目标的重新选择，战略的重新制定等。

第二节　职业生涯管理

一、职业选择理论

无论是在个人还是在组织所进行的职业生涯管理过程中，其面临的核心问题是职业选择问题，即如何在正确的时间做出正确的选择，如何达到职业和个人的匹配，这无论对于组织抑或是个人，其重要性都是不言而喻的。以下介绍几种典型的职业选择理论。

1. 帕森斯的特质—因素理论

特质—因素理论（Trait - Factor - Theory）最早由美国波士顿大学的帕森斯（Parsons）教授提出，是用于职业选择的最经典的理论之一，应用范围也较为广泛。该理论的前提是：个体差异现象普遍地存在于个人心理与行为中，每个人都有一系列独特的特性，并且可以对其进行客观而有效的测量；每个人的独特特质又与特定的职业相关联，每种特质的人都有与其相适应的职业；为了取得成功，不同职业需要配备具有不同个性特征的人员；个人特性与工作要求之间配合得越紧密，职业成功的可能性也就越大。帕森斯教授提出了职业选择的三大要素和条件。

（1）应清楚地了解自己的态度、能力、兴趣、智谋、局限和其他特征。

（2）应清楚地了解职业选择成功的条件、所需知识，在不同职业工作岗位上所占有的优势、不利和补偿、机会和前途。

（3）上述两个条件的平衡。该理论认为职业选择即个人与职业间实现匹配，以使个人的兴趣得到满足或使工作产生令人满意的绩效。

“特质”是指通过测验所测量出的个人特质；“因素”指产生令人满意的工作绩效所需要的特质。在此基础上，威廉森（Willamson）等很多学者又对该理论进行了补充和完善。该理论原理清晰，简单易行，因此被广泛运用，它为人们的职业选择和决策提供了最基本的指导原则，即人职匹配理论。

2. 霍兰德的人职匹配理论

人职匹配理论是美国约翰·霍普金斯大学心理学教授、著名的职业指导专家霍兰德创立的。这是一种在特质—因素理论基础上发展起来的人格与职业类型相匹配的理论。

该理论认为在我们的文化环境中，大多数人的人格类型可以归为六种人格类型中的一种：现实型（Realistic）、研究型（Investigation）、艺术型（Atistic）、社会型（Social）、企业家型（Enterprise），或者是传统型（Conventional）；同时，现实中存在着与上述人格类型相对应的六种环境类型：现实型、研究型、艺术型、社会型、企业家型以及传统型。每一种特定人格类型的人，便会对相应职业类型中的工作或学习感兴趣，人格与职业环境的匹配是形成职业满意度、成就感的基础。各类个体的人格特点及相对应的职业如表9－1所示。

表9－1　　人格类型与职业类型的匹配模型表

类　型	劳动者的人格特点	相对应的职业类型
现实型（R）	（1）愿意使用工具从事操作性强的工作； （2）动手能力强，做事手脚灵活，动作协调； （3）不善言辞，不善交际	主要指各类工程技术工作、农业工作。通常需要一定体力，需要运用工具或操作机械 主要职业：工程师、技术员；机械操作、维修安装工人，木工、电工、鞋匠等；司机；测绘员、描图员；农民、牧民、渔民等
研究型（I）	（1）抽象能力强，求知欲强，肯动脑，善思考，不愿动手； （2）喜欢独立和富有创造性的工作； （3）知识渊博，有学识才能，不善于领导他人	主要指科学研究和科学试验工作 主要职业：自然科学研究和社会科学方面的研究人员、专家；化学、冶金电子、无线电、电视、飞机等方面的工程师、技术人员；飞机驾驶员、计算机操作人员等
艺术型（A）	（1）喜欢以各种艺术形式的创作来表现自己的才能，实现自身价值； （2）具有特殊艺术才能和个性； （3）乐于创造新颖的、与众不同的艺术成果，渴望表现自己的个性	主要指各种艺术创作工作 主要职业：音乐、舞蹈、戏剧等方面的演员、艺术家编导、教师；文学、艺术方面的评论员；广播节目的主持人、编辑、作者；绘画、书法、摄影家；艺术、家具、珠宝、房屋装饰等行业的设计师等

表9－1(续)

类　型	劳动者的人格特点	相对应的职业类型
社会型（S）	（1）喜欢从事为他人服务和教育他人的工作； （2）喜欢参与解决人们共同关心的社会问题，渴望发挥自己的社会作用； （3）比较看重社会义务和社会道德	主要指各种直接为他人服务的工作，如医疗服务、教育服务、生活服务等。 主要职业：教师、保育员、行政人员；医护人员；衣食住行服务行业的经理、管理人员和服务人员；福利人员等
企业家型（E）	（1）精力充沛、自信、善交际，具有领导才能； （2）喜欢竞争，敢冒风险； （3）喜欢权力、地位和物质财富	主要指那些组织与影响他人共同完成组织目标的工作。 主要职业：企业家、政府官员、商人、行业部门和单位的领导者、管理者
传统型（C）	（1）喜欢按计划办事，习惯接受他人的智慧和领导，自己不谋求领导职位； （2）不喜欢冒险和竞争； （3）工作踏实，忠诚可靠，遵守纪律	主要指与文件档案、图书资料、统计报表之类相关的各类科室工作。 主要职业：会计、出纳、统计人员；打字员；办公室人员；秘书和文书，图书管理员；旅游、外贸职员，保管员，邮递员，审计人员，人事职员等

霍兰德用一个六边形将上述现实型、研究型、艺术型、社会型、企业家型、传统型六种类型标识出，并将其之间的相互关系用不同的线加以表示，形成了一个六类型的人职匹配关系图，如图9－1所示。

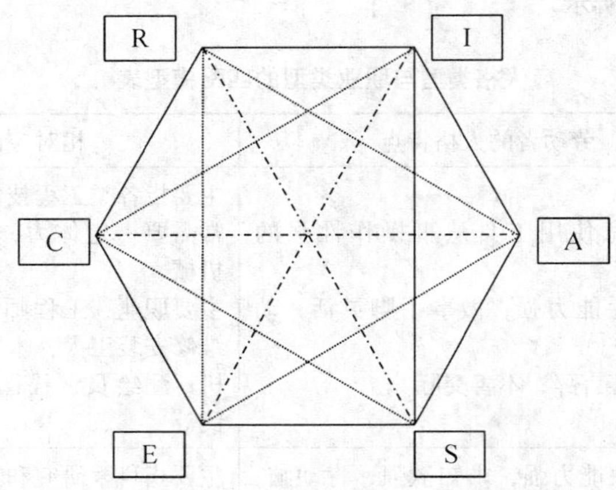

图9－1　霍兰德人职匹配关系图

图9－1中关系密切的类型之间用实线表示，如艺术型与社会型、传统型与企业家型之间；关系一般的用虚线表示，如现实型与艺术型之间；关系相排斥的用点连线表示，如传统型与艺术型之间。相邻职业环境与人格类型间的相关最大，相隔的职业环境和人格类型次之，相对的则相关最小。反映在职业选择上，最好能选择相关度较高的职业环境。

3. 佛隆的择业动机理论

美国心理学家佛隆（Victor H. Vroom）通过研究提出解释员工行为激发程度的期

望理论。期望理论的基本公式为：

$$F = V \cdot E$$

式中：F 为动机强度，是指积极性的激发程度，表明个体为达到一定目标而努力的程度；V 为效价，是指个体对目标重要性的主观评价；E 为期望值，是指个体对实现目标可能性大小的估计，即是目标实现的概率。

佛隆将这一期望理论用来解释个人的职业选择行为，具体化为择业动机理论。择业动机的强弱表明了择业者对目标职业的追求程度，或对某项职业选择意向的大小。即：

择业动机＝职业效价×职业概率

职业效价是指择业者对某项职业价值的评价，它取决于择业者的职业价值观以及择业者对某项具体职业的要素，如兴趣、劳动条件、工资、职业声望等的评估。职业概率是指择业者获得某项职业可能性的大小。职业概率的大小通常取决于以下几个因素：①某项职业的社会需求量；②择业者的竞争能力，即择业者自身工作能力和求职就业能力；③竞争系数，是指谋求同一种职业的劳动者人数的多少；④其他随机因素。择业动机公式表明，某项职业的效价越高，获取该项职业的可能性越大，那么择业者选择该项职业的倾向性就越大，反之则越小。在进行横向比较之后，择业者往往选择择业动机分值较高的职业作为自己的最终目标。

二、不同时期的职业生涯管理

职业生涯管理是一个长期的动态过程，不同的阶段具有不同的特点，面临不同的任务。一个人职业生涯的成功有赖于自身和所在组织对不同阶段的职业生涯进行有效的管理。一般员工的职业生涯发展阶段可分为职业生涯早期、职业生涯中期和职业生涯晚期，在不同的时期，因为个人特征以及所处环境的不同，其面临的职业生涯发展问题和任务也各不相同。

1．职业生涯早期阶段的管理

（1）职业生涯早期阶段的特点

职业生涯早期是指一个人由学校进入组织并在组织内逐步“组织化”，为组织所接纳的过程。这一阶段一般发生在20～30岁之间，是一个人由学校走向社会，由学生变成雇员，由单身生活变成家庭生活的过程，一系列角色和身份的变化，必然要求经历一个适应过程。在这一阶段，个人的组织化以及个人与组织的相互接纳是个人和组织共同面临的、重要的职业生涯管理任务。① 在早期阶段，从生理方面上看，个人正处于青春期，尚未成立家庭或成立家庭不久，家庭负担比较轻，有足够的精力应付工作中的困难；从心理方面上看，刚开始参加工作，进取心强，每个人都有远大的理想和抱负。在这一阶段，个人所面临的主要问题是如何综合考虑自身情况及环境特点科学合理地选择职业，并合理地确定职业生涯目标，在进入组织后如何避免个人与组织文化

---

① 周文霞．职业生涯管理［M］．上海：复旦大学出版社，2004．

的冲突，顺利地完成个人的组织化过程，如何很好地适应工作群体。这些都需要个人和组织主动地进行职业生涯管理。

（2）个人的职业生涯早期管理

对于员工个人而言，早期的职业生涯管理应该注意以下几个方面：

①在进入职业前应当做好充分的思想准备，树立正确的价值观，保持积极的心态，对自己以及客观环境进行积极地认知和理解，在选择职业时能做出合理的决策。

②在进入组织后的短期内，要从各方面尤其是细节方面树立良好的形象，适应组织环境，如着装要适当讲究，和组织相适应，初次接触尤其要注意时间观念，利用各种场合积极地熟悉周围的同事等。

③进入组织后要尽快地掌握职业技能，弄清岗位职责，明确工作任务，并且要逐步克服初入职业的依赖心理，独立自主地开展工作。

④最重要的是要适应组织环境，了解并接受组织中现实的人际关系，寻找个人在组织中的位置，建立心理认同，融洽地和上司及同事相处。

（3）组织的职业生涯早期管理

对于组织而言，早期的职业生涯管理要注意以下几个方面：

①对新员工进行上岗引导和岗位配置，让员工充分了解工作的基本情况，以消除他们初期的不安心理及心理落差。同时通过对员工进行相关的培训，如关于组织历史、使命、结构等，促进员工的社会化。

②为新员工安排正式或非正式的导师，帮助员工更快地建立较高的工作标准，同时对他们的工作提供有力支持。这是实践中被证明的成功经验。

③由上司和员工本人进行协商从而达成共识，确立职业生涯目标，制定职业生涯规划。它可以帮助组织和员工都明确努力方向。通过多种方式支持员工的职业探索，并尽可能地为其提供相应的机会与空间。

2. 职业生涯中期阶段的管理

个人经过职业生涯早期，完成和组织的相互接纳以后，就进入了职业生涯中期阶段。

（1）职业生涯中期阶段的问题

在职业生涯中期，人们可能遇到的有代表性的问题包括：职业生涯发展的瓶颈问题，机会越来越少，个人的生涯发展不能很好地进行；工作与家庭的冲突问题，工作和家庭会产生时间性冲突、紧张性冲突以及行为性冲突，这个问题对于某些特定的岗位可能尤为严重；中年危机问题，人到中年，无论是工作上还是家庭中的压力及负担都比较重，该阶段是人生最劳累的阶段，但往往面临事业发展、子女教育、父母赡养等重大问题，如果不能很好地处理，往往容易在身体及心理上出现问题。

（2）个人的职业生涯中期管理

对于员工个人而言，中期的职业生涯管理应该注意以下几个方面：

①保持积极进取的精神和乐观的心态，正确地控制自己的感情，正视客观现实，寻找解决矛盾和问题的方案，努力将中年危机转变为新的机会。

②重新审视自身的生活目标和价值观，以更加实际的态度根据自身及周围环境调

整自己的职业生涯目标，并考虑寻求新的发展机会。如转换角色，成为一名导师，担当起言传身教的责任。

③调整好个人的工作、健康以及家庭这三者之间的关系，求得这三者的适当均衡。

（3）组织的职业生涯中期管理

对于组织而言，中期的职业生涯管理要做好以下几个方面：

①制订综合性的职业生涯管理和内部晋升计划，充分发挥员工技能，丰富工作内容，以多种方式提高员工的能力，帮助员工进行继续教育和不断成长。

②为员工提供更多的职业发展机会，可以通过形式多样的培训以及轮岗，帮助员工提高自身竞争力，认识了解不同的岗位，丰富工作经验，以形成新的职业自我概念。

③协助员工解决中年危机。可采取一些政策和措施，如设立日托机构，设计灵活的职业发展通道，实行弹性工作制等，以减轻员工的家庭负担，帮助员工平衡工作与家庭的责任。

3．职业生涯后期阶段的管理

职业生涯后期一般是指员工45～50岁至退休的这一段时间。对后期的职业生涯管理非常关键，处理得好，会使这一部分人力资源变成财富，但处理不当，则可能会产生很多问题。

（1）职业生涯后期阶段的特点

处于职业生涯后期的员工虽然在生理上有所衰退，但往往知识经验比较丰富，无论是在工作还是人际关系上基本都处于成熟时期，有的甚至处于巅峰状态，同时此阶段的个人往往经过多年的积累，取得了一定的地位，拥有更大的影响力。但同时在生理上表现为身体机能老化，疾病增多，无论在经济上还是心理上都有不同程度的不安全感。同时，他们的有些观念以及知识技能相对老化，且对新生事物比较保守，面临职业生涯的终结，往往不能很好地过渡到退休生活中去。

（2）个人的职业生涯后期管理

对于员工个人而言，后期的职业生涯管理应该注意以下两个方面。

①在心理上做好退休准备，员工应抱着平和的心态接受这一客观事实，客观认识和对待退休，以减轻因退休而带来的失落感。

②可以通过多种形式培养个人兴趣，策划退休后的生活，如可以进入老年大学，发展多种兴趣爱好；或参与集体活动广交朋友，丰富退休生活；或可以通过兼职、顾问等其他形式发挥余热。

（3）组织的职业生涯后期管理

对于组织而言，后期的职业生涯管理应该注意以下几个方面：

①组织应该对处于职业生涯后期的员工给予真诚的关怀，从心理和物质上对其进行关心和照顾，如办好养老保险、医疗保险等事宜，举办退休座谈会和研讨会帮助其正确认识退休，定期组织活动等。

②鼓励和帮助该阶段的员工在能力许可的范围内继续发挥一技之长，对那些具有丰富经验的老职工，组织应鼓励他们多做些“传、帮、带”的工作，在组织内部继续发挥余热。

③提前安排好退休计划，尽早地选拔和培养岗位接替人员，做好新老交接工作，以确保工作的正常运行；对即将退休的员工进行退休准备教育，采用多种方式鼓励员工对自己退休以后的生活进行自我设计与规划。

第三节 职业生涯发展

一、职业生涯发展理论

当人们的职业选择确定以后，面临的迫切问题即是如何发展自己的职业生涯。人与人之间存在着千差万别的差异，在职业生涯发展过程中也将面临不同的环境和迥异的际遇。很多专家学者对职业生涯发展的过程进行了专门研究，通过归纳与综合，将人的职业生涯分为几个不同的发展阶段，在每个阶段又分别面临不同的任务和问题，其中具有代表性的观点有以下几种：

1. 金兹伯格的职业生涯发展理论

金兹伯格（Eli Ginzberg）是职业生涯发展理论的典型代表人物之一，也是职业生涯发展理论的先驱者。他研究的重点是从童年到青少年阶段的职业心理发展，他把青年的职业性成熟程度分为三个阶段。

（1）空想期（11 岁以前）

空想期实际上是儿童少年时期，儿童往往会想象他们将来会成为什么样的人，这种职业想象是由其兴趣所决定的，不受现实限制，似乎想干什么将来就能干什么，其实是幼儿的一种模仿行为。

（2）尝试期（11～18 岁）

尝试期大约从 10～12 岁开始，到 16～18 岁结束。在这个时期，年轻人开始脱离了儿童盲目随意的幻想，开始有规律地扩大对自己职业选择因素的考虑，不仅注意自己的职业兴趣，而且已能够比较客观地认识到自己的能力和价值观，并意识到职业角色的社会意义。

（3）现实期（16～18 岁开始）

现实期一般从 16～18 岁开始，是人们正式的职业选择决策阶段。在该阶段的选择是将个人的主观意愿与个人客观条件、外界客观条件及社会需求相结合的选择。具体来说，现实期又分为三个阶段。

①探索阶段，青年人尝试将个人选择与社会需求结合起来。

②具体化阶段，青年人对一种职业目标有所专注，并努力推进这一选择。

③特定化阶段，依据自我选择的目标，做具体的准备，如接受培训或进修。

2. 萨帕的职业生涯发展理论

美国学者萨帕（Donald E. Super）是一位有代表性的职业管理专家，他认为可以根据年龄将人生阶段与职业发展配合，并将生涯分为五个阶段：成长（Growth）、探索（Exploration）、建立（Establishment）、维持（Maintenance）、衰退（Decline）。

(1) 成长阶段

成长阶段大致可以界定为出生至14岁。在这一阶段随着对家庭成员、老师、朋友的认同及相互作用，逐步建立起自我概念，并经历对职业的好奇、幻想到感兴趣，再到有意识地培养职业能力的成长过程。具体又分为幻想期、兴趣期和能力期。

(2) 探索阶段

探索阶段从15～24岁，在这一阶段中自我概念和职业概念逐步形成，个人会不断通过不同的活动和角色进行自我检视和探索。具体又分为试探期、过渡期和尝试期。

(3) 建立阶段

建立阶段从25～44岁，该阶段主要确定前一阶段的职业决定是否正确，若正确则会努力经营并使其成为自己的永久职业；若不合适则改为其他职业，在这以后，人们逐渐在某一领域稳定下来。

(4) 维持阶段

维持阶段从45～64岁，在这一阶段人们主要维持目前的工作，按既定方向继续将它做好，并为将来退休做计划。在此阶段极少有人会冒险探索新领域。

(5) 衰退阶段

衰退阶段是指65岁以后，人们的体力和心理能力逐渐衰退，工作生活模式将发生改变，并将逐渐退出职业领域。

萨帕除了在时间维度上将人的职业生涯分为五个阶段之外，他还提出了著名的职业生涯层面理论，即彩虹理论。他认为，人生的整体发展是由时间、领域和深度决定的，即职业生涯包括时间、领域和深度三个层面。

时间层面，按人的年龄和生命历程划分为成长、探索、建立、维持、衰退五大阶段。

领域层面，指一个人终生所扮演的各种不同角色，有孩童、学生、休闲者、公民、工作者、持家者等。

深度层面，即投入程度，指一个人在扮演某一个角色时所投入的程度。

萨帕的生命彩虹图如图9－2所示。

3. 格林豪斯的职业生涯发展阶段理论

格林豪斯（Jeffrey H. Greenhaus）研究人生不同年龄阶段职业发展的主要使命，并将职业生涯发展分为五个阶段。

第一阶段：选择职业，为工作做准备。这一阶段的年龄大部分是从出生到25岁，在这一时期的主要使命包括：建立职业方面的自我形象，对所选择的职业进行评价，初选职业，继续接受必要的教育。

第二阶段：参加工作。其典型的年龄阶段是18～25岁，主要使命是获得所向往的组织的工作，根据准确的信息选择合适的工作。

第三阶段：职业生涯早期。其典型的年龄阶段是25～40岁，主要使命是学会工作，学习组织规则和标准，适应所选职业和组织，提高能力，实现梦想。

第四阶段：职业生涯中期。其典型的年龄阶段是40～55岁，主要是再次评价早期

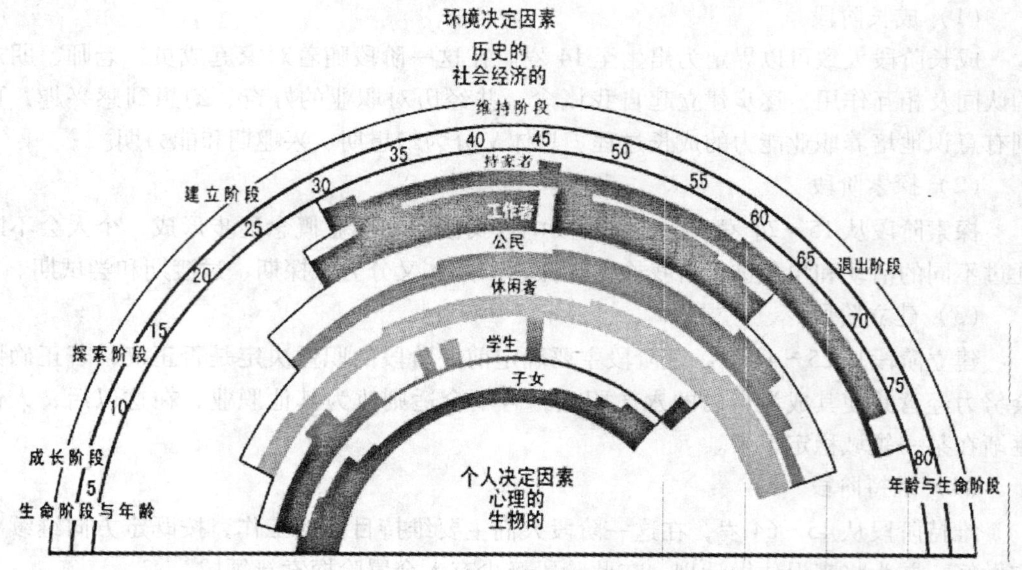

图9-2 生命彩虹图

职业和青年时的使命，再次肯定或修正梦想，为中年时期做出适当的选择，保持工作能力。

第五阶段：职业生涯晚期。其典型的年龄阶段是55岁至退休，主要使命是保持工作能力，维持他人对自己的尊重，为实际退休做准备。

4. 薛恩的职业生涯发展阶段理论

薛恩（Edgar H. Schein）是美国著名的心理学家和管理学家，他把个人的发展与个人在组织中的角色紧密联系起来，在职业生涯发展方面有着深刻的见解及实用价值。薛恩根据职业周期的特点，对职业生涯发展阶段进行了划分，分为以下几个阶段：

（1）成长、幻想、探索阶段。

（2）进入工作世界阶段。

（3）基础培训阶段。

（4）早期职业的正式成员资格阶段。

（5）正式成员资格、职业中期阶段。

（6）职业中期危机阶段。

（7）非领导者角色的后期阶段。

（8）处于领导角色的后期阶段。

（9）衰退和离职阶段。

（10）退休阶段。

同时，指出了每个阶段的年龄跨度、在该阶段所担任的角色、面临的广义问题以及涉及的具体任务。

薛恩对于职业生涯领域的理论贡献不只这些，他通过对麻省理工学院的三届管理系硕士进行了长达十几年的追踪研究，进行了大量的采访、面谈和测试，并根据这些资料进行研究分析，提出了职业生涯系留点理论，即职业锚理论。它反映的是人们在有了相当丰富的工作阅历后，真正乐于从事某种职业，反映了一个人进入成年期的潜在的需求和动机，并把它作为自己终生的职业归宿的思想原因。根据研究结果，薛恩将职业锚分为技术性能力、管理能力、创造力、安全与稳定、自主性、基本认同、服务、权力欲及扩展、多样化九种类别。

二、职业生涯发展通道

虽然每个员工的职业生涯都是由不同的发展阶段构成，但具体到个人的职业生涯，他在整个过程中的一系列经历又是截然不同的。职业生涯通道（Career Path）是指组织为内部员工设计的自我认知、成长和晋升的管理方案。职业生涯通道指明了组织内员工可能的发展方向及发展机会，组织内每一个员工可能沿着本组织的发展通道变换工作岗位。职业生涯通道是个体在一个组织中所经历的一系列结构化的职位。职业生涯通道的设计是为了帮助员工了解自我的同时使组织掌握员工职业需要，以便排除障碍，帮助员工满足需要。另外，职业生涯通道通过帮助员工胜任工作，确立组织内晋升的不同条件和程序，对员工职业发展施加影响，使员工的职业目标和计划有利于满足组织的需要。

一般来说，组织内的职业生涯发展通道有四种发展模式。

1. 传统的职业生涯通道

传统的职业生涯通道是员工在组织中从一个特定的职位到下一个职位纵向向上发展的一条路径，是一种基于过去组织内员工的实际发展道路而制定的发展模式。每位员工必须由下至上，一级接一级地从一个职位到更高的一个职位进行变动，并在此过程中获得必要的经历和准备。如某一组织的销售部门的职业生涯通道从下而上依次为销售助理、销售代表、销售经理、销售总监四个等级。这种职业生涯通道强调组织和员工关系的稳定，其最大的优点是直观性和垂直性，员工很清晰地知道自己向前发展将会走到哪里，会是怎样的职业序列，员工的工作目标是和晋升密切相关的。但是随着组织的发展、技术的进步，这种职业生涯通道的弊端也逐渐显露出来。随着组织结构日益趋向扁平化，管理层次大大减少，传统组织路径上的上层职位越来越少，以及随着内外部环境的变迁，员工的忠诚度也有所改变，这种职业生涯通道开始不再适应员工的职业生涯发展需求。

2. 网状职业生涯通道

网状职业生涯通道是一种建立在对各个工作岗位上的行为需求分析基础上的职业发展通道设计。它认为在某类岗位所获得的技能和经验在其他岗位上也会起作用。它要求组织首先进行工作分析来确定各个岗位对员工的素质和技能的要求，然后将具有同等要求的工作岗位划为一类，然后在其内进行职业生涯设计，包括纵向职位序列、横向发展机会及核心方向的发展，从而交错形成网状。网状职业生涯通道更好地、更现实地刻画了员工在组织中的发展机会。这样，除了传统职业通道之外，员工还可以在网内进行职业流动，从而打破了员工职业发展的限制。这种呈网状分布的职业发展通道设计能够给员工和组织带来很大的便利：对员工来讲，这种职业发展设计为员工带来了更多的职业发展机会，尤其是当员工所在部门的职业发展机会较少时，员工可以转换到一个新的工作领域，开始新的职业生涯；这种职业发展设计也便于员工找到真正适合自己的工作，找到与自己兴趣相符的工作。对组织来讲，这种职业发展设计增加了组织的应变性。这种职业生涯通道的缺点在于没有一条固定的职业发展通道，可能会使员工在职业发展过程中感到困惑，使他们难以确立长远的发展目标；同时，组织也很难在具体的实施中保证绝对的公平性。

3. 横向职业生涯通道

随着组织结构扁平化趋势的不断加强，组织内部将没有足够多的高层职位为每个员工都提供升迁的机会。同样，随着员工个人兴趣的变化以及出于锻炼技能的需要，如果长期从事同一项工作会使人们感到枯燥乏味，从而影响其工作效率。因此，组织也常采取横向调动来使工作具有多样性，使员工焕发新的活力、迎接新的挑战。这种横向调动一般指组织中各平行部门之间的调动。虽然没有加薪或晋升，但员工可增加自己对组织的价值，也使他们自己获得了新生。按照这种思想所制定的组织职业生涯通道就是横向技术通道，它进一步打破了行为职业生涯通道设计对员工行为和技能要求的限制和约束，实现了员工在组织内更加自由的流动。对员工而言，他获得了更为丰富的专业知识和经验，增强了自身的竞争力；对组织而言，它获得了拥有多种专业知识与技能的员工，这将大大增强企业或组织满足顾客需求的能力。

4. 双重/多重职业生涯通道

双重/多重职业生涯通道是西方发达国家企业组织中激励和挽留专业技术人员的一种很普遍的做法，主要用来解决某一领域中具有专业技能，但并不期望或不适合通过正常升迁程序调到管理部门的员工的职业发展问题。传统的对专业技术人员的奖励方式就是将其提拔到管理层，但这种做法显然有严重的弊病。管理工作可能不符合某些技术人员的职业目标，管理工作也可能不适合某些员工的人格特质，如果硬是将他们推上管理岗位，一方面会因为无兴趣或无能力干不好管理工作，另一方面又会使他们的技术和知识、经验和能力都不能发挥作用，这对企业组织来说是一种极大的浪费。所以，应该给专业技术人员提供一种不同于管理生涯路径的升迁机会，出于这样的需要，双重/多重职业生涯通道应运而生。这种体系提供两条或多条平等的升迁路径，一条是管理路径，另外几条是技术路径。几种路径层级结构是平等的，每一个技术等级都有其对应的管理等级，一般来说，要给予不同路径中相同级别的人同样的待遇。有了这种体系，没有管理兴趣或能力的专业技术人员就可以在技术职业生涯通道上升迁，这样既保证了对他们的激励，又使他们能充分发挥自己的技术特长。这无疑有助于专业技术人员在专业方面取得更大的成绩。

总体来看，四种不同的职业生涯通道都具有各自的特点及针对性，各组织可以根据自己的特色和面临的问题选择适当的职业生涯通道，更大地发挥职业生涯管理的作用。

三、职业生涯发展中的现代问题

1. 压力问题

在激烈的竞争下，每一个员工在职业生涯发展的过程中都会面临或多或少的压力。压力本身并不一定有害，适度的压力能给人以挑战性以及积极向上的动力，甚至能提高绩效和健康水平，但过多的压力会严重损害个人的身体和精神健康，影响个人的职业生涯，从而影响组织的绩效。根据统计，72%的工人因工作压力而经常患病，34%的人由于压力而想到过辞职，27%的人认为工作是他们生活压力的唯一原因。显而易见，如对压力不加管理，则会对员工和组织产生破坏性的影响，压力问题是员工和组织管理者都要考虑的问题。

产生压力的原因是多种多样的，可能是来自工作本身的要求，或是组织所实施的某项政策，或是来源于自身的原因；也可能是由工作以外的原因产生，如就业歧视、事业威胁等。归纳起来，产生工作压力的原因有以下三类：

（1）个人因素

个人的行为模式、思考模式、对自己的期望、个人的能力、人际关系、经济状况、健康状况以及曾经经历过的工作和生活等因素都会影响员工的工作压力水平。

（2）组织因素

组织内有许多因素能引起员工的压力，如组织结构、组织变革、组织生命周期、工作环境、文化整合、沟通障碍、领导风格、工作过载或欠载、角色要求、任务要求等都会给员工带来压力。

（3）环境因素

环境的不确定性会影响员工的压力水平，包括：经济的不确定性，如商业周期的变化会造成经济的不确定性，经济萧条总会伴随劳动需求减少、被解雇员工增多、薪水下调等，人们会为自己的经济和生活保障而倍感压力；政治的不确定性，如在政治体制不稳定的国家或企业，政治变革和政治威胁总会诱发不稳定感和压力感；技术的不确定性，如技术更替会使员工的技术和经验在很短的时间内变得陈旧，技术创新会威胁到许多人，使他们面临淘汰的威胁。

对于工作压力管理主要应从员工和组织两个层面入手。对员工自身而言，应注重提高个体控制压力的能力，并采取必要措施从心理和生理上提高自身的抗压能力。在组织管理层面上，应从工作压力来源、员工压力反应以及员工的自身特点这三个方面入手，通过调整与减少压力来源并帮助员工改变自身，来促使员工更好地应对压力，降低压力反应，如对工作进行重新设计，为员工设计多种职业生涯通道等，以使员工能更好地面对压力问题，使其职业生涯顺利发展，和组织达到共赢的局面。

2. 职业生涯高原问题

职业生涯高原，是指企业内的员工在职业发展的过程中，由于组织内外环境变化以及员工自身因素的影响，使员工在职业阶梯上进一步向上移动的可能性变得很小的职业发展阶段。根据巴德维克等人的观点，在任何一个企业中，大约近99%的员工在其职业生涯中将不得不经历至少一次职业生涯高原阶段。

产生职业生涯高原现象的原因有很多，其中最直接的原因是组织结构扁平化和网络化导致管理层次的大大减少以及中间管理岗位的大量消失，这使组织中原本就十分激烈的职位竞争变得更为严峻，并客观上促使企业中的绝大部分员工面临着达到晋升条件但却没有晋升空间的尴尬局面，即职业生涯高原。同时，员工个人知识技能及其结构的老化也会导致员工职业生涯高原状态的产生，在职业生涯的特定阶段，员工会产生对职业的倦怠感，对工作丧失兴趣，对工作的投入程度降低，甚至将其工作当成一项任务或负担，而不再直接把它当做一种职业发展的机会。

正确处理员工所面临的职业高原问题，对于员工个人职业生涯的发展以及组织而言都意义重大。关于如何应对职业高原，许多学者都提出了自己的看法，如朗兹（Rantze）和费勒（Feller）提出了员工个体应对职业高原的四种策略：心态平衡策略、跳房子游戏策略、跳槽策略、内部企业家精神策略。罗东多（Rotondo）则把个体对职业高原的应对分为“关注问题”的应对策略（Problem - Focused Coping）和“关注情绪”的应对策略（Emotion - Focused Coping）。坦（Tan）和萨勒摩（Salomone）则认为职业高原是个人和组织应该共同关心的问题，组织应采取一定的办法对职业高原问题进行干预，这种干预可以通过岗位设计、工作计划、轮岗制度、激励制度、培训制度等诸多的组织内部制度进行安排与设计，为处于职业高原状态的个体提供组织与制度支持。

除此之外，随着社会的发展，在职业生涯的发展过程中也遇到越来越多的新问题，比如如何解决工作和家庭的关系，如何解决双职工家庭所面临的特有挑战，如何看待员工的职业忠诚与组织忠诚等。

本章小结

职业生涯是一个人一生所经历的和工作相关的所有的活动的总和，其受到个人自身因素及外部环境的多重影响。

职业生涯规划对个人和组织都非常重要。对个人而言，职业生涯规划能让员工更好地认识自己，帮助员工增加自身竞争力，并协调好工作与家庭的关系，最大程度实现自身价值。对组织而言，职业生涯规划将员工的成长与企业的发展联系在一起，可以帮助组织了解内部员工的现状及需求，为员工提供平等的就业机会，使组织更加合理有效地利用人力资源，是组织吸引和留住人才的重要措施。职业生涯规划一般包括职业考查、确定目标、制定并实施战略、评估与反馈四个步骤。

无论对于个人或是企业，职业选择问题是职业生涯管理中的核心问题。职业选择理论主要有帕森斯的特质—因素理论、霍兰德的人职匹配理论以及佛隆的择业动机理论。一个人职业生涯的成功有赖于自身和所在组织对不同阶段的职业生涯进行有效的管理。一般员工的职业生涯可分为职业生涯早期、职业生涯中期和职业生涯晚期，在不同的时期，因为个人特征以及所处环境不同，其面临的职业生涯管理问题和任务也各不相同。

人与人之间的差异性决定了其在职业生涯发展过程中也会面临不同的环境和际遇。

很多专家学者对职业生涯发展的过程进行了专门研究，通过总结将人的职业生涯分为几个不同的发展阶段，在每个阶段又分别面临不同的任务和问题。具体到个人，其在组织内的职业生涯发展通道一般有传统、网状、横向、双重/多重四种发展模式。

思考题

1. 什么是职业生涯？一个人的职业生涯成功与否与哪些因素密切相关？

2. 根据你对身边不同个体职业经历的观察，你更赞同职业生涯发展理论中的哪一个？

3. 简述帕森斯、霍兰德的职业选择理论。

4. 具体分析四种不同的职业生涯发展通道分别在什么样的环境中更加适用。

5. 运用所学知识，尝试规划自己的职业生涯。

案例分析

阿莫可公司的职业管理系统

阿莫可公司（Amoco）是设在芝加哥的一家石油公司。公司经理知道保持职业通道完全畅通的重要性，因此，他们关心才能通道就如同关心石油通道一样。当公司在战略、结构和技术上发生了变化时，阿莫可公司的员工可以迅速地调整以适应新技能的需要。为了确保成功，还需要仔细地对个人才能和企业需要之间的矛盾进行有效地平衡。

H. 劳伦斯主席的"Larry"漂洗工计划使公司获得重生，其中一部分内容是，它将一个工作小组集中在一起，共同设计职业管理系统。这个工作小组包括高层经理人员（得到了人力资源部门的大力支持）；另外，工作小组的每一个成员要对他或她将与之合作的员工进行一次人员"咨询会"。通过职业管理系统的设计，500 多个来自阿莫可公司各个阶层的员工形成了一种合伙关系。

阿莫可的职业管理系统（Amoco" s Career Management System，ACM）花了两年半的时间才形成。它有四个关键的组成部分：①教育；②评估；③发展；④结果。教育是由每一个企业的高层管理通过召开动员大会而发起的，并要求所有员工出席。接着，就是一个称之为"开发 ACM"的半天自愿教育计划。ACM 的第二个组成部分是评估，它是通过培训会议完成的。在这个会议上，要分析员工与公司目标有关的技能。员工可以在两个评估小组之间进行选择：一个主要集中在当前的技能上，另一个称为最大化职业选择，主要集中在未来的职业计划和工作丰富上。在这两个工作小组中，管理者和员工一起工作，共同识别与他们职业目标相关的优势和劣势。

发展是 ACM 的第三个组成部分。在员工和他们的管理者之间要进行职业讨论。员工要将完成的个人发展计划带到会议上来，同时管理者也要带来一个表述清晰的团队发展计划。用这种方法可以使员工和管理者共同为职业发展作出贡献。

最后，ACM 要将能够测量的企业结果有机地联系在一起。由于 ACM 的目标是将员工的能力和组织的目标结合在一起，所以要根据对小组和组织所作出贡献的大小对其结果进行测量。

阿莫可公司不断从 ACM 系统中获得有用的知识。经理们认为，以下几点对 ACM 的实施是非常关键的：

(1) 为了获得来自高层管理者的支持，职业发展必须依靠于企业的战略。

(2) 必须允许个人改造计划，而不是试图强制实行一个“适合于人人”的方法。

(3) 至少应该将沟通看得与设计和完善一样重要。

(4) 职业管理必须同其他人力资源的实际操作联系在一起，如招聘和培训，以形成强化组织和个人目标的协同作用。

(5) 这个系统的最终目标——让人们思考如何使自己能够一直保持长期突出的状态，而不仅仅只是短期得到提升。

围绕着职业管理的公司文化已通过 ACM 得到了增强。阿莫可公司的员工正在担负起他们的职业责任来，并且公司有了这样一个通道，使得人们可以将正确的能力在正确的时间上用在正确的岗位上。

讨论题

你如何评价阿莫可公司的职业管理系统？如果需要作进一步的改进，你可以提供什么样的建议？为什么？

第十章 人员素质管理

【学习目标】

- 理解素质、胜任力、胜任力模型的内涵；
- 掌握胜任力模型的构建步骤和方法；
- 理解员工素质测评及主要方法。

【导入案例】

世界500强企业中已有过半数的企业在建立和应用胜任力模型。在高露洁公司，胜任力与绩效考核、人员发展计划以及360度反馈体系紧密相连。他们的全球人力资源高级副总裁这样阐述到：“素质模型让公司有一个统一的，简易的方法来进行全球化管理，使我们的人力资源管理更加公平和高效。我们在全球销售高露洁牙膏，在包装、配方、广告乃至对抗竞争对手的价格定位都力求一致。在管理员工的方式上也应遵循这一原则，确立同样的素质要求，以达到满意的绩效”。高露洁公司追踪所有分布在全球各家子公司的高潜质人才。从他们进入高露洁公司的第一天起，就有专门的系统追踪他们在高露洁的表现，掌握他们的绩效以及在组织中的流动情况。通过多年的追踪发现，那些经过以素质模型为基础的人员选拔系统而进入公司的员工，在后来的实际工作中确实有很好的表现，有相当一部分人进入了公司的高潜质人才库。这个方法帮助高露洁公司在全球各地选定了最顶尖的人才，为后续的人力资源管理奠定了良好的基础。

（资料来源：李峰，方素珍．卫生机构管理者岗位胜任力［M］．北京：人民卫生出版社，2007.）

讨论题

胜任力模型在人力资源管理中有哪些作用?

近年来，员工素质、胜任力、胜任力模型已成为人力资源管理人员谈论的热门话题，越来越多的组织开始重新构建基于员工素质、胜任力模型的人力资源管理系统，开发员工潜能，培养员工的核心能力，以促进组织发展，实现组织目标。本章将论述员工素质、胜任力、胜任力模型的构建和应用等内容。

第一节　概述

一、素质及其构成

1. 素质的概念

随着人力资源管理的发展，以员工素质为基础，建立胜任力模型，并以此为基准开展一系列人力资源管理活动，已经成为当今乃至未来人力资源管理发展的重要趋势。

素质是多学科研究的对象，不同学科的学者对素质有不同的理解或解释。素质一词原本是生理学概念，指人的先天生理解剖特点，主要指神经系统、脑的特性及感觉器官和运动器官的特点，素质也被视为人们心理活动发展的前提，离开素质这一前提就谈不上心理发展。

教育、心理学家认为，素质是指人天生具有的某些生理心理特点，是人能力发展的自然前提和基础。他们指出，素质有广义和狭义之分。广义的素质是指以个体的先天禀赋为基础，在后天环境、教育影响下，由个体自身在社会实践活动中形成并发展起来的内在的相对稳定的身心特点及其基本品质；狭义的素质主要是指遗传素质，即生物体从上代继承下来的解剖生理上的特点，如机体结构、形态、感官和神经系统的特点。

在人力资源管理领域，素质也称为胜任力，不同学者的翻译不尽相同，有些学者倾向于译为“人的能力、技能及资质”等；有的学者倾向于译为“工作能力”、“职业技能”、“胜任力”、“胜任力特征”等。上述两种观点各有侧重，在实践领域可能出现不必要的混淆。

根据上述有关专家对素质的解释，我们认为，素质是指个体在先天生理遗传特点的基础上所具有的，独特的、相对稳定的身体、心理特点和基本特质。这些特点和特质构成了个体学习或从事某种职业的身体、心理、社会等方面潜在或显在的基础。这一素质概念强调以下几个要点：第一，素质以个体先天具有的生理遗传为前提条件，没有这一前提，谈不上素质；第二，素质是一种相对稳定的身心特点，素质的这种稳定性为预测其行为表现提供了可能；第三，素质是独特的，每一个体都具有区别于其他人的素质特征；第四，素质的内容一般包括身体、心理和社会三个方面；第五，素质构成了个体学习或从事某种职业的基础和前提。

2. 素质的构成

素质是指个体作为一个社会成员所具备的身体、心理和社会等方面的基本资质或要求，素质强调的是基础的、必要的身心条件，不一定与工作相关联。在人力资源管理系统中，素质是指员工完成其工作职责所必须具备的身体、心理和社会等基本资质或要求。素质是一个由多种基本要素构成的整体，这些构成素质的基本要素称之为素质要素。素质要素往往形成一定的结构或模式。素质一般由三个方面的要素所组成：

（1）生理素质，如身高、体重、体型等。

（2）心理素质，如智力、情绪、意志力以及兴趣、气质、性格倾向、价值观等。

（3）社会素质，如职务、责任、职业兴趣、工作技能、道德素质、价值观等。

不同的学者认为素质应该分成不同的类别。从层次上看，存在组织层面的能力和员工个人层面的能力。组织层面能力的界定源自于Prahalad和Hamel，两位学者将其称为核心能力，认为核心能力是组织竞争优势的源泉（Prahalad & Hamel，1990）。与组织核心能力相应的是个人能力，个人能力是基于能力的人力资源管理中的核心概念，当前在个体能力概念的界定上仍存在很多的争论（Currie & Dard，1995；Garavan & MeGuire，2001）。对个体能力类型的划分，由于划分的方法和角度不同，所以在理论上远未达成一致。Sandwith（1993）根据各类能力性质的差异，将能力分为五类，即概念能力；领导能力；人际能力；行政能力和技术能力。Swan（2000）分析优秀的职业人员的能力时，将能力划为三大类：人际能力、认知能力和内在能力（intrapersonal competencies）。他们认为人际能力主要包括关系构建、融合他人、影响他人和协商能力；认知能力包括信息收集、抽象思维、分析思维和计划能力；内在能力包括成就导向、毅力、客观和自我控制的能力。Cheetham和Chivers认为职业能力由5类相互联系的能力构成，它们分别是元能力、知识/认知能力、职能能力、行为能力以及价值道德能力，其中元能力是联系其他四类能力的桥梁。SaPrrow和Hiltorp（1994）认为能力可以分为行为能力、管理能力和核心能力三类。Devisch（1998）将能力分为核心能力、职能能力和特殊能力三类。Kuijipers（2000）从更宽的角度，认为能力由三个层次的能力构成，即通用的工作能力，学习能力和职业相关的能力。Kanungo和Misra（1992）在研究管理人员的能力时，认为管理能力由三个基本类构成：情感能力；智力能力；行为类能力。Hunt和Wallace（1995）认为管理能力由六类关键子能力构成，即战略管理能力；领导和团队构建能力；组织和环境意识能力；解决问题和决策能力；政治、劝说和影响技能；行政和运作管理能力。

阅读材料：

微软的素质观——要选择什么样的人

- 迅速掌握新知识的能力
- 仅需片刻思考即可提出尖锐问题的能力
- 可以在不同领域的知识中找出它们之间的联系
- 扫视一眼即可用通俗语言解释软件代码的能力
- 关注眼前的问题，不论是否在工作中都应如此
- 非常强的集中注意力的能力
- 对自己过去的工作仍然记忆犹新
- 注重实际的思想观念、善于表达、勇于面对挑战、快速反应

二、素质、行为与工作绩效

在人力资源管理系统中，人是处于核心的要素，在其素质基础上所表现出的行为

特点，则直接影响其工作绩效。因此，在组织中，员工的素质、行为与工作绩效具有非常独特且密切的联系。从系统论的观点看，在组织人力资源管理中，员工的素质、行为与工作绩效表现为一个投入与产出的活动过程。

1. 素质与工作行为

“素质推动行为”，员工的内在素质，诸如动机、兴趣、价值观、态度、社会角色与知识技能奠定了其外在工作行为的基础，直接或间接地影响或决定其行为方式、技术动作、操作过程等，进而影响着员工的工作行为特点和行为效果，如图 10－1 所示。

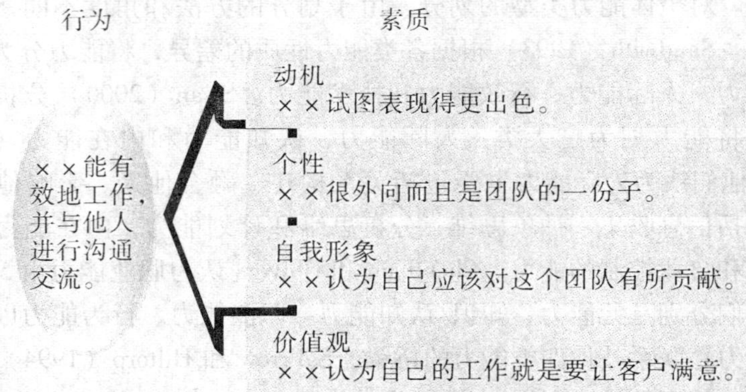

图 10－1 素质与行为驱动的关系举例

由图 10－1 知，素质与工作行为的关系具有以下特点：

（1）一般而言，素质处于素质这一行为关系中的发起端，是引起行为过程的内在原因或动因，实际上，表现优秀得到正强化的行为也会影响个体的动机；

（2）素质由多种要素构成，主要包括动机、个性、知识技能、自我形象、价值观等要素；

（3）各种素质要素对人的工作行为具有唤起、促动、推进等作用；

（4）素质可能使人们的行为具有某种特点或色彩，换言之，素质影响或决定人们的行为方式或行为表现。

2. 行为与工作绩效

如果从投入—产出的角度分析，素质—行为—绩效构成了一个系统体系，其中，工作绩效处于投入—产出体系中的产出端，员工特定的行为方式可能影响或决定其工作绩效。可以说，绩效是行为的最终目标和方向。在人力资源管理的投入—产出体系中，如果忽视了员工的素质及其行为，就难以获得相应的工作绩效。在组织管理实践中，员工在各种素质的影响下，产生相应的行为方式，这种行为方式，可能是被人们客观观察到的身体姿势或动作，也可能是完成某一特定的工作行为。总之，这里所指的行为主要是指员工的“工作行为”或与工作相关的行为。进而，我们还应当看到，员工的工作行为必然能够产生相应的工作绩效——一种劳动产出形式。

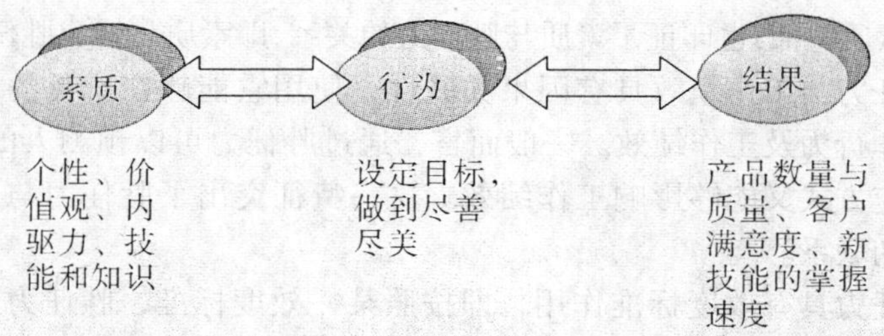

图 10-2　素质—行为—绩效之间的作用机制

素质—行为—绩效之间的关系或相互作用机制，对我们理解人力资源管理，开发组织人力资源具有重要意义。

（1）素质—行为—绩效构成了一个完整的人力资源操作系统，要充分地认识到素质—行为—绩效之间的驱动关系。

（2）在实践中要落实和体现三者的关系，要从素质—行为—绩效这一完整系统中去认识人力资源开发，而不只是孤立地强调某一方面，提高员工绩效，既要求员工具备一定的素质、知识技能、动机、价值观等，又要指导员工遵循有效的行为方式。

（3）利用和开发组织人力资源可以有多个开端，既可以从提高员工素质入手，也可以从规范工作行为、提高操作技能入手，还可以采取措施提高工作绩效。

（4）要注意绩效也会对行为和素质产生反作用。

三、胜任力与胜任力模型

1. 胜任力

胜任力一词的概念来源于英文单词“competency”，其中文解释为“才干”、“胜任素质”、“胜任特质”、“素质”、“胜任力”、“资质”、“资格”、“才能”、“能力”、“受雇佣能力”等。这一概念是 20 世纪 50 年代初，由哈佛大学著名的心理学教授麦克利兰（David C. McClelland）提出来的。麦克利兰认为，胜任力是员工从事某项工作需要具备的知识、技能和能力及其相应的行为方式。这些行为应该是可指导的、可观察的、可衡量的，而且对个人和企业成功极其重要。这一定义体现了胜任力的三个特征，即可指导性、可观察性和可衡量性。正是他提出的胜任力的这三个特征，成为构建胜任力模型的理论来源。

在麦克利兰之后，诸多学者对胜任力进行了更为广泛而深入的研究，使得胜任力概念日臻完善。目前，人们比较普遍接受的是美国心理学家莱尔. M. 斯潘赛（L. M. Spencer，1993）提出的胜任力概念，即胜任力是指能把某一工作（或组织、文化）中表现优异者与表现平平者区分开来的个人潜在的、深层次特征（Underlying Characteristic），它可以是动机、特质、自我形象、态度或价值观、某领域的知识、认知或行为技能——任何可以被可靠测量的并且能够显著区分优秀与一般绩效的个体的特征。

我们认为，这一概念包含有三个方面的内容：

首先，胜任力是一种深层次的心理特征。这是指胜任力处于员工心理的较深层次，主要包括技能、知识、社会角色、自我概念、特质和动机等。这一特征强调了胜任力的构成要素——素质特征，也印证了素质与胜任力的关系，即素质是构成胜任力的基础要素。

其次，胜任力与工作绩效具有因果关联性，使用它能够在广泛的环境和工作任务中预测人的工作行为及工作绩效。一般而言，通过胜任力可以预测人的行为反应方式，进而，行为反应方式又能够影响工作绩效。这一特征突出了胜任力与工作行为及工作绩效之间的密切联系。

最后，胜任力具有效度标准作用，即按照某一效度标准，胜任力具有预测员工绩效优劣的效标作用。只有某种标准具有预测个体从事某种工作的表现为优异或一般时，才能够称之为胜任力。人力资源管理实践中，最常用于胜任力的效标有两种：基准效标和优异效标。前者是指最低的、可接受的入门工作标准；后者是指工作绩效表现卓越、处于绩效排序前10%之内的优秀标准。这一特征强调了胜任力在人力资源管理实践中区分"优异"与"一般"的鉴别作用。

阅读材料：

胜任力的不同概念

1. Knowles（1970）：胜任力是指执行特定功能或工作所包含的必需知识、个人价值观、技能及态度。

2. Spencer（1993）：胜任素质是指一个人所具有的潜在特质，其深藏于个人个性最深处并稳定存在，即使在不同的环境中，都可以从这些基本特质中预测个人的可能思考与行为表现；这些潜在的基本特征不仅与其工作所承担的职务有关，更可以由其了解个人预期或实际反应，以及影响行为与绩效的表现。

3. 美国Hay公司：胜任力指在既定的工作、任务，组织或文化中区分绩效水平的个性特征的集合，它决定一个人是否能够胜任某项工作或很好地完成某项任务，它是驱使一个人做出优秀表现的个人特征的集合。

4. 美国薪酬协会（ACA）：胜任力是指个体为达到成功的绩效水平所表现出来的工作行为，这些行为是可观察的、可测量的、可分级的。

2. 胜任力模型

胜任力模型（Competency Model）是指组织员工承担某一工作职责所要求的与高绩效相关的知识、技能和性格特点等素质的特殊组合。这些素质是可分级的、可测评的，是能够区分绩效优秀者和绩效一般者的，通常由多项素质要素构成的素质集成模块。通常可表示为：

$$CM = \{Ci,\ i = 1,\ 2,\ 3,\ \cdots,\ n\}$$

CM表示胜任力模型，Ci即第i个胜任特征，n表示胜任特征的数目。

一些常见的胜任特征有：学习能力、团队合作、主动性、思维能力、坚韧性、成就导向等。例如，某商业银行客户经理胜任力模型可表示为：CM = {把握信息，参谋顾问，关系管理，自我激励，拓展演示，协调沟通}

这一概念可以从不同的角度来理解：

一是从组织战略角度看，胜任力模型是从组织战略发展的需要出发，以强化组织竞争力、提高组织绩效为目标的一种独特的人力资源管理的思维方式、工作方法、操作流程。

二是从方法论的角度看，可以把胜任力模型视为对员工核心能力进行不同层次的定义以及相应层次的行为描述，确定关键能力和完成特定工作所需求的熟练程度。

三是从要素构成的角度看，胜任力模型是以素质为材料，以胜任力为构件而建立的胜任力要素集成模块。单一的素质或胜任力不能够称之为胜任力模型。

四是从绩效的关联角度看，胜任力模型与工作绩效具有必然联系，它可以预测员工未来的工作业绩并能区分优秀业绩者与普通业绩者。所有的胜任力要素都应该与工作绩效具有相关性，不能对绩效水平进行预测和衡量的要素就不能称之为胜任力要素。

总之，胜任力模型是在素质的基础上，承担特定工作职责，与工作绩效相连的胜任力（知识、技能、品质和工作能力）结构整体。

3. 素质、胜任力与胜任力模型的关系

在人力资源管理中，素质、胜任力、胜任力模型是三个相互独立又密切联系的重要概念。

首先，素质强调的是基础的、必要的身心条件，是胜任力的基础材料，主要包括基础素质和工作素质，其中身体素质、心理素质和社会素质为基础素质，知识、技能和态度等为工作素质。

其次，胜任力是与工作密切相连的多种素质的组合。在现代人力资源管理理论中，有不少人把素质称之为胜任力。我们认为，素质不同于胜任力，素质只是构成胜任力的基础材料，而不是胜任力本身，在组织中，与某一职位相关的各种素质的组合，我们才称为胜任力。

最后，胜任力模型是由多种素质构成的结构整体。知识、技能和性格等素质是胜任力模型的主要构成材料，当我们进一步把胜任力与员工工作绩效联系起来，并将其视为能够区分绩效优秀者与一般者的各种素质的结构整体时，就构成了胜任力模型。

阅读资料

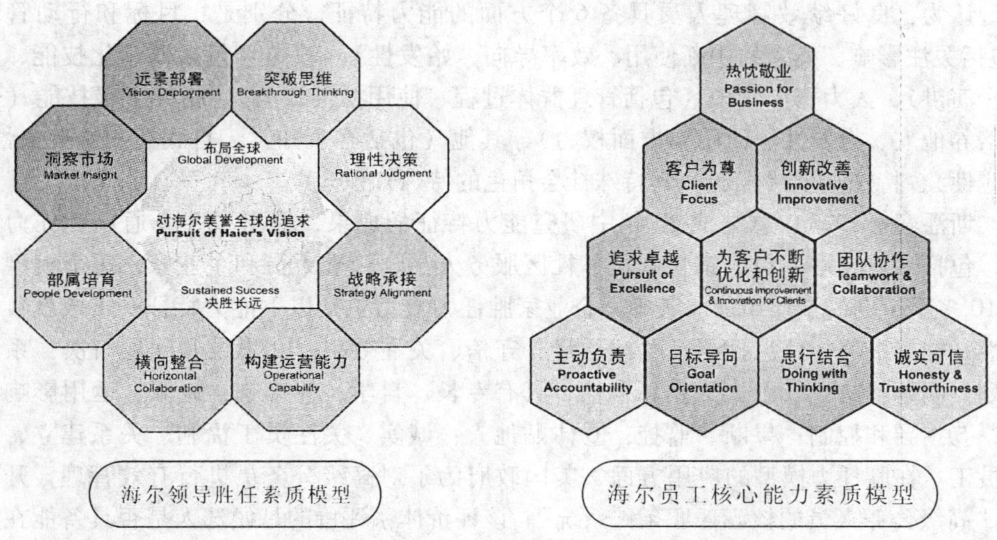

图 10－3 海尔公司胜任力模型

四、胜任力模型的研究及其发展

1973年，麦克利兰博士在《美国心理学家》杂志上发表了一篇文章：《人才测量：从智商转向胜任力》（Testing for Competency Rather Than Intelligence）。这篇文章的发表，标志着胜任力研究的开端。在麦克利兰之后，有很多心理学家和管理学家沿着他的研究思路，对胜任力理论进行了进一步的研究。

从20世纪70年代，国外对胜任力的研究范围进一步扩大，从胜任力的涵义、定义到建立胜任力模型，进而提出有关建立胜任力模型的方法、步骤及行为事件访谈的具体操作等。更多的学者结合各行业和职位的特点，研究了相应的胜任力模型，而一些学者则开始深入探讨能力特征和行为事件访谈的有效性等问题。

1970年，McBer和美国管理协会（AMA）开展了第一次大型的胜任力模型项目研究。其通过五年的时间对1800名管理者进行了研究，结果发现，优秀的管理者工作成功的五个重要的能力特征是：专业知识、心智成熟度、企业家成熟度、人际间成熟度、在职成熟度。在这五个关键的能力特征中，只有专业知识是优秀管理者和普通管理者都具有的。

约科尔（Yukl）把管理者的能力特征划分为三类：技术、人际和概念。技术技能包括方法、程序、实用工具和操纵设备的能力；人际技能包括人类行为和人际过程、同情心和社会敏感性、交流能力和合作能力；概念能力包括分析能力、创造力、解决问题的有效性、认识机遇和潜在问题的能力。这三种类型将个体技能在处理事、人、观念及概念方面进行了区分。

其他学者也进行了类似的划分，例如，帕维特（Pavett）等人划分了四种类型，包括概念、技术、人际和政治技能。蒙特（Mount）等测量了250名经理人员，得到了三个管理能力维度：人际关系、管理和技术技能。波亚茨（Boyatzis）提出了绩效优秀经理的有效能力特征模型，评价了12个组织41个不同管理岗位2000人的21个特征。该模型认为，良好绩效管理人员具备6个方面的能力特征，分别是：目标和行动管理（包括关注影响、概念的中断使用、效率导向、始发性），领导（包括概念化技能、自信、演讲），人力资源管理（包括管理群体过程、使用社会权力），指导下级技能（包括培养他人、自发性、使用单方面权力），其他（包括客观知觉、自我控制、持久性、适应性），特殊知识（经历及其特殊社会角色的特殊知识）。

斯潘赛（1993）总结他20年中研究能力特征的成果，提出了5个通用胜任力模型，包括专业技术人员、销售人员、社区服务人员、管理人员和企业家，每个模型都由10多个不同的素质组成。其中，企业家胜任力模型包括以下能力特征：①成就：主动性、捕捉机遇、信息搜寻、关注质量、守信、关注效率；②思维和问题解决：系统计划、问题解决；③个人成熟：自信、具有专长、自学；④影响：说服、运用影响策略；⑤指导和控制：果断、监控；⑥体贴他人：诚实、关注员工福利、关系建立、发展员工。在胜任力模型的应用方面，美国政府为了对高级公务员进行有效管理，开发了“高级公务人员的核心任职条件系统”。该评价体系评价的是候选人是否具备能在上述各种高级行政职位上获得成功的一般性管理能力。

五、胜任力模型的构成要素

许多学者对素质及其构成要素具有独特的认识和理解，在此基础上，提出了具有特色的胜任力模型。这里，仅介绍两种模型：一是冰山模型；二是洋葱模型。

1. 冰山模型

美国学者莱尔·M. 斯潘赛（1993）等在《工作胜任力：高绩效模型》一书中提出，胜任力是在工作或情境中，产生高效率或高绩效所必需的人的潜在特征，同时只有当这种特征能够在现实中带来可衡量的成果时，才能称作胜任力。基于此，他提出了冰山模型，如图 10－4 所示。

图 10－4 冰山模型

这一模型把人的胜任力分为五个要素：知识（行为与技能）、价值观（态度）、自我形象、个性（品格）、内驱力（社会动机）。冰山模型认为，员工的全部素质由显性素质和隐性素质所构成，该模型把人的全部素质看成是一座漂在水中的冰山。其中，浮在水面上的是他所拥有的显性资质——知识、行为和技能，是员工的显性素质。显性素质也包括外在形象、技术能力、各种技能等，可以通过各种学历证书、职业证书来证明，或者通过专业考试来验证。这些素质就像浮于海面上的冰山一角，事实上是非常有限的。但由于其是显性的，人们随时可以调用，因此，在人力资源管理中一般会受到重视，相对而言也比较容易改变和发展。例如，通过培训就比较容易收到成效，但很难从根本上解决员工综合素质问题。

潜藏在水面之下的东西，包括职业道德、职业意识和职业态度等，称之为隐性素质。隐性素质在更深层次上影响着员工的行为和发展，也正是隐性素质部分支撑了一个员工的显性素质，构成了员工显性素质的基础。员工的素质就像一座冰山，呈现在人们视野中的往往只有少数部分，看不到的隐性素质在员工整体素质中占有绝大部分，深刻地影响着员工的显性素质。如果不加以激发，往往不易被发现，这是人力资源管理中容易被忽视的部分。在日常人力资源管理中，如果员工的隐性素质能够得到足够的培训，将有助于员工潜能的发挥，同时对组织的发展也将具有深远的影响。

2 洋葱模型

波亚兹提出了胜任力的洋葱模型，他认为，胜任力从内至外由各个构成要素组成了一个渐进的可以被观察、衡量的洋葱模型结构，如图 10－5 所示。

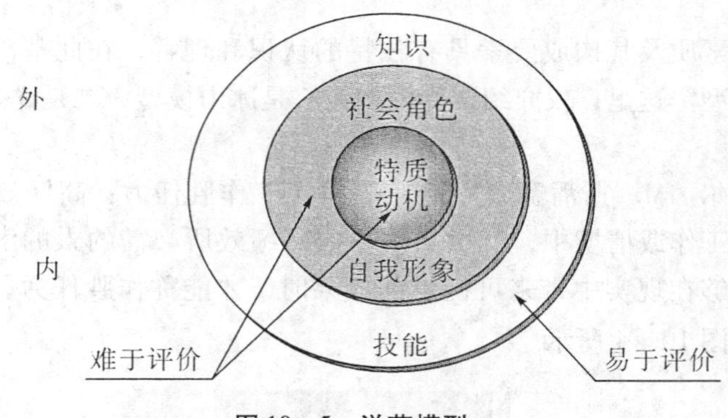

图 10－5　洋葱模型

从图 10－5 可以看出，模型的最内核部分是个性/动机，动机是推动个人为达到一定目标而采取行动的内驱力。它可能推动和指导个体的行为方式，使之朝着有利于行动目标的方向前进，并防止行动偏离方向。个性是个体表现出来的对环境与各种信息的反应方式、心理倾向与行为特征的总和。通过了解个体的动机和个性，能够在一定程度上预测个体的工作状态等。由于动机和个性处于最内核部分，所以往往难以评价和培养。

模型的中间部分是自我形象、社会角色、态度和价值观等素质要素，它处于知识、技能层次的内部，处于动机与个性的外围。自我形象是个体对自身内外特征的认识和评价。这种评价源自自我观念和价值观范畴内对自我的评价与解释等。自我形象作为动机的反映，具有预测个体短期行为方式的作用。社会角色是个体对其所属社会地位、职位相应的行为模式，反映了个体对自身具有特征的认识，也包含了他人的期望。态度是指个体对一定社会现象所持有的，具有一定结构、相对稳定和内化了的心理反应倾向，它是动机、个性等因素与外部环境相互作用的结果。

洋葱模型结构的最外层是知识和技能，知识是员工在某一特定领域所拥有的事实型与经验型的信息，技能则是个体结构化地运用知识完成某项具体工作的能力，是通过持续地练习所形成的动作能力。

一般而言，知识技能是能够通过培训和教育而获得的素质层次，也是最容易被人们认识、评价和利用的素质层次。洋葱模型中的三个层次，也可以称之为核心层、中间层和外围层。三个层次并非相互孤立、互不联系，而是相互影响，相互作用，彼此间形成了一个既相对稳定，又不断发展的结构模式。

3 冰山式模型与洋葱模型的联系

通过深入分析，我们可以发现冰山模型与洋葱模型虽然具有差异，但也具有一些共同点。

首先，素质是模型最基本的构成要素。无论是冰山式模型或洋葱模型都具有基础的构成要素——素质。

其次，模型要素呈现一定的层次性。冰山模型中的素质结构，诸如，隐性与显性素质类似于洋葱模型中的不同层次。这恰恰反映了员工素质结构的某种共同本质特征。

最后，两种模型只是从不同的侧面，反映了素质的结构性特点，为人们了解和研究素质，进而利用和发挥素质的作用，奠定了理论基础，并提供了结构或层次参照系统。

第二节　胜任力模型的构建

一、构建的原则

1. 战略导向原则

胜任力不仅仅是人力资源管理工具，更是为实现企业战略目标服务的。在设计组织的胜任素质模型之前应该首先审视组织的使命、愿景以及战略目标，确认其整体需求；进而以企业战略导向的人力资源战略和组织架构和职责为基础，在企业的使命、目标明确的条件下，开发、设计、运用胜任力模型。这要求企业在确定某一职位的胜任力时，必须从上往下分解，即由“企业使命”确定“企业核心战略胜任力”，由“企业核心战略胜任力”确定“企业业务发展需要的胜任素质”，由“企业业务发展需要的胜任素质”确定“职位需要的胜任素质”，将胜任力概念置于人员—组织匹配的框架中，根据特定职位需要的胜任力，招聘、选拔符合职位要求的人，确定该职位人员的绩效考核内容、培训主体、职业生涯发展等。这样才能确保员工具备的能力素质是与组织的核心竞争力相一致，能为企业的战略目标服务，确保所培养的员工是满足真正长期需要的而不只是为了填补某个岗位的空缺。

2. 行业适用原则

由于不同行业及其岗位对员工的素质要求各异，因而不同职位的胜任力模型可能会有所差异。在实际工作中，要深入企业进行调研，组成各层次人员的评价小组进行工作分析和评价，充分了解行业及岗位特点，体现不同职位序列和职位对员工胜任力要素的要求，在此基础上，结合行业总体特征，构建具有行业适应性的胜任力模型。

3. 构建能力素质模型应关注企业所在的行业特点和业务流程特点

根据战略人力资源管理理念，对人力资源管理各项工作流程进行全方位的审查、梳理，然后再重新设计能力素质模型，体现不同序列和岗位之间能力要求的差异，强调将企业战略目标、核心能力、员工业绩水平、员工能力素质特征、行为特征结合起来，利用标杆分析，挖掘其中存在的内在联系。能力素质模型的建立必须系统分析企业的战略方向、业务特点、文化价值理念，不能片面照搬和模仿其他公司现成的形式和方法，导致资源的浪费而达不到预期的效果。

4. 能力素质模型应与其他人力资源管理环节匹配

其主要是指能力素质模型应该建立在其他人力资源管理环节完善的基础之上，没有人力资源管理工作大系统的健全，企业不可能有效利用能力素质模型。能力素质模型和其他人力资源管理环节的关系某种程度上类似于企业中的战略管理和人力资源管理两种职能的关系，不是非此即彼的关系，而是协同关系，要持续不断地健全和完善。基于战略与核心价值理念的人力资源管理只有同现有能力素质模型理论及实践结合，才能使战略目标进一步固化落实在人力资源管理的各个环节。

5. 人力资源管理者素质的影响

素质模型质量直接关系到运用效果，衡量素质模型的质量标准在于其是否反映了职位所需要的任职资格，尤其是个体深层次特征方面的任职资格。构建胜任力模型所运用的行为访谈法（BEI）、信息编码、建模方法等，技术门槛高、操作难度大，而且还经常依靠操作者的主观判断，因此胜任力模型的质量既要取决于操作者的技术水平，更要取决于操作者的管理经验和阅历。这些要求远非企业自身乃至小型管理咨询公司所能达到的，即使在西方发达国家，大多数企业也主要依靠外部有实力的咨询公司进行素质模型开发。而在国内，很多企业出于成本等多方面考虑，往往采取自主或者委托实力较弱的管理咨询公司开发胜任力模型，模型本身质量就难以得到保证，运用效果更是可想而知了。有了高质量的模型，在运用实践中还需要使用人员对模型要熟练并能深刻理解，避免“好经”被念歪。由于管理学界与实践界的胜任力模型开发技术和运用能力均处于初级阶段，真正有开发实力、有成功经验的咨询公司和专业人员不多，更多的咨询公司在巨大的市场利润诱惑下，采取“不管能不能做，先接单再说”的策略。辨别管理咨询公司实力最简单和最有效的方法不是看其名气和招牌，而是要求其提供以往的客户名单，对这些客户的运用效果进行调查取证和比较分析。

二、构建流程

建立胜任力模型一般有以下八个阶段的工作要做：

1. 组建建模小组

为了确保能够顺利开发胜任力模型，必须组建专家建模小组。小组成员包括企业高层领导、人力资源管理者、外部胜任力模型专家顾问以及胜任力模型目标部门负责人。人员规模 10 ~ 15 人为宜。

2. 企业战略目标、文化、愿景调查

构建胜任力模型的目的，是借助模型将个人因素（知识、技能、能力、性格、态度、价值观、兴趣）与企业战略目标、文化价位观、愿景联系起来，找出最胜任职位的人选。因此，首先必须清楚地了解企业战略目标、文化价值观和愿景。只有这样，构建出来的胜任力模型才切合企业的实际，企业的人才战略才能为发展战略服务，从而发掘出符合企业未来要求的最胜任的人才。资料的收集方法，一般采取问卷调查法、无领导小组讨论法和员工访谈法。

3. 职位划分

根据企业的人力资源规划，通过专家建模小组讨论，对组织需求岗位的职类和职级进行科学划分，界定出核心岗位和一般岗位、中高层岗位和基层岗位、技术型岗位和管理型岗位。企业不是一个研究机构，不必对所有职位建立模型，但是必须有针对性和选择性，充分考虑企业发展规模、组织架构、文化理念、政策制度等，结合企业实际，以增加企业效益为基点，最终确定模型开发的目标层级。

4. 确定招聘甄选标准

简单地说，招聘甄选标准就是能够鉴别出优秀员工的标准与规定，或鉴别出符合特定核心岗位要求的标准与规定。确定招聘甄选标准，一般采取职务分析法和专家小组讨论法。职务分析，也叫工作分析，是指根据工作的内容，分析其执行时所需要的知识技能与经验及其所负责任的程度，进而确定工作所需要的资格条件的系统过程。

职务分析是人力资源管理最基本的工作，也是人力资源管理中十分重要的一项工作，它为应聘者提供了真实、可靠的需求职位的工作职责、工作内容、工作要求和人员的资格要求；为选拔应聘者提供了客观的选择依据，提高了选拔的信度和效度。

专家小组讨论法，则是由优秀的领导者、人力资源管理者和研究人员组成小组，专家通过对能出色完成工作的各种素质与能力进行讨论，最终确定招聘甄选标准。小组成员需要掌握基本素质和能力要素的定义以及行为特征，以免得出的素质与能力不全面或不准确，甚至把重要的基本素质与能力要素遗漏。

5. 胜任力要素调研、样本访谈

根据制定的招聘甄选标准，在全企业范围内针对各个职级、职类的不同职位，抽选相同数目的优秀绩效样本员工和普通绩效样本员工，进行访谈和调查。通过分析和比较得出各个职位胜任力要素的初步描述。

6. 获得胜任力模型数据

胜任力模型数据的获得通常采取行为事件面谈法、问卷调变法、360 度行为评估法、专家小组讨论法和现场观察法。由于胜任力模型的开发必须遵守实用性和可操作性的原则，因此，笔者认为，以行为事件面谈法为主，以问卷调查和 360 度全方位行为评估法为辅获得的胜任力模型数据比较有效。

行为事件面谈法因为其时效性和模拟性，越来越受到人力资源管理者的重视，成为胜任力模型开发的主要测评工具。该方法通常是向应聘者提出一些假设性的或者突发性的场景问题，通过了解应聘者过去的行为来预测其将来在工作上可能的表现，并且发现应聘者除了知识、技能以外的性格、自我概念、价值观、动机等潜在特质。问卷调查法和 360 度行为评估法通过大范围、多层次收集信息和访谈，了解该职位的上级、下级以及相关职位员工对该职位提出的任职要求和标准，有效地弥补了行为事件面谈法所遗漏的胜任特征。

7. 胜任力模型数据统计分析，提炼胜任力要素

首先，将行为事件面谈的资料整理成行为事件访谈报告，对访谈报告内容进行分析，并对访谈主题进行编码，记录各种胜任特征在报告中出现的频次；其次，对优秀组和普通组的要素指标发生频次和相关程度的统计指标，运用 SPSS 统计软件进行描述性统计和 T 检验，找出两组的共性与差异性特征；最后将差异显著的胜任力因子提取出来，并对提取出的胜任力因子进行命名。

在进行胜任力因子等级评价确定时，先要对行为事件进行分层，将处于同一层级的行为事件进行归纳总结，描述成等级评价，然后将相应的行为事件附在等级评价下面作为行为描述，形成一个完整的胜任力因子。用同样的方法编制其他胜任力因子，以构成一类胜任力模型。以此类推构建完整的胜任力模型。

8. 检验并确定胜任力模型

在构建胜任力模型的过程中，非常重要的一步就是为保证模型的准确性，必须对其进行检验。胜任力模型的检验方法一般有以下三种：

其一，选取第二个效标样本，再次用行为事件访谈法来收集数据，分析建立的胜任力模型是否能够区分第二个效标样本。分析员事先并不知道谁是优秀组或普通组，即考查“交叉效度”。

其二，根据胜任力模型编制评价工具，来评价第二个样本在上述胜任力模型中的关键因素，考查绩效优异者和一般者在评价结果上是否有显著差异，即考查“构念效度”。

其三，使用行为事件访谈法或其他测验进行选拔，或运用胜任力模型进行培训，然后跟踪这些人，考查他们在以后工作中是否表现更出色，即考查“预测效度”。

通过有效的胜任力评估，找出出色完成工作所必须具备的胜任力结构，包括素质的不同类型、不同水平和重要性程度顺序等信息，从而形成某一类型职位的胜任力模型。在不同的行业领域或企业组织内部，通过人员胜任力评估和建立胜任力模型，也可以最终形成自己的胜任特征。

三、构建胜任力模型的主要方法

胜任素质模型的建立方法有很多，包括专家小组、工作分析法、问卷调查等。但是，目前得到公认、且最有效的方法是麦克利兰教授提出的行为事件访谈法。这几种方法可以单独使用，如行为事件访谈法；有些则需要综合使用，如采用问卷调查法搜集第一手数据，然后再采用胜任力要素编码方法整理数据，进而概括出胜任力要素等。

1. 专家小组评价法

专家小组评价法是把专家小组评价所获得的资料，与行为事件访谈的结果进比较和验证的方法，旨在获取特定的胜任力模型资料数据。专家评价法一般采用座谈方式，也可以采用问卷调查方式。由于专家的经验有较大差异，专家小组人数不多，所以采用这种方法更注重经过讨论后所达成的一致意见，根据专家的意见统一整理出构建胜任力模型的有用资料。

2. 行为事件访谈法

行为事件访谈法（Behavioral Event Interview，BEI），是20世纪70年代初由麦克利兰率领的研究小组在实施FSIO项目（即为美国政府甄选驻外联络官，Foreign Service Information Officers，FSIO）的过程中所创立的。

行为事件访谈法是一种开放式的行为回顾式调查技术，类似于绩效考核中的行为事件法。它事先要求把被访者分为两个组，即优秀组和一般组，要求每一组的被访谈者列举出他们在工作中发生的行为事件，也就是说对自己影响最深的事件，这种事件中包括成功事件、不成功事件或负面事件，每件事项各列举出三例，并且让被访者详尽地描述整个事件的起因、过程、结果、时间、相关人物、涉及的范围以及影响层面等。同时也要求被访者描述自己当时的想法或感想以及事后自己想法有何改变。例如是什么原因使被访者当时产生类似的想法以及被访者是如何去达成自己的目标等。

在行为事件访谈结束时最好让被访谈者自己总结一下事件成功或不成功的原因。行为事件访谈一般采用调查问卷和面谈相结合的方式。访谈者会有一个提问的提纲以此可以把握面谈的方向与节奏。并且访谈者事先不知道访谈对象属于优秀组或一般组，避免造成先入为主的误差。访谈者在访谈时应尽量让被访者用自己的语言尽量详细地描述他们成功或不成功的工作经历，他们是如何做的、感想又如何等。由于访谈的时间较长，一般需要1~3小时，所以访谈者在征得被访者同意后应采用录音设备把内容记录下来，以便整理出详尽的有统一格式的访谈报告。

运用行为事件访谈法建立胜任力模型的具体步骤包括：

(1) 定义绩效标准。绩效标准一般采用工作分析和专家小组讨论的办法来确定，即采用工作分析的各种工具与方法明确工作的具体要求，提炼出鉴别工作优秀的员工与工作一般的员工的标准。专家小组讨论则是由优秀的领导者、人力资源管理层和研究人员组成的专家小组，就此岗位的任务、责任和绩效标准以及期望优秀领导表现的胜任特征行为和特点进行讨论，得出最终的结论。如果客观绩效指标不容易获得或经费不允许，一个简单的方法就是采用“上级提名”。这种由上级领导直接给出的工作绩效标准的方法虽然较为主观，但对于优秀的领导层也是一种简便可行的方法。

(2) 选择效标样本。选择效标样本即根据已确定的绩效标准，选择优秀组和一般组，也就是达到绩效标准的组和绩效标准没有达到或完成很普通的组。

(3) 获取效标样本有关素质的数据资料。收集数据的主要方法有行为事件访谈(BEI)、专家小组、360度评定、问卷调查、胜任力模型数据库专家系统和直接观察。

(4) 分析数据资料并建立胜任力模型。通过行为访谈报告提炼胜任力，对行为事件访谈报告进行内容分析，记录各种素质特征在报告中出现的频次。然后对优秀组和普通组的要素指标发生频次和相关的程度统计指标进行比较，找出两组的共性与差异特征。根据不同的主题进行特征归类，并根据频次的集中程度，估计各类特征组的大致权重。

(5) 验证胜任力模型。“行为事件”的意义在于通过访谈者对其职业生涯中的某些行为事件的详尽描述，揭示并挖掘当事人的素质，特别是隐藏在素质冰山下的潜能部分，用以对当事人未来的行为及其绩效做出预期，并发挥指导作用。

访谈过程中，对于行为事件的描述必须至少包括以下内容：

这项工作是什么？

谁参与了这项工作？

你是如何做的？

为什么？

这样做的结果怎样？

3. 胜任力要素的编码方法

在构建胜任力模型的过程中，需要对所搜集到的胜任力特征以及相关要素进行归纳整理，编码方法就是归纳整理胜任力要素的重要方法。具体讲，编码方法就是通过对关键事件访谈资料的分析，对绩优人员与一般人员的对比，发现决定绩效优劣的关键因素，即从事该职位工作所需要的胜任力要素。在进行主题分析的时候，需要注意以下几个步骤和关键环节：

(1) 胜任力要素是什么？通过主题分析的方式，一方面可以直接发现绩优人员与一般人员的差异，提炼相应的胜任力要素（例如，组织协调能力等）；另一方面，要进一步挖掘导致绩优人员与一般人员的行为差异的深层次原因，提炼相应的胜任力要素。

(2) 胜任力要素要求的级别程度怎样？辨识与准确界定胜任力要素的层级非常重要，因为相同胜任力要素的层级差异能够导致工作绩效的不同。

(3) 定义胜任力要素。根据胜任力要素的提炼以及级别的确定，参照企业的胜任力要素手册给出对应胜任力要素的级别定义；对于那些企业个性化以及补充的胜任力要素，要按照统一的语言方式赋予素质相应的解释。正因为如此，这个步骤的工作对于从事分析的人员的专业知识与技能要求非常高。

主题分析的主要步骤为：

①组建主题分析小组；

②对被访者个体进行分析；

③主题分析小组成员共同研讨，界定胜任力要素定义、内容与级别；

④结合胜任力要素手册，编制胜任力要素代码；

⑤主题分析小组讨论，统一胜任力要素编码；

⑥对提炼的胜任力要素主题进行统计分析与检验；

⑦最后，根据统计分析的结果，由主题分析小组再次对胜任力主题进行修正，形成最终的胜任力模型与相应的编码手册。

4. 问卷调查法

问卷调查法是采用事先编制的岗位调查问卷，对员工进行实际调查，以获取较全面的职位胜任力要素信息的一种方法。问卷调查法可以作为构建胜任力模型的辅助方法。在实践中，问卷调查法往往与行为事件访谈法结合使用。在程序上，一般先发放调查问卷，对某一职位的员工进行调查，掌握更为广泛的职位关键要素方面的重要信息资料，在此基础上，编写访谈提纲，根据访谈提纲对该职位的人员进行关键事件访谈，以深入掌握该职位的关键要素，并构建该职位的胜任力模型。

四、构建胜任力模型的注意事项

1. 胜任力模型的“落地”问题

胜任力模型的建立要投入巨大的人力、物力和资金，建模过程要求广泛的资源支持，它能否落到实处是企业最担心的问题。事实上，模型往往不能被真正有效地运用到上述领域，这是因为，很多企业对胜任力模型的认识还处在初级阶段，误以为建模本身就是终极目标。建模的目的是运用提供的“标杆”去指导招聘、培训、发展、绩效等人力资源管理工作。大多数胜任能力是可以被评估的，通过科学有效的评估，真正实现胜任力模型的落地。

2. 如何弥补企业管理基础薄弱的问题。

作为一种特定的管理模式，胜任力模型有其特定的假设系统、框架体系和技术方法。但由于目前我国企业管理的基础较为薄弱，尤其对国企来说，用人和招聘的渠道并非全部市场化，内部人力资源管理非常复杂，有些人才的留用不是看他的能力，而是关系。这就导致胜任力模型技术的开发和运用尚缺乏丰厚的实践土壤，对胜任力模型的研究大都还停留在对国外理论和技术的引入层面上，缺乏基于本土实践的系统性的胜任力模型理念、技术和方法的创新。这在一定程度上制约了我国企业胜任力模型的有效运用。

3. 在构建招聘甄选流程的过程中面临的两个技术性难题

（1）如何界定企业的核心竞争力、发展战略和企业文化对员工要求的问题。心理学研究表明，很多心理特征往往具有负向关联性，比如说沟通协调能力与诚实踏实，敢于冒险与组织忠诚度等。在现实生活中，每个个体都是一个矛盾的结合体，其身上的很多能力素质之间具有一定的矛盾性。而企业战略文化是有价值取向的，在实施胜任力模型时，企业面对如此众多的能力，如何进行取舍则完全取决于组织的战略文化导向。

（2）如何清晰地界定优秀员工、普通员工、不合格员工的问题。胜任力模型强调利用标杆分析。标杆的确定应借助有效的衡量和区分工具，否则无法有效地“测量”企业战略目标实现所需胜任力的尺度。但是，优秀、一般和不合格员工之间的区分并不是一个简单的问题。某些职位的绩优标准显而易见，指标易于获得，比较容易衡量且能确保准确性。而也有些岗位，高绩效、一般绩效及不合格绩效之间缺乏有效的衡量和区分工具，确定的时候要从多个层面进行绩效评价，可能会更多地融入一些人为的、主观性的评价指标。此外，胜任力模型应用过程中时常会受到一些情境性和实践性因素的影响，如工作绩效的可观察性与动态性，组织计划变动对工作进程和工作绩效的影响程度，应用过程中对法律限制和工会阻力的规避等，从而影响到胜任力模型结构的严谨性。

4. 胜任力模型与相应的测评体系匹配使用的问题

如果胜任力模型是汽车，测评体系则是汽油，没有汽油的汽车是无法驰骋的。如果没有相应的测评体系，不同的人力资源管理者在运用胜任力模型去评价员工的时候，都有各自不同的评价标准，往往出现较大偏差。测评体系在人才选拔、人力资源配置和培养等方面具有很强的针对性、适应性和科学性。测评体系能够使企业的人力资源得到优化和协调，与胜任力模型配合使用能够提高模型的有效性和准确性。

5. 从关键职位入手，采取循序渐进的开发策略

在开发胜任力模型时，由于对胜任力模型开发的方法和技巧没有很熟练地掌握，公司选取了一些关键岗位，从关键岗位人手，而不是全面铺开进行全面的胜任力模型开发。从关键职位入手，不仅可以节约成本、规避风险，而且可以使人力资源管理部门避免因失误而处于被动的位置，待积累了一定经验后再全面铺开。

6. 对胜任力模型进行动态管理

企业的胜任力模型一旦建立，就成为一个静止的描述体系。而实际上，企业本身由于行业发展瞬息万变、企业内部岗位调整频繁、员工流动性大也会导致企业文化氛围的变动，因此需要对胜任力进行动态管理。在胜任力模型初步建立后，还要通过管理实践对胜任力模型进行验证和修正。验证主要是运用胜任力模型对具体岗位上的员

工进行评价，以检查其效度；同时，对企业来讲，在不同的战略时期，不同的岗位对胜任力的要求也会有所不同。所以，在胜任力模型确定之后，在实际应用时要根据实际情况对胜任力模型进行相应的修正。

第三节　胜任力模型在人力资源管理中的应用

胜任力模型归纳了员工产生高绩效的影响因素，为整合组织人力资源提供了一个整体的框架。随着知识经济的发展，以及知识型员工的增多，胜任力模型的研究逐渐成为战略性人力资源管理的基础，在人力资源管理实践中发挥着越来越重要的作用。具体而言，传统人力资源管理与基于胜任力的人力资源管理区别主要表现在以下几个方面：

一、胜任力模型与工作分析

工作分析是人力资源开发与管理的起点和基础。它是对组织中某个特定职务的工作目标、特征、任务或职责、任职资格等相关信息进行收集与分析，以便对该岗位的工作做出明确的规定，并确定完成该岗位工作所应有的行为、条件、人员配置的过程。工作分析包括两个方面的内容：①工作描述；②任职资格说明。

1. 基于胜任力的工作分析的特点

工作分析作为人力资源管理的一项基础工作，它为人力资源管理的其他职能如招聘选拔、培训开发、绩效考核和薪酬管理等提供必要的依据。人力资源管理者只有掌握工作分析的方法和技术，才能为组织建立合理的职务系列框架，才能了解各个岗位的工作职责和职务要求，使人力资源管理做到有的放矢。同时，科学的工作分析有助于管理人员明确下属的岗位职责和考核要求，进行公平、客观的绩效考核，发挥考核评价的作用和提高员工的满意度。工作分析是一个过程，它不是静态不变的，而是动态的。传统的工作分析较为注重工作的组成要素，过分关注工作本身，是一种岗位导向的分析方法。随着信息技术的发展，组织的业务流程重组，结构的扁平化、团队管理的应用，职务工作内容的变化很快，工作分析需要不断、及时地修改和补充，而且人们越来越意识到人才是组织经营管理的核心，需要对人的内在素质，包括特质、自我认知、动机等因素与工作绩效之间的联系深入研究。传统的工作分析不能在动态的人力资源管理环境中发挥中心、基础的作用，基于胜任力的人力资源管理越来越受到理论界及实践界的关注。

2. 基于胜任力的工作分析的优势

和传统工作分析相比，基于胜任力的工作分析有4个显著特征：① 强调优秀员工的核心胜任力；② 与组织经营目标和战略紧密联系，强调与组织的长期匹配；③除了寻找岗位之间在胜任要求上的差异外，注重寻找岗位、职务系列之间在胜任要求上的相似点；④ 注重胜任力的过程开发，把个体和组织紧密联系。Anntoinette 等（1998）发现美国被调查的292家企业中有75% 都采用了基于胜任力的工作分析方法。

从发展趋势来看，工作分析和胜任特征建模之间的界限正在变得模糊，如果将两种方法综合起来，就能使其相互补充、相得益彰。工作分析能够为胜任特征模型提供大量的实证数据，例如关于工作任务、工作要求等具体信息，这也就为抽象的胜任特征的提取提供了丰富的资料；不仅如此，从具体工作情境中得到工作分析结果还可以对这些胜任特征进行具体解释。而另一方面，胜任特征可以体现组织特性和工作未来需要，它能够弥补工作分析对于组织层面信息和工作未来需求的不足。因此，体现胜任特征的工作分析能够把工作分析和胜任特征两种方法的优点结合起来，能够为建立组织的核心竞争力提供更为有效的实证数据，这也应该成为未来工作分析发展需要探索的重要方向之一。但是，虽然基于胜任力的工作分析在很大程度上克服了以往工作分析的局限，但是这种开发思路的局限在于把工作分析停留在一个或某几个具体岗位，而没有考虑到其工作群组（Job Group）甚至整个组织工作分析的需要，适应未来战略发展需要和环境变化的能力仍显不足。

虽然基于胜任力的分析和传统的工作分析有着很大的不同，但两者之间并非没有联系。胜任力分析是在传统的工作分析基础上发展起来的。从发展趋势看，两者之间的界限将会趋于模糊，出现融合趋势，两者如何优势互补，这也是未来工作分析需要探索的。

二、胜任力模型与招聘配置

在员工招聘和配置中使用胜任力模型，使招聘工作具有特定的结构化模式，并且有了更强的客观性，减少了可能出现的一些主观人为因素带来的阻力。另外，各级管理者普遍认为，在招聘或甄选时使用这一模型，既可以提高新雇员的质量，也更易于衡量人才。在整个招聘活动过程中，胜任力模型具有基础性和前提性作用。在运用胜任力模型时，企业必须做好以下几方面的工作：

1. 确立客观标准

这是运用胜任力模型进行招聘面试的首要标准。确立一个经过检验的、可以预测工作成功的胜任力模型，将保障聘用决策以预测工作成功的具体标准作为基础条件，而不是依据某个面试官的主观印象。实践工作中，错误的选择可能会付出较大的代价，如对新聘人员进行培训、重新招聘、低工作效率等；反之，如果使用客观的评价标准评价拟聘用的员工，则会提高招聘的效益，并为企业带来额外的经济收益。

2. 做好面试前的准备

在运用胜任力模型进行面试之前，要做好面试前的各项准备工作，包括准备一系列规范的面试问题，可以帮助面试官决定某一应试者是否具备所需的能力，或者是否具备潜能。一旦确认了高绩效所需的各项能力，面试官就要判定某一面试者是否具有这些能力，或者是否能够开发这些能力。为此，要对应试者提出相应的问题。这些问题与胜任力之间不是一种简单的对应关系，可能同时涉及几种胜任力的考察。使用精心组织的问题，鼓励应试者提供他们当前和过去的经历，可能使组织得到关于应试者的个性特点和性格倾向方面的信息。

3．培训面试官

优秀的面试官是运用胜任力模型进行招聘的重要条件之一。受过培训而且经验丰富的面试官能够更好地对应试者的能力或潜力做出正确的评估。面试官要根据面试题库进行提问，并且追问细节，根据胜任能力来分析应试者的回答。此外，使用以下几个原则可以帮助面试官做出正确的判断：①过去的行为表现能够很好地预测未来的行为。曾经使用过某种能力的人可能会重复地运用这种能力。②人的行为是一致的。如果某人在某一情形下使用了某种能力，他可能在类似的情形中使用该能力。③预测失败比预测成功容易。要获得成功需要多种因素，而一项能力的缺乏就可能导致失败。面试官常常需要为此接受训练而发现应试者的不足，而不仅仅是发现那些符合工作要求的能力。在提出问题和探求具体细节时，运用这些原则有助于面试官在简短的面试过程中判断某一应试者是否具备某些能力，或者能否开发这些能力。

三、胜任力模型与薪酬管理

目前的薪酬设计主要基于两种思路：一种是以行为为导向（实际隐含着部分的能力标准）；一种以能力为导向。随着组织结构向弹性化和扁平化的方向发展，“无边界工作”、“无边界组织”成为组织追求的目标，工作说明书由原来细致的规范岗位任务和职责转变为规定岗位的工作性质、任务以及任职者的能力和技术。相应的，薪酬体系也经历了以职位为基础到以个人能力为基础的变化。基于能力的薪酬体系是对传统的基于工作的薪酬体系的一次革命。在这种新体系中，员工自身的“素质”，诸如动机、个性特征、技能、自我形象、社会角色和知识体系，这些能带来杰出绩效的潜在特征，取代了一般的工作特征，诸如职责、必备的学历、经验、知识和技能水平，成为支付薪酬的依据。这无疑会使组织结构更趋于扁平化和弹性化，给予素质卓越的员工较多的工资奖励，使那些有高绩效的组织贡献者脱颖而出，进而优化组织配置。

通过建立胜任力模型，能够帮助企业全面掌握员工的需求，有效利用薪酬杠杆，有针对性地采取员工激励措施。从管理者的角度来说，胜任力模型能够成为管理者提供管理并激励员工努力工作的依据；从企业激励管理者的角度来说，依据胜任力模型可以找到激励管理层员工的有效途径与方法，提升企业的整体竞争实力。

四、胜任力模型与绩效管理

传统的绩效考核往往关注的是工作结果即绩效水平，而基于胜任力的绩效管理更关注员工的胜任力，它代表了员工的潜在能力，关注的是行为过程，预示了未来员工的能力和绩效、员工是否能适合未来的工作需要，以及不断地去解决新的问题。胜任力模型的本质所在就是找到区分优秀与普通的指标，因此以它为基础而确立的绩效考核指标，正是体现了绩效考核的精髓，能真实地反映员工的综合工作表现。它能让工作表现好的员工及时得到回报，提高员工的工作积极性；对于工作绩效不够理想的员工，可通过培训或其他方式帮助员工改善工作绩效。

1．基于胜任力模型的绩效考核指标设计

胜任力模型的前提就是找到区分优秀和普通的指标，也就是针对岗位分析所确定的绩效有效标准。在这基础上确立的绩效考核指标，能真实地反映员工的综合工作表现。基于胜任力模型所设计的绩效考核指标包括硬指标和软指标，既要设定绩效目标（硬指标），又要设定能力发展目标（软指标）。绩效目标是指和经营业绩挂钩的目标，能力发展目标是指那些和提高员工完成工作和创造绩效的能力有关的目标。在设定绩效目标时，现行一些绩效考核指标设置方法如关键绩效指标（KPI）方法、平衡积分法等都可以广泛使用。所设定的能力发展指标更多的是从员工岗位胜任力出发。如企业在对一名区域销售经理进行绩效考核时，一方面设置如销售额、市场占有率等一些硬指标来考核他现有的绩效水平，另一方面设置一些软性指标如市场分析能力、营销策划实施能力等，通过对这些软性指标的考核，来更准确地判断该区域销售经理是优秀的还是普通的。

2. 基于胜任力模型的绩效考核评估

企业在绩效评估时，应从目标的完成、绩效的改进和能力的提高三个方面来进行。考核方法包括填表打分法、访谈法、关键事件调查法等。

五、胜任力模型在培训管理中的作用、意义及应用方法

传统企业培训需求来自当前工作要求，面向适应岗位要求的技能培训，主要侧重于从岗位知识的角度分析问题的所在。尽管这种传统培训方式在提高员工工作业绩效果方面的效果是显著的，但它的缺陷也日益凸显出来。

由于培训主要是针对当前工作需求，未能考虑组织和员工未来发展的需求，因此不利于提高组织的核心发展能力，被培训者缺乏主动性，培训存在较大风险。所以这种培训方式在理念与技术上不符合面向未来的组织人力资源管理与开发的需要。培训的目的就是帮助员工弥补不足、达到岗位要求；所遵循的原则就是投入最小化、收益最大化。

基于胜任力分析，针对岗位要求结合现有人员的素质状况，可以为员工量身定做培训计划，帮助员工弥补自身“短板”的不足，有的放矢突出培训重点，从而提高培训效用，取得更好的培训效果。基于胜任力模型的培训需求则来源于组织和岗位当前和未来发展的潜在需要。这种新的培训方式从传统的传授知识、建立技能及改变态度的层面，转移到深层全面的胜任力的建立上来。

基于胜任力模型的人力资源培训与开发是依照胜任力模型的要求，通过对员工承担特定职位所需的关键胜任力的培养，来提高个体和企业整体的胜任力水平，不断完善充实胜任力模型，以提高人力资源对企业战略的支持能力。这种以个人胜任力为基点的培训模式，更多关注了外部环境的变化趋势对培训的影响，有助于避免将眼光局限于当前，有助于企业未来发展的需要。而且以胜任力模型为基础的培训，也让员工感受到了上级的信任、组织的支持以及更多的公平感，从而极大地提高了被培训者参与的积极性和主动性。

基于胜任力模型的培训将对员工的胜任力水平进行全面的评估，通过对人员胜任力评估，一是可以发现个体的胜任能力优势和劣势，针对岗位要求并结合人员素质状况，制订培训计划，突出培训重点，使培训项目更有针对性；二是可以帮助员工了解

自身的能力与素质及发展需要，指导员工进行符合个人特征的职业发展规划，这样不仅能帮助员工实现自身的职业发展目标，而且能促进企业核心竞争力的提升和企业发展；三是胜任力对人格特质、工作动机和价值观等内隐特征提出了要求，因而基于胜任力模型的培训要求把人置于人与组织相匹配的框架中，对员工的内隐特征进行改进，这样有利于避免培训后员工的流失，提高企业培训收益。

六、胜任力模型在薪酬管理中的作用、意义及应用方法

传统的薪酬管理是建立在岗位分析的基础之上的，其薪酬体系主要依据岗位的工作责任、工作复杂程度、工作强度和工作环境等对岗位进行价值评价，以岗位评价结果确定员工的工资。它假设的前提是每个岗位的工作范围和工作内容非常固定，从而能够明确界定其岗位内涵，并能据此进行较为准确的评价。但对于知识型工作及其员工已不能完全适应，应更多地注重与工作相关的知识、技能、能力等的高低。但能力并不等于现实的业绩，若鼓励员工通过提高能力增加报酬，而企业并没有获得相应的经济价值，只会让企业成本大幅度增加。此外，能力的评价带有很多的主观性，保持薪酬的内部一致性将有很大的困难。

将胜任力模型应用于薪酬管理就是基于胜任力来设计薪酬体系，在考虑岗位价值体现对员工激励的同时，更重要的是传递管理导向。这样做有利于员工提升自己的知识、技能，从而提升人力资源的素质，可以打破传统的岗位等级的官本位特点。对于知识型员工来说，职业成长空间和机会、薪酬的弹性是提高他们对企业的忠诚度，留住他们的重要手段。建立在胜任力模型基础上的薪酬体系，能够帮助企业全面掌握员工的需求，根据需求层次有针对性地采取员工激励措施。

七、胜任力模型在员工职业生涯规划与职业发展中的作用

指导员工进行职业生涯规划，帮助下属实现职业发展，是现代人力资源开发的一个基本理念，也是人本管理的一项基本要求。人本管理就其本质而言应是：企业用系统的观点看待自己的目标与使命，尊重和平衡处理各相关者的利益关系（包含员工、顾客、股东、供应商、社会等)，用人性化和个性化的方式领导和激励员工，把促进发展，实现其合理的愿望和梦想作为管理的出发点，在尊重、真诚、信任和支持的环境中实现企业和员工的共同发展，让员工对自己的未来充满憧憬和信心，在工作中感受到生命的价值与意义。成长与发展是人的一项基本而重要的需求，提高岗位胜任力和就业能力是员工职业发展的重要方面，同时员工的发展又促进了企业竞争力的提升和企业发展。通过开发胜任力模型，对员工的胜任力进行评价，帮助员工了解个人特质与工作行为特点及发展需要，指导员工设计符合个人特征的职业发展规划，并在实施发展计划的过程中对员工提供支持和辅导。这样不仅能帮助员工实现自身的发展目标及职业潜能，也能促使员工努力开发提高组织绩效的关键能力和行为，实现个人目标与组织经营战略之间的协同，达到员工和企业的共同成长和发展。

八、胜任力模型在员工素质测评中应用

1. 员工素质测评的概念及作用

随着人力资源管理工作的深入发展，人力资源管理人员更加深刻地认识到员工素质及其测评的重要作用，随之也越来越重视员工素质的测评。

(1) 概念

员工素质测评是通过多种科学、客观的方法，对人才的知识、能力、技能、个性特征、职业倾向、工作胜任力等特定素质进行测试和评价，以判断员工与其从事的工作岗位是否相匹配的活动过程。员工素质测评在人力资源管理的各项职能（诸如，招聘配置、绩效管理、职业生涯规划、培训与开发及员工关系）活动中，都具有重要作用，逐步成为提升组织人力资源管理水平的一种有效的管理工具。

(2) 主要作用

员工素质测评在人力资源管理体系中具有独特的作用，这种作用既体现在人力资源战略决策之中，也体现在日常人力资源管理活动中。概括而言，素质测评的主要作用体现在以下几个方面：

①评价员工素质。人力资源管理是在了解员工素质特点的基础上，因人而异，采取相应的管理措施，发挥员工的素质特长，使之取得卓越的工作绩效。“知人善任”的前提是要“知人”，而做到“知人”则首先要对人及其素质进行评价。因此，员工素质测评的首要作用是对员工进行素质评价。素质评价就是对员工的知识、能力、技能、个性特征、兴趣特长、职业倾向等素质因素进行测试与评价的过程。通过科学的评价，对组织所需要的人才素质做到心中有数，为工作安排，团队匹配奠定科学基础。

②人才选拔。科学的素质测评具有一定的预测功能，通过对员工的个性、职业兴趣、能力类型等测评结果，能够使管理者了解员工对特定职业类型的适应程度，有助于把合适的管理人才选拔到相应的管理岗位上来，把勇于钻研和创新的技术人才选拔到科研攻关团队之中。因此，素质测评对组织科学选拔人才具有重要的参考价值和作用。

③发展预测。素质测评可以根据员工的素质特点，预测其在某一职位上发展的可能性，预测其在工作岗位中能否有卓越表现。一方面，通过对员工个性特征、职业兴趣的测评，有效地预测他们对特定职位的适应程度，预测该员工适合做哪些工作；另一方面，通过素质测评能够对员工未来的工作绩效进行预测。通过对胜任力模型的分析，预测该职位需要哪些关键胜任力要素，进而可以预测某员工在该职位能否会有卓越的表现，这就大大提高了人员配置的实际效率。

④团队匹配。团队活动要求团队成员具有合作意识和协调能力，也要求其具有完成团队工作所必需的工作技能和特长，在团队中发挥其独特的作用。通过素质测评有助于了解员工的气质特点、合作意识、人际交往及协调行为等，进而为工作团队选拔合适的成员。同时，素质测评还有助于管理者把不同个性的人员组合在一起，合理匹配，优化组合，充分发挥每一个成员的优势，进而发挥团队凝聚力的作用，组建一支

高绩效的工作团队。

⑤辅助人事决策。素质测评能够为中、高层管理者的人事决策提供技术支持，包括在选拔人才、内部晋升、工作轮换、裁员决策等人事决策中发挥其独特的作用。例如，组织在采用紧缩战略时，希望通过裁员降低运营方面的人工成本，但是如何确定人员去留，需要有科学的测评与鉴定，而素质测评则可为其有效的鉴别决策提供服务。

⑥培训提高。素质测评可以了解员工的能力水平、工作技能、发展前景，这就为组织人力资源管理部门开展员工培训奠定了良好的基础，使得员工培训工作做到有的放矢，更有针对性。概括而言，素质测评在培训开发活动中具有两个方面的作用：一是通过培训需求分析，了解哪些员工需要提高哪些方面的素质，考察员工在工作环境中的表现，确认适合于他/她的培训方式、培训内容和培训项目，以使其尽快地适应本职工作的要求；二是促进员工培训方法的多样化，员工素质测评为员工培训提供了多样化的方法，诸如，可以利用科学测评方法、情景模拟方法、深度访谈方法提高员工的整体素质，发挥其独特的培训开发作用。

2. 测评的主要方法

测评素质的方法有多种多样，主要包括：纸笔测验、情景模拟方法、评价中心技术、实践操作方法、计算机测评方法等。

(1) 纸笔测验

纸笔测验是指通过笔试进行测验的方法，其中主要是心理测验和知识测验以及部分情景测验。比如，心理测验中的人格测验、能力测验、职业兴趣测验、工作动机测验、态度测验，这些方法一般都采用笔试的方式，要求被测试人员在答题卡、卷面上直接完成测试题目。大部分知识考试都需测试者直接在卷面上给出答案。另外，情景模拟测试中公文筐测验和案例分析等也可以归之为纸笔测验。

标准化的纸笔测验有许多其他类型的测量方法所无法替代的优点：

①方便性。测验一般有详细的实施说明。一般就单一的测验而言，一位没有受过任何心理测验训练的主试，可以在很短的时间内学会如何操作测验的施测过程。这就使一些非专业人士也可以很好地使用这些测验。

②经济性。这些测验通常可以团体施测，可以节约大量的精力和时间，能在较短的时间内获得被试者的大量信息。

③客观性。纸笔类测验较为客观，往往有标准化的实施说明、计分系统和解释系统。测验结果受测验实施者和计分人员的主观因素的影响小，可以保证在公平的前提下进行测验，应试者比较容易接受和信服。

当然，标准化的纸笔测验同样有它的不足之处，主要表现在以下两方面：受测验的形式所制约，它无法对被测者的实际行为表现进行测量，如言语表达能力、操作能力等；纸笔测验的实施较为程序化，只能收集到测验中所考察的信息，而对于测验外的信息我们一无所知。

(2) 情景模拟方法

情景模拟方法是测试人员设计一个与被测试者工作情境、工作环境非常相似的场景，让被测试者在这一场景中完成一系列工作任务，测试人员通过观察被测试者完成任务过程中的行为、心理表现，对其基本素质，主要是工作素质及其工作潜能进行科学地测试和评价。由于情景模拟的测评方法具有直观性、实践性强，与被测试者未来的工作业绩等具有较高的相关性等特点，目前已经成为企业各界非常重视的一种素质测验方法。情景模拟方法又可以分为无领导小组讨论、公文筐测验、管理游戏、角色扮演等。

（3）评价中心技术

评价中心技术是一种测验员工素质的综合性测评方法，往往由多位测试人员采用多种方法对员工的素质进行测评，以测评被测试人员的岗位胜任程度和未来在该岗位上的发展潜能。评价中心技术根据测评目的，确定一定的评价指标，把心理测验、面试与情境测验和工作场景调查等方法有机地结合起来，既能够避免单一测评方式的局限性，又能够发挥多种测评方法的综合性和整体性的特长，以便更全面测评员工的综合素质。目前，评价中心技术已经发展成为组织人力资源管理素质测评的有效测评方法。

（4）实践操作方法

实践操作方法是指测评人员要求被试者按照标准化行为，完成特定操作任务的一种素质测评方法。在组织人力资源管理中，实践操作方法的主要目的是预测员工实际操作的熟练程度、动作的协调性与标准化程度。例如，某机械厂招聘电焊工，要求应聘者在操作现场切割并焊接 2.5 厘米的钢板，目的是测评被试者是否能熟练地操作电焊工具，是否熟悉电焊工操作流程，是否达到组织所要求的熟练的电焊操作技术。

（5）计算机测评方法

随着计算机、网络技术的迅猛发展，员工素质测评方法与现代信息技术、网络技术密切结合在一起，成为一种重要而独特的素质测评方法。目前，较为普遍的做法是，由心理学专业人员与计算机网络技术人员相结合，开发出诸如卡特尔 16 种人格因素的心理测验软件、销售人员选拔测试系统软件、SCL90 心理健康水平测试软件，以帮助人力资源管理人员在实践中利用心理测验工具和计算机技术对员工进行测评。近年来，在互联网技术的冲击下，许多心理测评软件及编程人员把测评软件放在网络上，以供测试者随时进行测评。也有不少组织根据自身发展的需要，聘请专门技术人员开发符合本企业要求的员工素质计算机测评工具或软件，使得计算机测评方法得到了更为迅速的发展，并逐渐成为企业员工素质测评的重要方式。

本章小结

人力资源管理在对整个组织的生存和发展起着重要作用。组织战略、组织文化、组织结构对人力资源管理有着重要的影响。本章主要包括三部分的内容：第一节介绍了素质、胜任力以及胜任力模型的内涵，重点阐述了胜任力模型及其构成。第二节介绍了胜任力模型的构建，这一部分是本章的重点内容，详细介绍了胜任力模型的构建原则、步骤、方法和注意事项，要求大家掌握胜任力模型的构建方法和步骤。第三节简要介绍了胜任力模型在人力资源管理中的应用。

思考题

1. 什么是素质、胜任力、胜任力模型？
2. 怎样构建胜任力模型？
3. 胜任力模型在人力资源管理中有何作用？

案例分析

上海对外服务公司区域分公司经理胜任素质模型构建

一、选拔、招聘、考核区域分公司经理遇到的问题

上海市对外服务有限公司成立于1984年，是一家专业提供人力资源服务的企业，其服务领域包括人才派遣、人才招聘、薪酬管理、福利管理、人才培训、人力资源管理咨询、人力资源衍生服务等。为实现“成为真正全国第一的人力资源服务旗舰企业”的战略发展目标，推动“建设全国范围服务网络”的全国布点计划，该公司将在长三角、环渤海经济区、珠三角以及西北地区设立分公司，建立基本覆盖全国的服务网络，扩大市场份额。因此，选派足够数量的高素质、懂管理、善经营、具有开拓精神的区域分公司经理就成为实现公司战略发展目标的重要环节，这给公司人力资源工作带来极大的挑战。目前区域分公司经理队伍的建设主要存在以下问题：

第一，在甄选和招聘优秀的区域分公司经理方面有较大不足。

满足同样的选派条件，经理们的工作业绩却差异很大，这显示现有的选派标准和选派条件缺少一些胜任此项工作的关键性条件，如战略性思考、影响力等，难以选拔到胜任此项工作的优秀人员。

第二，在评价、考核区域分公司经理业绩方面存在问题。

目前的绩效考核体系指标单一，只关注利润，而忽视影响分公司可持续发展的其他因素，如团队建设、客户满意度等。

第三，在如何培训区域分公司经理，使他们成为一名优秀的管理者方面流于形式，针对性不强。

二、构建区域分公司经理胜任素质模型

将胜任素质理论应用于人力资源管理工作，构建胜任素质模型起着极其重要的作用。胜任素质模型是对既定的职位上实现高绩效工作产出所需要具备的胜任素质的规范化的文字性描述和说明，是这些胜任素质的组合。本文将基于如下流程图（见图1）对区域分公司经理胜任素质模型进行构建。为提高模型的信效度，在构建区域经理胜任素质模型时，采用了专家评价法、行为事件法和调查问卷法等多种方法相结合的构

建方式。

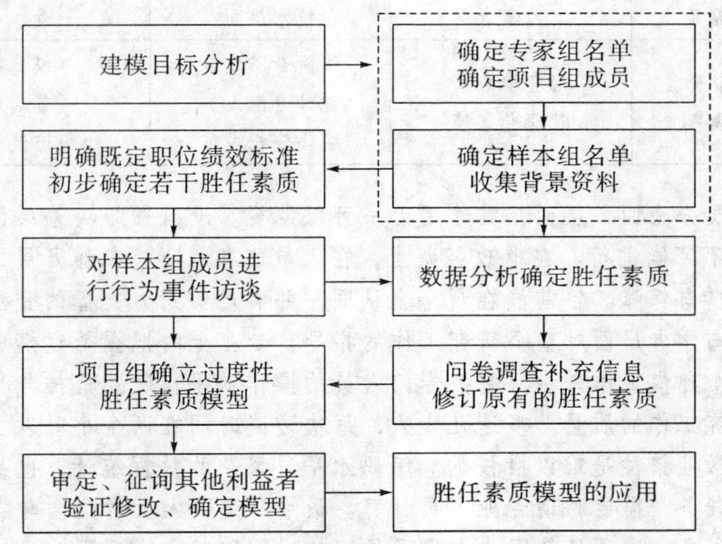

图 1 区域分公司经理胜任素质建模流程图

1. 建模目标分析

建模过程中首要同时也是最重要的步骤是清晰而具体地确定建模目标（Anne F. Marrelliet al.，2005）。这一步，企业需要回答如下四个关键问题：

(1) 是否需要构建胜任素质模型?

首先需要深思熟虑企业通过构建并应用胜任素质模型所能解决的问题，所能获得的收益以及所能利用的机会。构建胜任素质模型需要花费大量的时间和精力，因此只有在企业对其有强烈的需求时，做出建模的决策才是明智的。在本案例中，公司的全国布点计划带来的压力和当前在区域分公司经理选拔招聘、绩效考核等方面存在的问题都构成了公司对构建区域经理胜任素质模型的强烈需求。

(2) 相应的时间范围是什么?

这些胜任力是需要现在关注呢，还是在未来才加以识别呢? 很多组织选择同时识别现在需求的胜任力和将来需求的胜任力。然而，预测未来需求的效度很大程度上依赖于变化的速度以及所研究领域的影响因素。

(3) 如何应用胜任素质模型?

它将用于战略人力资源计划、员工选拔、职位升迁、绩效管理、培训开发、继任者计划、薪酬计划，还是职业生涯规划? 应用目的是决定构建方法以及最终模型确定的一个主要因素。本案例中，胜任素质模型将被应用于员工选拔、绩效管理、培训开发等方面。

2. 建模中的团队选择

应用理论构建模型是一项复杂的系统工程，受到的制约因素很多，其中最为复杂的是“人”的因素。表 1 反映出建模团队的组成人员。

表1　　行为事件访谈的有关人员表

领导、决策层面	专家、学者层面	技术层面	受试者层面
董事会、董事长、总经理、总裁等	心理学专家 管理专家等	访谈专门人员 统计专门人员 编码分析人员	绩优组人员 普通组人员 小组访谈及调研人员

把相关人员分为四个层面，其作用无一可以忽视。没有领导决策层面的认同与支持，建模工作不可能进行。在财政经费上，在人员配备、研究工作开展的支持上，都需要领导的支持与保障。目前能在观念上认同，并有足够财力支撑的企业、公司还不是很多。专家与学者层面对整个研究工作的指导，专业上的把握是建模成功与否的一个关键。从整个建模工作来讲，有关专门人员的操作水平、敬业精神与科学态度同样制约着整个研究工作的质量。多达几十人，每次访谈时间在两个小时以上的工作，没有专业水平与敬业精神是难以胜任的。编码水平、繁杂的数据统计，也是胜任素质模型建立的一项任务，需要聘请专业人员计算。最后，受试人员的配合与支持当然是一项更为艰巨的任务。这不只是因为占用了他们的时间与精力，还因为受试者关心此项测试与自己的利害关系。在访谈与问卷调查中不予合作的例子还是时有发生的。样本组对象的选择可由专家组和项目组来确定。在这一过程中，最重要的一点就是要确定区分绩效的有效标准。

1973年，麦克米兰（McClelland）在提出有效测验的六个原则中首要原则就是“最好的测验是效标取样”。目前我国学者在此方面暴露出许多问题，如在对效标样本进行行为事件访谈之前并没有确定绩效标准（李爽等，2006），或者提供的绩效标准过于单一（周伟，2005），等等。本文通过收集如下两方面的背景资料确定绩效标准：①经理类管理人员的胜任素质模型已有不少成功的探究，可借鉴部分现成的研究成果，如胜任素质模型辞典；②公司现有的对区域分公司经理进行考核的绩效标准。

3. 初步确定优秀绩效的若干胜任素质

在对区域分公司经理职位分析的基础上，由建模小组和专家一起讨论和分析优秀区域分公司经理的绩效标准。根据专家组、项目组成员在初步调查研究、小组访谈并参考已有的领导胜任素质通用模型的基础上，初步确定了影响区域分公司经理优秀绩效的胜任素质共20项（见表2），将其确立为数据收集的重点领域。在初步确定这些胜任力时，需要注意传统的工作分析存在的局限性。传统的工作分析所获得的胜任素质是针对所有雇员的，往往没有对他们的绩效进行优秀和普通的区分。而胜任素质模型中的胜任力是优秀的工作绩效所需求的，需要获得最优秀绩效者的精确数据（Gilbert，1996；Kellyey & Caplan，1993）。

表 2　　区域分公司经理优秀绩效的初步胜任素质项目表

大局意识	客户服务导向
合作交流	企业文化
社交网络	发展他人
理论修养	团队建设
信息传达	事业心、责任感
监控协调	信守承诺
影响力	业务专长
引导变革	公平处事
认可与支持	承受压力
问题解决	鼓励创新

4. 访谈过程实施

对样本组成员进行调查以获取相关数据可采用行为事件访谈法和调查问卷验证相结合的方法。行为事件访谈法（Behavioral Event Interview，简称 BEI）是目前为止在胜任素质的测定和模型构建中应用最为广泛的方法，该方法通过对优秀绩效者和一般绩效者进行开放式的行为回顾探察访谈，归纳出影响绩效的胜任素质，主要差异，再确定该职位的关键胜任素质的组合。这一过程主要包括如下几个步骤：

第一步，编制访谈提纲。

为提高访谈效率，在行为事件访谈前要编制好访谈要点提纲，主要有以下内容：

①介绍访谈者姓名、身份，说明本次访谈是为了更好地理解工作的性质，面临的问题和成功的做法；

②承诺对采访内容保密，所提供的信息将会和采访中的其他采访者信息一起综合考虑；

③对被采访者的理解、支持表示感谢；

④被采访者的工作主要职责及主要内容，目前面临的主要任务、问题或挑战，打算怎么应对；

⑤为完成工作，需涉及哪些单位、部门，打算怎样合作，合作状态如何；

⑥详细描述 1 ~3 个成功解决问题的例子，说明什么情景？涉及哪些人？

⑦详细描述 1 ~3 个没能成功解决或处理得很糟糕的问题，做了些什么？为什么这么做？

⑧详细描述一个非常棘手的问题或者情景，发生了什么事？如何解决？

⑨哪些行为、能力、知识、品质是促使所承担工作成功的最主要原因。

⑩哪些行为、能力、知识、品质是自己所缺乏的？个人的学习、发展的愿望有哪些。

第二步，实施行为事件访谈。

根据专家小组和项目组成员设计的行为事件访谈提纲，由经验丰富的心理学工作者对被试者进行行为事件访谈。访谈采用“双盲设计”，即被访谈者不知道样本选取时的优秀组与一般组之分；访谈者也不知道受访者属于哪一个组。

第三步，访谈结果编码。

对访谈结果编码共分为三步。首先，将访谈录音整理成文稿。其次，进行编码训练：采用 Spencer 等的胜任特征编码词典，由 3 人组成的编码小组对一份录音文稿进行试编码。在编码过程中结合实际情况进行修订补充，同时对这份文稿的编码达成一致意见。在编码标准基本统一后，由 3 人再对另一份录音文稿进行编码，通过讨论达成一致意见。最后，进行正式编码：选择编码训练过程中编码一致性较高的二人形成正式的编码小组，根据商定的编码标准对余下的 18 份录音文稿独立编码。

5. 数据分析确定胜任素质

为获得具有显著性差异的胜任素质，数据分析这一环节主要包括以下几个方面的工作：

(1) 访谈长度（时间与字数）的分析。

为了确保优秀组和普通组在各胜任素质上的差异不是由访谈长度所引起的，先要对两个组的访谈长度进行差异显著性检验，只有确定胜任素质差异不是由于访谈的时间和访谈的录音文稿字数上的差异引起的，才能继续进行下一步的工作，否则要重新进行行为事件访谈。

(2) 计算概化系数。

计算概化系数是为了在总体上考察胜任素质评价方法的信度指标。根据概化理论，先进行 G 研究，然后分析不同的“面”对于总体方差的贡献。

(3) 区域分公司经理胜任素质模型的建立。

编码者确定每一个被试者在每项胜任素质上的平均分数，然后对优秀组和普通组的各项胜任素质的平均分数进行差异显著性检验。分析结果表明，优秀组与普通组在如下 11 项胜任力的平均分数上存在差异：大局意识，社交网络，事业心和责任感，影响力，引导变革，客户服务导向，信守承诺，承受压力，认可与支持，发展他人，团队建设。因此，区域分公司经理胜任素质模型应该包括这 11 项胜任力。

6. 胜任素质模型的验证

为了进一步对确定的胜任素质进行验证，采用调查问卷的形式对区域分公司经理胜任素质的 20 个项目进行重要性评定，以确认所选出的 11 个项目的认可度。调查问卷要求被试者用 5 点量表评定这些胜任素质对称为优秀的区域分公司经理的重要程度。对问题数据也使用 SPSS11.0 进行统计处理。根据分公司经理胜任素质重要性评定结果（按高低排序），所列的 20 个胜任素质评定的平均值都大于 3.50，说明选取的这些胜任素质都具有一定程度的重要性。值得注意的是：建模小组最后确定的决定区域分公司经理优秀绩效的 11 个胜任素质均列在重要性程度较高的前 12 位。唯一差异的是“鼓励创新”这项素质列出的位置居于第 5 位。这说明，“勇于创新”这项素质对于区域分公司的绩效有重要关联。经专家组商讨，决定将此项素质列入区域分公司经理胜任素质（总数为 12 项）。

7. 确立过渡性胜任素质模型

在确定了12个胜任素质后，需要对它们进行因素分析，以确定这些胜任素质的内在结构。可采用主成分分析方法（Principal Component Analysis），选取特征值大于1的因子，并用最大变异数法进行正交旋转。本文研究结果共抽取了5个因子，解释了方差总变异的56.76%，并按照各因子所包含的胜任素质的意义对各因子进行了命名。

第一主成分主要包括“大局意识”，“事业心、责任感”，反映外派分公司属于外服公司的总体领导，是一个有机的组成部分，解释总变异量13.58%，主要涉及公司的全局利益，命名为“大局观”。第二主成分包括“客户服务导向”、“社交网络”、“发展他人”等3个胜任素质，反映分公司经理在经营与管理活动中对外、对内的理念与宗旨，尤其是身处异域，开展企业外交，构建社交网络的重要性，解释总变异量12.17%，主要涉及分公司经营管理，命名为“管理分公司”。第三主成分包括“影响力”、“引导变革”、“鼓励创新”，解释总变异量11.05%，主要涉及分公司在面对市场，应对变化中的变革能力，命名为“管理变革”。第四主成分包括“团队建设”、“认可与支持”，解释总变异量10.43%，主要涉及公司的企业文化建设，命名为“管理文化”。第五主成分包括“信守承诺”、“承受压力”，解释总变量9.63%，主要涉及个性品格、特点，命名为“个性特质”。经过这样的因子分析，可以得出上海市对外服务有限公司外派公司经理胜任素质模型的结构示意图，见图2。

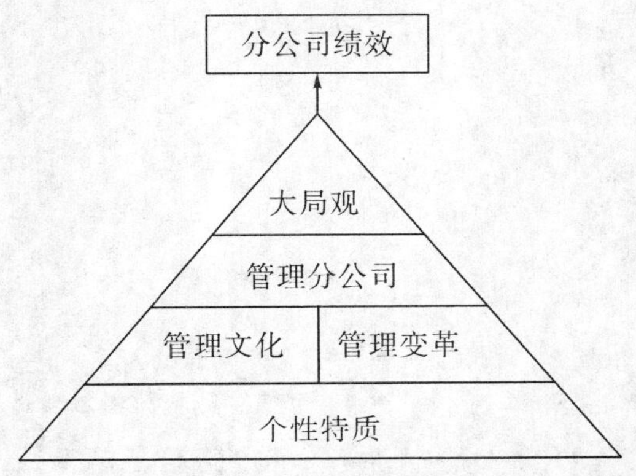

图2 区域分公司经理胜任素质结构图

从图2可以清楚地看到，上海市对外服务有限公司区域分公司经理的胜任素质可分为五大部分，即在贯彻总公司意图，实施总公司发展战略方面的素质；作为分公司经理，科学地管理公司，实现高绩效目标方面的素质；在建设、发展、营造分公司文化方面的能力与素质；面向市场、分析、预测和应对变化等素质；个性特质（如承受压力、毅力和诚信道德等）方面的素质。这五项素质中第一、第二两项相对是较为显性的，也是比较易于测量的，所以位于金字塔的上端，而后三项相对隐性，特别是第五项（个性特质）素质，能够感觉到，起着深层次的作用，但比较难以测量。所以，在应用模型时对此项素质的测试可能要以较长时间的观察或考察为基础。胜任素质模型建立以后，通常有两种表述方式：图形结构法和列表陈述法。列表陈述法，就是以表格形式把各项胜任素质列出，并逐一加以文字描述。

8. 胜任素质模型的应用

胜任素质模型的价值体现于对它的应用。在一个整合的基于胜任素质模型的人力资源系统中，我们可以根据已识别出来的高绩效所需求的胜任力来甄选、招聘、开发、管理以及激励员工。同时，员工也可以很明确地知道获得成功所需具备的胜任力以及他们将如何被评价。

综上所述，胜任素质模型的构建是一个复杂的系统过程，需要详细的计划、领导的支持以及其他利益相关者的理解。尽管构建模型的过程要耗费大量的时间和费用，但是其潜在收益对于企业而言也是不可估量的。

（资料来源：姚凯，《中国人力资源开发》，2008。）

讨论题

1. 结合案例，谈谈胜任素质模型的构建。
2. 结合案例，谈谈胜任素质模型构建的流程和方法。

第十一章　劳动关系管理

【学习目标】

● 掌握处理和解决劳动争议的基本原则、途径和方法以及劳动安全卫生保障的主要内容；

● 熟悉员工劳动关系的基本内容；

● 了解劳动合同的有关知识。

【导入案例】

不与职工签劳动合同反称无合同　法院判决双倍支付工资

为某装修公司工作了6个月，陈小姐多次申请，装修公司却迟迟不肯与她签订劳动合同。陈小姐就装修公司不与其签订劳动合同、不按时支付工资、不为其缴纳社会保险费等事宜向无锡人事和劳动局进行投诉，引发双方矛盾激化。最终，陈小姐愤然辞职，并起诉至江苏无锡崇安法院要求装修公司支付双倍工资、合同解除金。

但公司以双方未签订劳动合同、不存在劳动关系为由拒绝赔付。近日，崇安法院审理这起纠纷，认为虽然双方未签订劳动合同，但陈小姐每日上班时间固定，双方已形成事实上的劳动关系。

2009年6月，陈玟到市区某装修公司工作，双方约定按涉及产量计算工资报酬，但未签劳动合同。同年6月至11月，装修公司按月足额支付陈玟工资。12月份，装修公司通知陈玟领取工资，但因公司将陈玟工资列入12月份外包计件费用明细表中，并要求陈玟领取时在该表上签名，遭到陈玟的拒绝。

双方因签订劳动合同、缴纳社会保险费用等事宜发生纠纷。12月底，陈玟离开该公司未再上班。

近日，陈玟诉至法院，称自己工作期间，每天工作时间基本为早上9点至下午5点，由设计部主管对其手工考勤。若遇特殊情况，设计部主管可对部门员工的工作时间进行微调。但装修公司没有按照法律规定与其签订书面劳动合同，也未按时足额发放工资并为其缴纳社保。

而装修公司却认为双方之间不存在劳动关系，只存在加工承揽合同关系，加工承揽期自2009年6月1日起至2009年12月10日止，双方不存在劳务关系，无须支付未签订合同的一倍工资及解除合同的经济补偿金。

诉讼中，陈玟申请证人公司设计部主管作证，该主管指出2009年11月，公司曾两次开会承诺与正式员工陈玟签订书面劳动合同，但均未兑现。公司考勤分为刷卡和手工考勤两种，陈玟属于后者，设计部主管每日对陈玟进行手工考勤，陈玟基本每天都到公司上班。

劳动者主张与用人单位存在劳动关系，应当提供相关初步证据。本案中，陈玟提供的工资条、工作证、公司徽章、证人证言等证据相互印证，证明了自2009年6月1日起陈玟与装修公司存在事实劳动关系，双方以设计产量结算工资。装修公司理应按规定，支付陈小姐2009年6月至12月的双倍工资13821.67元。

讨论题

结合案例，谈谈我国新的《劳动合同法》对企业人力资源管理的影响?

第一节　劳动关系管理概述

一、劳动关系的涵义

劳动关系有广义和狭义两种。广义的劳动关系实际上是指生产活动中所表现出来的直接与劳动相关的那部分生产关系，包括用人单位和劳动者之间的劳动使用关系、劳动管理关系和劳动服务关系等。狭义的劳动关系是指由我国劳动法和相关法律法规所规范的劳动法律关系，即企业所有者、经营者、企业普通员工、工会及职工代表大会之间在生产活动过程中所形成的各种权利、义务和利益关系。

二、劳动关系的基本内容

我国《劳动法》所调整的劳动关系主要由以下三要素组成：主体、内容和客体。

劳动关系的主体是劳动法律关系的参与者，主要包括劳动者、维护劳动者权益的组织（工会和职代会）以及用人单位。

劳动关系的客体是指主体的权利和义务共同指向的对象，如劳动时间、劳动报酬、劳动纪律、福利保险、卫生安全、劳动环境、教育培训等。

劳动关系的内容是指劳动关系主体依法享有的权利和承担的义务，主要包括劳动者的权利和义务、用人单位的权利和义务。

1. 劳动者的权利和义务

（1）劳动者的权利

根据我国《劳动法》第三条的规定，劳动者依法享有的权利主要如有：

①平等就业的权利。劳动者有平等就业的权利，具有劳动能力的公民有获得职业，进行劳动的权利。任何具有劳动能力的公民都平等地享有就业的权利和资格，不因性别、民族、种族、年龄、文化、宗教信仰和经济能力等而受到限制；在应聘职位时，任何具有职位需要能力的公民都有公平竞争的权利；女性与男性有平等的就业权利。

②选择职业的权利。劳动者具有选择职业的权利是指劳动者有根据自己的意愿选择适合自己才能和爱好的职业的权利。劳动者自主选择职业有助于提高劳动力使用效

率，最大限度地利用社会资源，促进社会资源的优化配置。

③取得劳动报酬的权利。“劳动报酬”是指劳动者从用人单位得到的全部工资收入。为了保障劳动者依法享有劳动报酬权，劳动部还发布了《企业最低工资规定》、《工资支付暂行规定》等法规，从法律上确立了有关工资的法律规范。劳动者的工资分配应遵循按劳分配原则，实行同工同酬。

④获得劳动安全卫生保护的权利。劳动安全卫生保护是保护劳动者的生命安全和身体健康，防止发生工伤事故，保护劳动者远离职业病，是对享受劳动权利的劳动者的最根本利益的保护，劳动者只有身体健康了才能继续劳动，才能享受到劳动的权利和法律赋予他的其他一切劳动权利。

⑤休息、休假的权利。我国《宪法》规定，劳动者有休息、休假的权利，国家发展劳动者休息和修养的设施，规定职工的工作时间和休假制度。我国《劳动法》规定的休息时间包括工作间歇、两个工作日之间的休息时间、公休日、法定节假日以及年休假、探亲假、婚丧假、事假、生育假、病假等。

⑥享受社会保险和社会福利的权利。每个人的一生都会有疾病，都会衰老，劳动者也不例外。劳动者为社会创造了不少财富，因此，在他们生病和年老的时候，社会也应当为他们提供保障。为此，《劳动法》规定，劳动者有享受社会保险和社会福利的权利。我国《劳动法》规定的基本劳动保险包括五种：养老保险、医疗保险、工伤保险、失业保险和生育保险。

⑦享受职业技能培训的权利。我国《宪法》规定，公民有受教育的权利，这里的“权利”包括普通教育和职业教育。公民要充分实现自己的劳动权，必须有一定的职业技能，除了积累以外，还需要接受职业培训。尤其是在现代社会，劳动者只有不断地学习，才能够跟上不断发展的科技，更好地完成自己岗位上的工作。

⑧劳动争议提请处理权。劳动争议是指劳动关系各方因履行合同的规定或者执行《劳动法》规定的条款不到位引起的冲突和争议。劳动关系的主体各方由于存在不同的利益，双方不可避免地会产生一些分歧，当用人单位和劳动者之间的争议产生时，劳动者有劳动争议提请处理权，可以依法申请调解、仲裁，提起诉讼。

另外，劳动者还有民主管理权。民主管理权是指劳动者可以对本单位的生产管理工作进行监督和提出建议的权利。我国《劳动法》第八条明确规定，劳动者可以依照法律规定，通过职工大会、职工代表大会或者其他形式，参与民主管理或者就保护劳动者合法权益与企业进行协商。劳动者的民主管理权能够培养合作性的劳动关系，提高劳动者的积极性和创造性。

（2）劳动者的义务

劳动者应当履行如下义务：

①保质、保量地完成生产任务和工作任务。

②学习政治、文化、科学技术和专业知识等。

③遵守用人单位的劳动纪律和规章制度。

④保守国家和企业的秘密。

2. 用人单位的权利和义务

(1) 用人单位的权利

用人单位具有如下权利：

①依法选拔、录用、调动和辞退员工。

②决定企业的机构设置。

③依法任免企业的管理人员。

④依法制定工资、报酬和福利方案。

⑤依法奖惩职工。

(2) 用人单位的义务

用人单位应履行如下义务：

①依法录用、分配、安排职工的工作。

②保障工会和职代会行使其职权。

③按职工的劳动质量和数量支付劳动报酬。

④加强对职工的思想、文化和业务的教育、培训。

⑤改善劳动条件，搞好劳动保护和环境保护。

三、劳动关系的改善

随着社会经济的发展，劳动关系的类型逐渐多样化，按生产资料所有制划分，包括全民企业劳动关系、集体企业劳动关系、私营企业劳动关系及外商企业劳动关系；也可以按利益双方的相互关系划分，包括一致型劳动关系、利益协调型劳动关系和利益冲突型劳动关系。由于劳动关系多样化发展，随之而来的劳动争议也逐渐增多，因此正确处理劳动关系就成为了人力资源管理的重要内容。

1. 处理劳动关系的原则

处理劳动关系应当遵循以下四个原则：

(1) 兼顾各方的利益。

(2) 解决劳动争议以协商为主。

(3) 依法解决劳动争议。

(4) 预防为主。

2. 改善劳动关系的途径

可以通过如下途径改善劳动关系：

(1) 完善立法。劳动争议的产生在很大程度上是由于相关法律法规不够健全，当各方的相关利益产生冲突时，往往无法可依，因此有必要通过完善立法和相关的规章制度来明确各方的权利和义务，这是预防劳动争议产生的重要和行之有效的方法。

(2) 发挥工会的作用。工会是为调解企业内部员工之间的矛盾和员工与企业的矛盾而存在的，工会作为职工的代表与企业进行协调时，既代表职工方的利益，保护职工的合法权利，又综合考虑，兼顾企业和职工双方的利益，因此可以有效地防止双方矛盾的扩大。

(3) 提高管理人员素质。劳动争议的产生和激化常常是由于管理人员缺乏管理知识、法律知识和业务知识引起的。因此提高管理人员的素质，对各级管理人员进行培训，使其掌握各种劳动关系处理的方法，可以有效地预防劳动争议的产生。

（4）鼓励职工行使民主管理权。民主管理权的行使可以使劳动者参与企业重大决策，尤其是与其自身利益相关的决策，使劳动者充分了解企业的决策和规章制度，从而理解企业的决策，增强员工与企业之间的相互了解，避免和预防劳动关系冲突。

（5）提高职工的工作生活质量。提高职工的工作生活质量是改善劳动关系的关键途径。可以通过优化职工的工作环境，周期性地安排职工的休假，尽量满足职工的合理要求，改善职工的生活和住宿条件等来提高职工的生活质量。

第二节　劳动合同管理

一、劳动合同概述

1. 劳动合同的涵义

劳动合同是劳动者与用人单位双方形成正式劳动关系的重要标志，是确立双方劳动关系的法律形式。

劳动合同又叫“劳动契约”或“劳动协议”，西方国家又称“雇佣协议”、“雇佣合同”或“雇佣契约”，是劳动者与用人单位确立劳动关系、明确双方权利与义务的协议。以订立劳动合同形式建立的劳动用工制度被称为劳动合同制度。

劳动合同的形式是劳动合同内容赖以确定和存在的方式，各国关于劳动合同可以或者应该按照什么形式存在都由立法明确规定，如有的允许一般劳动合同采用口头形式，或要求部分一般劳动合同采用书面形式，而有的要求所有合同都采用书面形式。依照我国法律规定，订立劳动合同必须采用书面形式。

2. 劳动合同的种类

劳动合同的种类多种多样，按照不同的标准划分有不同的种类。

（1）按合同期限划分

劳动合同期限的计算是从劳动合同生效之日起到劳动合同终止之日止的这段时间。我国《劳动法》规定：劳动合同的期限分为固定期限、无固定期限和以完成一项工作为期限。

①定期劳动合同。定期劳动合同，又称固定期限劳动合同，是指用人单位与劳动者明确约定合同终止时间并可依法延长合同期限的劳动合同。它可以是长期的，如5年或10年；也可以是短期的，如1年或3年。期限届满劳动关系即行终止，如果双方有意续约，可以续订合同。

②不定期劳动合同。不定期劳动合同也称为无固定期限的劳动合同，它与固定期限劳动合同不同，它没有明确规定劳动合同的期限，劳动关系可以在劳动者的法定劳动年龄范围内和企业的存在期限内持续存在，只有符合法律规定解除合同的要求才可以终止。

③以完成一项工作为期限的劳动合同。这种劳动合同是把某项合同规定的工作的完成作为合同终止的条件。

（2）按合同产生方式划分

按合同产生方式划分，可分为录用合同、聘用合同和借用合同。

①录用合同是指以职工录用为目的，通过公开招聘、考试、面试，择优录取员工时，所签订的合同。这种合同适用于新招聘的正式员工和临时工。

②聘用合同是指以招聘和聘请在职或非在职的拥有特定技术或者专长者为专职或兼职的技术专业人员或管理人员为目的，由用人单位与被聘用者依法签订的，缔结劳动关系并约定聘用期间的权利和义务的合同。

③借用合同是一种比较特殊的合同，由三方共同签订。借用合同，是指由借调单位、被借调单位和借调人员之间签订的合同，以确立借调关系，明确借调时间，规定借调期间三方的权利和义务关系，合同到期后，劳动者返还原单位。

另外还有停职留薪合同等。

（3）按用工形式划分

按用工形式划分，可分为全日制劳动合同和非全日制劳动合同、兼职劳动合同和非兼职劳动合同、农民工劳动合同和学徒劳动合同等。

3．劳动合同的内容

劳动合同的内容是当事人双方经过平等协商所达成的关于权利义务的条款，包括法定条款和约定条款。法定条款包括：①用人单位的名称、住所和法定代表人或者主要负责人；②劳动者的姓名、住址和居民身份证或者其他有效身份证件号码；③劳动合同期限；④工作内容和工作地点；⑤工作时间和休息休假；⑥劳动报酬；⑦社会保险；⑧劳动保护、劳动条件和职业危害防护；⑨法律、法规规定应当纳入劳动合同的其他事项。约定条款可以包括试用期、培训、保守秘密、竞业限制、补充保险和福利待遇等其他事项。

二、劳动合同的订立

1．劳动合同订立的原则

劳动合同的订立是指劳动者和用人单位之间为建立劳动关系，依法就双方的权利、义务协商一致，建立劳动关系的法律行为。劳动合同订立的一个重要原因是保护劳动者。按照我国《劳动合同法》的规定，订立劳动合同必须遵循以下五个原则：

（1）合法原则

合法原则是指劳动合同的订立必须符合法律规定。其中包括以下内容：

①内容合法。内容合法即劳动合同的内容应当合法，当事人订立的劳动合同内容不得违法、危害公共利益和侵犯第三者的利益。

②目的合法。当事人不得以订立劳动合同的合法形式来掩盖其非法的意图和违法行为。对于劳动者来说应当是实现就业和维持生活等；对于生产者来说是组织劳动力生产，获得利润和发展经济。

③程序合法。程序合法即劳动合同的订立要按照国家法律法规规定的程序和要求

进行，要约和承诺要符合法律规定。程序合法包括合同形式合法，即采用书面形式和合同主体合法两种。

（2）公平的原则

公平原则不只要求劳动合同缔约当事人之间实现利益上的公平，还以社会的观念来看待公共利益上的公平。

（3）平等自愿的原则

平等，是指劳动合同双方在签订合同时的地位平等，不存在一方地位高于另一方，一方管理另一方的情况，双方在商定合同的义务和权利时完全可以各抒己见，双方都能完全体现各自独立的意志，但这里的平等也是相对的。自愿，是指双方签订合同完全出于自己的意愿。合同的签订不存在一方对另一方的欺诈，也不存在一方把合同或其中的一些条款强加给另一方的情况，更不能受到第三方的干预和强制，合同可以完全表达双方当事人的意志。这里的自愿也是相对的，自愿的基础是不违反法律法规的规定。

（4）协商一致的原则

协商一致是指合同双方当事人在充分表达自己意愿的基础上，经过不断地协商和磨合，形成的双方都同意和愿意接受的、充分顾及双方利益的一致性意见，再签订劳动合同的行为。协商一致是维护劳动关系主体双方利益的基础。

（5）诚实信用的原则

诚实信用原则是对契约自由的一种补充，也可以说是对契约自由的一种合理限制。我国《劳动合同法》第八条规定：用人单位招用劳动者时，应当如实告知劳动者工作的内容、工作条件、工作地点、职业危害、安全生产状况、劳动报酬以及劳动者要求了解的其他情况；用人单位有权了解劳动者与劳动合同直接相关的基本情况，劳动者应当如实说明。

2. 劳动合同订立的程序

劳动合同的订立程序是指劳动者与用人单位在订立劳动关系的过程中应当履行的手续和必须遵循的步骤，简单地说就是订立劳动合同必须遵循的先后顺序。劳动合同的订立程序一般包括要约和承诺。要约，即当事人一方向另一方提出签订劳动合同的建议，这里一般是用人单位向劳动者提出建议，如招工的广告和在报纸、杂志、电视上的招工信息。受要约的人表示同意，在法律上称为承诺。包括受招人在规定的期限内表示接受，也称应招表示。而受招人也可以以行为来表示接受，如按照要约人的要求提供各种证件，填写表格，参加考试和面试，并且符合要约人的要约条件。劳动合同订立的一般步骤如下：

（1）要约。要约这个过程一般由用人单位方提供各种草案。所谓草案，一般是由用人单位单方面提供的，供劳动者和用人单位双方协商使用的合同草稿，允许劳动者有一定时间来考虑，同时劳动者有权对草案的条款提出意见和提出协商、修改的要求。

（2）协商。用人单位介绍企业内部的规章制度和要求，并且和劳动者就劳动合同的具体条款进行详细的磋商，一般是对合同条款进行补充，最后形成一个双方都接受的一致意见，并在新的要约的基础上表示承诺。

（3）签约。在认真审核劳动合同文书的基础上，用人单位代表和劳动者签订劳动合同，双方分别签字或加盖公章，劳动者一方不得代签。

（4）履行法定程序。劳动合同签订后，应当将劳动者和用人单位的劳动关系到劳动保障行政部门办理用工登记手续。

3. 订立劳动合同的注意事项

订立劳动合同应注意以下事项：

（1）用人单位自用工之日起即与劳动者建立劳动关系。用人单位应当建立职工名册备查。

（2）建立劳动关系，应当订立书面劳动合同。已建立劳动关系，未同时订立书面劳动合同的，应当自用工之日起一个月内订立书面劳动合同。用人单位与劳动者在用工前订立劳动合同的，劳动关系自用工之日起建立。

（3）用人单位未在用工的同时订立书面劳动合同，与劳动者约定的劳动报酬不明确的，新招用的劳动者的劳动报酬按照集体合同规定的标准执行；没有集体合同或者集体合同未规定的，实行同工同酬。

（4）用人单位招用劳动者，不得扣押劳动者的居民身份证和其他证件，不得要求劳动者提供担保或者以其他名义向劳动者收取财物。

三、劳动合同的履行、变更、解除与终止

1. 劳动合同的履行

（1）劳动合同履行的涵义

劳动合同的履行是指劳动合同双方当事人按照劳动合同规定的条件，履行自己应当承担的义务的行为。劳动合同的履行不是一方所能完成的，必须由当事人双方共同努力。只有当事人双方都履行自己的义务时，才能保证劳动合同得以全面履行。

（2）劳动合同履行的内容

劳动合同履行包括如下内容：

①用人单位与劳动者应当按照劳动合同的约定，全面履行各自的义务。

②用人单位应当按照劳动合同约定和国家规定，向劳动者及时足额支付劳动报酬。用人单位拖欠或者未足额支付劳动报酬的，劳动者可以依法向当地人民法院申请支付令，人民法院应当依法发出支付令。

③用人单位应当严格执行劳动定额标准，不得强迫或者变相强迫劳动者加班。用人单位安排加班的，应当按照国家有关规定向劳动者支付加班费。劳动者拒绝用人单位管理人员违章指挥、强令冒险作业的，不视为违反劳动合同。劳动者对危害生命安全和身体健康的劳动条件，有权对用人单位提出批评、检举和控告。

④用人单位变更名称、法定代表人、主要负责人或者投资人等事项，不影响劳动合同的履行。用人单位发生合并或者分立等情况，原劳动合同继续有效，劳动合同由承继其权利和义务的用人单位继续履行。

（3）劳动合同履行的原则

劳动合同履行应遵循如下原则：

①亲自履行原则。劳动关系规定当事人双方的权利和义务，劳动者提供劳动力，用人单位使用劳动力，决定了合同当事人的权利必须自己享受，义务必须自己履行，不得转嫁他人。

②全面履行原则。劳动合同中规定的条款之间有着内在的联系，任何一方不得分裂和减少合同条款的执行，当事人双方必须按照规定的时间和地点等，全面履行合同的内容。

③协作履行原则。协作履行是指当事人双方相互协作，共同完成劳动合同规定的任务。这是根据劳动合同客体的特征提出的。作为劳动法律关系客体的劳动行为，是运用劳动能力，实现劳动过程中发生的行为，只有当事人双方协作才能完成劳动合同规定的任务。

④权责统一原则。权责统一原则即劳动关系双方当事人互为权利义务主体，劳动合同中规定的劳动者一方的权利是另一方的义务，任何人不能只享受权利而不履行义务，劳动合同双方应当全面履行劳动合同来保证自己权利的实现。

2. 劳动合同的变更

（1）劳动合同变更的涵义

劳动合同的变更是指双方当事人就已经签订的尚未履行的或者并未完全履行的劳动合同进行修改和补充的法律行为。其实质是双方权利、义务的改变，前提是双方已经存在着合法的劳动关系，变更的目的是为了继续保持劳动关系，变更的原因是由于外部环境的变化。变更劳动合同应当采用书面形式，变更后的劳动合同文本由用人单位和劳动者各执一份。

（2）劳动合同变更的条件

根据我国《劳动合同法》关于劳动合同变更的规定，劳动合同变更的条件如下：

①订立劳动合同时所依据的法律、法规和规章、制度发生变化，如修改或废止，应当依法变更劳动合同的相关内容。

②订立劳动合同时依据的客观情况发生重大变化，致使合同无法继续履行，需要变更其相应的内容。如劳动者丧失或部分丧失劳动能力，企业转产、调整生产任务等情况发生需要调整合同的内容。

③用人单位合并或者分离，企业名称、性质发生改变，须修正合同内容的。

④企业严重亏损或发生自然灾害，确实无法履行合同规定的义务的。

⑤当事人双方协商同意修改的。

⑥法律允许的其他情况。

（3）劳动合同变更的程序

劳动合同变更的程序如下：

①提议。一方根据变更合同的条件和需要向另一方提出变更合同的请求。就变更合同的理由、内容、条款做出说明，并规定答复时间。

②答复。在请求者发出请求的规定时间内答复对方。可以是同意，也可以提出自己的意见供双方讨论。

③协商并达成书面协议。协商并达成书面协议即双方就变更内容进行商谈，并做

出详细的说明，达成一致意见后就生效日期做出明确规定。

④备案。备案即到劳动人事部门进行登记。

3. 劳动合同的解除

(1) 劳动合同解除的涵义

劳动合同的解除是指劳动合同未完全履行以前，当事人单方或双方提前终止劳动合同的法律行为。劳动合同的解除分为协商解除和法定解除。其中法定解除是指发生法律法规或合同规定的终止合同的情况，提前终止劳动合同的法律效力。协商解除是指双方当事人由于某种原因，协商同意提前终止劳动合同。劳动合同的解除与其变更、订立不同，劳动合同的订立和变更必须由双方协商一致，而劳动合同的解除可以由一方提出，也可以双方协商提出。

(2) 劳动合同解除的方式和条件

劳动合同解除的方式和条件如下：

①协商解除劳动合同。我国《劳动合同法》规定，经劳动合同当事人协商一致，劳动合同可以解除。双方协商解除劳动合同也应按要约、承诺的程序达成书面的解除劳动合同的文件，并且遵循平等、自愿、不得侵害他方利益的合法的原则。

②劳动者单方解除劳动合同。其分为两种：在非试用期内，劳动者想解除劳动合同的，必须提前30天通知用人单位；在试用期内的，劳动者须提前3天通知用人单位，即可解除劳动合同。根据我国《劳动合同法》第三十八条的规定，用人单位有下列行为之一的，劳动者可以解除劳动合同：未按照劳动合同约定提供劳动保护或者劳动条件的；未及时足额支付劳动报酬的；未依法为劳动者缴纳社会保险费的；用人单位的规章制度违反法律、法规的规定，损害劳动者权益的；以欺诈、胁迫的手段或者乘人之危，使对方在违背真实意思的情况下订立或者变更劳动合同的；法律、行政法规规定劳动者可以解除劳动合同的其他情形。

用人单位以暴力、威胁或者非法限制人身自由的手段强迫劳动者劳动的，或者用人单位违章指挥、强令冒险作业危及劳动者人身安全的，劳动者可以立即解除劳动合同，不需事先告知用人单位。

③用人单位单方解除劳动合同。我国《劳动合同法》规定，劳动者有下列情况之一的，用人单位可以解除其劳动合同：在试用期间被证明不符合录用条件的；严重违反用人单位的规章制度的；严重失职，营私舞弊，给用人单位造成重大损害的；劳动者同时与其他用人单位建立劳动关系，对完成本单位的工作任务造成严重影响，或者经用人单位提出，拒不改正的；因欺诈签订劳动合同的；被依法追究刑事责任的。

我国《劳动合同法》第四十条规定，有下列行为之一者，用人单位需要提前30天以书面形式通知或者额外支付劳动者一个月工资后，可以解除劳动合同：劳动者患病或者非因工负伤，在规定的医疗期满后不能从事原工作，也不能从事由用人单位另行安排的工作的；劳动者不能胜任工作，经过培训或者调整工作岗位，仍不能胜任工作的；劳动合同订立时所依据的客观情况发生重大变化，致使劳动合同无法履行，经用人单位与劳动者协商，未能就变更劳动合同内容达成协议的。

我国《劳动合同法》第四十一条规定，有下列情形之一，需要裁减人员20人以上或者裁减不足20人但占企业职工总数10%以上的，用人单位应提前30日向工会或者全体职工说明情况，听取工会或者职工的意见后，裁减人员方案经向劳动行政部门报告，可以裁减人员：依照我国《企业破产法》规定进行重整的；生产经营发生严重困难的；企业转产、重大技术革新或者经营方式调整，经变更劳动合同后，仍需裁减人员的；其他因劳动合同订立时所依据的客观经济情况发生重大变化，致使劳动合同无法履行的。

裁减人员时，应当优先留用下列人员：与本单位订立较长期限的固定期限劳动合同的；与本单位订立无固定期限劳动合同的；家庭无其他就业人员，有需要扶养的老人或者未成年人的。用人单位在6个月内重新招用人员的，应当通知被裁减的人员，并在同等条件下优先招用被裁减的人员。

《劳动合同法》第四十三条规定：用人单位单方解除劳动合同，应当事先将理由通知工会。用人单位违反法律、行政法规规定或者劳动合同约定的，工会有权要求用人单位纠正。

(3) 劳动合同解除后的经济补偿

我国《劳动合同法》第四十七条规定：经济补偿按劳动者在本单位的工作年限，每满一年支付一个月工资的标准向劳动者支付。6个月以上不满1年的，按1年计算；不满6个月的，向劳动者支付半个月工资的经济补偿。

劳动者月工资高于用人单位所在直辖市、设区的市级人民政府公布的本地区上年度职工月平均工资3倍的，向其支付经济补偿的标准按职工月平均工资3倍的数额支付，向其支付经济补偿的年限最高不超过12年。

以上所提到的月工资均为劳动者在劳动合同解除或终止前12个月的平均工资。

4. 劳动合同的终止

(1) 劳动合同终止的涵义

劳动合同终止的情形可以分为两种：一种是劳动合同期满和劳动合同约定的终止条件出现，劳动合同终止；另一种是当事人约定的合同终止的条件出现，劳动合同终止。应当注意的是，如果是劳动合同执行完毕时，如定期劳动合同到期，以完成一项工作为期限的劳动合同规定的工作完成时，如需续订劳动合同的，必须在双方完全一致的基础上续约，不得违法；如果不续约，用人单位则应当及时与劳动关系方终止劳动合同，办理相应的终止手续。

用人单位应当在解除或者终止劳动合同时出具解除或者终止劳动合同的证明，并在15日内为劳动者办理档案和社会保险关系转移手续。劳动者应当按照双方约定，办理工作交接。用人单位依照本法有关规定应当向劳动者支付经济补偿的，在办理工作交接时支付。用人单位对已经解除或者终止的劳动合同的文本，至少保存两年备查。

(2) 劳动合同终止的条件

法律规定的劳动合同终止的条件如下：

①劳动合同期限已满。

②劳动者开始依法享受基本养老保险待遇的。

③劳动者死亡，或者被人民法院宣告死亡或者宣告失踪的。

④用人单位被依法宣告破产的。

⑤用人单位被吊销营业执照、责令关闭、撤销或者用人单位决定提前解散的。

⑥法律、行政法规规定的其他情形。

四、集体劳动合同

1．集体劳动合同的涵义

集体合同是指用人单位与本单位职工根据法律、法规、规章的规定，就劳动报酬、工作时间、休息休假、劳动安全卫生、职业培训、保险福利等事项，通过集体协商签订的书面协议。专项集体合同是指集体合同的主体就员工的权利和利益的某一方面的具体事项订立的集体合同。我国《劳动合同法》第五十二条规定：企业职工一方与用人单位可以订立劳动安全卫生、女职工权益保护、工资调整机制等专项集体合同。

2004 年 5 月 1 日，劳动和社会保障部为规范集体协商和签订集体合同行为，依法维护劳动者和用人单位的合法权益，颁布了新的《集体合同规定》。2008 年颁布的《中华人民共和国劳动合同法》对集体合同做了更加详细的规定。我国《劳动合同法》第五十一条规定：企业职工一方与用人单位通过平等协商，可以就劳动报酬、工作时间、休息休假、劳动安全与卫生、保险福利等事项订立集体合同。集体合同草案应当提交职工代表大会或者全体职工讨论通过。

理解集体合同的概念需要注意以下几方面：

（1）集体合同的一方是企业，另一方是工会；未建立工会的用人单位，由上级工会指导劳动者推举代表。

（2）用人单位与职工签订集体合同，以及确定相关事宜，应当采用协商的形式，集体协商主要采取协商会议的形式。

（3）集体合同为固定期限合同。我国现行法律规定的集体合同的期限为 1～3 年。每年都可以根据集体合同的权利与义务的执行情况，适当修改集体合同的内容。集体合同期满前 3 个月内，经双方当事人协商一致可以延期，延期签订的合同最长不能超过 3 年。

（4）集体合同产生于劳动关系运行当中，是在劳动者与用人单位已经签订劳动合同，并且劳动关系已经进入运行之中的基础上，劳动者全体与用人单位就双方权利和义务签订的具体的或者补充性的协议。

（5）集体劳动的效力具有扩展性，即合法生效的集体合同覆盖用人单位和用人单位中所有劳动者，包括对于集体合同内容持有异议的劳动者。职工个人与企业订立的劳动合同中劳动条件和劳动报酬等标准不得低于集体合同的规定；低于集体合同规定的，以集体合同规定为准。

2．集体劳动合同的内容

《集体合同规定》对我国集体劳动合同的内容作了详细的规定。集体合同应当包括的内容如下。

（1）劳动报酬。劳动报酬即有关工资水平、分配制度、标准、方式、支付办法的规定；加班加点工资和津贴、奖金的规定；工资调整办法；试用期及病假期的工资；

特殊情况下，如职工受工伤不能上班情况下的工资支付办法或生活费支付标准。

（2）工作时间。工作时间包括工时制度、加班加点制度、特殊工种的工作时间、劳动定额标准。

（3）休息休假。休息休假包括每日休息时间、每周休息时间、每年休息时间以及不能实行标准工时的职工的休息、休假制度等。

（4）劳动安全与卫生。有关劳动安全与卫生方面，规定了劳动安全卫生责任制、劳动条件和安全技术措施、安全操作规程、劳保用品发放标准、定期健康检查和职业健康体检几项内容。

（5）补充保险和福利。补充保险和福利包括：补充保险的种类、范围；职工基本的福利制度和福利设施；医疗期的延长及其待遇；职工亲属福利制度。

（6）女职工和未成年工特殊保护。女职工和未成年工特殊保护包括对女职工和未成年工禁忌从事的劳动、特殊劳动保护及定期体检等的规定。

（7）职业技能培训。职业技能培训包括职业技能培训规划和年度计划、费用的提取和使用、保障和改善职业技能培训的措施。

（8）劳动合同管理。

（9）奖惩。

（10）裁员。裁员包括裁员的方案、裁员的程序、裁员的实施办法和补偿标准。

（11）集体合同期限。

（12）变更、解除集体合同的程序。

（13）履行集体合同发生争议时的协商处理办法。

（14）违反集体合同的责任。

（15）双方认为应当协商的其他内容。

3. 集体劳动合同的订立、变更、解除、终止及争议处理

（1）集体劳动合同订立的程序

集体劳动合同订立的程序如下：

①双方选定协商代表。集体协商双方的代表，人数应当对等，每方至少 3 人，并各确定 1 名首席代表。

职工一方的协商代表由本单位工会选派，首席代表由本单位工会主席担任，工会主席可以书面委托其他协商代表代理首席代表；工会主席空缺的，首席代表由工会主要负责人担任。未建立工会的，由本单位职工民主推荐，并经本单位半数以上职工同意，首席代表从协商代表中民主推举产生。

用人单位一方的协商代表，由用人单位法定代表人指派，首席代表由单位法定代表人担任或由其书面委托的其他管理人员担任。

代表可以书面委托他人，但委托人数不得超过本方代表的 1/3，首席代表不得由非本单位人员代理，双方代表不得相互兼任，代表参加协商视为正常劳动。

②协商代表准备工作。熟悉相关的法律、法规；理解协商的情况和内容；收集所代表的集体的意见；拟定协商提议；确定协商的时间、地点等；确定一位非协商代表

作为记录员。

③召开协商会议。集体协商会议由双方首席代表轮流主持。首先，宣布议程和会议纪律；接着，一方首席代表提出协商的具体内容和要求，另一方首席代表就对方的要求做出回应；协商双方就商谈事项发表各自意见，开展充分讨论；双方首席代表归纳意见，形成集体合同草案，由双方首席代表签字。草案提交职工代表大会或全体职工讨论通过，达不到半数通过的，继续协商。

④报送审查和公布。自双方首席代表签字之日起10日内，由用人单位一方将集体协议文本一式三份报送劳动保障行政部门，劳动保障行政部门自收到集体合同文本之日起15日内未提出异议的，集体合同即行生效。生效的集体合同或专项集体合同，应当自其生效之日起由双方及时以适当的形式向各自代表的全体成员公布。

（2）集体劳动合同的变更、解除和终止

双方代表协商一致，可以变更或解除集体合同或专项集体合同。集体合同的变更和解除的程序适用于集体合同协商的程序。有下列情形之一的，可以变更或解除集体合同或专项集体合同：

①用人单位因被兼并、解散、破产等原因，致使集体合同或专项集体合同无法履行的。

②因不可抗力等原因致使集体合同或专项集体合同无法履行或部分无法履行的。

③集体合同或专项集体合同约定的变更或解除条件出现的。

④法律、法规、规章规定的其他情形。

（3）集体劳动合同争议的处理

集体协商过程中发生争议，双方当事人不能协商解决时，当事人一方或双方可以书面向劳动保障行政部门提出协调处理申请；未提出申请的，劳动保障行政部门认为必要时也可以进行协调处理。劳动保障行政部门应当组织同级工会和企业组织等各方面的人员，共同协调处理集体协商争议。劳动部门协调处理集体协商争议，应当自受理协调处理申请之日起30日内结束协调处理工作。期满未结束的，可以适当延长协调期限，但延长期限不得超过15日。

协调程序为：受理协调处理申请；调查了解争议的情况；研究制定协调处理争议的方案；对争议进行协调处理；制作“协调处理协议书”。

协调不成的，可以提出上诉。我国《劳动合同法》第五十六条规定：用人单位违反集体合同，侵犯职工劳动权益的，工会可以依法要求用人单位承担责任；因履行集体合同发生争议，经协商解决不成的，工会可以依法申请仲裁、提起诉讼。

第三节　劳动争议处理

一、劳动争议的涵义和范围

1. 劳动争议的涵义

劳动争议在经济生活中较为常见，一般是由于各种原因导致劳动合同当事人不满所引起的。这种不满一般包括两类：一类涉及权利，即对现有的规章制度的解释和适用范围的理解存在不同的意见，因履行劳动合同发生的争议；另一类涉及利益，即对于待遇和福利条件不满导致的不同意见发生的争议。为了公正及时地解决劳动争议，保护当事人合法权益，促进劳动关系和谐稳定，2007 年 12 月 29 日，第十届全国人民代表大会常务委员会第三十一次会议通过了《中华人民共和国劳动争议仲裁法》，并于 2008 年 5 月 1 日开始实施，这是我国第一部专门的劳动争议仲裁法。

劳动争议的定义可以表述如下：劳动争议也叫劳动纠纷，是指依法建立劳动关系的劳动合同双方当事人（劳动者和用人单位）之间，因劳动权利和义务发生的争执和纠纷；具体是围绕用人单位与劳动者之间在劳动关系的变更、解除、终止和续订，执行合同和执行劳动法过程中产生的纠纷。

劳动争议的类型多种多样，以下从不同角度进行分类：

（1）个人劳动争议、团体劳动争议和集体劳动争议

个人劳动争议、团体劳动争议和集体劳动争议是根据涉及争议的劳动者数量的多少划分的。个人劳动争议，是劳动者个人与企业的争议。其特点为：一般只有 1～2 人；关于单个劳动关系的协议，只能由职工本人或其代理人处理，两人时，一个人不能代表另一个人的意见。集体劳动争议，是多个职工就同一类或同一个原因、条款与用人单位发生的争议。而团体争议与集体争议的不同之处在于，团体争议是建立在集体劳动合同的基础上的，是工会与用人单位之间或者团体各成员间就集体劳动合同的内容而发生的争议。集体争议和团体争议都应该推举代表参加争议处理，团体争议的代表一般为工会主席，争议的标的是全体职工的集体利益。

（2）权利争议和利益争议

权利争议，又称为现实既定的权利争议，既定的权利是指《劳动法》、集体合同和劳动合同规定的权利和义务。在权利既定的情况下，只要当事人双方都能按要求行使自己的权利和履行自己的义务，一般就不会发生法律纠纷和争议。而在现实中，劳动合同双方当事人不按规定使用权利和履行义务，存在一方侵害另一方利益的情况，或者双方对于合同条款的理解存在分歧，争议就会相应地产生。

利益争议，是因主张有待确定的权利和义务所发生的争议。它是围绕新的规范，新的权利、义务而产生的，一般出现在工会代表职工与企业签订集体劳动合同中，订立、变更集体合同的谈判中，或者企业在其权限的范围内单方面做出决定的情况下。争议的目的是要在合同中依法确定当事人的某种利益，并上升为权利。

（3）国内劳动争议和涉外劳动争议

国内劳动争议，首先包括有中国国籍的劳动者与用人单位之间的劳动争议，还包括我国在境外的设立机构与该机构的工作人员的劳动争议，在华外商投资企业与中国职工之间发生的劳动争议。

涉外劳动争议，是指当事人一方或双方具有外国国籍或无国籍的劳动争议，涉及中国用人单位与外籍员工之间、外籍雇主与中国员工之间、在华外籍雇主与外籍员工之间的劳动争议。涉外劳动争议应当按照雇主所在地的法律进行处理，凡是用人单位在我国的劳动争议，都适用我国的《劳动法》。

2．劳动争议的范围

《中华人民共和国企业劳动争议处理条例》明确规定了我国劳动争议的范围。

（1）由于终止劳动关系发生的争议。其指因开除、除名、辞退职工和职工擅自离职、自动离职而发生的争议。企业在与劳动者签订劳动合同后，有权对职工开除、除名和辞退，只要企业在符合法律规定的基础上去做即可；相应地，职工如果认为企业在劳动条件和安全保护等方面没有做到合同或承诺中的内容的，职工也有权自己离职。

（2）执行劳动相关法律、法规产生的争议。因执行国家有关工资、保险、福利、培训、劳动保护等方面的规定而发生的争议。一般是由于企业的做法没有达到国家规定而产生的争议，可能企业克扣职工工资不符合法定规定，无故或者过多地克扣工人工资。法律规定的可以克扣工人工资的情况是相当严格的，如职工不负责任，毁坏设备和工具时；不按操作规程作业毁坏设备和浪费原材料，使国家和集体或公司的财产遭受损失等情况。另外还会因社会保险、福利等发生争议。

（3）因履行劳动合同而发生的争议。其具体包括因订立、变更、解除、终止、续订劳动合同而产生的争议。

（4）法律、法规规定的其他劳动争议情况。

二、劳动争议处理的原则

处理劳动争议一般应遵循如下原则：

1．及时处理的原则

由于劳动争议涉及劳动者在企业的生产活动，每一次劳动争议都会或多或少地影响企业的生产和社会的稳定，因此对于劳动争议应当及时处理。及时主要体现在以下四个方面：

（1）当事人在发生劳动争议以后要及时地依照法定程序进行协商解决，协商不成立及时申请调解或仲裁。

（2）对于解决劳动争议的部门、机构来讲，就是要求他们对当事人申请的劳动争议应当及时受理和及时、认真地处理，并将结果及时地告知当事人。

（3）对于已经生效的调解、仲裁和法院判决结果，当事人应当及时执行。

（4）在有关部门或当事人拒不执行时，要及时对其进行教育，必要时依法请求人民法院强制执行，保证劳动争议案件及时彻底地解决。

2. 合法的原则

合法的要求主要有：①劳动争议机关在处理劳动争议的过程中，必须进行详细的调查和审慎的证据搜查，本着客观的态度，弄清事实，明辨是非，这是调解、仲裁、审判公正的基础之一。②要求解决劳动争议的机关在对待当事人双方上不得偏袒，要一视同仁，适用同等的法律，这也是公平的基础之一。③解决劳动争议的机关必须严格按照法律、法规处理劳动争议。一方面程序上要合法，即处理机构的组成要合法，有回避需要的相关个人要回避；另一方面是实体意义上的合法，即必须按照劳动实体法律做裁决。

3. 公平、公正的原则

在解决劳动争议的过程中，公平、公正是相当重要的，它们对于结果的影响不容忽视，只有在公平公正的情况下解决的劳动争议才容易被双方当事人接受，从而达到解决争议的目的。公平、公正包含以下几方面的涵义：①首先体现在要找到和弄清有关劳动争议的事实真相。由于劳动双方对于劳动合同或者规章制度的理解不同，因此，必须排除主观影响，理出争议的真正所在。②公正体现在恰当地运用解决争议的法律依据，掌握各个条款的真正意义，做出合法的公平的裁决。③公平原则体现在应当赋予争议双方公平的地位。

4. 优先调解的原则

解决劳动争议的方法很多，但调解是其中最常用的和必需的原则，这是因为：①调解贯穿于整个劳动争议解决过程中，任何阶段都可以运用调解；②与仲裁和审判相比，调解有利于减少劳动争议处理中双方的冲突，可以有效地防止双方冲突和隔阂的加剧，有利于促进双方当事人的和睦、团结，毕竟多数情况下，劳动者还是要继续在用人单位工作的；③正确恰当地运用调解手段可以迅速解决劳动争议，因而可以尽量减少企业和社会的经济损失。

三、劳动争议的处理程序与方法

劳动争议的处理程序包括协商、调解、仲裁和诉讼。根据《中华人民共和国劳动争议仲裁法》（以下简称《劳动争议仲裁法》）的规定：发生劳动争议，劳动者可以与用人单位协商，也可以请工会或者第三方共同与用人单位协商，达成和解协议；如当事人不愿协商、协商不成或者达成和解协议后不履行的，可以向调解组织申请调解；不愿调解、调解不成或者达成调解协议后不履行的，可以向劳动争议仲裁委员会申请仲裁；对仲裁裁决不服的，除本法另有规定的外，可以向人民法院提起诉讼。发生劳动争议，当事人对自己提出的主张，有责任提供证据。与争议事项有关的证据属于用人单位掌握管理的，用人单位应当提供；用人单位不提供的，应当承担不利后果。

1. 协商

劳动争议发生之后，双方当事人应当首先尝试协商解决，如果通过协商可以解决，可以达成一致的协议，且双方在协商时是自愿、平等的，则双方的各自的利益就可以转化成一致的利益，消除隔阂。但如果通过协商仍不能解决，则应当考虑向单位仲裁委员会申请调解。

2．调解

劳动争议的调解是指调解委员会查明事实、分清责任，促使争议当事人在遵守法律、法规和相互谅解的基础上，达成协议的处理方法。《劳动争议仲裁法》规定：经调解达成协议的，应当制作调解协议书。自劳动争议调解组织收到调解申请之日起十五日内未达成调解协议的，当事人可以依法申请仲裁。达成调解协议后，一方当事人在协议约定期限内不履行调解协议的，另一方当事人可以依法申请仲裁。

《劳动争议仲裁法》第十六条规定：因支付拖欠劳动报酬、工伤医疗费、经济补偿或者赔偿金事项达成调解协议，用人单位在协议约定期限内不履行的，劳动者可以持调解协议书依法向人民法院申请支付令。人民法院应当依法发出支付令。

劳动争议调解委员会调解的步骤如下：

（1）申请。以口头或书面的形式提出调解申请。

（2）受理。受理包括三个过程。①审查。首先通过审查来断定争议是否是劳动争议。②通知另一方当事人，看其是否愿意接受调解。只有当上述两个条件满足时才可以开始受理劳动争议。③决定受理后，应及时通知当事人时间和地点，给当事人做准备的时间。

（3）调查。掌握劳动纠纷的具体原因和详细情况，为调解做好准备。

（4）调解。①调解委员会召开准备会，统一认识，提出调解意见；②找双方当事人谈话；③召开调解会，调解成功则双方达成调解协议书，否则可以依法申请仲裁。

3．仲裁

劳动争议仲裁机构是劳动争议仲裁委员会。劳动争议仲裁委员会由劳动行政部门代表、工会代表和企业方面代表组成。劳动争议仲裁委员会组成人员应当是单数。劳动争议仲裁委员会不同于劳动争议调解委员会，它是带有司法性质的行政机关。它既可以进行调解，也可以进行仲裁，当事人在仲裁过程中有权进行质证和辩论，但仲裁结果具有强制性，即其调解产生的调解书具有法律效力。

劳动争议仲裁委员会裁决劳动争议案件实行仲裁庭制，仲裁庭由三名仲裁员组成。仲裁庭应当在开庭 5 日前，将开庭日期、地点书面通知双方当事人。当事人有正当理由的，可以在开庭 3 日前请求延期开庭。是否延期，由劳动争议仲裁委员会决定。仲裁庭裁决劳动争议案件，应当自劳动争议仲裁委员会受理仲裁申请之日起 45 日内结束。案情复杂需要延期的，经劳动争议仲裁委员会主任批准，可以延期并书面通知当事人，但是延长期限不得超过 15 日。

劳动争议申请仲裁的时效期间为一年。仲裁时效期间从当事人知道或者应当知道其权利被侵害之日起计算。劳动关系存续期间因拖欠劳动报酬发生争议的，劳动者申请仲裁不受规定的仲裁时效期间的限制；但劳动关系终止的，应当自劳动关系终止之日起一年内提出。

劳动争议仲裁的原则是：①及时处理原则。仲裁委员会应当在收到申诉书之日起 5 日内做出受理或者不予受理的决定，并在受理之日起 5 日内将申诉书的副本送达被申请人，被申请人收到仲裁申请书副本后，应当在 10 日内向劳动争议仲裁委员会提交答辩书。劳动争议仲裁委员会收到答辩书后，应当在 5 日内将答辩书副本送达申请人。

被申请人未提交答辩书的，不影响仲裁程序的进行。②独立办案原则。劳动仲裁委员会处理劳动争议问题时具有独立性，不受个人和其他组织的干预。③一次裁决原则。劳动仲裁委员会的仲裁裁决为终极裁决。如不满裁决，当事人可在收到裁决书15日内向管辖区的人民法院提起诉讼，法律另有规定的，按规定执行。期满不提起诉讼的，视为裁决书生效。

4. 诉讼

诉讼是解决劳动纠纷的最终方法。劳动纠纷的当事人通过协商、调解和仲裁仍不满意的，可以向所管辖区人民法院提起诉讼；如果没有经过仲裁，不可以申请诉讼。通常，法院的审理包括一审、二审和三审三个程序。而对于劳动争议的审理实行二审终审制，二审过后，任何人不得再上诉（发现有判决错误的情况除外，可以重新审理），最终的劳动判决标志着这一劳动争议案件的结束。其特点是：①在国家审判机关的主持下进行协商，依照争议主体的行为而使争议得到平息和解决；②劳动争议诉讼依靠国家强制力作为解决争议、判决生效的保证；③劳动争议诉讼严格按照程序、程式和法律进行。

人民法院并非受理所有的劳动争议，人民法院受理的劳动争议的范围如下：

（1）争议事项的范围。因履行和解除劳动合同发生的争议；因执行国家有关工资、保险、福利、培训、劳动保护的规定发生的争议；法律规定的由人民法院处理的其他劳动争议。

（2）企业范围。国有企业、县（区）属以上城镇集体所有制企业、乡镇企业、私营企业、“三资”企业。

（3）员工范围。与上述企业形成劳动关系的劳动者；经劳动行政机关批准录用并已签订劳动合同的临时工、季节工、农民工；依据有关法律、法规的规定，可以参照《中华人民共和国劳动法》处理的其他员工。

人民法院审理劳动诉讼案件，适用于《中华人民共和国民事诉讼法》规定的诉讼程序，包括起诉、受理、调查取证、调解、审判和执行等程序。

第四节　劳动安全卫生管理

劳动安全卫生的法律法规产生于大工业生产出现以后。相对来说，手工业时期的工作事故少并且情节轻微，但大工业出现以后，随着生产技术的发展，工作事故和职业病也越发多起来，工人们开始要求通过法律保护自己，生产者也基于赔偿问题而做了妥协。然而，在应用新的设备和改善劳动环境以后，企业意识到改善劳动条件与获得利润有冲突，因此，保护劳动安全仍是劳动者要求各国法律保障的重要内容。

劳动安全卫生，又称劳动保护，是指企业依照国家法律，针对在不同岗位上工作的职工，按照岗位危险程度和岗位特点，给予职工不同程度的个人保护、工作保护以及卫生条件保护，并对职工进行安全卫生教育，以防止劳动过程中的事故，减少职业危害。

一、劳动安全管理

1．劳动安全管理的涵义和内容

劳动安全管理，是指用人单位根据法律所规定或确认的国家和用人单位为保护劳动者在劳动过程中的安全而采取的各项管理措施，以保障劳动者的安全为目的的管理。劳动安全管理的依据是劳动安全规程，劳动安全管理可以有效地预防和减少工伤的发生。

劳动安全管理的内容如下：

（1）对相关安全制度的管理

相关安全制度包括如下内容：

①安全责任制度。安全责任制度是指企业各级领导、职能科室人员、工程技术人员和生产工人在劳动过程中，对各自职务或业务范围内的安全负责的制度。

②安全设施“三同时”制度。“三同时”是指在用人单位新建、改建、扩建时，劳动安全设施必须与主体工程同时设计、同时施工、同时投产。

③安全检查制度。安全检查是指由企业领导、专门机构和群众共同组成的检查小组，以自查和互查相结合的方式，检查和整改相结合的原则，对企业遵守劳动安全法规和规章制度的情况进行监督检查，总结安全生产经验，排查和消除隐患事故，以推动劳动保护的制度。检查的形式有企业自身检查和政府管理部门的定期检查，可以进行普查，也可以进行专项检查。

④重大事故隐患管理制度。重大事故隐患管理制度，是指对可能导致重大人员伤亡或者重大经济损失的，潜在于作业场所、设备设施以及生产管理行为之中的安全缺陷进行预测和预防，防止和降低其发生的概率的管理制度。

⑤伤亡事故报告和处理制度。伤亡事故报告和处理制度是指依据《企业职工伤亡事故报告和处理规定》，对职工的伤亡事故进行报告、登记、调查、处理和统计分析的制度。伤亡事故是指职工在劳动过程中发生的人身伤害、急性中毒事件，根据其严重程度可以分为轻伤事故、重伤事故、死亡事故、重大死亡事故、特别重大死亡事故。

（2）对劳动者安全的管理

对劳动者安全的管理包括以下内容：

①劳动安全教育。安全教育是指为增强职工的劳动安全意识，对职工进行教育、培训和考核的制度。包括对新职工实行入厂教育、车间教育和班组教育；对特种工作的从业人员进行安全生产技术和定期的特定培训；当企业采用新技术和新的工艺、流程，使用新的设备后，应当对职工进行与新的业务相关的培训和安全教育。

②个人防护用品使用管理。个人防护用品包括普通防护用品和特种防护用品。特种防护用品是针对特定的操作危险和作业毒害而制造、发放的劳动保护用品；分为防尘用品、防毒用品、耐酸和耐油用品、绝缘用品、耐高温用品、防水用品、真空作业用品、防噪声用品、防冲击用品、防放射性用品及其他专用用品。用人单位应当根据防护用品的使用需求和使用频率、损耗的状况选定适合的防护用品和进行定期检查、维修和更换。

2. 劳动安全技术规程

劳动安全技术规程，是指以防止和消除劳动过程中伤亡的技术规则为基本内容，旨在保护劳动者安全的法律规范。它主要包括：安全技术措施规定和相应的安全组织管理措施。由于各行各业生产特点的不同，需要解决的安全技术问题也不同，规定的安全规程也不同。这方面的法规有《工厂安全技术规程》、《建筑安装工程安全技术规程》、《矿山安全技术规程》等以及规定我国劳动安全方面的国家标准和行业标准。下面介绍三种常用的安全规程：

（1）《工厂安全技术规程》

《工厂安全技术规程》是我国各行各业需共同遵守的安全技术规程，主要对企业的固定设施、设备以及生产中工人的防护要求、环境情况和易燃易爆品的存放和处理等做了规定。具体包括以下内容：

①厂房、建筑和通道的要求。厂房要坚固；建设物之间的距离、安放顺序要符合规定，如动力间、锅炉房、瓦斯发生室应与其他工作间隔开，存放易燃物品的仓库与办公室、宿舍不得距离过近，仓库与厂房之间的距离应当符合规定。

②工作场所的安全要求。要求设备位置合理，照明符合条件，对于生产爆炸性混合物的，要采取更为严格的保护措施。

③生产设备的要求。总的要求是，设备设计、制造、安装必须符合劳动法规标准的要求；所用设备对人体有害的，应当采取有效的防护措施；容易发生危险的特种设备，须严格管理，操作人员必须经过专门培训，持证上岗。

④个人防护用品的要求。其主要包括安全帽、呼吸护具、听力护具、防护鞋、防护手套、防护服等，并注意及时、定期更换。

（2）《建筑安装工程安全技术规程》

《建筑安装工程安全技术规程》主要包括以下内容：

①施工现场的安全要求。现场周围设篱笆等围设栅栏；对于施工造成的沟、坑等要加盖或者设警示牌和警示灯；架设高压线、材料存放等应按规定采取安全设施。

②有关脚手架的安全要求。

③土石方工程和拆除土石方工程的安全要求。

④高处作业的安全要求。患有高血压、心脏病和癫痫的人不适合高处作业，遇有六级以上强风的天气，禁止进行露天起重工作和高空作业。

⑤防护用具等其他方面的要求。

（3）《矿山安全技术规程》

《矿山安全技术规程》主要包括以下内容：

①矿山建设的安全要求。矿山建设必须符合矿山安全规程和行业技术规范，设计应当包括通风系统、供电系统、提升运输系统、防火灭火系统、防水排水系统、防瓦斯系统、防尘系统，每个矿井必须有两个以上的出口，出口间的距离必须符合规定。

②矿山开采的安全要求。矿山开采必须具备保障安全生产的条件，并应严格对机器设备和各种防护措施进行定期检查和更换，预料到所有可能的安全隐患，并采取严密的防护措施。

二、劳动卫生管理

1. 劳动卫生管理的概念

劳动卫生管理，是指用人单位依据保护劳动者健康的法律法规的相关规定，合理安排和提供劳动卫生条件，达到保护劳动者健康、预防和减少职业病的目的。劳动卫生管理依据劳动卫生技术规程的有关规定。通过劳动卫生管理可以有效地预防职业病的发生。劳动卫生管理包括以下内容：

（1）卫生责任管理。

（2）卫生设施“三同时”管理。

（3）劳动卫生教育。

（4）订立劳动卫生措施计划。

（5）卫生检查。

（6）职工健康管理。职工健康管理包括就业健康检查和定期健康检查，以便对职工的健康状况进行了解，如发现疾病，应及时就医。

2. 劳动卫生技术规程

劳动卫生技术规程是指以防止和消除职业病、中毒等慢性职业伤害的技术规则为基本内容，旨在保护劳动者健康的法规。它包括各种工业生产卫生、医疗预防、职工健康检查等技术措施和组织管理措施的规定。我国各行业的劳动卫生规程很多，除了在《工厂安全卫生规程》中规定的基本要求以外，还从不同的方面对劳动卫生做出各种详细的规定。具体包括以下内容：

（1）防止有害物质危害的规定。①凡是散发有害气体和蒸汽的设备应当加密，必要时应当安装通风和净化装置；②有毒和危险物品应当储存在专设场所，派人严格管理；③对有毒或有传染性危险的物品，应在卫生机关的指导下处理；④对接触有害液体或气体的职工，供给有关防护用品。

（2）防止粉尘危害的规定。凡是有粉尘作业的用人单位，应当尽量实现机器化、自动化、密闭化生产，设置滤尘、吸尘设备，对其员工发给防护服和防护口罩等防护工具。

（3）有关通风、照明、噪声和强光的规定。生产过程的温度、湿度和风速要求不严格的工作场所应保持自然通风。有瓦斯和有其他有害气体聚集的场所，必须采用机器通风，并保证机器正常运转。工作场所的光线应当充足，但要适度，不可过强，对于在有强光的工作场所工作的员工，应当发给防护眼镜。在有噪声的工作场所，应当给工人供应护耳器，并安装降低噪声的相关设备设施。

（4）防止电磁辐射危害的规定。对于有电磁辐射的场所，应设置电磁屏蔽体将电磁屏蔽在一定范围内，防止电磁辐射范围扩大，尽量实行远距离控制和自动化作业，工人应当穿着防电磁辐射的工作服。

（5）防暑降温、防冻和防潮湿的规定。工作场所应当保持一定的温度和湿度，不宜过热、过冷和过湿。室内工作地点的温度经常高于35℃的，应当采取降温措施，低于5℃的，应当设置取暖设备，对高潮湿场所，应采取防潮措施。

（6）有关卫生保健的其他规定。

三、女职工和未成年工特殊劳动保护

1. 女职工特殊劳动保护

女职工在劳动方面需要特殊保护，是由女职工的身体结构和生理机能的特点以及抚育子女的需要决定的。部分职业的有害因素会对女职工的身体健康产生不良影响，因此必须重视女职工的特殊劳动保护。

女职工特殊劳动保护的内容主要是规定女职工不宜从事的劳动活动，这些劳动活动或是过于繁重的体力劳动，或是接触有毒物质或放射性物质等的劳动。对于女职工不宜从事特殊劳动的这些规定并非是对女职工的性别歧视，而是为了更好地保护她们的身体健康。对女职工的保护还包括对她们在经期、孕期、产期、哺乳期的特别保护。

2. 未成年工特殊劳动保护

未成年劳动者由于身体发育尚未定型，尚处在成长当中，因此，过沉重的体力劳动和一些危险劳动，如高空作业、高温作业、接触有毒物品的作业可能给他们的身体健康带来不良的影响，因此，我国法律规定未成年劳动者不适合从事这些劳动。此外，用人单位在招用未成年工时应当先对其进行有关职业安全卫生教育和培训、体检和登记，费用由用人单位承担。用人单位还应对未成年工进行定期身体检查，确保他们成长中身体的健康。

本章小结

劳动关系有广义和狭义之分，狭义的劳动关系是指由我国劳动法和相关法律法规所规范的劳动法律关系，即企业所有者、经营者、企业普通员工、工会及职工代表大会之间在生产活动过程中所形成的各种权利、义务和利益关系。《劳动法》所调整的劳动关系主要由三要素组成：主体、内容和客体。劳动关系的主体是劳动法律关系的参与者，主要包括劳动者、维护劳动者权益的组织（工会和职代会）以及用人单位。劳动关系的客体是指主体的权利和义务共同指向的对象，如劳动时间、劳动报酬、劳动纪律、福利保险、卫生安全、劳动环境、教育培训等。劳动关系的内容是指劳动关系主体依法享有的权利和承担的义务，主要包括劳动者的权利和义务、生产者的权利和义务。

劳动合同是劳动者与用人单位双方形成正式劳动关系的重要标志，是确立双方劳动关系的法律形式。依照我国法律的规定，订立劳动合同必须采用书面形式。集体合同是指用人单位与本单位职工根据法律、法规、规章的规定，就劳动报酬、工作时间、休息休假、劳动安全卫生、职业培训、保险福利等事项，通过集体协商签订的书面协议。集体劳动合同应当包括的内容有劳动报酬、工作时间、休息休假、劳动安全与卫生、补充保险和福利、女职工和未成年工特殊保护、职业技能培训、劳动合同管理、奖惩、裁员、集体合同期限、变更、解除集体合同的程序、履行集体合同发生争议时的协商处理办法、违反集体合同的责任、双方认为应当协商的其他内容。

劳动争议也叫劳动纠纷，是指依法建立劳动关系的劳动合同双方当事人——劳动者和用人单位之间，因劳动权利和义务发生的争执和纠纷。劳动争议的范围包括：由于终止劳动关系发生的争议，执行劳动相关法律、法规产生的争议，因履行劳动合同而发生的争议，法律、法规规定的其他劳动争议情况。处理劳动争议，应当遵循及时处理、合法、公平、公正和优先调解的原则。

劳动安全管理，是指用人单位根据法律所规定或确认的国家和用人单位为保护劳动者在劳动过程中的安全而采取的各项管理措施，以保障劳动者的安全为目的的管理。劳动安全管理的依据是劳动安全规程，劳动安全管理可以有效地预防和减少工伤的发生。劳动卫生管理，是指用人单位依据保护劳动者健康的法律法规的相关规定，合理安排和提供劳动卫生条件，达到保护劳动者健康、预防和减少职业病的目的。劳动卫生管理依据劳动卫生技术规程的有关规定，通过劳动卫生管理可以有效地预防职业病的发生。劳动卫生管理包括：①卫生责任管理；②卫生设施“三同时”管理；③劳动卫生教育；④订立劳动卫生措施计划；⑤卫生检查；⑥职工健康管理。对劳动者安全健康的保护还包括对女职工和未成年工的特殊劳动保护。

思考题

1. 什么是劳动关系？劳动者具有哪些权利和义务？
2. 简述劳动合同订立的基本原则和程序。
3. 什么是劳动争议？劳动争议处理的基本原则、程序和方法有哪些？
4. 模拟一份劳动合同，并思考签订劳动合同时应注意哪些问题。

案例分析

王某的劳动纠纷案

王某于2006年11月1日与甲公司签订了无固定期限劳动合同，担任甲公司的工程监理。甲公司于2007年3月依法为王某购买了社会保险。2007年6月，由于公司不景气，王某与公司的一些员工被安置在家待岗。7月份，经理通知王某7月10日上班。7月2日发工资的那天，王某只领到了2000元的工资，当时王某询问经理，经理以公司6月本来就没收入，给员工发的工资都是老板自己垫支、等原因进行解释，因此王某和其他员工也没有再去计较。2007年12月，当地社保局强制性要求甲公司为王某退保，理由是重复参保，王某自己的解释是，他已按年在其户口所在地社保局参保，因此，甲公司至今未替王某办理保险。

2008年1月22日，王某因工作原因出差辽宁，出差期间受伤，当地劳动和社会保障局认定其为工伤。工伤发生后，甲公司向王某户口所在地申报工伤时，社保局告知甲公司，王某的社保由某国有公司为其缴交，需由该单位申报。甲公司的经理询问王某，王某才向甲公司出具其与某国有公司签订的外出务工协议。由于王某是在原国营公司申请停薪留职后，进入甲公司的，形成了双重劳动关系，因此，甲公司认为自己不应当承担工伤赔偿。然而，该国有公司拒绝为王某向社保局申请工伤，理由是双方签订的停薪留职协议已经明确规定，发生工伤或任何事宜由王某自行负责。

某国企的工会为王某与某国企公司和甲公司多次协商，仍然达不成满意的结果。2008 年 6 月，王某向当地仲裁委员会申请仲裁，要求甲公司承担医疗费 24 000 元。另外，由于王某被认定为八级工伤，日后不能工作，要求某国企尽快为其申请社会保险。仲裁判定甲公司和某国企共赔偿王某包括一次性伤残补助金、医疗补助金、就业补助金等在内的共 10 万元的赔偿金，并要求某国企尽快向当地社保局申报工伤。

2008 年 7 月，甲公司和某国企由于对仲裁结果不满，上诉到人民法院。甲公司认为王某在签订劳动合同时对自己隐瞒了实情，因此双方的劳动关系存在瑕疵，是造成甲公司不能给王某入社会保险的直接原因，并非甲公司不给王某入保险，王某对甲公司不能给自己入保险的情况也知情，并且表示了同意。由于王某同时与其他用人单位建立劳动关系，对完成本单位的工作任务造成严重影响，且王某在入职时向甲公司谎称已于2004 年因国企转制与该国有公司解除了劳动关系，存在欺骗行为，甲公司要求与其解除劳动合同。而某国企则认为王某是在为甲公司服务期间出的事故，且王某已不在本单位工作，因此，王某的工伤赔偿与自己无关，自己没有义务为王某申请社会保险的工伤赔偿。

讨论题

1. 本案例中，王某、甲公司和某国企各自存在哪些问题？应如何解决？
2. 本案例给予我们的启示是什么？

第十二章　人力资源成本管理

【学习目标】

- 理解人力资源成本管理的意义。
- 掌握人力资源成本与人力资源成本会计的涵义。
- 认识人力资源成本与人力资源成本会计核算的种类。
- 了解人力资源成本的计量与人力资源成本核算的具体方法。

【导入案例】

“附属”工人成本低吗?

这些年，美国使用“附属”工人的现象很普遍，尤其是在像建筑业这样的行业更是如此。“附属”工人包括临时工、兼员工、转包工和租用工等。使用“附属”工人的基本利益之一在于，在诸如保健和养老金等项目上，工资成本较低；这些工人被认为能使公司在调整员工队伍的规模和结构方面具有灵活性，可以更好地适应市场的变化而无须承诺长期雇用这些工人。但是，使用“附属”工人有几个不易计算的缺点：劳动生产率较低，缺少忠诚，培训方面投资不足。这留下了很多未获解答的问题：当这些成本都被考虑进去时，临时工真的比固定工便宜吗？成本和灵活性方面的短期收益比员工凝聚力和技术水平较低这样潜在的长期无形成本更重要吗?

（资料来源：中山大学校网络教学平台. http：//netclass. csu. edu. cn/.）

讨论题

你能从人力资源成本会计核算的角度出发回答这些问题吗?

第一节　人力资源成本概述

一、人力资源成本的定义、对象与项目

1. 人力资源成本的定义

在会计上，成本一般是指为取得某些预期的效益或服务所付出的代价。它可能是为了获得有形的物体或无形的效益而发生的。从成本定义来看，一切成本都应由“资产”和“费用”两个部分组成。资产是指可望在未来会计期间提供效益的那一部分成本；费用是指在当前的会计期间消耗掉的那一部分成本。

人力资源成本这一概念是从一般的成本概念中推演出来的。人力资源成本是指为取得或重置人员而付出的代价。它包括取得人力资产使用权、提高人力资产使用价值、维持人力资产使用价值、结束人力资产使用价值、保障人力资产暂时或长期丧失使用价值时的生存权及其他为取得、开发和保全人力资产使用价值而付出的总代价。这些代价包括企业已支付的实际成本和企业应承担的损失成本。

从人力资源成本包含的内容，可以将人力资源成本分为人力资产直接成本和人力资产间接成本。人力资产直接成本是指为取得、开发、保全不同等级人员的使用价值而发生的直接费用。这些费用是对作为人力资产的人进行开发、维持、保障、辞退等活动所发生的费用。人力资产间接成本是与取得和开发人力资产使用价值有关的人事管理活动的职能成本，这些费用是进行人事管理活动的费用。人力资产直接成本，加上进行人事管理职能活动而发生的行政管理费用的间接成本，构成人力资产总成本。

2. 人力资源成本的对象

人力资源成本的对象可以是单个的人、相同技术等级的一组人，也可以是同期进入企业的一批人。一般情况下，人力资源使用价值越大，其成本对象单位应该越小，如企业经理人员、高级技术人员、高级管理人员，其使用成本可以单个人为一个成本对象；与之相反，人力资源使用价值越小，其成本对象单位反而越大。

3. 人力资源成本的项目

人力资源成本的项目应按照人力资源从进入企业到退出企业生产经营的过程进行分类，即按照人力资产投入企业、在企业工作及发展、最后退出企业的过程进行成本项目的分类。因此，人力资源成本项目应该包括取得成本、开发成本、使用成本、保障成本和离职成本五大类。

二、人力资源成本项目内容的确认

所谓对人力资源成本项目的确认，就是确定有关人力资源投资成本的每个项目的范围，凡是涉及人力资源的取得、开发、使用、保障和离职等投入成本的交易或事项，都应加以反映。人力资源投资作为人力资源成本会计的反映对象，具体应分别确认为以下五个项目：

1. 人力资源的取得成本

人力资源取得成本是企业在招募和录取员工的过程中发生的成本，包括在招募和录取员工的过程中招募、选拔、录用和安置所发生的费用。

（1）招募成本

招募成本是为吸引和确定企业所需内外人力资源而发生的费用，主要包括招募人员的直接劳务费用、直接业务费用（如招聘洽谈会议费、差旅费、代理费、广告费、宣传材料费、办公费、水电费等）、间接费用（如行政管理费、临时场地及设备使用费）等。招募成本既包括在企业内部或外部招募人员的费用，又包括吸引未来可能成为企业成员的人选的费用，如为吸引高校研究生与本科生所预先支付的委托代培费。

（2）选拔成本

选拔成本是企业为选拔合格的员工而发生的费用，包括各选拔环节如初选、面试、测试、调查、评论、体检等过程中发生的一切与决定录取或不录取有关的费用。选拔成本随着应聘人员所要从事的工作的不同而不同。一般来说，选拔外部人员的成本比选拔内部人员的成本要高，选拔技术人员比选拔操作人员的成本要高，选拔管理人员的成本比选拔一般人员的成本要高。总之，选拔成本随着被选拔人员的职位增高以及对企业影响的加大而增加。

（3）录用成本

录用成本是企业为取得已确定聘任员工的合法使用权而发生的费用，包括录取手续费、调动补偿费、搬迁费等由录用引起的有关费用。但是从企业内部录用员工仅是工作调动，一般不会再发生录用成本。录用成本一般是直接成本。

（4）安置成本

安置成本是指企业将被录取的员工安排在确定工作岗位上的各种行政管理费用；录用部门为安置人员所损失的时间费用；为新员工提供工作所需装备的费用；从事特殊工种按人员配备的专用工具或装备费；录用部门安排人员的劳务费、咨询费等。在企业大批录用人员时，这种成本会较高。安置成本一般是间接成本。

2. 人力资源的开发成本

为了提高工作效率，企事业单位还需要对已获得的人力资源进行培训，以使他们达到预期的、合乎具体工作岗位要求的业务水平。这种为提高员工的技能而发生的费用称为人力资源的开发成本。人力资源开发成本是企业为提高员工的生产技术能力，为增加企业人力资产的价值而发生的成本，包括岗前培训成本、岗位培训成本、脱产培训成本等。

（1）岗前培训成本

岗前培训成本又称为定向成本，是企业对上岗前的新员工在思想观念、规章制度、基本知识、基本技能等基本方面进行教育所发生的费用。岗前培训成本包括培训者与受训者的工资、培训与受训者离岗的人工损失费用、培训管理费、资料费用和培训设备折旧费用等。

（2）岗位培训成本

岗位培训成本是企业为使员工达到岗位要求，在员工不脱岗的情况下对其进行培训所发生的费用。岗位培训成本包括上岗培训成本和岗位再培训成本。上岗培训成本是为使员工上岗后达到岗位熟练员工技能要求所花费的培训费用，包括培训和被培训人员的工资福利费用、培训人员离岗损失费用、被培训人员技术不熟练给生产所造成的损失费用、因培训而消耗的材料等物资费用以及由于新员工与熟练员工工作能力的差异给生产造成的损失费用等。岗位再培训成本是岗位技能要求提高后对员工进行的再培训费用，包括为培训而消耗的材料费用和人工费用以及在培训过程中因培训人员占用时间学习新技术等而给生产造成的损失费用。

（3）脱产培训成本

脱产培训成本是企业根据生产和工作的需要，允许员工脱离工作岗位进行短期或长期培训而发生的成本。脱产培训成本分为企业内部脱产培训成本及企业外部脱产培训成本，包括企业为培训脱产员工而发生的一切人工费用和材料费用等。在企业外部培训机构的脱产培训成本，包括培训机构收取的培训费、被培训人员工资及福利费、差旅费、资料费等；在企业内部培训机构的脱产培训成本，包括培训所需聘任教师或专家工资福利费用、被培训人员工资及福利费、培训资料费、企业专设培训机构的各种管理费用等；同时，无论在企业内部还是外部进行培训，还都会发生被培训人员的离岗损失费用。

3. 人力资源的使用成本

人力资源使用成本是指企业在使用员工的过程中发生的成本，包括维持成本、奖励成本、调剂成本等。

（1）维持成本

维持成本是保证人力资源维持其劳动力生产和再生产所需的费用，是员工的劳动报酬，包括员工计时或计件工资、劳动报酬性津贴（如职务津贴、生活补贴、保健津贴、法定的加班加点津贴等）、劳动保护费、各种福利费用（如住房补贴、幼托费用、生活设施支出、补助性支出、家属接待费用等）、年终劳动分红等。

（2）奖励成本

奖励成本是企业为激励员工，对其超额劳动或其他特别贡献所支付的奖金。这些奖金包括各种超产奖励、革新奖励、建议奖励和其他表彰支出等。奖励成本是对企业员工超额劳动所给予的补偿。

（3）调剂成本

调剂成本类似于对其他资产进行所谓的“维修”和“加固”而支付的费用。这种成本的作用是调剂员工的工作与生活节奏，使其消除疲劳而发挥更大作用；也是满足员工必要的需求、稳定员工队伍并吸引外部人员进入企业工作的调节器。调剂成本包括员工疗养费用、员工娱乐及文体活动费用、员工业余社团开支、员工定期休假费用、节假日开支费用、改善企业工作环境的费用等。

4. 人力资源的保障成本

人力资源的保障成本是指保障人力资源在暂时或长期丧失使用价值时的生存权而必须支付的费用，包括劳动事故保障、健康保障、退休养老保障、失业保障等费用。这些费用往往以企业基金、社会保险或集体保险的形式出现。这种成本既不能提高人力资源的价值又不能保持其价值，其作用只是保障人力资源在丧失使用价值时的生存权。这种成本是人力资源发挥其使用价值时，社会保障机构、企业对员工的一种人道主义的保护。

（1）劳动事故保障成本

劳动事故保障成本是企业承担的员工因工伤事故应给予的经济补偿费用，包括企业承担的工伤员工的工资、医药费、残废补贴、丧葬费、遗属补贴、缺勤损失、最终补贴费等。

（2）健康保障成本

健康保障成本是企业承担的员工因工作以外的原因（如疾病、伤害、生育、死亡等）而引起的健康欠佳，不能坚持工作而需给予的经济补偿费用，包括医药费、缺勤工资、产假工资及补贴、丧葬费等。

(3) 退休养老保障成本

退休养老保障成本是社会、企业及员工个人承担的保证退休人员老有所养和酬谢其辛勤劳动而应给予的退休金和其他费用，包括养老金、养老医疗保险金、死亡丧葬补贴、遗属补偿金等。

(4) 失业保障成本

失业保障成本是企业对有工作能力但因客观原因造成暂时失去工作的员工所给予的补偿费用，包括一定时期的失业救济金。其主要是为了保障员工在重新就业前的基本生活需求。

5. 人力资源的离职成本

人力资源的离职成本是指由于员工离开企业而产生的成本，包括离职补偿成本、离职前低效成本、空职成本等。

(1) 离职补偿成本

离职补偿成本是企业辞退员工或员工自动辞职时，企业所应补偿给员工的费用，包括至离职时间为止应付员工的工资、一次性付给员工的离职金、必要的离职人员安置费等支出。

(2) 离职前低效成本

离职前低效成本是员工即将离开企业而造成的工作或生产低效率损失费用。在员工离职前由于办理各种离职手续或移交本岗位的工作，其工作效率一般都会降低而造成离职前的低效率损失。这种成本不是支出形式的费用，而是其使用价值降低而造成的收益减少。

(3) 空职成本

空职成本是员工离职后职位空缺的损失费用。由于某职位空缺可能会使某项工作或任务的完成受到不良影响，从而会造成企业的损失。这种成本是一种间接成本，主要包括：由于某职位空缺而造成的该职位的业绩的减少以及由于空职影响其他职位的工作而引起企业整体效益降低所造成的相关业绩的减少。这种成本与离职前低效成本相同，是隐性成本。

第二节 人力资源成本的计量

一、人力资源成本的计量模型

人力资源成本项目的内容确认之后，就要选择一定的计量基础和计量方法，将人力资源成本加以数量化。人力资源成本的计量方法有历史成本、重置成本和机会成本三种。

1. 历史成本下的计量模型

历史成本是指为获得某项资源而实际付出的代价，又称“原始成本”。人力资源的历史成本是以取得、开发、使用人力资源时发生的实际支出计量人力资源成本的方法。

它反映了企业对人力资源的原始投资。构成人力资源历史成本的要素可分为三类。

（1）成本的自然类，是指支出的原始项目。如工资薪酬、广告费、代理费等。

（2）特定人事管理职能的成本。如招募、选拔、培训等成本。

（3）包含在人力资源历史成本中的人力资源管理职能的基本成本——取得和开发成本。这种方法符合传统会计的核算原则和核算方法，提供的会计信息具有客观性并易于验证。它是一种人们广为接受并易于理解的人力资源成本的核算方法。

2. 重置成本下的计量模型

重置成本是指重置现在拥有的或使用的某一项资源所必须付出的代价。人力资源的重置成本是指企业为重置目前所拥有或控制的人力资源所必须付出的代价。具体地说，就是在现实的物价条件下企业要重新得到目前所拥有或控制的已达到一定水平的某一员工或部分员工或全体员工所必须发生的所有支出，它反映的是企业为取得和开发目前所拥有或控制的部分或全部人力资源而发生的实际成本的现时价值，其意义在于人力资源成本的价值保全。构成人力资源的重置成本有三项要素：取得成本、开发成本和离职成本。取得成本和开发成本可以用历史成本进行计量，而离职成本，是指任职者离开某企业所产生的成本，包括离职补偿成本、离职前低效成本和空职成本。这种方法具有一定的缺陷，即重置成本的确定带有很大的主观性，脱离了实际成本原则，使人们难以接受。但是，重置成本法提供的信息可以作为企业管理者在现时做出人力资源取得决策和开发决策时的参考。

3. 机会成本下的计量模型

人力资源的机会成本是指企业员工脱产学习期间不能为企业进行生产经营活动所带来的经济损失和遣散人员在离职前因工作业绩下降和离职后该职位空缺而给企业造成的经济损失等。机会成本法是以企业员工脱产学习或离职时使企业遭受的经济损失为依据进行人力资源成本计量的一种方法。机会成本不是实际的支出，而是企业可能要为所作出的人力资源决策承担的牺牲。如果将机会成本作为企业人力资源损益而计入当期损益，显然也是不恰当的，也会造成会计信息的失真。机会成本法提供的信息也可以作为企业管理者做出人力资源管理决策时的参考。

二、人力资源成本的具体计量

1. 人力资源历史成本的计量

人力资源的历史成本包括人力资源的取得成本、开发成本和使用成本。它通常应分为企业员工的招募、选拔、录用、安置等取得成本，员工岗前教育、岗位培训、脱产培训等开发成本以及人力资源的维持、奖励、调剂等使用成本。这些成本的一部分是直接成本，另外一部分属于间接成本。例如，在对企业的新招员工进行培训时，付给接受培训者的工资是直接成本，而负责该项培训工作的管理人员的时间耗费则是一种间接成本。

（1）人力资源取得成本的计量

人力资源的获得并不是无偿的，任何企事业单位都需要按照一定的程序，付出一定的代价，才能得到所需要的人力资源，这些费用构成了人力资源取得成本。人力资源取得成本主要包括招募成本、选拔成本、录用成本和安置成本。

①招募成本。招募成本由企事业单位用于招募人力资源的直接劳务费、直接业务费、间接管理费用、预付费用构成。直接劳务费由在企事业单位内部和外部两方面进行人员招募时发生的招募人员的工资和福利费用构成。直接业务费由在企事业单位内部和外部两方面进行人员招聘业务时发生的直接费用构成，包括招聘洽谈会议费、差旅费、代理费、广告费、宣传材料费、办公费、水电费等。间接管理费用由行政管理费和临时场地设施使用费等构成。预付费用由吸引未来可能成为企事业成员人选的费用构成。招募成本的计量采用历史成本法，其计算公式如下：

招募成本 = 直接劳务费 + 直接业务费 + 间接管理费用 + 预付费用

②选拔成本。选拔成本由对应聘人员进行鉴别选拔，以作出决定录用或不录用这些人员时所支付的费用构成。一般情况下，主要包括以下几个方面：

初步口头面谈，进行人员初选；

填写申请表，并汇总候选人员资料；

进行各种书面或口语测试，评定成绩；

进行各种调查和比较分析，提出评论意见；

根据候选人员资料、考核成绩、调查分析评论意见，召开负责人会议讨论决定录用方案；

最后口头面谈，与候选人讨论录取后职位、待遇等条件；

获取有关证明材料，通知候选人体检；

体检，在体检后通知候选人录取与否。

以上进行每一步骤所发生的选拔费用不同，其成本的计算方法也不同，如：

选拔者面谈的时间费用 =（每人面谈前的准备时间 + 每人面谈所需时间）× 选拔者工资率 × 候选人数

汇总申请资料费用 =（印发每份申请表资料费 + 每人资料汇总费用）× 候选人数

考试费用 =（平均每人材料费 + 平均每人的评分成本）× 参加考试人数 × 考试次数

测试评审费用 = 测试所需时间 ×（人事部门人员的工资率 + 各部门代表的工资率）× 次数

（本单位）体检费 = [（体检所需时间 × 检查者工资率）+ 检查所需器材药剂费] × 检查人数

③录用成本。录用成本是指经过招募、选拔后，把合适的人员录用到某一企事业单位中所发生的费用。录用成本包括录取手续费、调动补偿费、搬迁费和旅途补助费等由录用引起的其他有关费用。这些费用一般都是直接费用。一般情况下，被录用者职务越高，录用成本也就越高。若是从企业内部录用员工，这仅仅是工作调动，一般不会再发生录用成本。录用成本以实际发生额计量。其计算公式如下：

录用成本 = 录取手续费 + 调动补偿费 + 搬迁费 + 旅途补助费等

④安置成本。安置成本是指为安置已录取员工到具体的工作岗位上时所发生的费用。安置成本包括为安排新员工的工作所必须发生的各种行政管理费用，为新员工提

供工作所需要的装备条件而发生的费用以及录用部门因安置人员所损失的时间成本，这些费用一般是间接费用。被录用者职务的高低对安置成本的高低有一定的影响，一般情况下，被录用者职务越高，安置成本也就越高。其计算公式如下：

安置成本 = 各种安置行政管理费用 + 必要装备费 + 安置人员时间损失成本

（2）人力资源开发成本的计量

为了提高工作效率，企事业单位还需要对已获得的人力资源进行培训，以使他们达到预期的、合乎具体工作岗位要求的业务水平。这种为提高员工的技能而发生的费用称为人力资源的开发成本。在人力资源开发过程中，所发生的费用也有所不同，主要包括以下三部分：

①岗前培训成本。岗前培训成本由教育和受教育者的工资、教育和受教育者离岗的人工损失费用、教育管理费、资料费用和教育设备折旧费用等组成。其计算公式如下：

岗前培训成本 = [（负责指导工作者平均工资率 × 培训引起的生产率降低率 + 新员工的工资率 × 员工人数）] × 受训天数 + 教育管理费 + 资料费用 + 教育设备折旧费用

②岗位培训成本。岗位培训成本由上岗培训成本和岗位再培训成本组成。上岗培训主要通过以老带新的形式完成。

上岗培训成本和岗位再培训成本中的直接成本，是由在培训期发生的培训人员和受训人员相关的工资费用构成。其计算公式如下：

上岗培训直接工资成本 =（指导工作者平均工资率 × 培训引起的生产率降低率 + 新员工的平均工资率 × 被指导次数）× 指导所需时间

用上述公式计算出上岗培训直接工资成本的单位成本，即人均数，再乘以每批被培训人数，则为该批被培训员工上岗培训的直接工资总成本。

上岗培训的间接成本，是指由于开展岗位培训活动而间接使有关部门或人员的工作效率下降，而使企业受到的损失，实际上也是企业对人力资源的投资，包括培训人员离岗损失费用、被培训人员工作不熟练对企业生产造成的损失、培训材料费用、各种管理费用等。其计算公式如下：

上岗培训间接成本 = 培训人员离岗损失费用 + 被培训人员不熟练损失 + 培训材料费 + 各种管理费用

岗位再培训成本计算与上岗培训成本计算类似，只是再培训成本比上岗培训成本损失费用要小些，时间可能短些。其计算公式如下：

岗位再培训间接成本 = 岗位再培训人工费用 + 材料费用 + 管理费用 + 各种培训损失费用

③脱产培训成本。脱产培训成本主要分为委托外单位培训成本和企业自行组织培训成本两种。其计算公式分别如下：

委托外单位培训成本 = 培训机构收取的培训费 + 被培训人员工资及福利费 + 差旅费 + 资料费 + 被培训人员的离岗损失费用

企业自行组织培训成本 = 培训所需聘任教师或专家工资及福利费用 + 被培训人员

工资及福利费＋培训资料费＋专设培训机构的各种管理费用＋被培训人员的离岗损失费用

（3）人力资源使用成本的计量

人力资源使用成本包括维持成本、奖励成本和调剂成本等。

①维持成本。维持成本包括员工计时或计件工资、劳动报酬性津贴（如职务津贴、生活补贴、保健津贴、法定的加班加点津贴等）、各种福利费用（如住房补贴、幼托费用、生活设施支出、补助性支出、家属接待费用等）、年终劳动分红等。其计算公式如下：

维持成本＝员工计时或计件工资＋劳动报酬性津贴＋各种福利费＋年终劳动分红等

②奖励成本。奖励成本包括各种超产奖励、革新奖励、建议奖励和其他表彰支出等。其计算公式如下：

奖励成本＝各种超产奖励＋革新奖励＋建议奖励＋其他表彰支出

③调剂成本。调剂成本包括员工疗养费用、员工娱乐及文体活动费用、员工业余社团开支、员工定期休假费用、节假日开支费用、改善企业工作环境的费用等。其计算公式如下：

调剂成本＝∑员工人数×调剂成本率

2. 人力资源保障成本的计量

人力资源保障成本是指保障人力资源在暂时或长期丧失使用价值时的生存权而必须支付的费用。人力资源保障成本包括劳动事故保障、健康保障、退休养老保障、失业保障等费用。这些费用往往以企业基金、社会保险式集体保险的方式出现。这种成本既不能提高人力资源的价值，又不能保持其使用价值，其作用只是保障人力资源丧失使用价值时的生存权。这种成本是人力资源发挥其使用价值时，社会、企业对员工的一种人道主义的保护。

（1）劳动事故保障成本

劳动事故保障成本包括企业承担的工伤员工的工资、医药费、残废补贴、丧葬费、遗属补贴、缺勤损失、最终补贴费等。其计算公式如下：

劳动事故保障成本＝∑员工劳动事故人员工资等级×事故补贴率

（2）健康保障成本

健康保障成本包括医药费、缺勤工资、产假工资及补贴、丧葬费等。其计算公式如下：

健康保障成本＝∑员工病假人员工资等级×病假补贴率

（3）退休养老保障成本

退休养老保障成本包括养老金、养老医疗保险金、死亡丧葬补贴、遗属补偿金等。其计算公式如下：

退休养老保障成本＝∑退休养老人员工资等级×养老补贴率

（4）失业保障成本

失业保障成本包括一定时期的失业救济金。其主要是为了保障员工在重新就业前的生活基本需求。其计算公式如下：

失业保障成本 = $\sum$失业人员工资等级 × 失业救济率

3. 人力资源离职成本的计量

（1）人力资源的重置成本

人力资源的重置成本是指由于置换目前正在使用的人员所必须付出的代价。重置成本一般包括由于现有人员的离职而发生的成本以及获得并开发替代者所发生的成本两部分。人力资源重置成本是一个具有双重意义的概念，即职位的重置成本和个人的重置成本。前者指的是用一位能够在某既定职位提供同等服务的人来代替目前正在该职位工作的人所必须付出的代价，其重置成本相对较低；后者是指用一位能够提供完全同等的服务的人来代替正在雇佣的人所付出的代价，其重置成本相对较高。人力资源重置成本主要根据当前的市场状况进行具体估算。人力资源重置成本核算着重于职位重置成本的核算。

人力资源重置成本包括取得成本、开发成本、离职成本（或遣散成本）。由于人力资源重置成本主要讨论人力资源离职成本，而重置成本中的取得成本、开发成本与重置成本外的取得成本、开发成本内容重复，可以看做重新取得和开发一批人力资源的成本。因此着重讨论人力资源的离职成本。

（2）人力资源的离职成本

人力资源的离职成本是指由于员工离开企业而产生的成本，包括离职补偿成本、离职前低效成本、空职成本等。

①支付给离职者的工资和离职补偿金。离职补偿费用的多少一般没有固定数额，可多可少，甚至没有，主要根据企业和离职者的具体情况而定。但是，我国《劳动法》规定，当出现以下三种情况，由于解除劳动合同而使员工离职时，应该依照规定给予劳动者经济补偿。

第一，经劳动合同当事双方协商一致解除劳动合同的。

第二，劳动者患病或非因公负伤，医疗期满后，不能从事原工作，也不能从事由用人单位另行安排的工作的；劳动者不能胜任工作，经过培训或调整工作岗位，仍不能胜任工作的；劳动合同签订时所依据的客观情况发生重大变化，致使原劳动合同无法履行，经当事人协调后不能就变更劳动合同达成协议而解除劳动合同的。

第三，用人单位濒临破产进行法定整顿期间或生产经营状况发生严重困难而依法裁减人员的。

在上述三种情况下，支付给离职者的工资和离职补偿金应根据我国《劳动法》及有关的具体规定，按照离职者离职前的工资标准及离职后所应得的保障进行计算。

②离职管理费用。离职管理费用是企业管理人员因处理离职人员有关事项而发生的管理费用。员工在离职过程中，企业管理人员与离职员工要进行谈话协商；要进行必要的调查，如为确定离职员工的加权平均工资率而进行的调查；协商同意其离职后，还要为其办理离职手续等。进行这些管理活动需要支付一些管理费用，这些费用的计量主要通过以下计算公式来进行：

面谈时间成本费 = （与每人面谈前的准备时间 + 与每人面谈所需时间） × 面谈者

工资率×企业离职人数

离职员工的时间费用=每人面谈所需时间×离职员工的加权平均工资率×企业离职人数

与离职有关的管理活动费用=各部门对每位离职者的管理活动所需时间×有关部门员工的平均工资率×离职人数

上述这些管理费用均属于人力资源离职的直接成本，需要直接计入人力资源离职成本。

③离职前的效率损失。离职前的效率损失也称遣散前业绩差别成本，是指员工在离开单位前，由于员工情绪变化而使原有的生产效率受到损失而造成的成本。一般情况下，职员离职前的工作效率与其正常期间的工作效率相比较，有下降的趋势，这部分损失可通过下面的计算公式进行计量：

差别成本（效率损失）=正常情况平均业绩-离职前期间内平均业绩

④空职成本。空职成本是指企业在招聘到离职者的替代人之前，由于某一职位空缺，可能会使某项工作或任务的完成受到不良影响，由此而引起的一种间接成本，主要包括：由于某职位空缺而造成的该职位的业绩的减少以及由空职涉及其他工作而引起相关方面的业绩的减少。因此，空职成本往往大于离职造成的直接成本损失。

第三节　人力资源成本的核算

一、人力资源成本核算的作用

传统会计将所有与人力资源相关的支出都当做“期间成本”来处理，都直接列入“期间费用”（如管理费用、销售费用等）或“生产成本”账户。但由于这些支出并不是完全为当期服务，传统处理方法不符合会计中的配比原则，使企业会计报表中相关的资产、收益数据失真。因此，需要对人力资源成本进行核算。其具体作用主要有以下几点：

1. 为企业管理者提供人力资源决策所需信息

企业管理者常会碰到如下问题：企业是从外界招聘还是在内部培训专业人才，二者成本孰低？经济萧条时期，企业是否应采取裁员政策？裁减员工可立即削减人工成本，提高当期收益，但此后企业将为重新雇佣、培训新员工花费巨资；高层管理者和技术人员的成本远高于普通员工，但其人力资源价值也远高于普通员工，企业若裁员应裁何类员工？不裁员可增强企业凝聚力，提高员工对企业的亲和力，但是否能与已裁员的同业竞争并顺利度过不景气时期？显然，只有人力资源成本核算才能为企业管理者提供决策的相关信息。

2. 向外部投资者、债权人提供决策信息

随着我国经济发展战略的转变和产业结构的调整，第三产业蓬勃兴起，从业人数增长较快。作为人才密集型、知识密集型的服务业，其主要特征便是以人力资源为重点，具有技术装备低、用人多、产品成本中人工成本所占比重大的特点。传统会计不将人力资源列为会计资产，报表的外部使用者也就不清楚企业的人力资源状况，人力资源成本的信息更是无从得知。在资产负债表中，人力资源相关的资产、负债和权益都没有反映；损益表中由于人力资源投资被当期全部费用化，而未按预期使用年限分期摊销，低估了当期收益。因此，人力资源的变化情况在会计报表中未能被反映，使得会计报表传递的信息被歪曲。要解决这些问题，企业的外部投资者、债权人也只能寄厚望于企业的人力资源成本核算。

3. 有利于企业内部各部门有效使用人力资源，调动员工积极性

传统的会计计量模式中，仅对人力资源投入作当期费用化处理而未涉及人力资源的收入。各部门人力资源的利用效率、投入产出比、是否存在闲置人员等问题都难以用会计方法体现出来。这样处理不利于企业有效利用人力资源，也歪曲了企业的当期收益。当今社会中，企业若想在激烈的竞争中取得成功，必须充分重视人力资源的开发、引进和培训。为了使员工能清楚地衡量自身在企业中的价值，激励员工充分发挥生产积极性，就必须借助富有说服力的数字资料予以说明，通过人力资源会计提供的各种信息资料，提高人力资源的使用效率。我国企业提倡员工发扬“主人翁意识”，为企业的发展献计献策，与此同时，企业也应为员工在工薪、福利、生产条件、岗位培训、职位晋升等方面提供具有竞争力的待遇。这样不但可以调动员工的积极性，而且能吸引外部的优秀人才。这也在客观上呼吁人力资源成本核算的实际操作、运用能早日实现。

由上可见，我国的经济发展迫切需要建立和发展人力资源成本核算，为各利害关系人提供充分、准确的信息以便决策。

二、人力资源成本核算账户的设置

人力资源成本会计是将传统会计中作为当期费用处理的与人力资源有关的支出单独进行核算，并将其中的资本性支出进行资产化处理。而有关的人力资源成本的数据都是以原始记录为依据，都可以根据发生的结果直接获得，因此将人力资源成本纳入传统会计账内进行核算是简便可行的。

人力资源成本会计的核算分为账户设置、账务处理与财务报告三部分。人力资源成本会计应在传统会计账户设置的基础上，增设人力资源取得成本、人力资源开发成本、人力资源使用成本、待摊人力资源费用、人力资源取得成本摊销、人力资源开发成本摊销和人力资源损益账户进行人力资源成本核算。

1. 人力资源取得成本账户

人力资源取得成本账户核算企业属于资本性支出的人力资源取得成本的增加、减少及其余额。账户的借方登记企业为获取人力资源所发生的属于资本性支出的人力资源取得成本的增加额，贷方登记员工退出企业时所冲减的与该员工有关的属于资本性支出的人力资源取得成本的数额。期末账户借方余额是企业为获取目前所拥有或控制的人力资源所发生的属于资本性支出的取得成本总额。该账户按人员设置明细账进行明细核算。

2. 人力资源开发成本账户

人力资源开发成本账户核算企业属于资本性支出的人力资源开发成本的增加、减少及其余额。账户的借方登记企业所发生的属于资本性支出的人力资源开发成本的增加额，贷方登记员工退出企业时所冲减的与该员工有关的属于资本性支出的人力资源开发成本的数额。期末账户借方余额是企业为获取目前所拥有或控制的人力资源所发生的属于资本性支出的开发成本的总额。该账户按人员设置明细账进行明细核算。

3. 人力资源使用成本账户

人力资源使用成本账户核算企业人力资源使用成本的增加、减少及其余额。账户的借方登记企业的人力资源使用成本的增加额，贷方登记作为费用计入当期损益而转出的人力资源使用成本。期末结转后该账户无余额。该账户按人员或部门类别设置明细账进行明细核算。

4. 人力资源离职成本账户

人力资源离职成本账户核算企业在人力资源的离职方面投资支出总额的增加、减少及其余额。该账户借方登记企业人力资源离职时所发生人力资源投资的增加额；贷方登记作为费用计入当期损益而转出的人力资源离职成本；期末结转后该账户无余额。该账户按人员或部门类别设置明细账进行明细核算。

5. 待摊人力资源费用账户

待摊人力资源费用账户核算企业属于收益性支出的人力资源取得成本和开发成本的增加、减少及其余额。借方登记属于收益性支出的人力资源取得成本和开发成本的增加额，贷方登记属于收益性支出的人力资源取得成本和开发成本应由当期分摊而计入当期费用的数额以及冲减离开企业的人员的部分成本尚未转销完的数额。期末借方余额为目前属于收益性支出的人力资源取得成本和开发成本尚未摊销的数额。该账户按人员设置明细账进行明细核算。

6. 人力资源开发成本摊销账户

人力资源开发成本摊销账户核算属于资本性支出的人力资源开发成本的累计摊销额。账户贷方登记企业当期应分摊计人费用的属于资本性支出的人力资源开发成本的数额；借方登记员工退出企业时与该员工有关的属于资本性支出的人力资源开发成本的累计摊销额。期末账户贷方余额为与企业目前所拥有或控制的员工有关的属于资本性支出的人力资源开发成本的累计摊销额。该账户应该按“人力资源开发成本”明细账户的人员来设置明细账进行明细核算。

7. 人力资源损益账户

人力资源损益账户核算因企业员工变动而产生的损益。账户借方登记员工退出企业时与该员工有关的人力资源取得成本和开发成本尚未摊销的数额、企业辞退员工时所发放的遣散费；贷方登记员工退出企业时向企业交纳的赔偿金（例如，该员工在合同期内违约离开企业，按合同约定应向企业交纳的赔偿金）。期末时，如果借方发生额大于贷方发生额，则将其差额从该账户的贷方转入“本年利润”账户借方，冲减本年利润；如果借方发生额小于贷方发生额，则将其差额从该账户的借方转入“本年利润”账户的贷方，增加本年利润；期末结转后“人力资源损益”账户无余额。

三、人力资源取得成本和开发成本的摊销期限和每期摊销金额的确定

人力资源取得成本和开发成本的摊销期限和每期摊销金额的确定是一个必须解决的问题。属于收益性支出的人力资源取得成本和开发成本，因为受益期在一年或超过一年的一个营业周期内，金额也相对较小，因此摊销期限和每期摊销金额的确定相对比较简单，在此不进行讨论。以下主要讨论属于资本性支出的人力资源取得成本和开发成本的摊销期限和每期摊销金额的确定问题：

1. 人力资源取得成本摊销期限和每期摊销金额的确定

如果员工和企业之间签订的合同中规定有服务期限的，人力资源取得成本的摊销期限可以确定为合同所规定的服务年限；如果合同中没有规定服务期限的，摊销期限可以根据同类人员在企业的平均服务年限来确定。每期摊销金额，可以采取在摊销期内平均摊销的方法来确定。例如，企业与那些毕业后愿意前来企业工作的在校大学生签订用人合同后，为其支付培训费用、发放奖学金等。而合同则规定大学生毕业后必须为企业提供若干年的服务，那么，企业所支付的这些支出及其他相关的取得成本，都应在有关学生进入企业开始工作时起在合同期内分期平均摊销。

当员工离开企业时，结转该员工的人力资源取得成本和人力资源取得成本的累计摊销额，将两者的差额计入人力资源损益。

企业员工的人力资源取得成本的累计摊销额以与该员工有关的人力资源的实际取得成本为限额，在累计摊销额与实际取得成本相等时，不再对该员工的人力资源取得成本继续进行摊销。

2. 人力资源开发成本的摊销期限和每期摊销金额的确定

与新员工有关的人力资源开发成本的摊销期限的确定，应结合对有关人员进行培训使其掌握的知识、技能的有效应用期限和有关人员可能为企业提供服务的年限来共同决定。当员工所掌握的知识、技能的有效应用期限大于或等于其可能为企业提供服务的年限时，摊销期限按后者来确定；当其所掌握的知识、技能的有效应用期限小于其可能为企业提供的服务年限时，摊销期限按前者来确定。摊销方法一般可采用平均年限法。但对于企业中那些知识、技能更新快的部门的人员，开发成本的摊销也可以采用与固定资产的加速折旧法类似的加速摊销法。

当员工以前参加培训所掌握的某些知识、技能已经过时，即不能再有效地应用时，若相关的人力资源开发成本尚未摊销完，则可以不再继续摊销下去，而将有关的人力资源开发成本及人力资源开发成本的累计摊销额分别从相关账户中转出，其差额计入人力资源损益。

员工进入企业以后，企业在适当的时候还会对员工进行培训，还将继续发生新的人力资源开发成本。对于这部分新的人力资源开发成本的摊销期限可结合新的培训使员工所掌握的知识、技能的有效应用期限与预期该员工能为企业继续提供服务的年限来共同确定，每期摊销金额也可采用平均年限法或加速摊销法，即在这种情况下，对新发生的人力资源开发成本的摊销期限和每期摊销金额的确定与前述的新员工的情形类似。如果与企业员工有关的新的人力资源开发成本发生之时，与该员工有关的以前

发生的人力资源开发成本尚未摊销完，则以前所发生的人力资源开发成本尚未摊销完的部分继续按以前所确定的期限和每期摊销金额在剩余的摊销期内进行摊销，即在以后的一定时期内，所摊销的人力资源开发成本由两部分组成，一部分是以前的培训所产生的人力资源开发成本的摊销额，一部分是新发生的人力资源开发成本的摊销额。

企业员工离开企业时，应结转与该员工有关的人力资源开发成本和人力资源开发成本的累计摊销额，两者的差额计入人力资源损益。

企业员工的人力资源开发成本的累计摊销额以与该员工有关的人力资源的实际开发成本为限额，在累计摊销额与实际开发成本相等时，不再对该员工的人力资源开发成本继续进行摊销。

四、人力资源成本会计的账务处理

人力资源成本会计的账务处理如下：

（1）企业在招聘、培训员工时发生属于收益性支出的人力资源取得成本和开发成本，应编制如下会计分录：

借：待摊人力资源费用

　贷：银行存款或现金

　　存货（原材料、其他材料等）

　　管理费用

　　应付工资等

（2）企业招聘员工时发生属于资本性支出的人力资源取得成本，应编制如下会计分录：

借：人力资源取得成本

　贷：银行存款或现金

　　存货（原材料、其他材料等）

　　管理费用

　　应付工资等

（3）企业为使所招聘的员工获得在确定的岗位上任职时所必需的技能或知识，为提高企业人力资源素质而发生资本性支出，应编制如下会计分录：

借：人力资源开发成本

　贷：银行存款或现金

　　存货（原材料、其他材料等）

　　管理费用

　　应付工资等

（4）每月计发工资、福利费等支出时（与招聘和培训员工有关的，应分别计入“待摊人力资源费用”账户、“人力资源取得成本”账户、“人力资源开发成本”账户），应编制如下会计分录：

借：人力资源使用成本

　贷：应付工资

应付福利费等

（5）期末结转人力资源使用成本时，将其分别计入有关的成本费用，应编制如下会计分录：

借：基本生产
辅助生产
制造费用
管理费用等
贷：人力资源使用成本

（6）期末摊销应分摊计入当期成本费用的属于收益性支出的人力资源取得成本和开发成本时，应编制如下会计分录：

借：基本生产
辅助生产
制造费用
管理费用等
贷：待摊人力资源费用

期末摊销应分摊计入当期成本费用的属于资本性支出的人力资源取得成本和开发成本时，应编制如下会计分录：

借：基本生产
辅助生产
制造费用
管理费用等
贷：人力资源取得成本摊销
人力资源开发成本摊销

（7）企业的员工退出企业时，应编制如下会计分录：

借：人力资源损益
贷：待摊人力资源费用（与该员工有关的属于收益性支出的人力资源取得成本和开发成本尚未摊销的数额）

借：人力资源取得成本摊销（与该员工有关的属于资本性支出的人力资源取得成本的累计摊销额）
人力资源开发成本摊销（与该员工有关的属于资本性支出的人力资源开发成本的累计摊销额）
人力资源损益（与该员工有关的属于资本性支出的人力资源取得成本和开发成本尚未摊销的数额）
贷：人力资源取得成本（与该员工有关的属于资本性支出的人力资源取得成本）
人力资源开发成本（与该员工有关的属于资本性支出的人力资源开发成本）

（8）企业向辞退的员工支付遣散金时，应编制如下会计分录：

借：人力资源损益
贷：银行存款或现金

(9) 企业员工退出企业、企业收到该人力资源支付的赔偿金时，应编制如下会计分录：

借：银行存款或现金

　贷：人力资源损益

(10) 期末，结转人力资源损益时，如果借方发生额大于贷方发生额，应编制如下会计分录：

借：本年利润

　贷：人力资源损益

如果借方发生额小于贷方发生额，应编制如下会计分录：

借：人力资源损益

　贷：本年利润

本章小结

本章主要阐述了人力资源成本的内容和人力资源成本会计核算方法。

人力资源成本是指为取得或重置人员而付出的代价。这些代价包括企业已支付的实际成本和企业应承担的损失成本。人力资源的总成本包括人力资源直接成本和人力资源间接成本两类。按照人力资源在企业生产经营全过程划分，人力资源成本项目包括取得成本、开发成本、使用成本、保障成本和离职成本。人力资源成本的计量是指用一定的计量基础和方法，将人力资源成本数量化。其方法有历史成本计量法、重置成本计量法和机会成本计量法三种。

人力资源成本核算在当代人力资源管理中具有重要意义。人力资源成本会计是将传统会计中作为当期费用处理的与人力资源有关的支出单独进行核算，并将其中的资本性支出进行资产化处理。人力资源成本会计的核算分为账户设置、账务处理与财务报告三部分。人力资源成本会计在传统会计账户设置的基础上，增设人力资源取得成本、人力资源开发成本、人力资源使用成本、待摊人力资源费用、人力资源取得成本摊销、人力资源开发成本摊销和人力资源损益账户进行人力资源成本核算。

思考题

1. 人力资源成本的特点主要体现在哪些方面？人力资源成本主要有哪些构成项目？叙述每个构成项目的具体内涵。

2. 发生与人力资源成本有关的经济业务时，如何进行人力资源成本会计核算的账务处理？

3. 人力资源历史成本计量模型是如何对与人力资源成本有关的业务进行账务处理的？它存在哪些不足？

案例分析

EEC 电子公司的裁员争议

EEC 电子公司成立于1975 年，主要生产新型家庭电子娱乐产品，如音响设备。

哈瑞斯先生是 EEC 公司董事长。由于公司产品受到美国客户欢迎，其市场份额不断增加。从1975 年成立到1980 年，公司快速成长。1975 年公司销售额为60 万美元，到1980 年已经超过了2.4 亿美元，员工数量增加到大约1000 人，包括100 名经理人员，而且工人大都技术熟练。哈瑞斯先生认为公司已经形成了高度有效的团体，他说："我们在头几年是非常成功的，不仅利润大幅增长，而且具有一级水平的管理层和劳动力，我们的员工是最有价值的资产。"

1981 年，公司的销售额开始下降，全年销售额预计为2.2 亿美元，另外，公司的成本不断增加。3 月，哈瑞斯先生对利润下降表示了关切，他说："如果利润继续下降，我们应该进行公司内部改革，应削减一些固定成本如工资，可以解雇一些员工，从而使剩余的员工工作效率提高。"

5 月，公司的经营情况还没有得到改善，哈瑞斯先生请公司的总经理分别对3 个星期、6 个星期、9 个星期之内解雇10% 的员工节省的工资费用作出估计。总经理的估计结果见表1。根据估计，公司在第12 周到第14 周销售额将增加，届时，大部分员工将被重新雇佣。

表1　　解雇10% 员工节省的工资费用估计　　单位：美元

解雇时间（星期）	3	6	9	12
节省的工资费用	90 000	180 000	270 000	360 000

在作出决定之前，1981 年5 月12 日，哈瑞斯先生召开高层管理会议，财务总监同意总经理的估计，认为解雇员工9 个星期将提高公司本年的利润。他说："解雇10% 的员工9 个星期可以节约工资费用27 万美元，这可以使今年的净收益更合理。"然而，人事部门经理巴克先生不同意解雇员工，他认为："解雇员工从长远来说，对公司的损失将大于公司的收益。我们已经建立了一个良好的组织结构，解雇员工会伤害员工士气。另外，在8 月底公司会需要这些员工，到那时这些员工已经找到了其他工作，如果我们再招聘新人，需要重新培训，成本很高。"

总经理认为："巴克先生说得有道理，但巴克先生的观点还不能得到证实。公司解雇10% 的员工9 个星期可以节约工资费用27 万美元，但是重新聘用员工的成本我们不清楚。我想在作最后决定时，必须考虑无形成本的因素。"

讨论题

1. 根据案例提供的信息，你同意 EEC 公司解雇员工3 个星期、6 个星期、9 个星期或12 个星期吗？为什么？

2. 对于 EEC 公司总经理说的解雇员工的"无形成本"的计量需要哪些信息？

参考文献

1. 贝克尔. 人力资本［M］. 梁小民，译. 北京：北京大学出版社，1987.

2. 舒尔茨. 论人力资本投资［M］. 2 版. 吴珠华，等，译. 北京：北京经济出版社，1992.

3. 贝克尔. 人类行为的经济分析［M］. 王业宇，译. 上海：上海人民出版社，1995.

4. 孙健敏. 人力资源管理［M］. 北京：高等教育出版社，2004.

5. ［美］Gary Dessler. Human resource management［M］. 北京：清华大学出版社，2001.

6. 董克用. 人力资源管理概论［M］. 北京：中国人民大学出版社，2007.

7. 余文华，杨定友. 人力资源概念辨析［J］. 重庆工学院学报，2003（2）：40－42.

8. 中国人力资源管理大奖赛组委会. 中国人力资源管理发展趋势［J］. 人力资源，2008（17）：34－35.

9. 王阳，刘璐宁. 我国人力资源管理的发展历程与实践成果［J］. 人才资源开发，2008（5）：34－35.

10. 胡玉玲. 论人力资源管理对企业发展的重要意义［J］. 现代商贸工业，2008（4）：100－101.

11. 中华企训网：http：//www. chinaqx. net.

12. 俞文钊. 人力资源管理心理学［M］. 上海：上海教育出版社，2004.

13. 王亚南. 资产阶级古典政治经济学选辑［M］. 北京：商务印书馆，1979.

14. 陈先达，杨耕. 马克思主义哲学原理［M］. 北京：中国人民大学出版社，1999.

15. 刘清华. 欧洲哲学史教程［M］. 北京：首都师范大学出版社，1993.

16. 葛正鹏. 人力资源管理［M］. 北京：科学出版社，2006.

17. 张一驰. 人力资源管理［M］. 北京：北京大学出版社，1999.

18. 何娟. 人力资源管理［M］. 天津：天津大学出版社，2000.

19. 刘正周. 管理激励［M］. 上海：上海财经大学出版社，1999.

20. 卡西尔. 人论［M］. 甘阳，译. 上海：上海译文出版社，1985.

21. Machlup，Fritz. The Economics of Information and Human Capital，1984.

22. 薄伽丘. 十日谈［M］. 上海：上海译文出版社，1981.

23. 马克思，恩格斯. 马克思恩格斯选集 [M]. 1卷. 北京：人民出版社，1995.

24. 王勇，曹彦平. 人力资源管理概论 [M]. 武汉：武汉理工大学出版社，2006.

25. 张德. 人力资源管理 [M]. 北京：中国发展出版社，2003.

26. 杨蓉. 人力资源管理 [M]. 大连：东北财经大学出版社，2002.

27. 王磊. 人力资源管理 [M]. 北京：北京大学出版社，2001.

28. 吴国存，李建新. 人力资源开发与管理概论 [M]. 天津：南开大学出版社，2001.

29. 朱舟. 人力资源管理教程 [M]. 上海：上海财经大学出版社，2002.

30. 郑晓明. 人力资源管理导论 [M]. 北京：机械工业出版社，2002.

31. 李燕萍. 人力资源管理 [M]. 武汉：武汉大学出版社，2002.

32. 于秀芝. 人力资源管理 [M]. 北京：经济管理出版社，2002.

33. 安鸿章. 工作岗位研究原理与应用 [M]. 北京：中国劳动和社会保障出版社，2005.

34. 邓瑾轩. 人力资源管理 [M]. 重庆：重庆大学出版社，2002.

35. 中国人力资源开发网：http：//www. chinard. net.

36. 林忠. 人力资源招聘与选拔 [M]. 沈阳：辽宁教育出版社，2006.

37. 江卫东. 人力资源管理论与方法 [M]. 北京：经济管理出版社，2002.

38. 孙卫敏. 招聘与选拔 [M]. 济南：山东人民出版社，2004.

39. 曲国振. 大学生就业指导与职业生涯规划 [M]. 北京：清华大学出版社，2008.

40. 杰弗里 · H. 格林豪斯，等. 职业生涯管理 [M]. 3版. 王伟，译. 北京：清华大学出版社，2006.

41. 童天. 职业生涯发展与规划 [M]. 北京：知识出版社，2006.

42. 曹正杰. 职业生涯设计与管理 [M]. 北京：人民邮电出版社，2006.

43. 杜映梅，等. 职业生涯规划 [M]. 北京：对外经济贸易大学出版社，2004.

44. 周文霞. 职业生涯管理 [M]. 上海：复旦大学出版社，2004.

45. 姚裕群. 职业生涯规划与发展 [M]. 北京：首都经济与贸易大学出版社，2007.

46. [美] 雷蒙德 · A. 诺伊，约翰 · 霍伦拜克，拜雷 · 格哈特，等. 人力资源管理：赢得竞争优势 [M]. 3版. 刘昕，译. 北京：中国人民大学出版社，2001.

47. [美] R. 韦恩 · 蒙迪，罗伯特 · M. 诺埃. 人力资源管理 [M]. 6版. 葛新权，等，译. 北京：经济科学出版社，1998.

48. [美] 劳伦斯 · S. 克雷曼. 人力资源管理：获取竞争优势的工具 [M]. 孙非，等，译. 北京：机械工业出版社，2002.

49. [美] 劳埃德 · 拜厄斯，莱斯利 · 鲁. 人力资源管理 [M]. 6版. 李业昆，等，译. 北京：华夏出版社，2002.

50. [美] 加里 · 德斯勒. 人力资源管理 [M]. 6版. 刘昕，吴雯芳，等，译. 北京：中国人民大学出版社，1999.

51. 赵曙明，[美] 罗伯特·马希斯，约翰·杰克逊. 人力资源管理 [M]. 9 版. 北京：电子工业出版社，2003.

52. 余凯成，程文文，陈维政. 人力资源管理 [M]. 大连：大连理工大学出版社，1999.

53. 陈维政，等. 人力资源管理 [M]. 北京：高等教育出版社，2004.

54. 张德. 人力资源开发与管理 [M]. 2 版. 北京：清华大学出版社，2001.

55. 国家职业资格培训教程：企业人力资源管理师编写委员会. 企业人力资源管理师（三级）[M]. 2 版. 北京：中国劳动和社会保障出版社，2007.

56. 李燕萍. 人力资源管理 [M]. 武汉：武汉大学出版社，2002.

57. 白嘉. 企业人力资源主管 [M]. 北京：经济管理出版社，1999.

58. 李建新. 企业薪酬管理概论 [M]. 北京：中国人民大学出版社，2005.

59. 刘昕. 薪酬管理 [M]. 2 版. 北京：中国人民大学出版社，2007.

60. 李严锋. 薪酬管理 [M]. 大连：东北财经大学出版社，2005.

61. 王长成. 薪酬管理 [M]. 深圳：海天出版社，2005.

62. 刘军胜. 薪酬管理实务手册 [M]. 北京：机械工业出版社，2002.

63. 劳动和社会保障部中国就业培训技术指导中心. 企业人力资源管理人员（上，下册）[M]. 北京：中国劳动和社会保障出版社，2002.

64. 常凯. 劳动关系学 [M]. 北京：中国劳动社会保障出版社，2005.

65. 李剑锋. 劳动关系管理 [M]. 北京：对外经济贸易大学出版社，2003.

66. 李环. 和谐社会与中国劳动关系 [M]. 北京：中国政法大学出版社，2007.

67. 程延园. 劳动关系 [M]. 北京：中国人民大学出版社，2007.

68. 左祥琦. 用人单位劳动合同法操作实务 [M]. 北京：法律出版社，2008.

69. 左祥琦. 学好用好劳动合同法 [M]. 北京：北京大学出版社，2007.

70. 邵冲. 人力资源管理 [M]. 北京：中国人民大学出版社，2008.

71. 洪玫. 人力资源信息化管理 [M]. 北京：中国发展出版社，2006.

72. 陈万明. 人力资源管理导论 [M]. 北京：中国农业出版社，2003.

73. 陈关聚. 人力资源管理信息化全攻略 [M]. 北京：中国经济出版社，2008.

74. 施展. 企业人力资源管理信息化的理论与应用研究. http：//www. cnki. net.

75. 晋松亭. 人力资源信息系统的应用研究. http：//www. cnki. net.

76. 侯光明. 人力资源管理 [M]. 北京：高等教育出版社，2009.

77. 李峰，方素珍. 卫生机构管理者岗位胜任力 [M]. 北京：人民卫生出版社，2007.

78. 马欣川，等. 人才测评——基于胜任力的探索 [M]. 北京：北京邮电大学出版社，2008.

79. 李贵卿，范仲文. 人力资源管理的量化技术研究 [M]. 成都：西南财经大学出版社，2007.

80. 吴能全，许峰. 胜任能力模型设计与应用 [M]. 广州：广东经济出版社，2006.

81．郑远强．人力资源管理实际操作技［M］．北京：光明日报出版社，2005.

82．陈维政，余凯成．人力资源管理［M］．大连：大连理工大学出版社，2002.

83．李小勇．100 个成功的人力资源管理［M］．北京：机械工业出版社，2004.

84．徐纪良．现代人力资源论［M］．上海：上海人民出版社，1996.

85．赵曙明．中国企业人力资源管理［M］．南京：南京大学出版社，1995.

86．赵文贤．人力资源开发与管理［M］．上海：上海人民出版社，1996.

87．叶向峰，等．员工考核与薪酬管理［M］．北京：企业管理出版社，1999.

88．郑海航．国有企业亏损研究［M］．北京：经济管理出版社，1998.

89．王继承．谁能胜任［M］．北京：中国财政经济出版社，2004.

90．国际人力资源管理研究院（IHRI）编委会．人力资源经理胜任素质模型［M］．北京：机械工业出版社，2005.

91．David D. Dubois，William J. Rothwell. Competency - based Human Resource Management. Davies - Black Pubishing，2004.

92．J. David Hunger，Thomas L. Wheelen. Essentials of Strategic Management，3rd ed，2004.

93．Hap Brakeley，Peter Cheese，David Clinton. The High - Performance Workforce Study. Accenture，2004.

94．Stephen P. Robbins，Mary Coulter. Management. 7th ed. Pearson Education，2004.

图书在版编目(CIP)数据

人力资源管理/ 蓝红星主编. —成都:西南财经大学出版社,2011.6
ISBN 978-7-5504-0303-1

Ⅰ.①人… Ⅱ.①蓝… Ⅲ.①人力资源管理—高等学校—教材
Ⅳ.①F241

中国版本图书馆 CIP 数据核字(2011)第 100443 号

人力资源管理

主编:蓝红星

责任编辑:向小英
封面设计:何东琳设计工作室
责任印制:封俊川

出版发行	西南财经大学出版社(四川省成都市光华村街 55 号)
网　　址	http://www.bookcj.com
电子邮件	bookcj@foxmail.com
邮政编码	610074
电　　话	028-87353785　87352368
印　　刷	四川森林印务有限责任公司
成品尺寸	185mm×260mm
印　　张	21.5
字　　数	490 千字
版　　次	2011 年 7 月第 1 版
印　　次	2011 年 7 月第 1 次印刷
印　　数	1—3000 册
书　　号	ISBN 978-7-5504-0303-1
定　　价	39.80 元

1. 版权所有,翻印必究。
2. 如有印刷、装订等差错,可向本社营销部调换。
3. 本书封底无本社数码防伪标志,不得销售。